suhrkamp taschenbuch 4529

In seinen Erkundungen berührt Peter Sloterdijk alle klassischen und modernen Gattungen der Künste, von der Musik bis zur Architektur, von der Kunst der Erleuchtung zur Kunst der Bewegung, vom Design zur Typografie. Er durchstreift alle Felder des Sichtbaren und Unsichtbaren, des Hörbaren und Unhörbaren – die historische Spannweite seiner Beobachtungen reicht von der Antike bis Hollywood. Indem Sloterdijk die ihm eigene Methode der Diskursverfremdung auf die Betrachtung von Kunstwerken und -gattungen ausweitet, erscheinen die beschriebenen Objekte in einem jäh veränderten Licht – und führt uns der Autor mit seiner wachen, streitbaren Zeitgenossenschaft weg, weit weg von den ausgetretenen Pfaden des Kunstkommentars.

Die Beschäftigung des großen Philosophen mit den unterschiedlichsten Phänomenen des Ästhetischen – hier wird sie zur fröhlich-ernsten Arbeit an der Kunst und an den Künsten, am Ästhetischen höchstselbst.

Peter Sloterdijk, geboren 1947, ist Professor für Ästhetik und Philosophie an der Staatlichen Hochschule für Gestaltung in Karlsruhe und deren Rektor.

Zuletzt erschienen von ihm: *Neue Zeilen und Tage. Notizen 2011-2013* (2018), *Nach Gott* (st 4892, 2018), *Das Schelling-Projekt. Bericht* (st 4836, 2018), *Was geschah im 20. Jahrhundert* (st 4781, 2017), *Die schrecklichen Kinder der Neuzeit* (2014), *Ausgewählte Übertreibungen. Gespräche und Interviews 1993-2012* (2013), *Zeilen und Tage. Notizen 2008–2011* (st 4485, 2013) und *Mein Frankreich* (st 4297, 2013).

Peter Sloterdijk
Der ästhetische Imperativ

Schriften zur Kunst

Herausgegeben und mit
einem Nachwort versehen
von Peter Weibel

Suhrkamp

Dieser Band erschien erstmals im Jahr 2007 bei Philo & Philo Fine Arts / EVA Europäische Verlagsanstalt, Hamburg.

Umschlagabbildung: Basso Cannarsa / Opale/Bridgeman Images

2. Auflage 2019

Erste Auflage 2014
suhrkamp taschenbuch 4529

Umschlaggestaltung: Göllner, Michels, Zegarzewski
Satz: Johanna Boy
Druck und Bindung: CPI – Ebner & Spiegel, Ulm
Printed in Germany
ISBN 978-3-518-46529-5

Inhalt

I. Klangwelt

La musique retrouvée

1 Dämonisches Gebiet

Meine sehr geehrten Damen und Herren,
es gibt eine Fülle von Versuchen, das Wesen der Musik zu definieren, sei es, dass man sie als gestaltete Zeit bestimmte oder als Synthese aus berechneter Ordnung und abgründiger Willkür, sei es, dass man in ihren höheren Ausprägungen die Begegnung der rigorosen Form mit den Gebärden der freien Selbstaussprache erkennen wollte oder geradewegs die Kollision von Zahlenwelt und Leidenschaft. Keine dieser Aussagen kommt dem bekannten Diktum Thomas Manns gleich, der in seinem unumgänglichen Roman *Doktor Faustus* die von Kierkegaard inspirierte Feststellung traf: »Die Musik ist dämonisches Gebiet...«

Dieser Satz, zu einem Mantra der Musikologen avanciert, ist in mehrfacher Hinsicht bemerkenswert; zudem verlangt er in steigendem Maß nach Kommentar. Als er im Jahr 1947 zur Publikation gebracht wurde, wollte er nicht nur die düsteren Geheimnisse der deutschen Kultur beleuchten, wo sich, wie es hieß, Musikalität und Bestialität auf verwirrende Weise ineinander verschlungen hatten. Er sollte zugleich darauf aufmerksam machen, wie sich auf dem Boden der Moderne das Künstschöne in das Kunstböse wandeln konnte und wie sich die besten Kräfte einer hohen Zivilisation gleichsam durch Teufelslist in ihr Gegenteil zu verkehren vermochten. Was der Aussage von Thomas Mann aus heutiger Sicht besonderes Gewicht verleiht, ist der Umstand, dass hier eine Definition durch eine Warnung ersetzt wurde – als ob sich der Autor zu der Ansicht habe bekennen wollen, es könne von gewissen Gegenständen keine objektive Theorie geben, und zwar deswegen, weil diese Gegenstände während ihrer Theoretisierung nicht ruhig halten, sondern wie im Halbschlaf lauernde Ungeheuer den Kopf heben, sobald von ihnen die Rede ist. Dem Verfasser des *Doktor Faustus* zufolge schienen die Musikologen gut beraten zu sein, wenn sie die Einsicht der christlichen Dämonologen beherzigten, nach welcher der Dämon keine Neutralität gestattet. Er ist kein Modellobjekt, das sich in sicherer Entfernung erörtern ließe, sondern eine Macht, die auf Anrufung reagiert. Wer den dunklen Geist beim Namen nennt, hat ihn auch schon herbeigerufen, und wer ihn gerufen hat, soll wissen, dass er einer Instanz begegnen kann, die stärker sein wird als er selbst. Darum sagt das Volksbuch vom Doktor Faust: *Weißt du was, so schweig.*

Verweilen wir einen Augenblick bei der Frage, welche Art von Dämonie ins Spiel kommt, wenn man das Gebiet der Musik betritt – vorausgesetzt, es handle sich um ein »Gebiet«, das wie ein Boden oder ein Territorium betretbar wäre. Die Antwort muss bei der akustischen Anthropologie gesucht werden, die uns im Lauf der letzten Jahrzehnte eine Fülle stimulierender neuer Beobachtungen über die Genesis des menschlichen Gehörs bekannt gemacht hat. Ihr ist die Einsicht zu verdanken, dass bei den Angehörigen der Gattung *homo sapiens*, wie bei den übrigen Mammiferen, *alias* den lebendgebärenden Lebewesen, ja auch schon bei zahlreichen Vögeln, das Hören eine sehr früh, nämlich im pränatalen Raum, erworbene Kompetenz bedeutet. Das Ohr ist unzweifelhaft das Führungsorgan menschlicher Annäherungen an die

Welt, und dies bereits zu einem Zeitpunkt der organismischen Entwicklung, in dem das Individuum als solches noch gar nicht »da« ist – sofern wir mit dem Zeigepartikel »da« die Möglichkeit kennzeichnen, dass ein Subjekt den Dingen in hinreichend weitem Abstand gegenübersteht, um auf einen Gegenstand oder Umstand hindeuten zu können. Nun ist das Hören überhaupt, auch beim Erwachsenen, nicht so sehr ein Effekt des Gegenüberstehens eines Subjekts in Bezug auf eine Geräuschquelle; es vollzieht sich als Eintauchen des sensiblen Organs und seines Trägers in ein akustisches Feld. Das gilt in noch ausgeprägterer Weise für das Hören der Ungeborenen. Wenn das erste Hören ein fötales Vorspiel zum reifen Gebrauch des akustischen Sinnes bedeutet, so vor allem, weil bei ihm das Merkmal des Schwebens in einem aktuell totalitären Umgebungsmilieu am reinsten ausgebildet ist. Schon das erste Hören besitzt von sich her die Züge einer Vorschule der Weltoffenheit, und doch besuchen wir diese Schule, die effektive *école maternelle*, in einem Lebensstadium, in dem wir selbst noch durchaus weltlos und vorweltlich sind. Das werdende Individuum verharrt bis auf weiteres in seiner intimen Reserve, eingeschlossen in eine dämpfende Nacht, und horcht doch schon an der Tür zum Dasein. Den hörenden Fötus aber nur wie einen Lauscher an der Wand zu beschreiben, wäre irreführend. Für die Seinsweise des Ur-Hörers ist bezeichnend, dass er von Anfang an in ein internes sonores Kontinuum eingebettet ist, das von zwei Emanationen des mütterlichen Milieus dominiert wird, zum einen den Herztönen, die wie eine stetige Rhythmusgruppe den existentiellen Beat vorgeben, zum anderen von der Stimme der Mutter, die mit ihren freien prosodischen Produktionen das fötale Ohr mit einem melodischen Dialekt imprägniert. Mit diesen beiden Universalien der intrauterinen Gehörformung, dem kardialen basso continuo und dem Parlandosopran der Mutterstimme, ist der utopische Kontinent der Proto-Musik oder Endo-Musik umschrieben, und erst jenseits dieser unauslöschlichen und mehr oder weniger stetigen Präsenzen öffnet sich der Horizont, in dem unvertrautere, heftigere, fernere Lautereignisse ein akustisches Wetterleuchten von der Welt her vermitteln.

Diese Verhältnisse müssen künftig mitgedacht werden, wenn wir das Wort von der Musik als einem dämonischen Gebiet wiederholen. Die Natur des musikdämonischen Phänomens wird etwas besser verständlich, sobald wir zugeben, dass mit dem hörenden Weltbezug, sobald er musikalisch wird, immer auch das Register der tiefen Regressionen angesprochen werden kann. Demnach vermag die Musik noch im erwachsenen, von der Härte des Realen geprägten Subjekts seine intime Vorgeschichte zu evozieren. Sie erinnert es an eine Phase seines Werdens, als es noch nicht im Habitus distanzfähiger Freiheit den Dingen und Umständen gegenüber stand, sondern als es in einem Modus konfliktfreien Umschlossenseins von dem vitalen klingenden Milieu getragen wurde. Zugleich kann Musik, wo sie Register der Heftigkeit aktiviert, die Dynamik früher Durchbruchskämpfe in Klangbilder setzen. So ist sie der Ort, an dem sich stets von neuem der Übergang von der Konfrontation zum Eintauchen artikuliert. Das musikalische Ohr bildet das Organ, das ausschließlich im Modus der Immersion an der Wirklichkeit der Laut- und Klangereignisse teilhat. Immersion überhaupt ist das Thema einer gewagteren Aufklärung. Weißt du was, so rede trotzdem. Vermutlich hatte Nietzsche eben das im Sinn, als er den Wortschatz der Musikologie um den gefahrvollen Namen des Dionysos bereicherte.

Noch müssen wir klären, wodurch und auf welche Weise das Ohr ein musikalisches wird. Musikalität im engeren Sinn des Wortes setzt voraus, dass das erwachsene Ohr gelegentlich von der trivialen Arbeit des Hörens Urlaub nehmen kann und sich durch auserwählte Klänge aus dem Geräuschalltag entführen lässt. Wie wir die Welt gewöhnlich und zumeist erleben, ist sie ein durchaus musikferner Ort. Was an ihm an der Macht ist, sind die Geräuschereignisse unserer Umwelten – allem voran das unentrinnbare Gerede der Mitmenschen, das heute die höchsten medialen Verstärkungen erfährt, sodann die Lärmprofile des Alltags mit den akustischen Markenzeichen unserer Haushalte, unserer Arbeitsplätze und unseres Verkehrs. Das menschliche Ohr ist folglich ein sklavisches, sekretärisches, kammerdienerndes Organ, weil es fürs Erste nicht anders kann, als sich der Autorität der erstbesten Geräuschgegenwart zu beugen. Unmusikalität ist die Stimme des Herrn, und unmusikalisch befehlend redet die Realität der Sachen zur Einsicht. Hingegen wirkt die Musik von sich her entrückend. Sie übermittelt die Einladung zum Aufbruch in ein anderes Gehorchen – und dieser impliziert, wie mittelbar auch immer, die Rückkehr in das Reich des Herzschlags und des archaischen Soprans. Man kann sich die Implikationen dieser anthropologischen Beobachtungen kaum je in allen ferneren Konsequenzen vergegenwärtigen: Die Prosa des gewöhnlichen Daseins hat ihren Grund in der Tatsache, dass Menschenkinder vom Moment der Geburt an eine so triviale wie unbegreifliche Entdeckung machen:

Die Welt ist ein von Stille ausgehöhlter Ort, an dem der Herzbeat und der Ur-Sopran katastrophisch verstummt sind. Mit dem Dasein in der gelichteten Welt ist eine Beraubung verbunden, der wir nie völlig auf den Grund gehen können: Von der ersten Minute an schließt das menschliche In-der-Welt-Sein die Zumutung ein, auf das Klangkontinuum der ersten Intimität zu verzichten. Die Stille überträgt jetzt den Alarm des Seins. Allein die Mutterstimme, jetzt von außen zu hören, baut eine prekäre Brücke zwischen Damals und Jetzt. Weil dieser Verzicht ans Unannehmbare grenzt, muss es den recht und schlecht zur Welt Gekommenen darum zu tun sein, die prosaische Barriere zu überwinden, die sie von der Sphäre der sonoren Bezauberungen trennt. Es gibt Musik, weil Menschen die Wesen sind, die darauf bestehen, das Beste wieder haben zu wollen. Alle Musik, die elementare oder primitive zumal, geschieht zunächst ganz im Zeichen des Wiederfindens, auch in dem der Wiederholungsobsession – und bis hinauf zu ihren höchsten Gebilden ist die spezifische Faszination der Tonkunst, mitsamt ihren Momenten der Evidenz, der Mitbewegtheit und des beglückten Erstaunens, an den Effekt gebunden, dass eine vergessen geglaubte sonore Präsenz sich wieder einstellt. Wenn die Musik am meisten sie selbst ist, spricht sie uns an als *musique retrouvée*.

Nach dem Exodus des Ohrs in die äußere Welt dreht sich alles um die Kunst des Wiederanknüpfens an das zerrissene Band der ersten Hörigkeit. Aber was in dieser ein unüberbietbar inniges und gänzlich singularisiertes Verhältnis war, kann später nur in der Klangöffentlichkeit der Kulturgruppe wiederaufgenommen werden. Für diese Wende ins Öffentliche und Kulturelle gilt die Regel, dass in Freiheit wiederkehren soll, was in der Verzauberung begann. Was wir die Völker nennen und später die »Gesellschaften«, sind immer auch sonore Konstrukte – ich beschreibe sie anderswo als die Phonotope –, die auf jeweils eigene Weise die Aufgabe lösen, die Ohren ihrer Angehörigen in eine gemeinsame Geräusch- und Klangwelt einzubetten. Diese bieten ihren Mitgliedern durch die Mittel des öffentlichen Hörens Substitute für das verlorene Paradies intimen Vernehmens an. Auf diese Weise lässt sich der Heimat-Effekt deuten – denn mit dem Wort »Heimat« evoziert man vor allem eine akustische Disposition, was die obsessive Liaison zwischen Ohr, Gemeinschaft und Landschaft ins Spiel bringt. Zu Recht wurde von Musiktheoretikern der letzten Generation das Routinehören des lokalisierten und vergesellschafteten Ohrs als Befangenheit in einer ortstypischen Klang-Landschaft alias *soundscape* gedeutet. Zu Unrecht wollte man diesen *sound*-Umgebungen eine direkte musikalische Bedeutung zusprechen, zu Unrecht, weil die alltäglichen sonoren Milieus allenfalls semi-musikalische Qualitäten aufweisen, indessen authentische Musik erst beginnt, wo das bloße Soundhören aufhört. Man kann sich hiervon überzeugen, wenn man beobachtet, wie die moderne Musikindustrie, als reine Soundindustrie, unter dem Vorwand von Volksmusik die Pest überträgt und unter dem Vorwand der Popmusik Epidemien provoziert, die man nur als akustische Gegenstücke zur Spanischen Grippe würdigen könnte – und gegen die gibt es, wie man weiß, bis heute nicht die Spur eines effektiven Medikaments.

Geben wir diese Feststellungen zu, so begreifen wir unmittelbar, wieso der Weg zur Musik untrennbar ist von der Wiedergewinnung der Individualität und Intimität des Hörens. Diese Restitution kann, wie bemerkt, nur auf dem Umweg über öffentliche Klangereignisse und auf der Höhe der technischen Mittel geschehen. In diesem Sinne lässt sich sagen, dass Teilhabe an Zivilisation bedeutet: unterwegs zu sein zur individuierten Musik. Mit dieser Aussage wird eine Ahnung geweckt von dem Ausmaß des Abenteuers, auf das die Komponisten und Musiker der europäischen Neuzeit sich einließen, als sie sich aufmachten, die neuen Länder hörbarer Gestalten zu entdecken.

2 In der Krümmung der Welt

Halten wir die eben gewonnene Bestimmung fest: Zivilisation, in einem anspruchsvollen Sinn des Wortes aufgefasst, ist der Prozess, in dessen Verlauf Individualisierungschancen freigesetzt werden, darunter solche, die bei erwachsenen Mitgliedern einer Kulturnation der Intimisierung des Hörens Vorschub leisten. Sofort wird hier die Spannung offenkundig, die zwischen den Anforderungen der individualisierten Erwachsenenexistenz und ihren Intimisierungstendenzen entsteht. Es ist die Spannung, deretwegen die Musik dämonisches Gebiet genannt werden durfte. Individualisierung schließt Musikalisierung ein. Dazu gehört die zunehmende Fähigkeit der Einzelnen, an ihre flüssigen, rezeptiven und medialen Zustände anzuknüpfen, gleich ob man diese als präsubjektiv oder als präobjektiv versteht, so dass der durchaus musikalisierte Mensch, extremes Bildungsprodukt der europäischen Moderne, zugleich derjenige wäre, der neben einer entfalteten Arbeits- und Konfliktfähigkeit über die am tiefsten ausgearbeitete Freiheit zur Regression verfügte. Wie immer es sich mit solchen psychagogischen Idealisierungen verhält: Nur innerhalb des Spannungsbogens, der die Verfügung über Instrumente und Verfahren mit der Hingabe an auflösende Ströme zusammenschließt, lässt sich sinnvoll von einer Entwicklung der Musik sprechen, mehr noch: von einer tendenzhaft gerichteten Musikgeschichte und schließlich von einer Teilhabe der musikalischen Produktionen an den Erfindungen, Entdeckungen und Forschungen der Neuzeit.

Man kann den Begriff der Neuzeit nicht erwähnen, ohne sich an Jacob Burckhardts klingende Formel für die Kultur der Renaissance zu erinnern, nach welcher diese »die Entdeckung der Welt und des Menschen« zum Inhalt gehabt habe. Es ist der Vorzug der klassischen Prägung, das Neuzeitgeschehen im Ganzen als eine Wendung nach außen zu erfassen. Der Geist, dem es mit der Forschung ernst ist, will immer »zu den Dingen«. Neuländer gibt es nur, wo die Einwohner alter, in sich gekehrter Kantone erwachen und sich der Extraversion verschreiben. In dieser Perspektive aufgefasst, ist die neue Musik, wie sie sich seit dem 16. und 17. Jahrhundert artikuliert, mit dem Expansionismus der europäischen Könnenskulturen im Ganzen solidarisch. So wie die Karten der Seefahrer, die nach Kolumbus die Ozeane regelmäßig überqueren, die vormals unberechenbare See durch klare Notationen navigabel machen, so halten die neuen Karten der Musiker, die ausgeschriebenen Partituren, die Fahrten der Stimmen im Raum der Tonereignisse für künftige vokale und instrumentale Bewegungen fest. In dem einen Fall wie in dem anderen werden nautische oder musikalische Unternehmen ganz an der Wiederholbarkeit ausgerichtet, und was auf der einen Seite die Investitionen der Reeder und ihre Fahrpläne leisten, tritt auf der anderen als das Geschäft der höfischen, klerikalen und bürgerlichen Aufführungs- und Inszenierungspraxis in Erscheinung. Das Neue an der authentischen Neuzeit zeigt sich darin, dass es den Radius der Verfügbarkeit zugleich sichert und erweitert – ist die Zivilisation unterwegs zur Musik, so die Musik unterwegs zur Virtuosität. Insofern ist sie eins mit Technik in Bewegung. Ihre Überlieferung durch die Generationen der Könnenden unterstützt die chronische Bereitschaft, vom Erreichten zum Noch-nicht-Erreichten weiterzugehen. Wäre das Bisherige nicht dem Bestand des Könnens auf gesicherte Weise einverleibt, könnte sich kein Vorgefühl, kein Vorwissen, kein Vorauswollen für die Richtung nächster Schritte ausbilden. Hätte sich umgekehrt nicht das Bewusstsein formiert, auf einem Kontinent zu leben, der jetzt mit Grund die Alte Welt heißt, so gäbe es noch keine Küste, von der aus sich artikulierte Aufbrüche in die Neue Welt versuchen ließen.

Nun gehört es zu den konstitutiven Erfahrungen der Neuzeit, dass man die Welt nicht entdecken kann, ohne zugleich die »Krümmung der Welt« zu erfahren. Wir nehmen hier eine spekulative Wendung Thomas Manns auf, mit der das paradoxe oder, wenn man will, dialektische Aneinanderrühren und Ineinanderübergehen von Konstruktivismus und Primitivismus in der Musik des frühen 20. Jahrhunderts charakterisiert werden sollte – eine Wendung, an der die Suggestionen der freudschen und rankschen Psychoanalyse ebensoviel Anteil haben wie die einsteinsche Doktrin von der Krümmung des universalen

Raums. Es gibt demnach keine Ausfahrt ins Unbekannte, die nicht früher oder später Folgen für den Selbstbezug der Ausfahrer zeitigt. Dies gilt für elementare Manöver wie die erste Umrundung der Erde durch die Expedition des Magellan ebenso wie für subtilere Exkursionen von der Art jener, die die modernen Physiker, Systemiker und Biologen unternehmen, um zu den letzten Partikeln der Materie und den komplexen Strukturen des Gehirns, des Genoms, der Immunsysteme und der Biotope vorzustoßen. Im einen Fall wie in den anderen gerät durch diese Wendung nach außen die Identität der Entdecker in Bewegung.

Wir haben noch immer allen Grund, das folgende Bild als eine Urszene der Neuzeit im Gedächtnis zu halten: Am 22. September des Jahres 1522 läuft die *Victoria*, das letzte von den fünf Schiffen, die drei Jahre zuvor unter Magellans Kommando für eine Fahrt auf der Westroute zu den sagenhaften Gewürzinseln aufgebrochen waren, wieder in San Lucar de Barrameda, dem Hafen Andalusiens, ein, an Bord achtzehn nahezu verhungerte Gestalten, die man alsbald in Büßerkutten einkleidet und in die Kathedrale von Sevilla führt. Dort stimmt man ein *Te Deum* an auf die unerhörte Rückkehr – nicht ohne tiefere Berechtigung, wie wir verstehen, da seit der Vollendung dieser ozeanischen Schleife in Weltbildfragen nichts mehr so bleiben konnte wie zuvor. Die Entdecker der vollständigen Erdkrümmung hatten für ihre Erfahrungen einen hohen Preis entrichtet. Von zweihundertachtzig Mann kehrten nur die genannten achtzehn zu ihrem Heimathafen zurück, als erste Augenzeugen der Globalisierung, ein jeder durchdrungen von den Schrecken der Weltoffenheit, für alle Zeit imprägniert durch die Erinnerung an epische Qualen und vielfache Rettungswunder. Pigafettas Schiffstagebuch gibt davon, noch heute nachlesbar, lakonisch Kunde. Zugleich muss jeder der Heimgekehrten auf seine Weise die Ironie der Rückkehr empfunden haben. Wer nach dem Durchgang durchs Ganze an den Ausgangspunkt zurückgelangt, sieht diesen für immer mit anderen Augen an. Von nun an ist die Heimatstadt nicht mehr der in sich zentrierte Lebensherd, der die Welt um sich anordnet wie eine mit zunehmender Entfernung gleichgültiger werdende Peripherie; sie ist nicht länger der im Komfort der Unwissenheit ruhende Nabel des Universums. Sie wird zu einem Punkt in einem unruhigen Gitternetz und zu einem Knoten in einem Geflecht aus entgrenzten Verkehrswegen, Güterströmen und Nachrichtenflüssen. Mit der vollständigen Darstellung der Krümmung der Erde auf den neuen Erdgloben, diesen effektiven Medien der Neuzeit, beginnt die immerwährende Krise der Heimat, ausgelöst durch die Veränderungen des Selbstbezugs bei den Dagebliebenen, die sich, stets schwankend zwischen Faszination und Widerwillen, den Nachrichten aus dem Neuland Erde öffnen.

Man begreift ohne Mühe, dass mit dem nautischen Nachweis für die Kugelgestaltigkeit der Erde nur ein erster Schritt getan war. Das Abenteuer der Extraversion verrät seine wahren Dimensionen in dem Augenblick, da sich die Wende nach außen auch bei den übrigen Gegenstandsdimensionen in eine Wende nach innen übersetzt. Hierbei wird eine Krümmung des Seins offengelegt, dank welcher eine tiefere Ironie der Forschung nach uns greift. Wer strikt den Kurs ins Objektive hält und sich unbeirrbar der Suche nach den verborgenen Strukturen des

Realen widmet, dem muss es früher oder später passieren, dass er sich selber am eigenen Rücken operiert. Die »Entdeckung der Welt und des Menschen«, begonnen unter einer apollinischen Sonne, erweist sich in ihrem avancierteren Fortgang als ein Unternehmen, bei dem die Welt für ihre Einwohner aufhört, dem eigenen vertrauten Haus zu gleichen. Das griechisch-antike Vorurteil zugunsten des Seins, wonach das Universum von sich her die Sterblichen unter den Zügen von Häuslichkeit anspricht, verliert mehr und mehr seinen Halt in den Sachen. Wo die Forschung radikal wird, vermondet und verfremdet sich das Seiende im Ganzen. Der Mensch erfährt sich als ein Wesen, dem es in steigendem Maß bei sich unheimlich wird. Unheimlichkeit bedeutet, dass die Präsenz des unbegriffenen, unruhigen, unbefriedbaren Fremden sich auch am eigenen Ort nicht mehr verkennen lässt.

Seit Heidegger wissen wir, dass die Krümmung des Seins als Krümmung der Zeit verstanden werden muss. Was man die Existenz des Menschen nennt, ist keine Gerade zwischen Anfang und Ende. Vielmehr wird die existentiale Linie durch eine seltsame Spannkraft verbogen: Die »Enden der Parabel«, die ein einzelnes Leben ausmacht, markieren Abschnitte im Kreis des Seins. So lautet zumindest die Lehre der resolutesten metaphysischen Denker des Westens zwischen Parmenides und dem Meister von Meßkirch, die nicht umsonst sich immer von neuem über die Figuren des Kreises oder der Kugel gebeugt haben. Wo so gedacht wird, sollen Herkunft und Zukunft in ungeheuren Bögen ineinander münden oder auseinander entspringen. Es ist diese kühne Spekulation, die Serenus Zeitblom neu zum Klingen bringt, wenn er in seinem apologetischen Kommentar zu dem vorgeblich barbarischen und intellektualistischen Hauptwerk des Tonsetzers Adrian Leverkühn, der »Apokalypse«, bemerkt, in diesem erschreckenden modernen Kunstgebilde habe sich die »Vereinigung des Ältesten mit dem Neuesten« vollzogen. »Mitnichten« aber stelle diese Näherung »eine Tat der Willkür« dar, sondern liege »in der Natur der Dinge«: »sie beruht auf der Krümmung der Welt, die im Spätesten das Früheste wiederkehren läßt«.

3 Aufbruch zur tönenden Schatzinsel: Calibans Vermächtnis

Nach dem hier Dargelegten sind wir darauf gefasst, dass die Geschichte der Musik auf ihre Weise verwoben ist in den Aufbruch der modernen, der unternehmerischen, der erfinderischen Menschen zu den neuen Ufern, die so oft beschworen und so selten intelligent auf ihre eigene Art die Krümmung der Welt zur Darstellung bringt. Sie tut dies, indem sie, ihrer dämonischen Natur gemäß, die gekrümmte Zeitlichkeit der menschlichen Existenz artikuliert.

Ist dies gesagt, so kostet es keinen großen Aufwand mehr, um plausibel zu machen, warum die Musik die wirkliche Religion der Modernen werden musste – jenseits aller Spaltung von Konfessionen und Abtrennung der Sekten. Wenn die Religion seit jeher mehr oder weniger tiefsinnige Interpretationen für die unvermeidliche Rückkehr des Sterblichen zum Ungeborenen anbot, so ist mit der neuzeitlichen Musik eine machtvolle Alternative entstanden, dieser Rückkehrdynamik eine gehegte Fassung zu geben. In Wahrheit ist die neuzeitliche Musik religiöser als die Religion, weil sie durch ihre privilegierte Allianz mit den latenten Dispositionen des Gehörs in innere Schichten vorzudringen vermochte, in denen man dem einfach Religiösen kaum begegnet. Der große Vorzug der neuzeitlichen Musik gegenüber der Religion gründet in dem Umstand, dass sie (vor allem seit ihrer Wende von der Polyphonie zum akkordischen Ausdrucksgeschehen und seit dem Übergang vom Komponieren unter gattungsgesetzlichen Formen zur freien Setzung eigenprogrammatischer Klangereignisse) eine Verkündigungsmacht erwirbt, von der die konventionelle Religiosität bis heute kaum etwas begreift.

Die höhere Musik wird seit dem 17. und 18. Jahrhundert aus ihrer eigenen Wesensdynamik unwiderstehlich evangelisch wirksam, weil sie von da an im Begriff ist, in Paradiesfragen, oder allgemeiner, in Fragen von Spannung und Entspannung, eine überlegene Eloquenz zu entwickeln. Diese ist allenfalls zu teilen mit der modernen Lyrik, die seit der Goethe- und Eichendorff-Zeit, der Lermontow- und Lamartine-Zeit, kein Geheimnis macht aus ihrer Ambition, mit dem Ohr des aktuell musikalisierten Subjekts zu wetteifern. So eröffnet die Musik, in ihren gesteigerten Formen, seit den Tagen der ersten Wiener Klassik ein unendliches Gespräch in Tönen über den Unterschied zwischen Paradies und Welt. Ihre Überlegenheit gründet in der Tatsache, dass sie sich ausschließlich an das Ohr zu wenden hat – an jenes Ohr, das, wie man heute wissen kann, von seiner eigenen reminiszenten Verfasstheit her den Ort der Unterscheidung zwischen Welt und Vor-Welt bildet. Die Größe der modernen Musik und ihre Solidarität mit dem Projekt der Neuzeit lässt sich ermessen, wenn man in ihr das Medium eines kraftvollen Weltbezugs erkennt, der sich gleichwohl den Rufen aus der Tiefe nicht verweigert. In diesem Medium schlägt das abenteuerliche Herz der Neuzeit. Wenn die Religion in ihren ordinierten Formen regelmäßig dem Rückzug von obsessiven weltlichen Sorgen, und gar der Weltflucht Vorschub leisten musste, um Menschenseelen vor dem Säkulum und seinen Verheerungen zu retten, war es der Vorzug der neuzeitlichen Musik, dass sie ein Übergangsmedium schuf, in dem die unentäußerbaren Rechte der Regression und der Erinnerung an vorweltliche Urverletztheit zum Ausgleich gebracht wurden mit dem Sinn für Selbstentfaltung und Weltbejahung.

Das »Projekt der Neuzeit« und die Solidarität der Musik mit ihm: Es dürfte passend sein, diese bedenklichen Wendungen zum Schluss in Kürze zu erläutern. Tatsächlich, mit welchem Recht sprächen wir von einem Zeitalter, das Neuzeit heißt, wenn wir damit nicht sagen wollten, dass die Menschen des Westens damals begonnen haben, den Haushalt ihres Begehrens zu reformieren. Damit die Renaissance wirklich eine Epoche der Entdeckungen werden konnte, musste sie sich als die Ära einer großen Wunsch-Wende bestimmen. Um summarisch zu reden, geht es den Neuzeitmenschen, was immer sie selber von ihren letzten Zwecken sagen mögen, von nun an stets auch darum, die Pfeile des Begehrens von jenseitigen Zielen auf diesseitige, zu Lebzeiten erreichbare und genießbare Gegenstände umzulenken. Das geographische Symbol für diese Wende heißt Amerika, das romanhafte heißt die Schatzinsel, das mythologische heißt Fortuna. Gewiss, seit jeher erschien den Menschen des westlichen

Kulturzusammenhangs das Streben von einem schlechten Hier nach einem guten Dort als heilsam und vernunftgemäß, und wäre das Letztere bis auf weiteres nur im Himmel der Trinität erreichbar. Doch erst die Jahrhunderte, die auf die Kolumbusfahrten folgten, haben aus den Europäern Schatzsucher gemacht, und dies nicht beiläufig und okkasionell, sondern prinzipiell und konstitutiv. Seit der Entdeckung der Kontinente jenseits des Ozeans ist die Schatzsuche die eigentlich metaphysische Tätigkeit der europäischen Psyche.

Im Bild des Schatzes fassen wir die Idee des magnetischen Objekts, das mit dem Dämonischen das Merkmal gemeinsam hat, dass es nicht ruhig hält, während man es theoretisiert. Man kann den Schatz nicht vorstellen, ohne ihn auch schon zu suchen, und man könnte ihn nicht suchen, wäre man nicht bereits von seiner Attraktion erfasst. Es genügt, die Welt als einen Ort zu beschreiben, an dem Schätze findbar sind, um sich sofort in einen Suchenden zu verwandeln, nicht mehr im Sinn der transzendenten und masochistischen Gottsucherei mittelalterlichen Stils, sondern im Sinn des modernen, des ästhetisch-magisch-ökonomischen Unternehmertums. Unternehmer sein heißt von jenseitigen Belohnungen auf diesseitige Gewinnerwartungen umstellen. Die Schatz-Vermutung liefert die Rechtfertigung für den hybriden Mut, mit dem die Neuzeitmenschen sich auf die Weite von Welt und Erde eingelassen haben. Künftig kann die Bedeutung des Neulands allein darin liegen, dass es die Möglichkeit von Schatzhöhlen verkörpert. Wenn wir mit einem Mal das Neue loben, so weil es mit den Menschenrechten des Findens im Bündnis steht. Den Schatz zu finden bedeutet den Beweis zu liefern, dass niemand zu Unrecht glücklich wird. Das Glück denken impliziert, die Koinzidenz von Gerechtigkeit und Bevorzugung für möglich halten, und nicht bloß für möglich, sondern für legitim. Neuland: In diesem Wort zeigt der Geist der Utopie seine Farben; er ist zugleich der Geist des Risikos. Das klingt nun wie ein Evangelium, das als Geographie erscheint. Ihm Glauben schenken heißt überzeugt sein, dass an fernen Küsten, auf bisher unzugänglichen Inseln, in nächtlichen Werkstätten der Natur, in glühenden Kolben, in glitzernden Grotten Schätze bereit liegen und auf ihre Finder warten. Sie liegen bereit dank einer ursprünglichen Akkumulation der Glücksmittel, von deren Herkunft, Erzeugung und Verteilung man immer zu wenig weiß; sie warten, weil es kein Glück gibt, das nicht schon den Glücklichen im Auge hat, den es bevorzugen will. Wo die Fortuna wiederkehrt, ist der Fortunatus zur Stelle – der Mann, der sich auf das Annehmen von Geschenken aus launischen Händen spezialisiert hat. Darum ist Fortunatus der erste Künstlername der Neuzeit. Die Schätze der Fortuna sind Strahlenkränze *a priori*, die sich um das Haupt ihres Trägers legen möchten, sobald der sich als Finder auszeichnet.

Ist dies gesagt und mit der angeratenen Vorsicht zugegeben, so lässt sich in einer letzten Wendung des Gedankens andeuten, auf welche Weise die Musiker der Neuzeit zu Agenten der Schatzsuche haben werden können. Es versteht sich von selbst, warum sie nicht die Schiffe besteigen, um die Schatzinsel zu erreichen. Sie benutzen andere Karten als die Seefahrer und tragen andere Küstenlinien ein, um ihr Amerika zu bezeichnen. Das wahre innere Amerika zieht die Komponisten an, sobald sie, anders suchend und anders findend, sich auf den Weg machen, um die sonoren Schatzhöhlen aufzuspüren. Was aber die Künstler dort finden, müssen sie selber erst erzeugen. Was sie wiederfinden, war niemals vor dem Fund gegeben.

Ich erlaube mir hier, um zum Ende zu kommen, zu suggerieren, dass es Shakespeare war, der in seinem Inselspiel *Der Sturm* zuerst an diese gefährlichen Liaisonen zwischen der tönenden und der von Schätzen illuminierten Neuen Welt gerührt hat. Der Kronzeuge dieser Entdeckung ist kein anderer als der Urbewohner der exquisiten Insel, welche dank Zauberei (wir würden heute Technik sagen) zu Prosperos Imperium geworden war, ein Eingeborener namens Caliban, von einem der Besucher im kolonialen Hochmut als »Mondkalb«, »verdorbener Fisch« und *»most ignorant monster«* angesprochen, ein karibischer Papageno, Naturmensch und Erzproletarier, und doch ausgestattet mit einem Privileg, von dem die steifen neuen Herrn der Welt nur ungewisse Ahnungen besitzen. Er verfügt über das Vorrecht, inmitten einer ersten tönenden Natur zu leben – um von dieser her die Fabrikationen der höheren Kultur mit einer Mischung aus Skepsis, Staunen, Unterwürfigkeit und Rebellion zu beobachten. Diesem amphibischen, geboren-ungeborenen Ungeheuer, ganzer Mensch und ganzer Künstler, legt Shakespeare Verse in den Mund, die wir als das permanente Manifest der Neuen Musik studieren sollten:

> Be not afeard; the isle is full of noises,
> Sounds and sweet airs, that give delight, and hurt not.
> Sometimes a thousand twangling instruments
> Will hum about mine ears; and sometime voices,
> That, if I then had wak'd after long sleep,
> Will make me sleep again: and than, in dreaming,
> The clouds methought would open, and show riches

> Ready to drop upon me; that, when I wak'd,
> I cried to dream again.
>
> Fürchte dich nicht; die Insel ist voll Tönen, Klängen und
> süßen Weisen, die erfreun
> Und keinen Schaden tun. Mir klimpern manchmal
> Im Ohr, und summen, tausend Instrumente, –
> Und manchmal Stimmen, die, wenn ich erwacht wär
> Nach langem Schlaf, mich wieder schlafen machten.
> Und träumt' ich dann, war's mir, als würden Wolken
> Sich auftun und mir Schätze zeigen, die
> Schon auf mich fallen wollten. Dann erwacht ich
> Und weinte, weil ich wieder träumen wollte.[1]

Mit diesem Bericht gelangt ein Missverständnis in die Welt, dessen Spuren sich noch im heutigen Musikbetrieb nachweisen lassen. Stefano, der Prätendent, der auf der Insel nach der Macht greift, zieht aus dem Gehörten einen verhängnisvollen Schluss: Er möchte Calibans Schilderung der klingenden Schatzinsel umstandslos für die Darstellung eines Territoriums, einer Domäne, eines bequemen Palastes halten, in dem musikalische Domestiken ihre Pflicht erfüllen. Daher die biedere, durchaus feudale und durchaus bürgerliche Konklusion:

> This will prove a brave kingdom to me, where I shall have my music for nothing.
>
> Das wird mir aber ein gutes Königreich sein, wo ich meine Musik ganz umsonst haben werde.

Meine Damen und Herren, Jahrhunderte sind seit diesem prophetischen Dialog vergangen. Noch immer kommen die Calibane und die Stefanos von Zeit zu Zeit zusammen, um über das seltsame Inselreich zu diskutieren. Man hat die Konvention getroffen, diese meist sommerlichen

Zusammenkünfte Festivals zu nennen, doch es wäre angemessener, in solchen Ereignissen konstituierende Versammlungen zu erkennen. In ihnen wird weiter die musikalische Verfassung der Welt verhandelt. Aufmerksame Beobachter drücken ihre Zweifel daran aus, dass es in absehbarer Zeit zu einer gemeinsamen Schlusserklärung kommen wird. Noch immer tragen die Anwälte der Calibane ihre Ansicht vor, die Musik sei dämonisches Gebiet; ebenso unbeirrbar beharren die Stefaniden auf dem Standpunkt, man müsse, wenn schon Musik nicht ganz umsonst zu haben sei, doch ihre Kosten senken. Noch begreift man kaum, wie die Krümmung der Welt auch das Reich der Werte durchgreift. Unter dem festlichen Dach einer Musikveranstaltung ist immerhin die Ahnung auszusprechen, dass nichts so teuer sein darf wie das, was wir vom Moment der Geburt an wieder umsonst haben wollen.

Anmerkung

1 Shakespeare, *The Tempest*, Act III, Scene 2; deutsch von Erich Fried.

Erinnerung an die Schöne Politik

Meine sehr geehrten Damen und Herren,
lassen Sie mich dieses kurze rhetorische Vorspiel zur Aufführung von Beethovens 9. Symphonie durch das Philharmonische Staatsorchester Hamburg an diesem 3. Oktober des Jahres 2000 mit der Bemerkung eröffnen, dass niemand so sehr wie der Redner die Seltsamkeit der hier versuchten Konfiguration von Rede und Musik empfinden könnte – es fehlt, scheint mir, nicht viel dazu, dass man einen Verstoß gegen die guten Sitten des Konzertbetriebs vermuten dürfte oder gar ein Attentat auf das Grundrecht der Musik, ausschließlich mit ihren Mitteln für sich zu sprechen. Seit wann hätte ein bedeutendes Orchester es nötig gehabt, sein Programm durch eine Verbalnote moderieren zu lassen? Seit wann hätten Werke der Tonkunst sich darauf einlassen müssen, mit musikfernen Ergänzungen aufzutreten? Die einzige Rechtfertigung für ein Unternehmen dieser Art lässt sich aus seinem Anlass herleiten, aus der Tatsache mithin, dass wir den 3. Oktober schreiben, den Tag der Deutschen Einheit, diesen Gedenktag zum Abschluss des Vertrages über die Herstellung der politischen Union zwischen den beiden deutschen Staaten, die aus den Dramen der Jahrhundertmitte hervorgegangen waren. Ein Festtag also, der ein politisches Gedächtnis statuiert, ein Tag gleichwohl, zu dem den meisten deutschen Bürgern heute, zehn Jahre nach der Ratifizierung des Dokuments, bemerkenswert wenig Festwürdiges einfällt, wie

die Redeübungen der jubiläumspflichtigen Klasse unseres Landes zeigen. Ein Tag, an dem man vielleicht wirklich nichts Besseres tun kann, als Beethoven zu spielen – so wie es hier und wohl auch anderswo zu dieser Stunde geschieht, den Beethoven der 9. Symphonie, wie sich versteht, eines Stücks, das sich aufzwingt, weil es seit jeher als ein Konzentrat politischer Festkultur angesehen werden konnte. Daher ist die hier gewählte Konfiguration von Rede und Musik wohl doch nicht nur äußerlich gesucht, sie ist nicht nur eine Veranstalterlaune. Weil eben die 9. Symphonie, zumal in ihrem grenzenlos berühmten Chorfinale, selbst schon ein musikrhetorisches, ja ein musikpolitisches Ereignis darstellt, liegt keine gänzliche Verfehlung vor, weder in Bezug auf die Situation noch auf das Genre, wenn der Aufführung des Stückes selbst hier einige Worte im kommentierenden und reflektierenden Stil vorausgeschickt werden, Worte, die nicht die musikalische, sondern, wenn man so sagen darf, die ideologische Partitur des Werkes betreffen. Es genügt, uns zu vergegenwärtigen, wieso die 9. Symphonie seit ihrer triumphalen Wiener Uraufführung im Jahr 1824 das bekannteste und wirkungsmächtigste Tonkunstwerk der Neuzeit hat werden können: Ihr geradezu numinoser und eben durch sein Übermaß prekärer Erfolg ist nicht zuletzt in dem Umstand zu suchen, dass sie von sich her, an den bewussten, den vokalischen Stellen zumindest, einen plädierenden Charakter besitzt, der auf Zustimmung zu außermusikalischen Ideen, auf enthusiastischen Konsensus, auf Überwältigung durch Programmatisches angelegt ist. Man darf bemerken, dass diese musikpolitische Konsensuswelle noch in der Gegenwart so mächtig rollt, wie selbst das 19. Jahrhundert es kaum erträumen konnte. Es ist kein Zufall, wenn nach der Wahl des Chorfinales der 9. Symphonie zur Europahymne, anfangs der siebziger Jahre, jetzt auch die Vereinten Nationen in diesem Stück ihr musikalisches Erkennungszeichen gefunden haben. Selbst wenn man also nicht verkennt, dass mit der großen Musik als solcher nicht zu reden ist, heben sich in den thesenhaften Überschüssen von Beethovens »politischer Kantate« deutliche Ansatzpunkte ab, die einem gesprochenen Zusatz entgegenkommen.

Ich möchte mir im folgenden die Freiheit nehmen, an die historischen Prämissen des musiksemantischen Komplexes zu erinnern, aus dem die 9. Symphonie und ihre *Ode an die Freude* hervorgegangen sind. Der Ausdruck Erinnerung ist hier in besonderer Weise am Platz, weil es zu diesem Zwecke nötig ist, weitgehend vergessene Verhältnisse zur Sprache zu bringen. Wenn wir uns an den generativen Pol des beethovenschen Kunstereignisses versetzen wollen, so gilt es, um mit Hegel zu reden, einen »Weltzustand« heraufzubeschwören, in dem der Konsensus noch Enthusiasmus hieß. Zu jener Zeit war es unter Bürgern nicht so sehr darum zu tun, einer Meinung zu sein, sondern einer Ergriffenheit. Erinnerung ist nötig, um imaginär zurückzukehren zu jenem Stand der Dinge, in dem die progressiven Stimmen der Gesellschaft noch so gut wie alles, was sie zu sagen hatten, im Modus der Antizipation vorbringen mussten – sofern sie nicht schon früh auf Gründe stießen, in idealisierte Vergangenheiten auszuweichen. Wir müssen zurückgehen auf eine Zeit, in der das Denken in großen Würfen zur Umgangssprache einer aufsteigenden Elite geworden war. Wir müssen die Erinnerung beschwören an eine Phase der Geschichte, in der die Einzelnen sich mit ihrem privaten Traumvermögen zu Medien dessen machten, was sie für Menschheitsträume hielten.

Die bürgerliche Kultur vor ihrem Sieg spricht einen enthusiastischen Dialekt, so wie die Konsultanten der Globalisierung heute mit ihren Kunden den Dialekt der Visionen und Missionen einüben. Ohne hier in angemessener Weise erläutern zu können, was Enthusiasmus philosophisch, psychologisch und systemisch bedeutet, dürfen wir festhalten, dass diese scharfgemachte Gestalt des politischen Platonismus eine Schlüsselrolle bei der Selbstmotivation von aufbruchslustigen Bürgergesellschaften gespielt hat. In ihm war, kaum verborgen, ein kategorischer Imperativ der Zuversicht am Werk. Mit seiner Hilfe brachte sich eine an der Macht interessierte Mittelschicht in Form, indem sie sich ohne Umschweife als die Menschheit ausgab. Enthusiasmus ist bürgerlich stets ein Delirium der Inklusivität. Er geht Hand in Hand mit dem Vorrecht, mit sich selber noch keine Erfahrung gemacht zu haben – mit sich nicht, mit dem Geist der Institutionen nicht, und mit den Spielregeln der geldbewegten Wirtschaftsverhältnisse erst recht nicht. Er spiegelt den Zustand der Gnade wider, wie sie über denen schwebt, die noch nicht an der Macht sind – die Gnade des guten Gewissens in der Unterkomplexität. Diese selige, kräftige Unerfahrenheit ist die Tonart des jungen Schiller – in ihr verfasste er um 1785, kaum 26 Jahre alt, das Primärdokument für die künftige Politik der Begeisterung, die Ode *An die Freude*, in deren Erfolgskurve auch wir am heutigen Tag eine kleine Stelle einzunehmen suchen.

Das deutlichste und auf bedenkliche Weise schönste Zeugnis für dieses Schweben im vorpolitischen Ausgriff auf ein nur von der Ahnung umspanntes Ganzes ist in der deutschen Tradition jedoch bei Hölderlin zu finden. Sein Briefroman *Hyperion*, der zwischen 1792 und 1799 entstand, behandelt vor dem Hintergrund des russisch-türkischen Krieges von 1770 das schicksalhafte Engagement des griechischen Jünglings, dessen Name im Romantitel erscheint, für den beginnenden Freiheitskampf der Griechen gegen das osmanische Reich. Schon damals war die Frage nach dem Geist Europas mit dem verknüpft, was man später die orientalische Frage nennen sollte. Ohne Ostgrenze keine westliche Wertegemeinschaft. In Hyperions Begründung vor seiner Freundin Diotima, warum er nicht anders könne, als freiwillig an der Seite von Freunden in diesen notwendigen Krieg zu ziehen, kommen die Leitworte der frühbürgerlichen Enthusiasmuspolitik mit einer nirgendwo sonst wieder erreichten Klarheit zum Ausdruck. Hyperions Plädoyer gipfelt in der These:

> Der neue Geistesbund kann in der Luft nicht leben, die heilige Theokratie des Schönen muß in einem Freistaat wohnen, und der will Platz auf Erden haben und diesen Platz erobern wir gewiß.[1]

Diese selten zitierten Sätze haben epochalen Rang. Sie liefern den Schlüssel zu jener Schönen Politik, ohne deren Wahrnehmung man von den Dramen der letzten zwei Jahrhunderte kaum etwas verstehen wird und von deren Existenz und Einsatz die Nachgeborenen doch in der Regel nichts mehr wissen. Schön darf diese Politik heißen, sofern sie, um kantisch zu reden, über ihren moralischen Wert hinaus, »als Gegenstand eines notwendigen Wohlgefallens erkannt wird«; politisch darf dieses Schöne heißen, weil es von einem Hunger nach Verwirklichung, oder um mit Marx zu sprechen, nach Praxis, angetrieben wird. Das nachmals einflussreich gewordene Schema von Theorie und Praxis ist hier in dem Verhältnis von Drehbuch und Inszenierung beziehungsweise Kriegsplan und Feldzug vorgebildet. In ihm ist vorgesehen, dass das Schöne aus der Ohnmacht erwacht und im Realen das Kommando ergreift. Die Späteren können von dieser Formation keine Kenntnis mehr haben in dem Maß, wie für sie die Trennung zwischen den Sphären von Macht, Kunst und Religion zu einer Selbstverständlichkeit geworden ist, an die zu rühren sich kaum noch Gründe finden lassen. Nichts erscheint in der von der Ausdifferenzierung der Teilsysteme bestimmten Gesellschaft so peinlich und so schädlich wie dieses Ineinandergreifen und Zusammenfließen von Dimensionen oder Ordnungen, von denen wir längst überzeugt sind, dass sie nur Nachbarschaft halten, aber niemals fusionieren können und dürfen. Aber was war der Enthusiasmus in seinem heroischen und naiven Zeitalter anderes als die allgemeine Matrix der Peinlichkeiten, die durch die unpolitische Politik, durch die schwärmerische Umarmung des Alls, durch die unnachgiebige Gleichsetzung von Bürgertum und Menschheit hervorgerufen wurden?

Man ahnt immerhin, solange man Hyperions Argument im Ohr behält, dass Immanuel Kant die Haupttatsache der Ästhetik seiner Zeit schon aus dem Auge verloren hatte, als er in seiner *Kritik der Urteilskraft* den Versuch unternahm, das Schöne in die Grenzen der bloßen Künste einzuweisen: »Es gibt« – sagt Kant – »weder eine Wissenschaft des Schönen, sondern nur Kritik, noch schöne Wissenschaft, sondern nur schöne Kunst.«[2] Mit dem Anspruch, dem Schönen – und seinen Produzenten, den Genies – ein abgezirkeltes Spielfeld, eine spezialisierte Region von Kunstsachen zuzuweisen, verfehlt Kant den *modus operandi* der Enthusiasmusepoche, die zu einem Gutteil mit seiner Lebensspanne ausdehnungsgleich war. Er macht sich blind für das doch so augenfällige Phänomen, dass es zu seiner Zeit, mehr als zuvor und je danach, nicht nur schöne Kunst gegeben hat, sondern auch schöne Physik, schöne Medizin, schöne Politik, ja sogar schöne Religion – wie auch immer fragwürdig und unhaltbar diese Hybridformen gewesen sein mögen. All dieses deregulierte Schöne ist ein Ausfluss aus der Politik der schönen Seele, die sich ins Allgemeine und Kommende wirft, berauscht von ihrem Ausdehnungsvermögen, von ihrer Lust, Postulate aufzustellen, und von ihrer universalen Inklusivität, welcher die Prüfung durch die Geschichte erst bevorsteht. Der Enthusiasmus präsentiert sich als eine Meta-Kompetenz bei der Ergreifung des Wirklichen; er will das Medium sein, das die Botschaft ist, und das zu Recht, denn wer begeistert ist, ist am meisten davon begeistert, dass er begeistert ist. Der Enthusiasmus empfiehlt sich als das Vermögen, die Wirklichkeit mit Schönheit anzustecken; – ich erlaube mir zu notieren, dass hundertfünfzig Jahre Ernüchterungsarbeit vonnöten waren, bevor der operative Teil dieses Programms wieder imstande war, auf die Tagesordnung zurückzukommen – diesmal unter dem Titel Design.

Der hier nur flüchtig andeutbare Hinweis auf die Existenz einer Schönen Politik impliziert also, ich wiederhole meine These, die Erinnerung an eine für uns fern gerückte Epoche – an eine Zeit, in der das, was später Deutscher Idealismus heißen sollte, noch nicht mehr als ein Anlauf, eine Prätention war, oder wie schon damalige Skeptiker zu sagen pflegten, ein Überschwang, eine Aufwallung des Gemüts, die anspruchsvoll und darum gefährlich genug ist, ins Wirkliche zu zielen. In philosophischer Hinsicht war der Idealismus eine logische und ethische Ambition, die vor keiner Zuspitzung zurückschreckte, nämlich die paradoxe Unternehmung, Freiheit zum Zentralmotiv von strenger Systembildung zu machen. Vergessen wir darüber nicht, was der Idealismus in seiner moralisch plausibelsten und sozial vergeblichsten Dimension sein sollte – die Kandidatur bürgerlicher Menschen für jene Vornehmheit, von der man früher hartnäckig glauben wollte, sie sei eine unabdingbare Qualifikation für legitime Ansprüche auf Machtausübung. Der Idealismus wollte sich unentbehrlich machen als ein Beweisverfahren, mit dem dargelegt wurde, dass auch die Bürgerlichen machttauglich und machtwürdig sind, sofern es ihnen nur gelingt, an einem geschichtlich neuen Typus von Adel teilzuhaben. Der Adel sollte kein Stand mehr sein, sondern eine Antriebslage. Die Rede ist von dem Adel der Begeisterung für vornehme, sprich allgemeine, emanzipatorische, menschheitsrelevante Ziele. Damit trat Idealismus hervor als der Versuch, die Welt im Ganzen auf die Spitze zu stellen, eine Spitze, die einen ontologisch anspruchsvollen Namen trug, den des »Subjekts« – was heißen soll: das, was zugrunde liegt – oder modern verstanden: was zugrunde *tut*, was »an der Basis« aller Lagen alles vollbringt. Wo so gedacht wird, kommt das Höchste als das Breiteste daher. Was das Oberste war, soll nun etwas sein, was jedem zukommt. Was höchste Auszeichnung war, wird allgemeines Merkmal und alltägliche Anrede. Das Geheimnis der Enthusiasmuspolitik ist demnach, dass sie die ganze Gesellschaft in den Adelsstand erhebt – oder wie Schiller in der ersten Fassung der *Ode* sagt –, dass Bettler Fürstenbrüder werden. Doch wenn schon Adel verpflichtet – mehr noch das Subjekt. Nichts ist so anstrengend wie selbst Prinzip sein. Das eine Mal wird das Subjekt, die alltätige Gattung, als weltsetzende Produktivität vorgestellt, ein andermal als Willensfreiheit ohne Grenzen und schließlich als das Vermögen zu universaler Brüderlichkeit. In dem letzten Begriff deutet sich der gute Wille an, mit allem, was Mensch ist, einen einzigen Familien-, Verkehrs- und Lebenszusammenhang zu bilden und mit einer einzigen Stimme, einer Gattungsstimme, zu sprechen oder vielmehr zu singen – eine so edle wie unduldsame Inklusionsträumerei, deren Spuren sich durch zwei Jahrhunderte verfolgen lassen bis hin zu dem ausgepressten deutschen Spätidealismus der jüngeren Kritischen Theorie.

Der Idealismus als Gattungsenthusiasmus trägt einen Impuls in sich, den man die Politik der Chöre nennen könnte. Denn was sind nach dieser Auffassung bürgerliche Gesellschaften anderes als politische Musikvereine, in denen jedes Mitglied eine Stimme hat – eine Stimme, deren wahre Bestimmung gefunden wird in der Konsonanz, in der Zustimmung zum Dasein in der Totalen, in der Gattung und deren gottgewollten Sektionen, den Nationen? Nur im Blick auf solche klingenden Totalitäten ist vielleicht sinnvoll, was Schiller in seiner Ode *An die Freude* auszusprechen unternahm. Nur wenn Völker von sich aus Chöre sind, die auf die Noten warten – und der politische Idealismus ist vielleicht nichts anderes als der Entschluss, hieran nicht zu zweifeln –, nur dann besteht eine Hoffnung, dass der Enthusiasmus, in Schillers Terminologie die Freude, über die trennenden Mächte siegt, die nun – ein wenig flach – die Mode heißen, von denen wir hingegen wissen, dass sie die als solche schätzenswerten Erfolgsprinzipien der modernen Gesellschaft bezeichnen. In der Tat, weniger als ein Zauber ist nicht genug, um zu binden, was die Geldwirtschaft getrennt hat. Ein Zauber müsste es sein, was die Teilsysteme der Gesellschaft auf ihrem Weg zur Ausdifferenzierung aufhalten wollte. Und überdies, wie soll man es ohne Zauber dahin bringen, dass Millionen ruhig halten, wenn Dichter Umschlingung in Aussicht stellen? Wie ohne Zauber annehmen, dass die Welt etwas sei, was von einem Kuss erreicht wird? Aber noch einmal: Was ist der Idealismus anderes als dieses letzte Schwelgen in einer vortechnischen Beziehung zum Allgemeinen. Dieser Kuss der ganzen Welt! Dies ginge noch an – wenn erst die Kommunikationstechnologie einmal so weit ist, um Anschlüsse in allen Haushalten für Fernküsse anzubieten. Aber was soll man von einem Autor halten, der seinen »Brüdern«, immerhin aufgeklärten Lesern, wie man annehmen darf, suggerieren will, über dem Sternenzelt müsse ein liebender Vater wohnen! Woher, wenn man fragen darf, nimmt der junge Idealist noch dieses himmlische Zelt, jenes alte Firmament, das kosmologisch schon zu seiner Zeit seit über zweihundert Jahren eine erledigte Idee war? Woher nimmt er den liebenden Vater, da weder sein eigener noch der Landesvater als Modelle infrage kamen – war er nicht soeben vor dem letzteren von Mannheim nach Dresden zu seinem Freunde Körner geflohen? Die Freude allein machte solches möglich, sie war das Agens des höheren Zusammenhalts und des dichteren Dunsts; sie schaffte herbei, was nicht mehr zugänglich erschien; das Versandhaus Freude war bekannt dafür, dass seine Lieferzeit im Nu hieß.

Meine Damen und Herren, es ist nicht der Sinn dieser Erinnerungen, die Schöne Politik nachträglich dem Spott preiszugeben. Ich möchte eher ihre Erstaunlichkeit und Leistungskraft hervorkehren und ihre kaum noch nachvollziehbare Verführung ins Licht rücken. Erst aus der groß gewordenen historischen Distanz ist zu ermessen, wie viel autohypnotische Routine damals schon vonnöten war, um in der Art des jungen Schiller die Freude als Medium der totalen Vereinigung zu besingen; man begreift, wie hoch der Grad von Bewusstheit lag, mit welcher die Selbstillusionierung gesucht wurde – Freude ist ja der Reflexionsbegriff des Enthusiasmus, der sich auf die Suche gemacht hat nach einem Publikum, das noch nicht so ganz will, wie es soll. Man ahnt, verwundert, vielleicht sogar neidisch, wie sehr die bürgerlichen Menschen jener Zeit noch geborgen waren in ihrem Vermögen, vor dem Realen ins Hymnische auszuweichen. Wie kurz waren damals die Wege vom Klavierduo zur Menschheit, wie schnell stieg man vom Punsch zur Gattung auf. Wer doch auch heute noch von den Tatsachen so seelenhaft absehen könnte wie ein gebildeter Deutscher um 1800! Wer noch heute die Fähigkeit besäße, auf das Gute und Schöne allein zu blicken, in der Hoffnung, dass sich das Wirkliche dem Beispiel anschließt! Zu gut nur kennen wir das Ende der Geschichte der Kultur des Bürgertums, sie ist versunken, sie hat sich durch Hybris selbst unmöglich gemacht, sie ist vom Einbruch des Realen im 20. Jahrhundert vernichtet worden, aber es lässt sich nicht leugnen, ihr stärkster Teil war diese Kammermusik der Illusion, die in allen besseren Haushalten vom Blatt gespielt wurde – notfalls auch, da der Herr Senator im Kontor zu tun hatte, mit Hilfe von Assessoren am Klavier, die ihre anfängliche Schüchternheit neben der Violine spielenden Dame des Hauses langsam ablegten.

Meine Damen und Herren, lassen Sie mich ein Wort über die Katastrophe der Schönen Politik sagen. Hier kann ich mich kurz fassen, weil wir in diesen Dingen aus einem gemeinsamen Fundus von frei zugänglichen Intuitionen schöpfen. Das 19. und 20. Jahrhundert waren eine Utopieteststrecke, nach deren Absolvierung für jeden, der es wissen will, zutage liegt, warum die modernen »Freistaaten«, oder wie wir jetzt sagen, die demokratischen Systeme, keine günstigen Nährböden für die hölderlinische, die graecomanisch inspirierte Theokratie der Schönheit haben bieten können. Der einzige Schöne Staat, der das Examen der Geschichte nahezu unbeschadet überstanden hat, ist das Reich Sarastros, in dem man die Rache nicht kennt, zumindest solange die Hallen-Arie ertönt. Nur auf der Opernbühne ist es wahr, dass die Fürsten ihre Oppositionellen umarmen und selbst ihre Attentäter an die Brust drücken, bis ihnen der Dolch aus der erweichten Hand fällt. Was allenfalls früh hätte zu denken geben können, sind die drohenden Zeilen: »Wen diese Lehren nicht erfreun / verdienet nicht, ein Mensch zu sein.« Selbst auf der Bühne blitzt doch für einen Augenblick der Zusammenhang zwischen der begeisternden Inklusivität und der exterministischen Exklusivität hindurch – aber wer achtet auf den Text in einer verklärten Welt, in der der Bass immer recht hat? Immerhin, besaß nicht auch schon die glänzend militante Hymne der Franzosen einen beunruhigend rassistischen, Auslöschung androhenden Refrain, in dem es hieß, das unreine Blut der Nichtgallier möge die heiligen Äcker des Vaterlandes tränken? Wer hätte damals, bei diesem Menschheitsmorgen, von solchen Bedenken Aufhebens machen dürfen? Wer hätte die Triumphmusik der Vereinigungs- und Versöhnungsphilosophien stören wollen? Erst sehr viel später machte sich die Einsicht geltend, dass alle Versuche, den realen Staat nach Drehbüchern der Schönen Politik zu inszenieren, in Greuelhandlungen von beispiellosen Ausmaßen enden mussten. In der Tat, die Schöne Politik, die Praxis der All-Umarmung und der absoluten Inklusion, hat sich, sobald sie militante Züge ausbildete, als ein allzu teurer Traum erwiesen. Die Erwachenden waren gezwungen, ihre Verhältnisse mit nüchterneren Augen zu betrachten und sich darüber Rechenschaft abzulegen, dass jede totalisierende Inklusion, die aufs Reale zielt, mit ebenso realen Exklusionen bezahlt wird. Und weil diese Wahrnehmung inzwischen in die alltäglichen Gestimmtheiten der Gesellschaft eingedrungen ist, ist auch Beethovens Musik gerade da, wo ihr die Instrumentierung und Stimmwerdung des Gattungsenthusiasmus auf überwältigende Weise gelang, in eine geschichtliche Bewegung einbezogen worden, die ihre Sinngrundlagen, oder besser: ihre Elanquellen verschiebt.

Um dies genauer zu verstehen, ist es nützlich, sich ins Gedächtnis zu rufen, dass die ästhetische Sphäre von Anfang an zumindest zwei-dimensional erschien: denn nicht nur das Schöne fiel in ihre Zuständigkeit, sondern auch das Erhabene, und dieses war es, das seit jeher für den Übergang ins Reale – oder den Schein des Realen – verantwortlich zeichnete. So wie die ungeduldige, unreine Theorie ständig in die Praxis übergehen wollte, so war es dem anspruchsvollen Schönen dringlich darum zu tun, ins Erhabene überzugehen – und wenn sich dieses als das Schreckliche enthüllte. Darum war Schöne Politik immer und von vornherein als Erhabene Politik angelegt. Tatsächlich ist das Schöne nichts als des Schrecklichen Anfang, jedoch, es ist kein Verlass darauf, dass es gelassen verschmähen wird, uns zu zerstören. Wenn der Staat im Ornat an die Rampe trat und Zugang zum Bürgerherzen forderte, so tat er dies in seiner Eigenschaft als Erhabener Staat, das heißt als Verwalter der Ernstfälle. Erhaben darf heißen, was menschliche Subjekte an die Möglichkeit ihrer Vernichtung erinnert – sei es die Idee des unendlich Großen, das uns als das mathematisch Erhabene anspricht, sei es die Anschauung der Natur in ihren elementarischen Dimensionen, von denen wir uns grenzenlos überragt sehen, wenn uns das dynamisch Erhabene in seiner unwiderstehlichen Gewalt begegnet. Lange jedoch, bevor die Begegnung mit diesen Größen ästhetisch eingespielt wurde, war es der Staat der frühen Neuzeit, der sich vor seinen Untertanen und Feinden als eine potentiell todgebende Gewalt theatralisch aufrichtete. Er wetteiferte mit der Natur als Quelle erhebender Vernichtungen. Er konnte es sich nicht nehmen lassen, hinreichend oft zu töten, um seinem Anspruch, das Ernsteste zu sein, Gewicht zu geben. Darum musste das Erhabene, sobald es bürgerlich wurde, philosophisch als der ästhetische Widerschein der menschlichen Freiheit erscheinen. Es reflektiert unser Vermögen, zum eigenen Untergang und seiner Androhung Stellung zu nehmen – vorausgesetzt nur, dass man die Zuschauerposition behält und vor realen Bedrohungen in Sicherheit bleibt. In dieser Position darf die Seele zwischen Hingabe und Widerstand schwanken. Seit dem 18. Jahrhundert übt das

Bürgergemüt in seinen Kunstmedien den Untergang im Allgewaltigen, es phantasiert unablässig, wie es wäre, in den Alpen abzustürzen oder auf dem Atlantik in Seenot zu geraten oder auf einem Landsitz im schottischen Moor vom Grauen aus dem Jenseits angefasst zu werden. Es probt in seinen schauerlichen Momenten den Tod im Großen und im Ganzen, es schaut den Helden zu beim Einschmelzen ins Überwältigende und beim Versinken im Ungeheuren, aber da weder die Alpen noch die Ozeane noch die englischen Spukschlösser den Bedarf an Untergangsgelegenheiten decken können, muss immer wieder auf die ursprüngliche Quelle des Erhabenen zurückgegriffen werden, auf den Erhabenen Staat, in dessen Ernstfällen, den außenpolitischen Kriegen, die edle Vernichtung noch am ehesten gewährleistet scheint, virtuell nicht anders als real. Und damit rühren wir an die nervöse Stelle, an der unsere spät- und postmoderne Verlegenheit vor dem enthusiasmuskulturellen Erbe beginnt. Wir sehen heute etwas deutlicher, wie das Erhabene als Überleitung vom Widerstand des Subjekts in seine freiwillige Selbstauslöschung fungierte. Die bürgerliche Kultur stand in ihrer Gründerzeit vor der enormen Aufgabe, einen Erhabenheitstransfer vom absolutistischen auf den demokratischen Staat zu vollziehen. Ein Bürgertum, das den Adel reklamierte, konnte sich diesem Imperativ nicht entziehen. Wie hätte es sich seiner entledigen sollen ohne die Hilfe der ästhetischen Ideologie, die ihm die Mittel an die Hand gab, das Schöne mit dem Erhabenen kurzzuschließen?

Wir wissen aus der neueren Literatur, dass Beethoven ein Experte dieser Operation war.[3] Im Text zu seiner *Chorphantasie opus 80* werden die von der Zeit gestellte

Aufgabe und die Prämie auf ihre Lösung am klarsten benannt: »Wenn sich Lieb' und Kraft vermählen / Lohnt dem Menschen Göttergunst«. Die Liebe muss ins Spiel kommen als das Vermögen, mit schönen Seelen den besseren Gesellschaftsvertrag zu schließen; Kraft ist vonnöten, um an der erhabenen Front sich zu behaupten und Untergängen ins Auge zu sehen. Erst so gelangen wir zu einem präziseren Begriff des Enthusiasmus: Damit im besten bürgerlichen Sinne Freude aufkommt, muss das Schöne erhaben sein und das Erhabene schön – und an dem Punkt, wo beide Größen sich die Waage halten, löst sich die Politik in Rührung auf, ja, die Gesellschaft scheint dazu berufen, ihre Staatlichkeit, mitsamt deren Gewaltmitteln, wie eine spontane Projektion aus sich zu emanieren. Im Erhabenen Bürgerstaat kommen die Freiwilligen der Einberufung zuvor; die Tränen überholen die Gesetze; das Herz überbietet den Höchststeuersatz. Vielleicht gibt es in der Geschichte der Künste schlechthin kein Werk, das die Balance zwischen dem Schönen und dem Erhabenen auf so hoher Ebene zeigt wie Beethovens 9. Symphonie, zumal in ihrem Chorfinale, in dem die Koinzidenz von Freundesfeier und freiwilligem Untergang in der erhabenen Totale exemplarisch vollzogen ist. Solche Musik stellt uns die Einberufung ins schöne Ganze zu. Wenn je eine kleine Politik der Freundschaft mit dem Kultanspruch des Erhabenen Staates der Bürgerzeit auf einen gemeinsamen Nenner gebracht werden konnte – hier lässt sich in Erfahrung bringen, wie es klingt.

Man hat die 9. Symphonie eine Marseillaise der Menschheit genannt und sie für die Ewige Aufklärung in Anspruch genommen; man hat sie aber auch als Emanation der deutschen Seele identifiziert und sie zumindest im Sinne eines imaginären Urheberrechts repatriiert: als dauernde Leihgabe der Deutschen an die Menschheit. Wir verstehen, wieso die beiden Reklamationen Grund in der Sache haben, denn beide drücken Modi der Enthusiasmuspolitik aus, beide halten fest am ästhetischen Ideal des 19. Jahrhunderts, an jenem idealistischen Populismus, der wollte, dass sich das Erhabene ebenso volkstümlich gebe wie das Schöne, das definitionsgemäß des notwendigen Wohlgefallens allgemein gewiss sein darf. Die ästhetische Ideologie hat den Aufschwung ins Erhabene in die Reichweite aller gebracht, so wie die allgemeine Wehrpflicht die Chance demokratisiert hat, für den Erhabenen Bürgerstaat, der jetzt Vaterland heißt, zugrunde zu gehen. Mit klaren Worten hat Hegel im Hinblick auf die Marseillaise die politische Macht populär-erhabener Musik statuiert:

> Die eigentliche Begeisterung aber findet ihren Grund in der bestimmten Idee, in dem wahrhaften Interesse des Geistes, von welchem eine Nation erfüllt ist und das nun durch die Musik zur augenblicklich lebendigeren Empfindung gehoben werden kann, indem die Töne, der Rhythmus, die Melodie das sich dahingebende Subjekt mit sich fortreißen.

Mit Bedauern fügt der Philosoph hinzu, dass inzwischen Verhältnisse eingetreten seien, in denen die Musik alleine nicht mehr imstande sei, eine »solche Stimmung des Mutes und der Todesverachtung hervorzubringen.«[4] In analoger Weise hat die moderne allgemeine Wehrpflicht den Todesmut zugleich verallgemeinert und pragmatisch herabgestimmt:

> [D]er Zweck und Inhalt gibt diesem Mut erst die Bedeutung; [...] Das Prinzip der modernen Welt, der *Gedanke*

> und das *Allgemeine* hat der Tapferkeit die höhere Gestalt gegeben, daß [...] somit der persönliche Mut nicht als ein persönlicher erscheint.

Darum hat die moderne Welt die Feuerwaffe erfunden, die nicht nur die persönliche Tapferkeit in eine abstraktere verwandelt, sondern den Untergang des Einzelnen für das Ganze in ein unpersönliches und massenhaftes Geschehen einbettet.[5]

Dass die Synthese zwischen Hoch und Niedrig sich nicht auf Dauer halten ließ, hat die weitere Entwicklung der Gesellschaft und ihres Kunstsystems dargetan. Das Hauptereignis des 20. Jahrhunderts – wenn man den Mut zur Formel auf die Spitze treiben will – besteht kulturgeschichtlich darin, dass die idealistische Synthese des Schönen und Erhabenen gesprengt wurde. Dies ist nur eine andere Art zu sagen, dass die Kulturrevolution des 20. Jahrhunderts sowohl den Bruch der Avantgarden mit dem ästhetischen Einverständnis als auch die Entsublimierung des Massenpublikums hervorgebracht hat. Die doppelte Revolution hat den Flirt der Völker und Massen mit dem Erhabenen beendet und das Schöne von ihm abgetrennt – wobei wir die Übergangsfunktion des Kitsch, des sozialistischen wie des völkischen, nicht unterschätzen dürfen, der seine Rolle als Dekadenzform des Populärerhabenen bis zum Überdruss ausgereizt hat. Das politische Ergebnis davon ist, dass der Erhabene Staat als kitschiger Staat bloßgestellt ist und sich gezwungen sieht, sich künftig als neusachlicher oder diskreter Staat zu präsentieren. Das ästhetische Ergebnis hat komplexere Züge; dennoch kann man im Rückblick auf das abgelaufene Jahrhundert eine klare Strukturdominante erkennen: Die Massenkultur hat die Wege, die das Schöne geht, zu

Autobahnen ausgebaut. Kant wäre mit seinen Definitionen von neuem in Verlegenheit, weil jetzt alles schön ist außer der Kunst und alles kritisch außer der Kunstkritik. Die Hochkultur hat sich in eine mürrische und teure Erhabenheit zurückgezogen. Sie lebt davon, dass niemand ihr mehr nachsagen kann, sie sei allgemein verständlich; ihr Erfolgsgeheimnis besteht darin, dass viele inzwischen den Grundsatz befolgen, unter dem das modernisierte Erhabene gedeiht: Was niemand schön finden oder verstehen kann, muss man sammeln und ausstellen. Auf diese Weise behauptet der Erhabene Staat als Träger der Museen doch noch seine Kompetenz.

Meine Damen und Herren, ich schließe mit der Bemerkung, dass die historische Drift des modernen Kunstsystems in Zustände geführt hat, in denen fürs Erste die Gefahren gebannt scheinen, die für das Zeitalter der Schönen Politik und des Erhabenen Staats charakteristisch waren. Die fatalen Explosionen der Enthusiasmuspolitik sind in die Vergangenheit gerückt; was von ihr übrig blieb, macht weiter in der relativ harmlosen Gestalt der Konsensustechnik und der achtbaren Kunst, Mehrheiten zu beschaffen. Es wäre undankbar zu sagen, dass man damit nicht leben kann. Umgekehrt wäre es eine Übertreibung, wollte man behaupten, dass der Stand der Dinge zur Zufriedenheit einlädt. In der herrschenden Massenkultur ist es nicht nur zur Freisetzung von unschuldigem Kitsch gekommen; sie hat nicht nur die Rührung demokratisiert und die Schönheit aus den Kunsthallen in die Badezimmer und an die Strände verschoben; sie hat auch das Erhabene entsublimiert, den Tod banalisiert und einen Expressionismus der Gewalt und der Geschmacklosigkeit durchgesetzt, dessen einziges historisches Gegenstück in den Unterhaltungsbestialitäten der römischen Arena zu finden wäre. Von dem Anspruch auf Adel für alle ist nicht mehr übrig geblieben als die unantastbare Freiheit, das Niveau weiter zu senken. Angesichts dieser Verhältnisse liegt der Gedanke nahe, dass es gerade in der demokratischen Massenkultur darauf ankommen könnte, ein neues, diskret ausgependeltes Verhältnis zwischen dem Schönen und dem Erhabenen zu erproben. Von der dritten Dimension des Ästhetischen, der Ironie, wie der vierten, der Konzeptualisierung, ist dabei noch nicht einmal die Rede.

Bei der Abklärung solcher Ideen muss stets die klassische Kunst die Rolle spielen, die ihr zukommt. Nur an ihr lässt sich in Erfahrung bringen, was auf der einen Seite nicht mehr geht und auf der anderen unentbehrlich bleibt. Auch das moderne Ohr, das sich in elaborierten Dissonanzerfahrungen erkennt, taucht hin und wieder glücklich zurück in die Tonwelt der begeisterten Beweglichkeit, die noch immer das Beste zeigt, was die bürgerliche Kultur vor ihrem Sieg und Verfall über ihre inneren Zustände mitteilen konnte. Wir leihen uns willig für eine Stunde den Enthusiasmus eines untergegangenen »Weltzustandes«. Dann nehmen wir mit aufgeklärter Nostalgie Stellung zu der Versuchung, Mitglied eines Chores zu werden – ich erlaube mir die Anmerkung, dass heute noch in Deutschland die Zahl der Mitglieder von Chören höher ist als die der Mitglieder von Parteien. (Das Bundesamt für Statistik grüßt die Deutsche Einheit.)

Meine Damen und Herren, ich möchte das Schlusswort einem Autor geben, an dessen 100. Todestag sich die deutsche Öffentlichkeit vor wenigen Wochen erinnert hat. Friedrich Nietzsche war wohl der erste, der über

Schwierigkeiten beim späteren Hören klassischer Musik in einer Weise Rechenschaft abgelegt hat, die unmittelbar zum zeitgenössischen Bewusstsein spricht. In dem Aphorismus 153 »Die Kunst macht dem Denker das Herz schwer« notiert der Autor von *Menschliches, Allzumenschliches*:

> Wie stark das metaphysische Bedürfniss ist und wie sich noch zuletzt die Natur den Abschied von ihm schwer macht, kann man daraus entnehmen, dass noch im Freigeiste, wenn er sich alles Metaphysischen entschlagen hat, die höchsten Wirkungen der Kunst leicht ein Miterklingen der lange verstummten, ja zerrissenen metaphysischen Saite hervorbringen, sei es zum Beispiel, dass er bei einer Stelle der neunten Symphonie Beethoven's sich über der Erde in einem Sternendome schweben fühlt, mit dem Traume der Unsterblichkeit im Herzen: alle Sterne scheinen um ihn zu flimmern und die Erde immer tiefer hinabzusinken. – Wird er sich dieses Zustandes bewusst, so fühlt er einen tiefen Stich im Herzen und seufzt nach dem Menschen, welcher ihm die verlorene Geliebte, nenne man sie nun Religion oder Metaphysik, zurückführe. In solchen Augenblicken wird sein intellectualer Charakter auf die Probe gestellt.

Anmerkungen

1 Friedrich Hölderlin, *Hyperion oder der Eremit von Griechenland*, Stuttgart 1961, 1998, S. 107.

2 *Kritik der Urteilskraft*, § 44.

3 Esteban Buch, *Beethovens Neunte. Eine Biographie*, Berlin, München 2000.

4 G.W.F. Hegel, *Werke in zwanzig Bänden. Vorlesungen über die Ästhetik III*, Bd. 15, Frankfurt a. M. 1970, S. 158.

5 G.W.F. Hegel, *Werke in zwanzig Bänden. Grundlinien der Philosophie des Rechts*, Bd. 7, Frankfurt a. M. 1970, S. 496.

Wo sind wir, wenn wir Musik hören?

A. Im Hinweg und im Rückweg

Die Philosophie kennt eine Verrücktheit, von der die Psychiatrie nichts weiß. Denken Sie an die ansonsten für ihre Nüchternheit berühmte Hannah Arendt, die allen Ernstes eine Abhandlung zu der Frage »Wo sind wir, wenn wir denken?« verfasste, oder an Valentinos und Basilides, die gnostischen Theologen der Spätantike, deren Elan darauf gerichtet war, eine Antwort auf die Frage »Wo sind wir, wenn wir in der Welt sind?« zu finden. Bizarre Gedanken schließen noble Muster so wenig aus wie der Wahnsinn die Methode. Dass es aber auch vernünftige Wahnsinns-Gewinne gibt, die mehr sind als Sprachverkehrungen, dies könnte zu den Lektionen zählen, die sich aus tiefenmusikologischen Überlegungen ziehen lassen.

In den letzten Jahren ist das Ohr philosophisch ins Gespräch gekommen – als hätte dieses Stiefkind der Erkenntnistheorie mit einem Mal eine Fülle von aufmerksamen Adoptiveltern für sich interessieren können. Tatsächlich hatte die abendländische Licht- und Sichtphilosophie in ihren glänzenden Tagen zwischen Plato und Hegel zu den Realitäten des Gehörs ein eher herablassendes Verhältnis. Ihrem Grundzug nach war die westliche Metaphysik eine Augen-Ontologie, die aus der Systematisierung eines äußeren und inneren Sehens hervorging. Das Subjekt des Denkens trat als ein Seher auf, der nicht nur Dinge und Urbilder, sondern zuletzt auch sich selbst als sehende Seele sah – eine lokale Manifestation absoluter Sehkraft. Man könnte die Angehörigen der Zunft als argumentierende Visionäre bezeichnen. Vielleicht ist das seit den Junghegelianern diskutierte »Ende der Metaphysik« auch als ein Symptom dessen zu lesen, dass die mediale Bilderinflation zur Annäherung an ein Maximum führt, jenseits dessen sich die Verabsolutierung des Sehens nicht länger durchhalten lässt.[1] Das abendländische Vorurteil zugunsten des Auges auf Kosten des Gehörs betäubt nicht mehr alle Teilnehmer am Gespräch über das, was die Griechen die großen Dinge nannten. Angesichts dieses Fortschritts lässt es sich leben mit dem Verdacht, der populäre auditive Pietismus sei Teil einer erneuten konservativen Revolution, mit der ein alteuropäischer, auf Reste von Innerlichkeit pochender Menschentypus seinen Untergang in der entinnerten Medienzivilisation um einige Generationen hinauszuzögern versucht.

Die Differenz zwischen einem primär sehenden oder hörenden Weltverhältnis hat in Bezug auf die aparte Frage, wo wir sind, wenn wir hören, unmittelbare Bedeutung. Um etwas zu sehen, muss der Sehende dem Sichtbaren in einem offenen Abstand gegenüberstehen. Dieses räumliche Auseinander- und Gegenübersein suggeriert die Annahme einer Kluft zwischen Subjekten und Objekten, die zuletzt nicht nur räumlich, sondern auch ontologisch ins Gewicht fällt. In der letzten Konsequenz dessen verstehen sich Subjekte als weltlose Beobachter, die zu einem von ihnen immer schon abgerückten Kosmos ein gleichsam nur äußeres Verhältnis aufnehmen; Subjektivität wäre dann, in Analogie zu einer überwiegend theoretischen Gottheit, primär kontemplativ, sekundär handelnd. Sofern die Augenwelt eine Distanzwelt ist, geht die okulare Subjektivität mit der Neigung einher, sich als eine letztlich nicht-involvierbare Weltzeugenschaft zu interpretieren. Das sehende Subjekt steht »am Rande« der Welt wie ein welt- und körperloses Auge vor einem Panorama – olympische Kontemplation und optische Theologie sind nur zwei Seiten derselben Münze. Denkern hingegen, die das Dasein von den Tatsachen des Hörens her auslegen wollten, hätte die Fernrückung des Beobachter-Subjekts an die imaginäre Außengrenze der Welt nicht einfallen können, weil es zur Natur des Hörens gehört, nie anders zustande zu kommen als im Modus des Im-Klang-Seins. Kein Hörer kann glauben, am Rand des Hörbaren zu stehen. Das Ohr kennt kein Gegenüber, es entwickelt keine frontale »Sicht« auf fernstehende Objekte, denn es hat »Welt« oder »Gegenstände« nur in dem Maß, wie es inmitten des akustischen Geschehens ist – man könnte auch sagen: sofern es im auditiven Raum schwebt oder taucht. Eine Philosophie des Hörens wäre daher von Anfang an nur als Theorie des In-Seins möglich – als Auslegung jener »Innigkeit«, die in der menschlichen Wachheit weltempfindlich wird. Dass die Liaison zwischen Ohr und Innigkeit wiederum keine exklusive sein kann, daran erinnert die Tatsache, dass Menschen sich zum Hörbaren zumeist in derselben Einstellung verhalten, wie sie im sehenden Umgang mit entfernten Dingen vorherrscht – nämlich objektivierend und zerstreut, nicht-innig, unberührt, im Modus der Selbstbewahrung und der Distanzierung. Man kann also nicht vom Hören allein schon auf das Eintreten der wachen Innigkeit schließen – so wenig wie man Menschen zu Mystikern macht, indem man ihnen vorsagt, dass sie In-der-Welt-Seiende sind.

Wo sind wir, wenn wir Musik hören? Die Frage ist bizarr genug, um den Übergang vom Vorstellen von Gegenständen zum Einwohnen in Medien zu evozieren. Einwohnendes Verhalten verrät sich aber oft nicht durch Zeichen der Anteilnahme an allem, was das Subjekt umgibt, sondern durch Versunkenheit der Subjekte in sich selbst. Ich erinnere an die sokratischen Absencen, die noch immer wie unmerkliche Fragezeichen den Beginn der europäischen Philosophie markieren. Sowohl Xenophon als auch Plato berichten, dass Sokrates die Gewohnheit hatte, plötzlich »seinen Geist auf sich selbst zu richten« und »taub gegen die nachdrücklichste Ansprache« zu werden; dabei habe er ungerührt mit seiner jeweiligen Beschäftigung fortgefahren. Einmal soll er während eines Militärlagers vierundzwanzig Stunden in völliger Gedankenversunkenheit stehend ausgeharrt haben, für jeden Appell der Außenwelt unerreichbar. Man wird solche Episoden kaum als Beweise von Musikalität gelten lassen – doch kann die Frage, wohin der Denker bei seinen Absencen versunken sei, schwerlich beantwortet werden, ohne dass die Rede wäre von einer Welt innerer Stimmen und Klänge, deren Gegenwart mächtiger sein kann als jedes äußere Geräusch. Wenn der Philosoph in eine Sphäre entrückt ist, die den gewöhnlichen Sterblichen nicht von dieser Welt zu sein scheint, so behält doch seine Versunkenheit in einen Zustand ohne äußeres Gehör einen tiefenakustisch relevanten Sinn. Dieser ist mit dem, was man Beseelung und In-sich-Sein nennt, so wesenhaft verbunden, dass man nicht angeben könnte, was Seele sein soll, wenn nicht immer auch ein selbstbezügliches Hören. Hätte Sokrates über seine Entrückungen Rechenschaft abgelegt, so hätte er über Zustände berichtet, in denen die Welt vorübergehend untergeht, ohne dass das Kontinuum seelenhafter Selbstgegenwart aufhörte. Ich höre Stimmen, also gibt mir der Gott zu denken; es flüstert in mir, folglich sorge ich mich um die großen Dinge. Vielleicht hätte sich Sokrates als einen Experten für diskrete Weltuntergänge beschrieben. Die enstatischen Trancen des europäischen Protophilosophen waren ein Schlaf der Vernunft, der nicht Ungeheuer, sondern innere Stimmen, Ideen und Theoreme gebar. Das Fernsein von allem, was sonst noch der Fall ist, schuf die Voraussetzung für das Erwachen, das staunen macht darüber, dass etwas ist.

Man braucht kein Philosoph zu sein, um die Welt in Abständen untergehen zu lassen. Jeder Sterbliche besitzt ein ausreichendes Maß an Weltuntergangspraxis – und dies nicht nur, weil er gelegentlich von apokalyptischen Launen mitgerissen wird. Menschen sind Wesen, die nicht darauf verzichten können, täglich für eine Anzahl von Stunden den Vorhang vor dem Welttheater fallen zu lassen – auch wenn sie sich bei Tag als Vernunftwesen definieren und Vernunft das Vermögen sein will, sich in einem wachen Dauerbezug zu einer immer gegenwärtigen Welt zu halten. Waren Philosophen nicht *ex officio* die Märtyrer der Illusion, permanent wachen zu können?

Man darf eine Pointe nach-metaphysischen Denkens darin sehen, dass Subjekte heute, nach jahrtausendelangen Experimenten mit Phantasmen der Dauerwachheit, sich in aktiver Resignation zu einer positiven Theorie des Nicht-immer-wach-in-der-Welt-Sein-Könnens bekehren.

Eine philosophische Anthropologie neuen Typs geht von dem Satz aus, dass die Menschen die Wesen sind, die in Rhythmen des Weltaufgangs und -untergangs vorkommen – existierend, inexistierend, anwesend, abwesend. Aus der Idee der Anthropologie als Onto-Rhythmik ergibt sich ein doppeltes Programm – auf der positiven Seite eine Metaphysik der Trivialität, auf der negativen eine Ontologie der diskreten oder grauen Nichtse.[2] Unter rhythmologischem Aspekt tritt eine geheime Verwandtschaft zwischen diversen Bereichen menschlichen Lebens ans Licht, die in der Regel nie zusammengedacht werden: Der Schlaf und die Dummheit, die ältesten Rückzugsräume des weltfernen Wesens, rühren an die Kulturen der Droge, der Meditation, der Spekulation – und an die Musik, die holde Kunst, die, wie es heißt, uns aus grauen Stunden in eine bessre Welt entrückt. Sie folgen einander wie Glieder eines Immunsystems zur Abwehr von infektiöser, überfordernder Welt.

Eine Passage aus Erhart Kästners Buch *Die Stundentrommel vom heiligen Berg Athos* mag andeuten, wie sich der Akosmismus der Nacht mit der weltentfernenden Kraft der klösterlichen Stille und der Ekstase des Hörens zu einem gemeinsamen Muster vereinigt.

> Die Stundentrommel, das hölzerne Schlagbrett, wird zum Beginn der Horen geschlagen, so zum Mitternachtsdienst, so zum Orthros, der bald danach ist, so zur Proti. Der Hammer macht auf dem Zypressenbalken schnelle hohe und tiefere Töne, je nachdem ob der Schlag in der Mitte oder mehr am Rande auftrifft. Der Mönch trägt den Balken vor sich. Während er trommelt und geht, hallt es von da und dort durch die Nacht, kommt näher, verzieht sich, wird vom dunklen Torweg verschlungen. Das ist

> der Gebetsruf des Athos: soviel Osten, soviel Wüste. So knöchern, so dürr; aus dem Herbarium von zehntausenden immer und immergleichen Nächten genommen. Und doch welche Fangkraft in solchem Geklöppel ... Wie eine Spitze webt sich das Trommeln in den Schlaf und in den Halbschlaf hinein ... wie eine elfenbeinerne Spitze heften die hölzernen Strophen sich energisch auf den schwarzen Wollstoff der Nacht ...[3]

Von hier aus ist der Weg nicht weit zu Emile Ciorans merkwürdiger Musiktheorie:

> Wir tragen in uns die ganze Musik: sie ruht in den Tiefenschichten der Erinnerung. All das, was musikalisch ist, gehört zur Reminiszenz. In der Zeit, als wir noch keinen *Namen* besaßen, müssen wir wohl alles voraus gehört haben.[4]

Gelänge es, diesen gnostischen Aphorismus aufzuhellen, so besäßen wir den Kernsatz einer Tiefenmusikologie, die für die Tonkunst der Vergangenheit ebenso zuständig wäre wie für die zeitgenössische. Ich begnüge mich damit, Ciorans Bemerkung in zwei Teilbehauptungen zu zerlegen, um diese zu amplifizieren. Erstens, vor der Individuation hören wir voraus – das heißt: das fötale Gehör antizipiert die Welt als eine Geräusch- und Klangtotalität, die immer im Kommen ist; es lauscht ekstatisch vom Dunklen der Tonwelt entgegen, meist weltwärts orientiert, in einer unentmutigbaren Vorneigung in die Zukunft. Zweitens, nach der Ichbildung hören wir zurück – das Ohr will die Welt als Lärmtotalität ungeschehen machen, es sehnt sich zurück in die archaische Euphonie des vorweltlichen Innen, es aktiviert die Erinnerung an eine euphorische Enstase, die uns wie ein Nachleuchten vom Paradies her begleitet. Man könnte sagen, das individuierte oder unglückliche Ohr strebt unwiderstehlich fort von der realen Welt hin zu einem Raum inniger akosmischer Reminiszenzen.

Musik wäre demnach immer schon die Verbindung zweier Strebungen, die sich wie dialektisch aufeinander bezogene Gebärden gegenseitig erzeugen. Die eine führt aus einem positiven Nichts, aus dem Weltlosen, Innerlichen, Schoßhaften weltwärts in die Manifestation, die offene Szene, die Weltarena – die andere aus der Fülle, der Dissonanz, der Überlastung zurück ins Weltlose, Befreite, Verinnerlichte. Die Musik des Zur-Welt-Kommens ist ein Wille zur Macht als Klang, der sich auf der Linie eines von innen kommenden Kontinuums hervorbringt und der sich selbst will wie eine nichtunterlassbare Lebensgebärde; die Musik des Rückzugs hingegen strebt, nach dem Zerbrechen des Kontinuums, in den akosmischen Schwebezustand zurück, in dem sich das verletzte Leben, als Unwille zur Macht, sammelt und heilt. Darum gibt es in der Primärgestik aller Musik einen Dualismus von Ausfahrt und Heimkehr. Dem ersten Pol entspricht ein adventisches Motiv, das ganz auf Exodus, Ertönenwollen und Vortreten an die Rampe angelegt ist, dem zweiten ist ein nirvanischer Zug eigentümlich, der auf Einkehr und Zuendekommen, auf Erlöschen und Ruhen zielt. Zweifellos gründet die phantastische Entfaltung der neuzeitlichen europäischen Musik in ihrer außergewöhnlichen Verkörperungskraft, die imstande war, den Kompromiss zwischen den Grundstrebungen auf jedem Stadium der kompositorischen Technik von neuem zu schließen. Die große westliche Musik hat das Hervorbrechen der Subjekte in die Welt als Ausfahrt mit großem Orchester instrumentiert; zugleich vollzog sie auf hohen Stufen melodischer Individuation Heimfahrten ins Innerste, Fernste – zurück auf die Inseln der Seligen und in die Gärten der innigen Zwei. Wo die europäische Musik als Kunst der Verkörperung im Körperlosen ihr Bestes gab, hat sie die Auflösungssehnsucht der Subjekte mit der Arbeit der Ichbildung in einem tönenden Körper glücklich ausbalanciert. Wo sie zu laut zu werden drohte, setzte sie gegen Orchester-Positivismus und Komponisten-Machismo Zurücknahme, Schmelzen, Geheimnis.

Die synthetische Energie der europäischen Hochmusik scheint im zeitgenössischen Musikbetrieb verlorengegangen zu sein – aus Gründen, von denen hier nicht zu reden ist. Es wäre sinnlos, von heutigen Zuständen aus die gute alte Zeit einer integralen Musik beschwören zu wollen, in der das jetzt Zerfallene und Ausdifferenzierte noch beieinander war. Man könnte davon sprechen, dass die musikalischen Partialtriebe autonom geworden sind; jede Subkultur hört das ihre. Auch das Ohr hat seine polymorph perverse Natur entdeckt und kommt mit einem einzigen Partner kaum noch auf seine Rechnung.

Ich unterscheide im folgenden vier Typen aktueller Musik, denen je verschiedene auditive Haltungen entsprechen.

1. Die authentische Neue Musik existiert vor allem als eine Expertenpraxis, in der es kaum um ein Singen und Spielen im Sinne der traditionellen naiven Musikalität geht, sondern um die Exploration der Klangproduktionsmittel und der kompositorischen Verfahren. Sie ist diejenige Praxis, die den Ort der Komposition oder der ersten Hervorbringung am stärksten akzentuiert. Die mu-

sikalische Libido ist in den Abenteuern der Partitur oder im Reiz der neuen Erzeugungstechniken gebunden – ihre Ausstrahlung an den Ort der Aufführung und des Zuhörens bleibt in der Regel schwach. Dafür spricht auch, dass für die Neue Musik das Kriterium des unmittelbaren Gefallens so gut wie ganz außer Kraft gesetzt ist. An seine Stelle treten technische Anerkennung und Würdigung des Metiers – vage Niveaugefühle und indirekter Applaus. Dadurch hat sich die Neue Musik von öffentlichen Hörerfolgen weitgehend abgekoppelt und sich in einsame Steigerungen zurückgezogen. Während für moderne Maler, Bildhauer und Schriftsteller Kafkas Parabel vom Hungerkünstler seit ein, zwei Generationen nicht mehr zutreffend ist, wird sie für die Komponisten der Moderne ihre Bedeutung bis auf weiteres bewahren.

2. Die *performance*-Musik versucht, sich mit offensiven Mitteln den Weg zum Publikum zu bahnen. Auch sie hält am Primat der Hervorbringung fest, indem sie die Klang- und Bühnenereignisse den Hörerwartungen aggressiv überordnet; jedoch kämpft sie bei der Zuspitzung der Darbietung immer noch um das Mitgehen des Publikums. Als Musik mit Arena-Qualitäten stellt sie das Herausplatzen der Tongesten und das Nachvornegehen der Musiker unter die höchsten Prämien. Als Risikomusik in Aktion bietet sie das Beste und das Schlimmste, was zeitgenössische Ohren zu hören bekommen können, gleich ob es sich um vulgären Pop-Vitalismus à la Prince oder um aristokratischen *free jazz* handelt. Kein Wunder, dass Komponisten Neuer Musik, wenn sie einmal aus dem Festivalreservat ausbrechen, am ehesten in das performative Fach überwechseln.

3. Die so genannte Unterhaltungsmusik, die eigentlich Zerstreuungsmusik oder sedative Musik heißen müsste, kann eines Massenpublikums sicher sein, weil sie die Aufgabe wahrnimmt, die Hörer vor dem Risiko des Hörens von Neuem zu schützen. Wer Sedativmusik anstellt, tut dies eben, um sich in überraschungsfreie Tonwelten einzustimmen, gleich auf welchem Niveau. Durch ihr Erklingen und Wiedererklingen transportiert die unterhaltende Musik die frohe Botschaft, dass das Bekannte das Unbekannte eliminiert hat. In dieser Sicht gibt es zwischen dem Klassik-Konzertbetrieb und der U-Musik nur beunruhigend geringfügige Unterschiede. Beide inszenieren Musik als Medium des ältesten Konservatismus, der Harmonie und Wiederholung in immer vorhersagbaren Synthesen verspricht.

4. Die funktionelle Musik arbeitet Partialwirkungen musikalischer Strukturen heraus und macht Klänge definierten Zwecken nutzbar. Traditionelle Stücke zum Marschieren, zum Aufziehen von Ankerwinden oder zum Einlullen von Kindern haben die funktionelle Tendenz der Musik antizipiert. Die Moderne unterwirft Wirkungen solcher Art einem expliziten musik-psychotechnischen Kalkül. Das wird deutlich beim Einsatz von gewissen Stücken in Kaufhäusern, Operationssälen und Lobbys sowie bei hypnotischen und meditativen Verfahren, bei Telefondiensten und dergleichen. In jedem Fall werden musikalische Einigungsformeln zwischen hörenden Subjekten und Klangumwelten eingesetzt, um Einverständnisse vorwegzunehmen. In diesen Praktiken der harmonikalen Vereinnahmung liegen die friedlichen Oasen musikgestützter Tiefenentspannung

dicht neben den Klangbildern des lächelnden Totalitarismus.

Nun lässt sich ohne Aufwand zeigen, dass die beiden ersten Musiktypen *grosso modo* mit der Tendenz der progressiven Exodusmusik zusammengehen, während die sedative und funktionelle Musik sich dem Pol der Reminiszenz und des zurückstrebenden Hörens zuordnen lassen. Wo die performative Geste und der experimentelle Sinn neuer Musik am Werk sind, bleibt die Tendenz des Zur-Welt-Kommens in Tongesten – progressiv akosmisch – deutlich; solche Musik ist angstlos unterwegs vom Formlosen ins Formhafte, vom Leeren ins Komplexe, vom Stillen ins Manifeste. Sie wirft sich, geburtsmimetisch nach vorn, weltwärts, auf nie schon zugestellte Horizonte zu. Die Wege des Seins sind seltsam, vom Mutterleib nach Donaueschingen, wie ist es möglich? – doch wer sind wir, um uns darüber zu wundern, dass Verwirklichungen sind, wie sie sind? Der progressive Akosmismus als Musik kann die so genannte Außenwelt in dem Maß tolerieren, wie er imstande bleibt, den aktuellen Weltraum mit eigenen Tönen auszufüllen. Sichhören genügt, der Rest wird sich ergeben. Solche Musik bleibt darum um den Ort der Komposition oder der Hervorbringung zentriert. Viele Komponisten Neuer Musik machen kein Hehl daraus, dass es ihnen gleichgültig ist, ob es für das, was sie herausexperimentieren, noch Hörer geben wird. Bleibt der Ort des Hörens auch leer, so liegt darin kein Grund zur Resignation. Man erzählt von dem Komponisten Edgar Varèse, er habe Sympathien für jugendliche Mopedfahrer gehegt, weil sie zeigen, wie man es machen muss, wenn man mit einem *sound* rücksichtslos herauskommt.

Sedative und funktionelle Musiken sind dagegen von vornherein nur auf den Ort des Hörens bezogen – sie tun alles für den Hörer, auch wenn dieser nichts tut für die Musik. Stücke dieser Art wissen wenig von der Einsamkeit der Komposition vor dem Publikum. Am Ort des Hörens, auf den die unterhaltende und einstimmende Musik zielt, herrscht immer schon der regressive oder nostalgische Akosmismus vor. Man hört immer nur, was hilft, Welt und Andersheit nicht zu hören. An die Stelle des Voraushörens und des Zugehens auf neue Klangwelten setzt die Musik fürs unglückliche Ohr das große Zurück: Sie bedient den Drang zum Weghören, zum Zurechthören, zum Sichheraushören aus der Dissonanz. Insofern ist die Geschichte der Musik immer auch ein Indikator für die Wandlungen des unglücklichen Bewusstseins.[5] Von der antiken Orpheus-Verehrung bis zu Schuberts Lob der holden Kunst ist der Musik die Macht zugeschrieben worden, den Realitätsbann zu lösen und die Hörer in etwas zu versetzen, was sie – voreilig oder nicht – bessere Welt nannten. In einer Zeit hingegen, in der das unglückliche Bewusstsein als Produktivkraft für Weltverbesserungen eingespannt wird, gerät tröstliche und versöhnende Musik unter den Verdacht, Opium fürs Volk zu sein. Tatsächlich treten die Hersteller der tonalen Sedativa oft als zynische Fiktionslieferanten auf – wie BILD-Journalisten mit Dreiklängen. Denn was will das Volk? – nichts anderes als musikalische Weltentferner: Süßstoff, Wiederholung, Vereinfachung. Tonaler Populismus als Konsensusmaschine.

Wo also sind wir, wenn wir Musik hören? Die Ortsangabe bleibt vage – sicher ist nur, dass man beim Musikhören nie ganz in der Welt sein kann. Denn Hören in musikalischem Sinn heißt immer schon: entweder auf die Welt zugehen oder sie fliehen. Darum brechen bei der Annäherung an eine Ontologie des Ohrs die Fragen jener alten Gnosis wieder auf, die sich in der Moderne nur unter Anonymen manifestieren kann. Menschliches In-der-Welt-Sein ist nach gnostischer Einsicht als ein Sein im Hinweg oder als Sein im Rückweg vorzustellen – nie als ein Insistieren und Wohnen, auch wenn Heidegger in einer späten kryptokatholischen Wendung den Menschen wieder als unheimliches Wohnwesen anzusprechen versucht hat. Die Engel stellt man sich zu Recht als Musizierende vor – sie klingen nur, sie hören nichts. Wären sie Hörende, so glichen sie uns. Wir aber sind zur Musik verdammt wie zur Sehnsucht und zur Freiheit. Als Kunst der Verdammten bleibt Musik, nach einem Wort von Thomas Mann, bis auf weiteres dämonisches Gebiet.

B. In der Perkussion

1 Das sonore Cogito und der taube Fleck – oder Descartes' Versuch, klanglos zu denken

Von einem musikalischen Raum zu sprechen, ist nur sinnvoll, wenn es Grenzen des Musikalischen gibt. Ist alles, was hörbar ist, in irgendeinem Sinn als Musik zu bezeichnen, so entfällt die Grenze des Musikalischen gegenüber der Nicht-Musik. Das Reden über Musik – auch das vorliegende – hätte seinen Gegenstand verloren, es wäre selbst Musik, verschoben in die phonologische Partitur der normalen Sprache. Hören Sie? In einem völlig entgrenzten musikalischen Raum müssten Sie sich jetzt damit abfinden, dass hier ein Stück Vokal-Philosophie für Solo-Cogito uraufgeführt wird, ohne Untertitel für Hörgeschädigte.

LimaNeli Haschmu WaNschbok.
Tama Haschmu: Portolabi Paehu
Mui Pianeti
Tamiba Temibo
Temibanu Karuzu
HaifatuNeti
Haifatusolum RofuNo.
Hoi Kirwimme. Katosta Healobe Kepipi
Schamfuso...

Man kann es nicht deutlicher sagen.

Folglich stellten wir zu Recht die Fragen, was der musikalische Raum sei, wie man ihn betritt, wie man seinen Aufenthalt in ihm sichert und wie man ihn beim Austritt ins Nichtmusikalische verlässt. Eine Antwort hierauf wäre nur möglich, wenn das Musikalische in seinem gesamten Umfang auf eine unmissverständliche Grunderfahrung zurückgeführt werden könnte, die, wie ein Axiom oder ein sonores Cogito, das unerschütterliche Fundament musikalischer Gewissheit lieferte. Von einer solchen Grundlage jedoch ist nichts bekannt, so wenig wie von musikologischen Absichten des Descartes. Trotzdem scheint es mir nützlich, das cartesische Gedankenexperiment zu wiederholen, um es auf einen psycho-akustischen Aspekt hin zu befragen, der bisher unbeachtet blieb. Folgen wir dem Autor Descartes in sein Zweifelsdelirium und beobachten ihn bei dem Versuch, vorzustoßen in eine Selbstgegenwart, worin ein weltloses, absolut selbstgewisses Ich ohne Körpergefühl, ohne Organe, ohne Außenwelt sich als unerschütterliches Fundament der Wahrheit gewinnen will.

> [I]ch will glauben, Himmel, Luft, Erde, Farben, Gestalten, Töne und alle Außendinge seien nichts als das täuschende Spiel von Träumen [...]; mich selbst will ich so ansehen, als hätte ich keine Hände, keine Augen, kein Fleisch, kein Blut, überhaupt keine Sinne, sondern glaubte nur fälschlich, dies alles zu besitzen. [...]
> [I]ch habe überhaupt keine Sinne; Körper, Gestalt, Größe, Bewegung und Ort sind nichts als Chimären. Was also bleibt als Wahres übrig? Vielleicht nur dieses Eine, daß es nichts Gewisses gibt. [...]
> [W]as soll daraus folgen? Bin ich etwa so an den Körper und die Sinne gefesselt, daß ich ohne sie nicht sein kann? Indessen, ich habe mich überredet, daß es schlechterdings nichts in der Welt gibt: keinen Himmel, keine Erde, keine Geister, keine Körper, also doch auch wohl mich selbst nicht? Keineswegs; *ich* war sicherlich, wenn ich mich dazu überredet habe. – Aber es gibt einen, ich weiß nicht welchen, höchst mächtigen und verschlagenen Betrüger, der mich geflissentlich stets täuscht. – Nun, wenn er mich täuscht, so ist es also unzweifelhaft, daß *ich* bin. Er täusche mich, soviel er kann, niemals wird er es doch fertig bringen, daß ich nichts bin, solange ich denke, daß ich etwas sei. Und so komme ich, nachdem ich alles mehr als zur Genüge hin und her erwogen habe, schließlich zu dem Beschluß, daß dieser Satz: »Ich bin, *ich* existiere«, so oft ich ihn ausspreche oder in Gedanken fasse, notwendig wahr ist. [...]
> Wie lange aber bin ich? Nun, solange als ich denke. [...] Ich bin aber ein wahres und wahrhaft existierendes Ding, aber was für ein Ding? Nun – ich sagte es bereits – ein denkendes.[7]

Der Text ist zu lesen als Muster für die Übung, auf der die idealistische Philosophie – wenn nicht Philosophie überhaupt[8] – beruht: die Übung des Wegdenkens.[9] Was im gegebenen Fall weggedacht werden soll, ist nicht weniger als die Welt im Ganzen, sofern sie in räumlichen und sinnlichen Vorstellungen gegenwärtig ist. Das Ich der Übung erfasst sich als irreduziblen Rest, der übrig bleibt, wenn alles Wegdenkbare weggedacht wurde. Der cartesische Ursatz *Cogito, ergo sum* lässt sich also umformulieren: Ich denke die Welt weg und gewinne mich selbst dabei. Oder: Ich ziehe von meinen Vorstellungen alle Inhalte ab – was übrig bleibt, bin mit letzter Gewissheit »ich« –, das heißt das tätige Prinzip des vorstellenden Lebens.

Man kann leicht zeigen, wie die cartesische Wegdenkübung um einen blinden Fleck – besser: einen tauben Fleck – zentriert ist. Der Denker meint, dass er unzweifelhaft ist, sofern und solange er denkt. Er bemerkt aber nicht – oder legt, wenn er's bemerkt, keinen Wert darauf –, dass sein Zusichkommen von seinem Sichhören abhängt. Es ist ihm nicht gegenwärtig, dass er seiner selbst und seines Denkens nur darum gewiss sein kann, weil ein Sichhören seinem »Sichdenken« zuvorkommt. Das cartesische Cogito setzt ein Nicht-Hören voraus, das sich für ein pures Denken hält, man könnte auch sagen: für ein Bei-sich-Sein ohne alle – wer weiß – täuschende sinnliche Vermittlung. Das Nicht-Hören gilt der Gedanken-Stimme, die durch den Denkenden wandert. Es ist, als habe der Philosoph eine Methode gefunden, Hellhörigkeit und Schwerhörigkeit auf einen Nenner zu bringen. Er starrt in den Inhalt des Gedankens, ohne je auf den Klang der Stimme in seinem denkenden

Gehirn zu achten. Nur so kann es ihm gelingen, nicht wahrzunehmen, dass sein Ich-denke-ich-bin in Wahrheit ein Ich-höre-etwas-in-mir-von-mir-und-anderen-Reden bedeutet. Ist dies bemerkt, so verändert sich der Sinn des Cogito von Grund auf. Das minimale innere Klingen der Denkstimme ist, wenn es gehört und dadurch innig wird, die erste und einzige Gewissheit, die ich bei meinem Selbstexperiment gewinnen kann. Man könnte es ein sonores Cogito nennen. Ich höre etwas in mir, also bin ich – zumindest habe ich genug Grund zu der Behauptung, dass ich sicher bin, vom Hören in mir auf meine Existenz »schließen« zu können. Dieses Ich-höre-es-in-mir-Reden kommt nur zutage, wenn ich nichts mit mir oder meinen Gedanken vorhabe. Will ich etwas begründen, beweisen, erreichen, so verzerrt dieser Vorsatz das hörende Verhältnis zu den aktuell mich durchziehenden Gedanken. »Ich denke« dann bereits an etwas anderes als an den flüsternden Ton des gegenwärtigen Denkens. Ich wäre – wie Descartes – meiner Suche nach Gründen in solchem Grade hörig, dass ich nicht bemerke, wie innere Stimmen, gegenwärtig gewiss, in mir arbeiten. Ehrgeiz macht taub – auch in der Erkenntnistheorie. Es scheint, als gäbe es zwischen konstruktiver Ambition und meditativer Aufmerksamkeit ein radikales Ausschließungsverhältnis. Wer konstruiert, hört sich nicht; wer es in sich klingen oder reden hört, kann nicht gleichzeitig konstruieren.

Wir überzeugen uns also davon, dass die »Gewissheit« des Descartes in der Überzeugung gründet, sich konstruieren zu können. Konstruieren ist gehörloses Handeln – Selbstaufbau und Selbstgrundlegung in einem. Das Cogito ist Sichfinden im Sicherzeugen und Sicherzeugen im

Sichfinden. Das ist es, was das *fundamentum inconcussum veritatis* genannt wird. In dem Augenblick, in dem sich das Konstruieren vom Hören trennt, beginnt die spezifisch neuzeitliche Wissenschaft als Aktionsprogramm einer gehörlosen Vernunft. Um Sicherheit im Absoluten zu gewinnen, opfert dieses Denken das einzige wirklich Sichere, unmittelbar Gegebene auf – das sonore Cogito als inneres Hören – das freilich eine Art von Gewissheit bietet, mit der sich schlechthin nichts anfangen lässt und mit der auch nichts angefangen werden darf, solange die musikalische Innigkeit des Sichhörens besteht. Das sonore Cogito ist das genaue Gegenteil dessen, was Descartes von dem logischen Cogito verlangt; es ist weder ein Fundament – weil es nichts trägt – noch etwas Unerschütterliches, weil es nicht fixiert werden kann. Das Gewisseste ist in Wahrheit das Unbrauchbarste. Aufmerksamkeit auf innere Stimmen und Klänge bedeutet pure Erschütterbarkeit – Verfügbarkeit für ankommende akustische Präsenzen; nicht ich gewinne durch sie ein Fundament, sondern sie unterwerfen mich ihrem Erklingen. Wer auf die Stimmen des Denkens horcht, ist in eine immer schon von Anderem zum Beben gebrachte Sphäre eingetaucht. Das Denken ist im Subjekt wie der Ton in der Violine – kraft eines Schwingungsverhältnisses. Menschen sind, sofern sie denken, gleichsam Musikinstrumente für Vorstellungen, die die Welt bedeuten. Wenn das »Instrument« auf sich selber achtgibt, so ist ihm klar: Ich bin kein *fundamentum inconcussum*, sondern ein *medium percussum*.

Weil diese tiefenakustischen Überlegungen eine innere Aufmerksamkeit betreffen, die vor der Unterscheidung von Musikhören und Stimmenhören da ist, können wir die Bemerkungen zum sonoren Cogito auch für musikalische Phänomene fruchtbar machen. Musik ist sie selbst immer nur im Sichhören des »Instruments«, das heißt des Subjekts, sofern man es jetzt als klangempfindliches Medium versteht. Musik ist nur im hörenden Subjekt. Dieser Satz freilich bleibt allein zusammen mit seiner Umkehrung richtig: Das hörende Subjekt ist nur in der Musik. Bei sich sein kann das Subjekt mithin nur, wenn ihm etwas gegeben ist, was sich in ihm hören lässt – ohne Klang kein Ohr, ohne Anderes kein Selbst. Es ist seiner selbst als eines denkenden und lebenden Wesens nur bewusst, sofern es ein von Tönen, Stimmen, Gefühlen, Gedanken durchzittertes Medium ist. Das ist natürlich kein neuer Gedanke. Seit über hundert Jahren müht sich die Philosophie auf ihrem Weg in die radikale Modernität damit ab, die idealistischen Trugbilder des Cartesianismus aufzulösen und die Chimären der absoluten Subjektivität zugunsten einer verkörperten Intelligenz zu vertreiben. Existentialität statt Substantialität; Resonanz statt Autonomie; Perkussion statt Grundlegung.

Lässt das hörende Denken sich mittels logischer Maßnahmen herbeiführen? Ist Hören überhaupt etwas, was sich herstellen oder bewirken lässt? Können wir jemals weiter gelangen als bis zu einer Bitte um Gehör? Urteilen Sie selbst.

I éja
Alo
Myu
Ssírio
Ssa
Schuá

Ará
Niíja
Stuáz
Brorr
Schjatt
Ui ai laéla – oía ssísialu
To trésa trésa trésa mischnumi
Ia lon schtazúmato
Ango laína la
Lu liálo lu léiula
Lu léja léja hioleíolu
A túalo mýo
Myo túalo
My ángo Ina
Ango gádse la
Schia séngu ína
Séngu ína la
My ángo séngu
Séngu ángola
Mengádse
Séngu
Iná
Leíola
Kbaó
Sagór
Kadó

Kadó? *Cadeau?* Vielleicht kommt es darauf an, die Kunst, Geschenke oder reine Gaben anzunehmen, besser zu lernen. Der vorstehende Text bildet den letzten »Satz« des *Ango laïna*, einer Art phonetischer Kantate für zwei Stimmen aus dem Jahr 1921 von Rudolf Blümner – vom

Autor als »absolutes Gedicht« bezeichnet. Das *Ango laïna* führt vor, was Dichtung nach der Emanzipation von Wortschatz, Grammatik, Rhetorik und Phonetik der deutschen Sprache sein kann. Aus den poetologischen Überlegungen des Dichters geht hervor, dass sich seine antisemantische Attacke auf das Vorbild der Neuen Musik beruft. Er möchte die poetische Sprache endlich vom Fluch des Bedeutens befreien. Die spontane Kombination von Vokalen und Konsonanten soll eine ursprüngliche Kraft der Wortbildung wiederherstellen. Entbunden von semantischer Sklaverei, tritt der Klang aus dem Schatten und gibt mit einer unerhörten Frische und Nacktheit sich selbst zu hören. Weil es an nichts Sinnvolles erinnert, kann das Gedicht an ein Gehör appellieren, in das es eindringt wie zum ersten Mal. Aber indem es appelliert, bringt es von neuem eine Bedeutung hervor: Von der ersten bis zur letzten Zeile lautet seine Botschaft: Ich bin nur zu hören; ich bin ein Text, der die frohe Botschaft vom Nicht-Bedeuten in die Welt setzt. So trägt das Gedicht, kokett, vielleicht auch ein wenig brav, seine Hörbarkeit vor sich her und präsentiert sie dem Publikum wie eine pikante Gabe. Für die meisten möglichen Hörer gerät es aber gerade dadurch außer Hörweite, weil für sie zunächst nur zwei Grundreaktionen offen stehen: Entweder sie hören vom Lautgebilde weg, weil sie es nach kurzer Zeit als Nonsense-Text »durchschauen«, oder sie überhören die Präsenz der frischen Silben, weil sie den Text immer schon, amüsiert oder nicht, »verstehen« – was hier so viel heißt wie: sich mit der korrekten Vorstellung abgeben, dass der Text Bedeutungslosigkeit bedeutet. Was folgt daraus? Nichts anderes, als dass auch ein Gedicht wie dieses mit seiner Wette auf die reine Hörbarkeit das Hören selbst unter keinen Umständen erzwingen kann. Das Laut-Sein der Laute muss auf das Gehör-Sein des Gehörs warten – mit dem üblichen Risiko der Vergeblichkeit. Auch der auditive Imperativ der Dichtung – Höre, dass du diesmal nichts tun sollst als zuhören! – muss sich zuletzt zurücknehmen zu der Frage: Hörst du? Hast du gehört? Man kann aus keiner Frage einen Befehl machen, ohne das Hören zu vernichten. Das Lautangebot bleibt frei. Auch die moralisierende Forderung nach einem »Neuen Hören« – die die Atmosphäre Neuer Musik lange verpestet hat – führt nur zu der Erfahrung, dass das Ohr allein im Modus des Angebots, sich mit dem neuen Klang selbst zu hören, berührt werden kann.

2 Perkussion, Durchzitterung, Schweben

Die Einsicht, dass Subjektivität nicht von fundamentaler, sondern von medialer Natur ist, hat sich nicht über Nacht vollzogen. Ich möchte anhand von zwei eminenten Texten Hegels und Heideggers Spuren der großen Mediendämmerung vergegenwärtigen, in deren Verlauf sich ein resonierendes und bebendes Denken vom räsonnierenden und konstruierenden Verstand abhebt.

Im Anthropologie-Kapitel aus Hegels *Enzyklopädie der philosophischen Wissenschaften*, 1830, finden sich im Abschnitt über die »fühlende Seele« einige Formulierungen, die mit den Mitteln philosophischer Psychologie den Entwicklungen moderner Tiefenpsychologie um mehr als hundertfünfzig Jahre vorgreifen. Hegel artikuliert zum ersten Mal die Idee, dass eine noch völlig leere, erfahrungslose, leidlose und daher unbestimmte Seele von den

Vibrationen des mütterlichen Mediums bestimmend und prägend durchdrungen wird. In § 403 heißt es:

> [J]edes Individuum ist ein unendlicher Reichtum an Empfindungsbestimmungen, Vorstellungen, Kenntnissen, Gedanken usf; *ich* bin darum doch ein ganz *Einfaches*, – ein bestimmungsloser Schacht, in dem alles dies aufbewahrt ist, ohne zu existieren. [...]
> Die Seele ist *an sich* die Totalität der Natur, als individuelle Seele ist sie Monade.

Dem schließt sich in § 405 eine logisch erregende Erklärung an:

> Die fühlende Individualität zunächst ist zwar ein monadisches Individuum, aber als *unmittelbar* noch nicht als *es selbst*, nicht in sich reflektiertes Subjekt und darum passiv. Somit ist dessen *selbstische* Individualität ein von ihm verschiedenes Subjekt, [...] von dessen Selbstischkeit es [...] durchzittert und auf eine durchgängig widerstandslose Weise bestimmt wird; dies Subjekt kann so dessen Genius genannt werden.

Was hieran dunkel geblieben sein mag, wird durchsichtig aus dem Korrollar zum selben Paragraphen:

> Es ist dies [...] das Verhältnis des Kindes im Mutterleibe, ein Verhältnis, das weder bloß leiblich noch bloß geistig, sondern *psychisch* ist, – ein Verhältnis der Seele. Es sind zwei Individuen, und doch noch in ungetrennter Seeleneinheit; das eine ist noch kein *Selbst*, noch nicht undurchdringlich, sondern ein Widerstandsloses; das andere ist dessen Subjekt, das *einzelne* Selbst beider. – Die Mutter ist der Genius des Kindes [...].[10]

Mit dem Wort »durchzittern« deutet sich inmitten der idealistischen Konstruktion ein existentielles und tiefenpsychologisches Beben an, das sich im Lauf der psychologischen Forschung durchs 19. und 20. Jahrhundert hindurch gegen die heftigsten Widerstände zunehmend verdeutlicht hat. Ohne Teilhabe an solchen Bebungen gibt es keine intellektuelle Zeitgenossenschaft mehr. Was Hegel noch verkennt, ist jedoch, dass das Kind im Mutterleib keineswegs nur ein passiv durchzittertes Medium für die Beseelung durch den Muttergeist darstellt, sondern dass es durch eine frühe Entfaltung des Ohrs gleichsam spontan, prä-aktiv von sich her der Klangwelt des kommenden Lebens, als Mutter wie als Nicht-Mutter, entgegenschwebt. Die auditive Geburt des Kindes geht, wie man heute weiß, dem physischen Austritt um einige Monate voraus. In Hegels philosophischer Embryologie kommt es zu einer kühnen Verbindung zwischen dem antiken Genius-Begriff mit dem avanciertesten Stand bürgerlicher Seelenforschung, dem so genannten animalischen Magnetismus, der auf Mesmer und seine Schule zurückgeht.[11] Hegel hört durch den modernen Genie-Begriff hindurch auf die lateinische Quelle des Ausdrucks und macht dessen psychologische Struktur transparent. Einen Genius haben heißt nach antiker Auffassung, mit dem eigenen Inneren Gefäß oder Sprachrohr eines anderen Geistes zu sein. Der Geniale ist Gastgeber einer durchtönenden Kraft und kann Außerordentliches von sich geben, sofern die Einwohnung eines hohen Geistes in einer profanen Individualität Epiphanien ermöglicht. Vor diesem Hintergrund wird die Kühnheit der hegelschen Übertragung des Genius-Seele-Verhältnisses auf die Mutter-Fötus-Beziehung begreiflich. Mit den Formulierungen der Paragraphen 403–405 deutet Hegel die Möglichkeit eines bürgerlichen Mediumismus an. Dies freilich wäre ohne die erschütternden Wirkungen der mesmerschen Entdeckungen unmöglich geblieben; erst infolge des Mesmerismus kam eine Entzauberung der Schoßverhältnisse überhaupt in den Bereich des Menschenmöglichen; seither liegt eine bis heute immer noch nicht ausformulierte Kritik der religiösen Vernunft in der Luft der bürgerlichen Welt. Eine demokratische Esoterik – als authentische Tiefenpsychologie – ist nach der Entdeckung der magnetischen Trance, des künstlichen Somnambulismus und des hypnotischen Rapports zumindest der Möglichkeit nach in die Welt gesetzt. Nun kann die Seinsweise des Kindes im Mutterleib öffentlich zur Sprache gebracht werden, ohne dass das Besprechen dieser Dinge die Seele aus dem Besprochenen vertreiben muss. Bei Hegel finden sich wohl auch durch Nicole Malebranche angeregte Aussagen über die natürliche Magie rein seelischer Transfusionen, die auf das Modell der fötalen Einwohnung zurückgeführt werden können. Tatsächlich war durch die Entdeckung des Hypnotismus erwiesen worden, dass diese suggestible Seinsweise mit der Geburt und dem Eintritt des Subjekts ins Erwachsenenalter nicht ein für allemal abgetan ist. Deutlich genug stellte die Anwendung des Magnetismus bei Erwachsenen unter Beweis, dass es ein anhaltendes Nachleben der fötalen Durchzitterungsebene geben kann – mag es die Zeitgenossen der ersten Hypnotiseure beim Gedanken an den möglichen Missbrauch des magnetischen Rapports auch gefröstelt haben.[12] Was die philosophische Pädagogik angeht, so konnte sie damals wie heute an nichts anderes denken als an den notwendigen Untergang der magnetischen Suggestibilität; ihr Ziel war die Aufrichtung des autonomen Subjekts, das sich gegen Durchzitterungen abgeschirmt hat. Typisch hierfür ist der Passus, in dem Hegel sagt, die rein passive, das heißt fötale Seele sei »noch nicht undurchdringlich, sondern ein Widerstandsloses«. In dem Wort »undurchdringlich« vernimmt man ein Echo des cartesischen *inconcussum* – während der Ausdruck »noch nicht« den Sinn aller Selbsterziehung, das Erreichen der Unerschütterlichkeit, deutlich macht.

Nach Hegel und Mesmer hat das Klopfen an den Stellungen der undurchdringlichen Subjektivität nicht mehr aufgehört. Ein Zeitalter der Musik und der Psychologie bricht an, das die Glaspaläste der Rationalität auf ein seismisches Unten bezieht. Dem Prinzip Selbsterhaltung beginnt ein Prinzip Erschütterung Konkurrenz zu machen. Junghegelianische Philosophen, Bauer, Kierkegaard, Marx vor allen, setzen den metaphysischen Diskant gewaltsam auf den Bass der Realität. Das Denken sucht mit einem Mal Wege hinaus ins Wirkliche, Lärmende, Empörende – als hätte es von irgendwoher die Kraft gewonnen, mit dem Wegdenken des Unteren Schluss zu machen. Wenn es je ein »Neues Hören« gegeben hat, dann kam es zum Zuge in Engels Berichten über die Lage der arbeitenden Klasse in England. Der nachidealistischen Philosophie wuchsen Ohren für das Himmelschreiende und Sehkräfte für das nicht länger Mitanzusehende. Was früher der Stolz der Metaphysik gewesen war, erscheint mit einem Mal nur noch wie ein eitler Oberton über dem Grundton des wirklichen Menschenlebens. Bei Schopenhauer vollzieht sich ein Durchbruch, nach dem der Weltgrund selbst, der Wille, als unmittelbar musikalischer vorgestellt wird. Noch bleibt Schopenhauer im Bann einer klassischen Ästhetik befangen, sofern er der Musik vor allem die Rolle eines Heilmittels zuschreibt; er unterschätzt ihre in der Moderne durchprobte Fähigkeit, an der Emergenz des Entsetzlichen im tönenden Medium selbst teilzunehmen.

Heideggers Neuansatz des Denkens bedeutet zugleich ein Fortschreiten auf der Linie, auf der sich der epochale Einbruch von Tönungen und Stimmungen ins nach-idealistische Grundverständnis des Daseins vollzieht. Was in der Meditation des Descartes über das Wegdenken des Wegdenkbaren noch wie eine methodisch kontrollierte Leistung des Subjekts aussehen mochte, erweist sich bei Heidegger als Passion und als Schrecknis: der unfreiwillig erlittene Entzug von Welt. In seiner Analytik der Daseinsstimmungen wirft Heidegger die Frage auf, ob es denn unter ihnen eine gebe, in der sich dem »Enthüllungssinne nach das Nichts offenbart« – und beantwortet sie bejahend, indem er darauf hinweist, wie die Gesichtszüge des Seienden in der »tiefen Langeweile« zu nichts zerfallen. Entscheidend bleibt, was Heidegger in seiner Beschreibung der Angst ausführt.

> Zwar ist die Angst immer Angst vor…, aber nicht vor diesem und jenem. Die Angst vor … ist immer Angst um…, aber nicht um dieses und jenes. […] In der Angst – sagen wir – »ist es einem unheimlich«. Was heißt das »es« und das »einem«? Wir können nicht sagen, wovor es einem unheimlich ist. Im Ganzen ist einem so. Alle Dinge und wir selber versinken in eine Gleichgültigkeit. Dies jedoch nicht im Sinne eines bloßen Verschwindens, sondern in ihrem Wegrücken als solchen kehren sie sich uns zu. Dieses Wegrücken des Seienden im Ganzen, das uns in der Angst umdrängt, bedrängt uns. Es bleibt kein Halt. Es bleibt nur und kommt nur über uns – im Entgleiten des Seienden – dieses »kein«.

> Die Angst offenbart das Nichts.
> Wir »schweben« in Angst. Deutlicher: die Angst läßt uns schweben, weil sie das Seiende im Ganzen zum Entgleiten bringt. Darin liegt, daß wir – diese seienden Menschen – inmitten des Seienden uns mitentgleiten. Darum ist im Grunde nicht »dir« und »mir« unheimlich, sondern »einem« ist es so. Nur das reine Da-sein in der Durchschütterung dieses Schwebens, darin es sich an nichts halten kann, ist noch da.[13]

Gewiss ist auch Heideggers Durchschütterung kein unmittelbar musikalischer Augenblick im Sinne der Musik, die gemacht wird – so wenig wie Hegels passiv durchzittertes Kindsein einen solchen bedeutet hat. Und doch handelt diese Theorie der Angst von einer Vor-Stimmung des Subjekts als *medium percussum*, durch die das Selbst seine Klangkörpereigenschaften verrät. Darüber hinaus hat das Hinausgehaltensein des Daseins ins »Nichts« eine direkte tiefenmusikologische Konsequenz: Heideggers Angst deutet auf eine Katastrophe des Hörens, die für die Entstehung von Musik mitverantwortlich ist; der ursprüngliche Hörunfall ist die Folie, auf die alles spätere Wiederhören von Musik gesetzt wird. Wenn uns nämlich während der »seltenen« Erfahrungen großer Angst die Gegenwärtigkeit des Nichts aufgeht, so ist mit dem Seienden im Ganzen auch sein Laut verschwunden und entzogen. Das Da-sein in der Welt bedeutet immer schon ein Ausgesetztsein in eine Sphäre, wo Nicht-Musik erstmals möglich ist. Wer geboren wurde, ist aus dem tiefenakustischen Kontinuum des Mutterinstruments herausgefallen. Die scharfe Durchschütterung der Angst entspringt dem Verlust jener Musik, die wir *nicht* mehr hören, wenn wir in der Welt sind. Eine genaue Lektüre von Heideggers dunkler Rede lässt erkennen, dass die Angst, von der die Rede ist, keine andere sein kann als die vor dem Tod der angeborenen Musik, die Angst vor der furchtbaren Stille der Welt nach der Trennung vom mütterlichen Medium. Alles, was später gemachte Musik sein wird, kommt her von einer auferstandenen und wiedergefundenen Musik, die vom Kontinuum auch nach seiner Zerstörung zeugt.[14] Wiedergefundene Musik ist Anknüpfen an das Kontinuum nach seiner Katastrophe. Wenn der Herzschlag und das viszerale Rauschen des primären Musikinstruments nicht mehr zu hören sind, tritt der Ernstfall der Daseinspanik ein. Dort nämlich nur, im leeren Schweben »in der Welt«, öffnet sich eine unheimliche stille Weite, in der das akustische Kontinuum der *musique maternelle* aufgehoben ist; nur durch einen gefährdeten akustischen Ariadnefaden bleibt das entbundene Einzelwesen noch auf die mitnehmende Kraft bezogen, die der ersten, der inneren, der gemeinsamen Klangwelt eigen war. Man versteht, wieso es Heideggers Überzeugung sein konnte, dass unter der Geräuschkulisse des betriebsamen Dahinlebens die alte Panik »schläft«: Das normalerweise Schlafende besitzt die Authentizität des Schrecklichen, das, wenn ich standhalte, zu mir als einem »Existierenden« führt. Darum kann Heidegger nicht genug betonen, dass uneigentliches Leben im Lärm und im Gerede dahingeht, während zur Vereigentlichung die Angst vor einer furchtbaren Stille gehört.

> [D]iese ursprüngliche Angst wird im Dasein zumeist niedergehalten. Die Angst ist da. Sie schläft nur. Ihr Atem zittert ständig durch das Dasein.[15]

Zu ihrem Wesen rechnen eine »eigentümliche Ruhe«, eine »gebannte Ruhe« und der Drang, die »leere Stille«[16] zu übertäuben. Man könnte das Hören der Stille, weil es ein Sichhören des Daseins in der Innigkeit des Unheimlichen einschließt, ein panisches Cogito nennen. Ich höre nichts mehr, also bin ich da. Das Dasein in der Stille der Welt ist eine Saite, die unter ihrer eigenen Spannung vibriert. Mag sein, dass die Meditierer aller Zeiten Stille und Schweigen gesucht haben, weil das Sichhören des Daseins beim Verstummen des Lärms hilft, die Saite zu spannen. Daher feiert die Musik nicht nur das Wiederanknüpfen ans Kontinuum, sondern erinnert, wenn sie mehr ist als Sedativ oder Narkose, auch immer an die kosmische Stille der Existenz.

Anmerkungen

1 Wie der abendländische Optizismus hinter sich selbst kommt und mit seiner Selbstreflexion auch seine Selbstbegrenzung vorbereitet, deutet sich an in Publikationen wie: Jürgen Manthey, *Wenn Blicke zeugen könnten. Eine psychohistorische Studie über das Sehen in Literatur und Philosophie*, München/Wien 1983; Jonathan Crary, *Techniques of the Observer. On Vision and Modernity in Nineteenth Century*, Cambridge, Mass. 1990; Thomas Kleinspehn, *Der flüchtige Blick. Sehen und Identität in der Kultur der Neuzeit*, Reinbek 1991.

2 Teile davon sind in den Arbeiten des Verfassers realisiert; unter dem Titel *Kritik der zynischen Vernunft* liegt eine implizite Metaphysik des Banalen vor; in den Frankfurter Vorlesungen sowie in den Versuchen zur politischen Kinetik und in den weiteren Studien zur diskreten Akosmologie erscheinen Umrisse einer Anthropologie der Abwesenheit.

3 E. Kästner, *Die Stundentrommel vom heiligen Berg Athos*, Frankfurt a. M. 1974, S. 83.

4 E. Cioran, *Von Tränen und von Heiligen*, Frankfurt a. M. 1988, S. 23.

5 Die bedeutendste zeitgenössische Theorie des unglücklichen Ohrs, die Musikphilosophie Adornos, beruht durchweg auf einem *double bind:* Regression ist nach ihr ständig zugleich verboten (weil die musikalische Technik sich an den vordersten Linien des historisch Möglichen orientieren muss) und geboten (weil große Musik immer vom Heimweh nach dem weltlich Unmöglichen zeugt).

6 Vgl. vom Verfasser: »Die wahre Irrlehre. Über die Weltreligion der Weltlosigkeit«, in*:* P. Sl. und Thomas H. Macho (Hg.), *Weltrevolution der Seele. Ein Lese- und Arbeitsbuch zur Gnosis von der Spätantike bis zur Gegenwart*, Zürich und München 1991, Band I, S. 38–46.

7 René Descartes, *Meditationen über die Grundlagen der Philosophie*, Ed. A. Buchenau, Hamburg 1954, S. 16–20.

8 Es ist nicht ausgemacht, dass die seit dem 19. Jahrhundert auftauchenden »Realphilosophien«, Materialismen oder Heterologien noch in einem traditionell akzeptablen Sinn philosophisch sind. Vielleicht hebt die Wiedereinführung des früher Weggedachten die Philosophie als solche auf. Die nachhegelsche Geste des Auf-die-Wirklichkeit-zu-Denkens, d.h. der Antiplatonismus des harten Tatsachen-, Maschinen-, Code- und Systembewusstseins wirkt *ipso facto* antiphilosophisch. Was bleibt, ist die Frage: Wie ist nach-philosophische Weisheit möglich? Wie ein nicht-erlösungsorientierter *bios theoretikos*? Wie ein nicht-fundationalistisches Verhalten in Makroproblematiken?

9 Der Habitus, durch Wegdenken des entbehrlichen Äußeren ein selbstgewisses Inneres zu sichern, reicht bis zu Immanuel Kant, bei dem man in der Metaphysikvorlesung diese Amputationsphantasie findet: »Es kann ein Mensch, dem sein Leib aufgerissen worden ist, seine Eingeweide und alle seine inneren Teile sehen; also ist dieses Innere bloß ein körperliches Wesen, und von dem denkenden Wesen ganz unterschieden. Es kann ein Mensch viele von seinen Gliedern verlieren, deswegen bleibt er doch, und kann sagen: Ich bin. Der Fuß gehört ihm. Ist er aber abgesäget; so sieht er ihn ebenso an, als jede andere Sache, die er nicht mehr gebrau-

chen kann, wie einen alten Stiefel, den er wegwerfen muß. Er selbst aber bleibt immer unverändert, und sein denkendes Ich verliert nichts. Es sieht also jeder leicht ein, auch durch den gemeinsten Verstand, daß er eine Seele habe, die vom Körper verschieden ist.« (I. Kant, *Vorlesung über Metaphysik*, Darmstadt 1964, S. 132.)
Dass das Ich-denke umstandslos für Seele stehen kann: Diese Naivität hat Kant in seinem kritischen Werk revidiert.

10 G. W. F. Hegel, *Werke in zwanzig Bänden*, *Enzyklopädie der philosophischen Wissenschaften III*, Bd. 10, Frankfurt a. M. 1986, S. 122–124.

11 Vgl. hierzu vom Verfasser, *Der Zauberbaum, Die Entstehung der Psychoanalyse im Jahr 1785*, Frankfurt a. M. 1985. Mit Mesmer kündigt sich ein mögliches Ende des hochkulturellen monotheistischen (apostolischen) Mediumismus an; tatsächlich liegt seit dem 19. Jahrhundert in der westlichen Zivilisation ein »post-moderner«, nachmonotheistischer Neomediumismus in der Luft.

12 In Thomas Manns Novelle *Mario und der Zauberer* hat dieser Schauder seinen Höhepunkt erreicht: Der Missbrauch des Rapports erscheint als psychologische Bedingung der Möglichkeit von Faschismus.

13 Martin Heidegger, »Was ist Metaphysik?«, in: *Wegmarken*, 2. Aufl., Pfullingen 1978, S. 110.

14 Ich deute hiermit, analog zu der naturphilosophischen Differenz zwischen *natura naturans* und *natura naturata*, eine tiefenmusikologische Differenz zwischen *musica musicans* und *musica musicata* an.

15 Martin Heidegger, »Was ist Metaphysik?«, a.a.O., S. 116.

16 Ibid., S. 111, 113, 112.

II. Im Licht

Lichtung und Beleuchtung – Anmerkungen zur Metaphysik, Mystik und Politik des Lichts

Omnia quae sunt lumina sunt
Scotus Eriugena

Metaphysik als Metaoptik

Der Mensch, das nachdenkliche Tier, kann über sein Dasein im Licht und Klang der Welt Rechenschaft ablegen, weil er an der Front einer kosmischen Entwicklung steht, die sich ihrem vorherrschenden Wesenszug nach als ein audiovisueller »Augen«aufschlag zum Sein interpretieren lässt. Der Intelligenzkomplex, der in der Gattung *homo sapiens* prozessiert, inkarniert das Resultat einer biologisch-kognitiven Evolution von abenteuerlicher Unwahrscheinlichkeit. Diese spitzt sich zu in der Hervorbringung von Lebewesen, deren Umweltbezug durch eine zerebral gesteuerte komplexe Integration von Auge, Ohr, Hand und Sprache zustande kommt. Die Sonderstellung des Menschen im Kosmos ist somit ein Sachverhalt, der nicht mehr nur den Theologen ins Auge springt, sondern mehr noch den Biologen, die sich über die Rätsel sensorischer Weltoffenheit beim Menschen beugen. Das kognitive Primat der Gattung Mensch im Ensemble der natürlichen Arten scheint auf eine noch nicht ganz begriffene Weise mit dem sensorischen Primat des Audiovisuellen beim Menschen zusammenzuhängen.

Der Harvard-Ökologe Edward O. Wilson illustriert diese Überlegungen anhand der Vorstellung, wir befänden uns in tiefer Nacht inmitten des brasilianischen Regenwaldes:

> Der Wald ist nachts meist ein riesiges Experiment über sensorische Deprivation, schwarz und still wie eine mitternächtliche Höhle. Wie erwartet gibt es Leben hier draußen in Überfülle, der Dschungel schwirrt, aber in einer Weise, die zum größten Teil außerhalb unserer Wahrnehmung liegt. Neunundneunzig Prozent der Tiere finden ihren Weg durch chemische Spuren an der Oberfläche, Duftwolken, die in Luft und Wasser ausgestoßen werden, und durch Gerüche, die aus kleinen verborgenen Drüsen mit dem Wind ausgesetzt werden. Tiere sind Meister dieses chemischen Kanals, auf dem wir Idioten sind. Wir hingegen sind Genies des audiovisuellen Kanals, denen in dieser Hinsicht nur einige exzentrische Tiergruppen wie Wale, Affen und Vögel gleichkommen. Daher warten wir auf die Morgendämmerung, während sie auf den Einbruch der Dunkelheit warten; und weil Sicht und Klang die evolutionären Prämissen von Intelligenz sind, haben wir allein es dahin gebracht, über Nächte im Amazonas und die Organisation der Sinne nachzudenken.[1]

In Fortführung solcher Betrachtungen lässt sich sagen, dass die menschliche Intelligenz, besonders in ihren kontemplativen und wissenschaftlichen Formierungen, eine Ekstase der Audiovisualität bedeutet. Die Darstellbarkeit von Welt überhaupt in menschlichen Wissensformen gründet in dem Sonderweg der Sehkraft – von der auditiven Komponente unserer Weltoffenheit wird im folgenden abstrahiert –, der sich beim Ausscheren des Menschen aus dem Gang der nur biologischen Evolution eröffnete. Nicht umsonst haben die Philosophen des Westens in ihrer großen Mehrheit optische Analogien vorgebracht, um das Wesen der Erkenntnis und den Grund der Erkennbarkeit der Welt auf den Begriff zu bringen. Welt, Intellekt und Erkenntnis sollen miteinander einen ähnlichen Zusammenhang bilden wie in der physischen Sphäre Leuchtkörper, Auge und Licht. Ja, auch der »Weltgrund« selbst, Gott oder eine schöpferische Zentralintelligenz, wurde nicht selten als eine aktive intelligible Sonne vorgestellt, die mit ihrem Strahlen Weltformen, Dinge und Intellekte hervorbringt – gleichsam wie ein allumfassendes Selbstanschauungstheater der absoluten Intelligenz, für welche Anschauen und Schaffen eins wären. Daher ist die Behauptung gut begründet, dass die abendländische Metaphysik – ihrer durchgehenden Faszination durch okulare Motive wegen – in der Sache eine Metaoptik gewesen sei. Nachmetaphysisches Philosophieren wäre dann der Versuch, den optischen Idealismus zu überwinden und der *condition humaine* die wirkliche Breite ihrer Weltoffenheit zurückzugeben.

Lichtung

Im »Lichte« einer nachmetaphysischen Auslegung der menschlichen Weltbefindlichkeit zeigt sich, dass Menschen adventische Tiere sind – Wesen, die im Kommen sind. Dies ist ein zugleich klassischer und noch nicht zu Ende gedachter Gedanke, dessen bisherige Formulierungen das Bedürfnis des zeitgenössischen Denkens nicht mehr befriedigen. In der jüdisch-christlichen Tradition wurde die menschliche Grundbewegtheit des Zur-Welt-Kommens mit dem Begriff der Geschöpflichkeit erfasst, die das Im-Kommen-Sein als Spur einer göttlichen Urzeugung interpretierte – daraus ergab sich, dass das menschliche Im-Kommen-Sein hinter dem urpassiven In-die-Welt-hineingestellt-Sein in die zweite Reihe treten musste. Tatsächlich ist die christlich-mittelalterliche Welt mehr an Ordnung und Bestand als an Ereignis und Ankunft des Neuen interessiert gewesen. Die nach-christliche Neuzeit hingegen machte die aktiven und innovativen Momente im menschlichen Weltverhältnis stark. Sie verschob den Akzent vom Geschaffensein des Menschen auf seine eigene Schöpferkraft – zur Welt kommen bedeutet daher in neuzeitlicher Perspektive vor allem: Die Welt, in welche »der Mensch« zu kommen sich vornimmt, aus eigener Vollmacht herstellen; es zu einer Welt bringen, in der sich Träume vom menschenwürdigen Leben allgemein verwirklichen. In beiden Anthropologien – in der christlichen Deutung des Menschen als Kreatur und Vasall Gottes und in der neuzeitlichen Auffassung vom Menschen als Weltingenieur und Selbsterzeuger – prägen sich verkürzte Sichten der menschlichen Grundbewegtheit aus. Noch hat das adventische Gattungsabenteuer zu seiner angemessenen Selbstbeschreibung nicht gefunden.

Als ein Wesen, das im Kommen ist, ist der Mensch wesenhaft ein Tier, das von innen kommt. »Innen« bedeutet hier: Fötalität, Nicht-Manifestation bzw. Latenz, Verborgenheit, Wasser, Familiarität, Schoßhaftigkeit und Häuslichkeit. Zur-Welt-Kommen muss demnach fünffach verstanden werden – gynäkologisch als Geburt, ontologisch als Welteröffnung, anthropologisch als Elementwechsel vom Flüssigen ins Feste, psychologisch als Erwachsenwerden, politisch als Einrücken in Machtfelder. Wo Menschen sind, dort tummelt sich nicht eine Gattung wie alle anderen im Licht der Sonne, sondern dort geschieht die Lichtung, für deren Bewohner erst davon die Rede sein kann, dass »es eine Welt gibt«. Daher gehören Ankunft und Lichtung radikal zusammen. Das Licht über allem, was der Fall ist, ist nicht eine Gegebenheit unter anderen. Es ist vielmehr das Kommen des Menschen als Zugehen auf die Welt, welches den Weltaufgang ermöglicht. Die Ankunft des Menschen ist selbst der »Augenaufschlag« zum Sein, in dem das Seiende sich lichtet. In dieser Sicht ließe sich der Gattungsadvent im Ganzen – samt seiner epistemisch-technischen Spitze – als ein luziferisch-kosmisches Abenteuer verstehen. Die Menschheitsgeschichte wäre dann die Zeit der Lichtung; Menschheitszeit ist die Zeit des weltbildenden Blitzes, den wir als solchen nicht sehen, weil wir, indem wir in der Welt sind, im Blitz sind.

Licht als Garant der Erkennbarkeit des Seienden

Gleichwohl schöpfen Menschen ihre Gewissheit, sich an ihrem Ort hinlänglich auszukennen, aus der Erfahrung einer stabilen Sichtbarkeit der Welt – und als tagaktive Lebewesen neigen sie dazu, den Sinn von Sein als Bei-Tage-Sein auszulegen. Somit wird schon für die frühen Metaphysiker und Naturphilosophen des Westens die Welt alles, was bei Tageslicht der Fall ist – man hat sogar mit einem Moment von Berechtigung sagen können, die okzidentale Philosophie sei ihrem Wesen nach Heliologie, das heißt Sonnenmetaphysik oder Photologie – Lichtmetaphysik. Dass bei den Ägyptern erste Versuche über den Monotheismus als Monarchie des Sonnengottes unternommen wurden, entspricht dieser rationalisierten metaphysischen Lichtauffassung. Deren Spuren reichen religionsgeschichtlich vorwärts bis in die römischen kaiserzeitlichen Kulte des *Sol Invictus* und der Mithras-Verehrung, philosophisch bis in die christlich-mittelalterlichen Metamorphosen des Platonismus. Plato hatte in dem berühmten Sonnengleichnis aus dem 6. Buch der *Politeia*, welches das Höhlengleichnis vorbereitet, das Grundmotiv für alle spätere Lichtmetaphysik vorgegeben. Er führt dort aus, dass neben Auge und sichtbarem Ding ein Drittes vonnöten sei, damit erfolgreiches Sehen zustande kommt: das Licht. Licht ist die Gabe des Helios, des Himmelsgottes, der als Herr des Lichts uns Menschen den Gesichtssinn und den Dingen die Sichtbarkeit gewährt. Der Gesichtssinn ist seiner Natur nach Sonne in ihrem anderen Zustand – Sonnenausfluss und Sonnenkraft – und deswegen Grund der Offenheit des sonnenhaften Auges für die Sonne. Sehen bedeutet im Grunde eine Fortführung des Strahlens der Sonne mit anderen Mitteln: Sonnenhafte Augen strahlen sichtbare Dinge an und »erkennen« sie kraft dieser Anstrahlung. Nun ist Denken seinerseits nur ein anderes Sehen – nämlich Sehen im Bereich der unsichtbaren Dinge, der Ideen. Wie für das Sichtbare Helios Lichtgeber ist, so wirkt in der Welt der Ideen *agathon*, das Gute, als die alles durchwaltende Zentralsonne; von ihr her gewinnen Menschen Denkkraft, während zugleich die Ideen Denkbarkeit erhalten. Mit dem klaren Denkstrahl wahre

Ideen anzudenken, ist analogisch dasselbe, wie mit dem (heliomorphen) Sehstrahl gut beleuchtete sichtbare Dinge anzusehen. Und so wie das Letztere bei Nacht misslingt, wo man nur Schemen und dunkle Nichtse wahrnimmt, so schlägt auch das Denken fehl, wenn es sich auf Gegenstände richtet, denen die Finsternis des bloßen Meinens beigemischt ist. Richtiges (agathomorphes) Denken ist Sehen im ewigen Tag der vom Guten ausgeleuchteten Ideenwelt. Man erkennt hier, wie der optische Idealismus zu seinem entscheidenden Coup ansetzt, indem er das sehende Denken dem sinnlichen Sehen überordnet. Helios nämlich, so Plato, ist seinerseits das Abbild des Guten, das aus der Ideensphäre in die Sinnenwelt herüberfließt. Aus der Analogie von Sonne und Gottheit (Gutheit) wird eine ontologische Hierarchie mit dem intelligiblen Gottesprinzip an der Spitze. Damit hat die neuere Geistmetaphysik der archaischen Naturphilosophie den Rang abgelaufen – auch das sichtbare Licht ist jetzt »nur ein Gleichnis«, wenngleich ein majestätisches, naturtheologisch immer noch virulentes. Nicht umsonst hat die mittelalterliche Metaphysik das *fiat lux* der Genesis in platonischem Sinne deuten können – denn Licht- und Sonnenschöpfung sind glaubhafte Ersthandlungen des Gottes, der bei seiner Schöpfungs-Äußerung nicht anders kann, als in der Stofflichkeit das seinem Wesen Ähnlichste, Beste darzustellen. In einer zu schaffenden Welt von höchster Güte muss das Vornehmste zuerst geschaffen werden – als wäre Licht ein Geist- und Gottesanalogon unter den Kreaturen, ein erhabenes Band und Medium der Natur, das von erlösten Menschenaugen als *evangelium corporale* angeschaut werden kann. Der in der positiven Theologie zwingende Schluss von der

Bestheit des Gottes auf die Optimalität der Schöpfung zieht eine dreifache Grundbestimmung der Schöpfung nach sich: Sie muss kugelgestaltig sein, weil die Sphäre das morphologische Optimum vorstellt; sie muss lichtdurchflutet sein, weil Licht das physikalische Optimum ist; sie muss rational vollkommen transparent sein, weil Durchsichtigkeit das kognitive Optimum bedeutet. Alle drei Optima fallen in einer Schöpfung zusammen, die als eine aus dem absoluten Lichtpunkt Gott ausstrahlende Lichtkugel gedacht wird – jene *sphaera lucis*, die zugleich mit dem Modell der Welt eine Begründung für deren Erkennbarkeit liefert; die Welt verstehen heißt die Ausstrahlung der Kategorien aus der einen unbedingten Licht-, Seins- und Verständlichkeitsquelle nachvollziehen.[2] Zu den chronischen Verlegenheiten der Lichtmetaphysik gehört freilich, im Platonismus wie in den von ihm abhängigen christlichen Theologien, die Frage nach Herkunft und Rang der Materie, über die das Licht, als Erstausgeburt Gottes, erst leuchten soll. Ähnlich muss die christliche Lesung der jüdischen Genesis die Frage umgehen, welcher Art die Wasser gewesen sind, über denen der Geist Gottes ursprünglich geschwebt haben soll.

Mit der Absolutsetzung des Lichts in den monotheistischen Metaphysiken kommt ein Zug zur Überbelichtung des Seins zum Tragen – bis hin zum Untergang der Materie am Licht; das gnostische Motiv von der Weltfremdheit des Lichts kündigt sich hierin ebenso an wie die eschatologische Idee, dass am Ende der Zeiten Welt und Leben in eine endgültige innergöttliche Licht-Symphonie aufgehoben werden; dann wäre das Licht allein alles, was der Fall ist – vielmehr: alles, was erlöst vom Fall, in ewiger Schwebe bleibt. Das sublimste Monument dieser Vorstellungsart sind die Gesänge des Paradiso aus Dantes *Göttlicher Komödie*; dort tut sich eine ganz aus Licht im Licht modellierte Über-Welt seliger Intelligenzen auf, allesamt teilnehmend an der sich ungehindert »teilgebenden« und in sich selbst zurückflutenden Strömung des Urlichtes. Dantes Visionen antworten auf die Schlussbilder der Johannes-Apokalypse, in denen das Ende des Wechsels von Tag und Nacht und die Herrschaft des Ewigen Lichts prophezeit wird; im Himmlischen Jerusalem werden alle Lampen, die astralen wie die menschengemachten, überflüssig geworden sein.

> Offb. 21,23 Die Stadt braucht weder Sonne noch Mond, die ihr leuchten. Denn die Herrlichkeit Gottes erleuchtet sie, und ihre Leuchte ist das Lamm.
> 22,5 Es wird keine Nacht mehr geben, und sie brauchen weder das Licht einer Lampe noch das Licht der Sonne. Denn der Herr, ihr Gott, wird über ihnen leuchten [...].

Es spricht für den engen Zusammenhang zwischen Monotheismus und Lichtmetaphysik, dass auch die islamische Kultur des Mittelalters eine Fülle von hochrangigen lichtphilosophischen Abhandlungen hervorgebracht hat – gemischt aus platonischen, plotinischen, aristotelischen, jüdischen und arabischen Komponenten, unter gelegentlichem Hinzutreten iranisch-dualistischer Motive.[3] In Wendungen, die dem Kenner der platonischen Tradition vertraut sind, spricht der arabische Philosoph Abu-Hamid Muhammad al-Ghazali (1059–1111) in seinem Traktat *Die Nische der Lichter* [Miskat al-anwar] (verfasst ca. 1100) über den Lichtsinn der Prophetenworte:

> So haben die Koranischen Verse für das Auge der Vernunft die gleiche Bedeutung wie das Sonnenlicht für das phy-

sische [wörtlich: sichtbare] Auge, weil dadurch das Sehen vollkommen wird. Deshalb ist es angemessen, daß der Koran wie das Sonnenlicht »Licht« genannt wird. Das Symbol des Korans ist das Sonnenlicht und das Symbol der Vernunft das Augenlicht. Deshalb können wir den Sinn jenes Koranischen Verses begreifen: »Glaubt an Gott und seinen Gesandten und an das Licht, das wir (zu euch) hinabgesandt haben«.[4]

Blendung

Wo viel Licht ist, ist viel Schatten, wo zu viel des Lichts ist, dort herrscht Dunkelheit. Es gehört zur Eigendynamik metaphysischer Monismen, dass ihre Radikalisierung in Mystik ausmünden muss. Wer vorbehaltlos auf das Eine setzt, hebt zu guter oder schlechter Letzt alle Verschiedenheiten im Abgrund des Erst-Letzten auf. Dies gilt auch dann, wenn das absolute Erste als Licht, Urlicht oder Überlicht gedacht wird. Soll dieser letzte Licht-Abgrund in irgendeiner Weise für die menschlichen Erfahrung aufgehen, so nur, wenn der Erkennende in ihm zugrunde geht – so lautet die Regel radikalisierter Monismen. Das Zugrundegehen im Einen setzt die Unterschiedenheit von Licht, Sehkraft und beleuchtetem Gegenstand außer Kraft: Der Sehende ertrinkt im primordialen Lichtmeer, welches zugleich aufhört, als Helligkeit erfahren zu werden – sofern Helligkeit noch zur nicht-abgründigen Zone der Hell-Dunkel-Differenz gehört. So bildet unter monistischen Prämissen die Lichtmystik das notwendige Schlussstück der Lichtmetaphysik – gleichsam deren Überlauf oder Exzessfunktion. Schon Plato hatte den Aufstieg des aus der Höhle Befreiten ans offene Licht des Einen als Blendung gedacht – als Katastrophe der Sehkraft angesichts des himmlischen Lichtgrundes. Über Plotin und Pseudo-Dionysius Areopagita wandern diese Konzepte in die mittelalterliche Theologie ein und formen deren mystische Kulminations-Figuren mit. Auf dem *apex theoriae*, dem Gipfel der Schau, schlägt das hellste Sehen in Blindheit, das absolute Licht in Dunkelheit, das vollkommene Wissen in Unwissenheit um. Der heilige Bonaventura (†1274) denkt die letzte Stufe des *itinerarium mentis in deum* – der Reise der Seele in Gott – als vernichtend-verwandelnden *transitus*, d.h. als Überschritt ins Dunkel (*caligo*) und als beseeligende Blendung. Im Sprachspiel der Lichtmystik heißt diese letzte Verschmelzung des Meditierers mit dem Absoluten »Sterben«. So kennt auch die klassische Metaphysik einen »Tod des Subjekts«: durch Überbelichtung. Was das Mittelalter Erleuchtung nannte, ist das lichtmystische Mittelglied der Vergottungsübung, die sich durch die Triade: Reinigung-Erleuchtung-Einung (lateinisch: *purificatio-illuminatio-unio*; griechisch: *katharsis-photismos-henosis*) vollzieht. So konnte die deutsche Mystik zu klingenden Formeln wie *überliehte dunkle vinsterheit* (Heinrich Seuse, *Vita*) gelangen, die weniger poetisch kühn als logisch folgerichtig sind.

Passion des Lichts

Wo die Mystik des Lichts religiösen Motiven am nächsten kommt, dort geht es weniger um Optik oder Logik als um die Selbsterfassung des bewussten Lebens. Lichttheorie war über lange Zeit das Feld, auf dem die abendländische Menschheit Reden über Subjektivität proben konnte. Nicht das Licht der Physiker ist es, was Menschen bei der Frage nach Gott, Welt und Selbst zu denken gibt, sondern das personale Licht, das als Metapher für Selbstgefühl und Beseeltheit steht. Wie kommt es, dass inmitten der Dinge, deren Aggregat das Weltganze bildet, Seelen vorkommen, gleichsam Ich-Lichter und innere Funken, deren Leuchten nicht nach der Art eines Dingbestandes oder einer natürlichen Reaktion aufgefasst werden kann. Lichtphilosophie begleitet die Geschichte des Rätsels, das die sich selbst entdeckende »Subjektivität« für sich selbst darstellt. Immer schon impliziert das menschliche Selbstsein ein Moment von Licht- oder Funke-Sein, von dem sich fragen lässt, ob es nicht von anderer Herkunft sei als die dingliche Welt. Von einem erlebten innerem Licht reden heißt, *mutatis mutandis*, teilhaben an der Erfahrung des Moses vor dem brennenden Dornbusch, aus dem, gewissermaßen im Geist der Flamme, eine Stimme spricht: Ich bin, der ich bin – anders übersetzt: »Ich bin der ›Ich-bin-da‹« (Exodus 3,14). So verwundert es nicht, wenn in der Hochreligion, jenseits von Optik und Logik, eine Wendung zur Personalisierung des Lichts vollzogen wurde. Nicht nur das Licht, das scheint, und das Licht, das erkennen macht, gehen Menschen von Grund auf an, sondern mehr noch das Licht, das lebt, das Licht, das erheitert und heilt. Darum ist Lichtmetaphysik an ihrem Ursprung ebenso sehr Soteriologie wie philosophische Optik, ebenso sehr metaphysische Therapeutik wie Logik. Den Tenor solcher Heils-Licht-Geschichten gibt der Prolog des Johannes-Evangeliums vor.

> Joh. 1,4 In ihm war das Leben, und das Leben war das Licht der Menschen.
> 1,5 Und das Licht leuchtet in der Finsternis, und die Finsternis hat es nicht erfaßt.
> 1,9 Das wahre Licht, das jeden Menschen erleuchtet, kam in die Welt.
> 1,10 Er war in der Welt, und die Welt ist durch ihn geworden, aber die Welt erkannte ihn nicht.

Dieses Licht, als »Leben des Lebens« verstanden, teilt mit dem Lebendigen überhaupt die Nötigung zum Leiden. »Wie ein Sterblicher« kommt diese *lux vivens* (Augustinus) zur Welt und kehrt nach einem exemplarischen welt- und todüberwindenden Leidensweg an seine überhimmlische Quelle zurück. Die Welt ist ihm das Theater seiner Passion. Unter den kanonischen Evangelien kommt das des Johannes den Vorstellungen der Gnosis am nächsten, nach welcher die Seelen mancher Menschen – der Pneumatiker – gefallene Lichtfunken seien, die durch das Erscheinen eines Rufers und Retters an ihre wahre Natur erinnert und aus dem Gefängnis der Materie befreit werden können. Die gnostische Dramaturgie des zur Welt gekommenen Lichts kulminiert in der Religion Manis, die den Weltlauf als Passionsgeschichte des leidenden Lichtes deutet. Jede lichthafte Einzelseele ist einbezogen in ein dreiphasiges kosmisches Drama: In diesem sinkt das Licht aus seinem ursprünglichen Zustand der Abgetrenntheit in den der Vermischung und des Leidens ab, um zuletzt durch eine reinigende Entmischung und Neuabtrennung erlöst zu werden.[5] Solche erzählerischen Lichtpassionen bieten die logische Möglichkeit einer Antwort auf die philosophisch ansonsten unlösbare Frage nach dem Grund des Nicht-Lichts, der Materie und des

Bösen. Weil Licht zunächst nur Expansion aus sich ist, braucht es die Brechung am Weltwiderstand, um sich an diesem zu reflektieren und um aus der Selbstferne zu sich selbst zurückzukehren. Die Leidensgeschichte des weltfremden Lichts im Nicht-Licht ist – von den spätantiken Gnostikern bis zu Hegel – die Bedingung dafür, dass das heimgekehrte Licht sich »zuletzt« in sich selbst reflektiert und weiß.

Aufklärung

Mit dem Beginn der Neuzeit verschieben sich die lichtmetaphysischen Einstellungen der westlichen Rationalität von Grund auf. Die reale Welt liegt nun nicht mehr unter dem wie auch immer verschleierten ewigen Licht einer göttlichen Überwelt, sie enthüllt sich progressiv im Laufe eines Ausleuchtungsprozesses, dessen epistemologischer Titel Forschung und dessen politisches Programmwort Aufklärung lautet. Dies hat seine Motivation in einer Neufassung der Vorstellung vom Weltgrund selbst. An die Stelle einer autoritativen Ureinrichtung der Welt auf dem Grund einer Schöpfungsordnung tritt nun die Selbsteinrichtung der Welt durch die menschliche Praxis. Die Folgen dessen für die Auffassung des Lichts reichen weit. Wo die altabendländische Ontologie – kaum anders als die orientalische Metaphysik – sich von einem sich gebenden oder offenbarenden Licht Gott, Welt und Seele zeigen lässt, dort setzt die neu-europäische Vernunft auf die eigene erhellende Tat. Damit wird das Licht (wie der Intellekt und das Handeln) entontologisiert – es wird zum

Medium und zum Instrument einer Praxis, die sich selbst hinreichende Aufklärung verschafft. »Aufklärung« ist der Prozess, den die moderne Vernunft anstrengt, um Licht in die gesellschaftlichen und naturalen Zusammenhänge zu bringen. Man könnte sagen, das Licht wird aktiviert und zu einer Sonde der technischen und politischen Weltdurchdringung gemacht. Der ontologisch-religiöse Habitus der partizipativen Andacht vor dem Geheimnis wandelt sich in den Willen zur Entzauberung und Entlarvung. Der gemeinsame Grund von neuzeitlicher Politik und Technik liegt in dem alles durchdringenden Motiv, Licht ins bisher Dunkle oder Verdunkelte zu bringen. Aufklärung ist das Zeitalter der Licht-Penetranz. Nun soll niemand mehr im Namen einer höheren Einsicht von privilegierten Priesterintellektuellen hinters Licht geführt werden können. Darum werden Dunkelmänner vor die Schranken der Öffentlichkeit zitiert, Geheimpolitik wird durch Transparenzpolitik ersetzt, unbewusste Motive werden ans Licht des Bewusstseins gehoben, neue Energiequellen werden zur künstlichen Beleuchtung der Häuser und Städte erschlossen. Ein luziferischer – »lichtbringerischer« – Aktivismus kennzeichnet die Epoche, die aus dem *siècle des lumières* hervorging. Laternenanzünder und Philosophen, Ingenieure und Psychologen, Journalisten und Chirurgen, Detektive und Astrophysiker sind allesamt Teilnehmer an jener großen Koalition der offensiven Durchleuchtung aller Dinge, als die sich die industrielle, elektrische und elektronische Neuzeit versteht. Ihre natürlichen Gegner erkennen die Partisanen der demokratisch-technokratischen Licht-Kampagne in den Verteidigern vormoderner Verhältnisse – den »Obskurantisten« und Sympathisanten des abgelösten Agrarzeitalters mit seinen übernatürlichen Lichtern und seinen privilegierten Erleuchtungen. Das »luziferische« Licht der emanzipierten Selbsttätigkeit, die sich neuzeitlich in die Position des Grundes aller Gründe gesetzt hat, kann keine andere Lichtquelle – zumal kein »Licht von oben« – neben sich dulden.

Künstliche Beleuchtung – postmodernes Zwielicht

Auch das Licht der Aufklärung macht Erfahrungen mit seinem Schatten. Es charakterisiert die Selbsterfahrung moderner Menschen, dass sie die Welt infolge von Aufklärung und Fortschritt nicht nur heller, sondern auch zwielichtiger sehen werden. Die politischen Lernprozesse des 19. und 20. Jahrhunderts haben einen zivilisationsweiten Umschwung von Aufklärungsoptimismus zu Geschichtspessimismus nach sich gezogen. Beim Versuch, zweihundert Jahre »aufklärerischer« Politik und Technik zu bilanzieren, entdecken die meisten Kommentatoren die Notwendigkeit einer »Abklärung der Aufklärung« bzw. einer Kritik der lichtbringerischen Vernunft. Was landläufig Postmoderne genannt wird, hat eines seiner überzeugendsten Motive in dieser Nachuntersuchung von Aufklärungsfolgen.[6] Reflexion in der Abenddämmerung eines großen Experiments. Die Addition von Sowjetmacht und Elektrizität hat weder einen roten Morgen für die ganze Menschheit noch einen strahlenden Tag für die Teilnehmer an dem sozialistischen Großversuch heraufgeführt, sondern eine schwere Eintrübung der Lebensaussichten fast aller Beteiligten nach sich gezogen. Aus der

Synthese von Marktkapitalismus und Wohlfahrtsstaat, die den *way of life* der »aufgeklärten« westlichen Industrienationen charakterisiert, entspringt gleichfalls kein Zustand allgemeiner Genugtuung, sondern eine Kultur der mürrischen Zweideutigkeit, der die großen Perspektiven und Projektionen abhanden gekommen zu sein scheinen. Über dem Leben der Konsum- und Arbeitsgesellschaften liegt das graue Licht nachgeschichtlicher Aperspektivik. Die Epoche artikuliert ihr Lichtbewusstsein nicht mehr mit massiven solaren Symbolen, sondern in dem Arrangement diskreter künstlicher Lichtquellen wie Spotlights und Flutern. Beim höchsten Stand der Kunstlichttechnologie breitet sich gleichwohl ein Bewusstsein allgemeiner Perspektivenverwirrung und Unübersichtlichkeit aus, die gelegentlich eine »neue« genannt wird. In dem Etikett verrät sich die Enttäuschung der Aufklärung angesichts des Scheiterns ihrer optischen Verheißungen. Im Unübersichtlichwerden der Welt verrät sich die Krise jener panoptischen Rationalität, durch die sich die neuzeitliche Aufklärung als pragmatische Erbin der alteuropäischen Lichtmetaphysik erweist. Im Rückblick auf die Geschichte des optischen Idealismus – in seinen religiösen wie seinen politischen Formen – zeigt sich, dass inzwischen die gesamte verwestlichte Hemisphäre der Welt zu einem »Abend«land geworden ist.

Schlusslicht

Ist nun in Reaktion auf das Unbehagen am Zwielicht mit einer postmodernen Wiederkehr der Lichtreligionen zu rechnen? Gewisse Indizien sprechen hierfür. Zunächst bringen die aktuellen weltweiten Offensiven der monotheistischen Religionen starke Züge licht-metaphysischer Restauration ins Spiel mitsamt panoptischen Sichten aufs große Ganze und welt»anschaulichen« Gewissheiten, die für die labilisierten Massen der drei »Welten« von nicht zu unterschätzender Attraktivität sind. Obendrein entspringen aus den spekulativen Nebentrieben moderner Naturwissenschaft eine Fülle von weltanschaulich suggestiven Evolutionsmodellen, in denen lichtmetaphysische Ideen in gewandelter Form erneut die Bühne betreten. Den Auftakt hierzu gaben in der Mitte des 20. Jahrhunderts die Ideen des heterodoxen Jesuiten Teilhard de Chardin, der lichtmetaphysische, kosmologische und christologische Motive zu einer eschatologischen Vision von dantescher Spannweite zusammenfasste. Nach ihm läuft der gesamte Weltprozess auf eine totale Verlichtung aller Wesen hinaus. Im Zeichen moderner Hypernaturwissenschaft kehren die Ideen der antikosmischen Gnosis gleichsam in den Kosmos heim. Dies kennzeichnet u.a. auch das System des Natur- und Bewusstseinswissenschaftlers Arthur Young, der in *The Reflexive Universe* (1976) die Gegenwart als Scheitelpunkt einer Licht-Evolutionskurve darstellt. Diese ist nach dem Abstieg des Lichts über die Teilchenwelt, die Molekülwelt, das Pflanzenreich, das Tierreich und das Menschenreich an den Punkt gelangt, wo ein Wiederaufstieg mit dem Ziel der Rückkehr ins Licht in Aussicht genommen werden kann. Mit diesem Schleifen- oder Bogenmodell der Evolution kopiert Young auf eine eher symptomatische als originelle Weise die spätantiken Emanationslehren, nach denen der Kosmos durch Ausströmungen aus dem Über-

Einen entsteht. Asiatische und europäisch-mittelalterliche Vorstellungen über »Erleuchtung« als letztem Ziel der Seele kehren in szientistischen Tonarten wieder, meistens mit evolutionstheoretischem Akzent. Die neuen Licht-Schleifen-Evolutionisten möchten es für wahrscheinlich hinstellen, dass eine Menschheit, die ihren *status quo* als Zwischenergebnis der kosmischen Entwicklung nach einer initialen Hyperlicht-Katastrophe (*big bang*) begreifen muss, ebenso gut über künftige weite Spannungsbögen in eine allgemeine Erleuchtung einmünden könne. Mit erleuchtungs-evolutionistischen Ideen hat sich u.a. Ken Wilber einen Namen gemacht (z.B. *Up From Eden*, 1981[7]). Wo Spekulationen dieses Typs milieubildend wirken, wie in gewissen kalifornischen Subkulturen, dort kann es zur Proklamation eines neuen Licht-Zeitalters oder *Light-Age* kommen – mit Widerhall in gewissen Zirkeln mitteleuropäischer Neosophistik und Beratungsphilosophie.

Auf vielfältige Weise bleiben alte Fragen nach dem, was zuletzt zu sehen sein wird, auch für die moderne Menschheit von Belang. Ist die letzte Sicht nichts anderes als das ewige Blinzeln der letzten Menschen, die in die glutlose Abendsonne schauen? Entspricht sie der Erfahrung der Sterbenden gemäß dem Tibetanischen Totenbuch, das von einem Übergang in das weiße Licht des Erlöschens spricht? Oder wird die letzte Sicht in einem nuklearen Lichtorkan erblinden – gleichsam in technologischer Realisation des lichtmystischen Transitus? Wenn zutrifft, dass nichts in der Technologie ist, was nicht zuvor in der Metaphysik gewesen war, dann hat eine lichtmetaphysisch vorgeformte Menschheit Aussicht darauf, zuletzt in ein selbstgemachtes großes Licht zu blicken – »heller als tausend Sonnen«. Oder macht es das

Wesen des Zivilisationsprozesses aus, die Schlussansicht aller Dinge in immer neuen Aufschüben offenzuhalten? Gegenstandslos wird der Unterschied zwischen letzten und vorletzten Sichten, wenn die Welt den Augen der Künstler offensteht. »Das Auge vollbringt das Wunder, der Seele das zu öffnen, was nicht Seele ist, die glückselige Welt der Dinge und ihren Gott, die Sonne.«[8]

Anmerkungen

1 Edward O. Wilson, *The Diversity of Life*, Harvard University Press, 1992; zitiert nach: *The New York Review of Books*, XXXIX, 18, 5. November 1992, S. 3.

2 Vgl. hierzu: Klaus Hedwig, *Sphaera Lucis. Studien zur Intelligibilität des Seienden im Kontext der mittelalterlichen Lichtspekulation*, Münster 1980, insbesondere das Kapitel über den Optik-Philosophen und Theologen Robert Grosseteste (1168–1253), S. 119ff.

3 Über arabische Optik und Lichtphilosophie, namentlich Alkindi und Alhazen informiert das Standardwerk von David C. Lindberg, *Auge und Licht im Mittelalter. Die Entwicklung der Optik von Alkindi bis Kepler*, Frankfurt a. M. 1987; Henri Corbin verdankt der heutige Westen einen guten Teil seiner eventuellen Kenntnisse islamischen Denkens durch seine *Histoire de la philosophie islamique*, Paris 1986, besonders das Kapitel: »Sohravardi et la philosophie de la lumière«, S. 285–305; und *L'homme de lumière dans le soufisme iranien*, Paris 1971.

4 Abu-Hamid Muhammad al-Ghazali, *Die Nische der Lichter* [Miskat al-anwar], Hamburg 1987, S. 15.

5 Über Mani vgl. Amin Maalouf, *Les jardins de lumière*, Paris 1992; zur manichäischen Religion vgl. Karl Matthäus Woschitz, Manfred Hutter, Karl Prenner, *Das manichäische Urdrama des Lichts. Studien zu koptischen, mitteliranischen und arabischen Texten*, Wien 1989.

6 Vgl. vom Verfasser, *Kritik der zynischen Vernunft*, Frankfurt a. M. 1983, 11. Aufl. 1990 (in 2 Bänden), vor allem die Abschnitte: »Nach den Entlarvungen: Zynisches Zwielicht«,

S. 159; sowie: »Historisches Hauptstück – Das Weimarer Symptom, Bewußtseinsmodelle der deutschen Moderne«, S. 697ff.

7 Ken Wilber, *Halbzeit der Evolution. Der Mensch auf dem Weg vom animalischen zum kosmischen Bewusstsein*, Bern, München, Wien 1984.

8 Maurice Merleau-Ponty, *Das Auge und der Geist: philosophische Essays*, Hamburg 2003.

Erleuchtung im schwarzen Kasten – Zur Geschichte der Undurchsichtigkeit

Die Geschichte des radikalen oder mit Ursprüngen befassten Denkens, das als Philosophie auftrat, kennt im Grunde nur zwei Arten und Weisen, mit dem Denken anzufangen – wir nennen sie den schwarzen und den weißen Anfang. Beim weißen Anfang setzen wir so viel wie möglich voraus, tendenziell alles, beim schwarzen so wenig wie möglich, bis an den Grenzwert von nichts. Wer Weiß bevorzugt, der wettet auf die Offenheit der Welt, er lässt sich tragen von der Gewissheit, dass uns, indem wir die Augen offen halten, immer schon das relevante Universum in selbstgenügsamer Ganzheit sich zu sehen gibt. Dies entspricht einer Welterfassung im olympischen Modus; begreiflicherweise erscheint dieser in der Geschichte der Intelligenz an relativ später Stelle, denn er hat zur Voraussetzung, dass Menschen einen Gott konzipieren können, der weder arbeitet noch interveniert; es ist dies der berühmte Gott der Philosophen, der heute unter dem Codenamen Beobachter wieder Achtungserfolge beim wissenschaftlich interessierten Publikum erzielt. Sein Weltverhältnis lässt sich am besten als Erleuchtung im weißen Kasten beschreiben. Um sie nachzuvollziehen, ist es ratsam, sich den Göttervater Zeus, den Stifter der Jovialität, vorzustellen, wie er nach einer Siesta auf die Veranda des Götterhochsitzes hinaustritt, ganz Auge, ganz Umsicht, fast böse vor Gelassenheit, mit einem weitem Blick das Archipel der Dinge umfassend, in solcher Haltung Übersicht gewinnen heißt vieles übersehen; darüber hinaus bedeutet es, mit allem, so wie es ist, einverstanden sein. Hier ist die Welt eine weiße Schachtel, wir stehen in ihr wie in einer Lichtkugel – die Intelligenz bewegt sich in freien Umblicken in ihr wie in etwas durchwegs Erschlossenem und fraglos Erhelltem. Weil alles getan ist, kann das Denken beim Umsehen nur noch feiern. Nichts ist in der Schachtel, was auf die Entstehung von Techniken und Problemen deuten würde; Götter sind zu glücklich, um zu konstruieren und zu losgelöst, um sich von Dringlichkeiten berühren zu lassen. Der olympische Gott ist derjenige, der bei helllichtem Tag keinen Grund sieht, im Sichtbaren einen Unterschied zu machen. Der Philosoph Ernst Mach hat in den »Antimetaphysischen Vorbetrachtungen« seines Hauptwerks *Die Analyse der Empfindungen* (3. Auflage Jena 1902, S. 23) eine Initiationserfahrung mit Zügen von solcher olympischer Rundsicht beschrieben:

> Ich habe es stets als besonderes Glück empfunden, dass mir sehr früh (im Alter von 15 Jahren etwa) in der Bibliothek meines Vaters Kants »Prolegomena zu einer jeden künftigen Metaphysik« in die Hand fielen. Diese Schrift hat damals einen gewaltigen, unauslöschlichen Eindruck auf mich gemacht, den ich in gleicher Weise bei späterer philosophischer Lektüre nie mehr gefühlt habe. Etwa zwei oder drei Jahre später empfand ich plötzlich die müßige Rolle, welche das »Ding an sich« spielt. An einem heiteren Sommertag im Freien erschien mir mit einmal die Welt samt meinem Ich als *eine* zusammenhängende Masse von Empfindungen, nur im Ich stärker zusammenhängend. Obgleich die eigentliche Reflexion sich erst später hinzugesellte, so ist doch dieser Moment für meine ganze Anschauung bestimmend geworden.

Mach bezeugt hier die typische White-Box-Position, wie sie in Mystiken und Phänomenologien auftritt. Sie liegt wohl auch der Doktrin des Parmenides von Elea zugrunde, der mit dem Lehrsatz, dass Sein und Bemerken dasselbe seien, den weißen Anfang des Denkens im Lichtbad zur europäischen Norm erhob. Aus dem folgt eine entwicklungslose Genugtuung des Denkens durch seine Teilhabe am empfundenen All, was nur eine andere Art zu sagen ist, dass aus ihm nichts folgt. Folgen hat nur das Zweitklassige, aus dem Höchsten folgt nichts. Wer mit dem weißen Kasten verschmelzen könnte, für den hätte das Denken endgültig Urlaub – er würde das Glück der Götter oder der Idioten genießen, und das ihres Mittelwerts, des Phänomenologen – sofern Phänomenologie die Kunst ist, alles, was dem Bewusstsein gegeben ist, explizit zu beschreiben, ohne in irgendetwas operativ einzudringen.

Dem steht, etwa in den östlichen Meditationsschulen, aber auch im westlichen Denken wie bei Descartes und bei Ernst Bloch, der schwarze Anfang gegenüber. Hier versenkt sich die Intelligenz in eine künstliche Dunkelheit, die herbeigeführt wird durch Absehen von allen Weltgewissheiten und durch radikalen Zweifel an den so genannten Sinnesdaten. Mit geschlossenen Augen brütet das Subjekt im Dunkel des gelebten Augenblicks und exploriert einen fiktiven Zustand, in dem es noch kein Wissen, keine Operationen gäbe, sondern nur Drang und begriffslose Vorgefühle. Um mit Kafka zu reden, entspricht dies einem Leben im Zögern vor der Geburt. Ernst Bloch hat in seinen berühmten Buchanfängen, etwa in dem zur Tübinger Einleitung in die Philosophie, diesen Beginn des Denkens im schwarzen Kasten des Vorgefühls klassisch formuliert:

> Ich bin. Aber ich habe mich nicht.
> Darum werden wir erst.
> Das Bin ist innen. Alles Innen ist an
> sich dunkel. Um sich zu sehen und gar,
> was um es ist, muss es aus sich heraus.

Daraus ergibt sich eine Philosophie des Exodus aus dem ursprünglichen Dunkel. Sie deutet die Welt nicht als etwas von sich her immer schon Offenes, sondern als etwas, was vorhergesagt und gebaut werden muss – es ist dies die prophetische Position des Konstruktivismus, von dem heute überwiegend systemtheoretisch pasteurisierte Varianten im Umlauf sind. Daneben hat sich auch eine Tradition des cartesischen Denkens aus dem Dunkeln entwickelt, in dem das Subjekt durch radikale Rekonstruktion seiner Überzeugungen nach logischen Kriterien zu einer vollständigen prozeduralen Kontrolle über seine Vorstellungen gelangt. Ohne Zweifel lieferte das cartesische Cogito den Prototypus zu den subjektiven schwarzen Kästen der Neuzeit; es bot ein attraktives Verfahren an, den weißen Kasten zu zertrümmern und die Welt ganz von der denkenden schwarzen Zelle aus neu zu errichten. Man kann der Meinung sein, dass dies der Auftakt zum subjektiven Maschinenbau gewesen sei, mit dem die Neuzeit als Ingenieurszeitalter erst eigentlich in Fahrt kam. Das Cogito war ein Patent, das Ego zuverlässig in die Position des Fundaments aller übrigen Vorstellungen zu bringen. Descartes' Argument war eine Software für Subjekte, die sich ihrer Fähigkeit vergewissern wollten, Hardware-Maschinen zu bauen, ohne selbst Maschinen zu sein. Tatsächlich engagieren sich die nach-cartesischen Generationen in neuen Horizonten der Ingenieurskunst: Man denke an den Staatsmaschinenbau in der Theorie und Praxis des Absolutismus, den Schönheitsmaschinenbau in der höfischen Oper und im absolutistischen Palastzeremoniell, den Wahrheitsmaschinenbau in den frühen wissenschaftlichen Akademien, den Erziehungsmaschinenbau in den Jesuitengymnasien und ihren protestantischen und säkularen Gegenstücken, den Personenerkennungsmaschinenbau in den neuzeitlichen Policeyen und den Militärmaschinenbau in den stehenden Heeren der Territorialstaaten. Diese Beispiele zeigen, wie das Konstruierenkönnen aus dem weltlosen denkenden schwarzen Kasten heraus mächtige weltliche Folgen zeitigt. In der Moderne ist souverän, wer über die Aufstellung von schwarzen Kästen entscheidet.

Nimmt man die beiden Anfänge des Denkens zusammen, so ergibt sich ein Einblick in Tiefenstrukturen der europäischen Rationalität. Von der griechischen Aufklärung an ging es dem anspruchsvollen Denken darum, den großen weißen Kasten Welt in den kleinen schwarzen Kasten Wissen und Können zu stecken. Würde man umgekehrt das scheinbar Näherliegende tun und den schwarzen Kasten in den weißen einfügen, so müsste er in diesem unsichtbar werden und im zufriedenen Licht der feiernden Intelligenz verschwinden. Soll die Intelligenz nicht jovial herumschauen, sondern operieren, muss der schwarze Kasten zur maßgeblichen Größe werden. Der Grund, warum die beiden Kästen auf die unwahrscheinlichere Weise ineinander verschachtelt werden müssen, hat also einen Bezug zu der Macht, die im Wissen liegt: Das Denken im weißen Kasten ist zwar umfassend und beglückend, aber es gewährt nur eine schwache Form von Souveränität, weil es nicht-operativ und impotent ist; dagegen mag das Denken im schwarzen Kasten zwar bis an die Idiotie-Grenze verengt sein, und es mag eher unterirdische Lebensgefühle nähren, doch besitzt es logische Aggressivität und operativen Folgenreichtum. Bacons Neuzeit-Motto »Wissen ist Macht« muss gelesen werden, als sagte er: Konstruieren im schwarzen Kasten ist Macht. Dem Prozess des Wissens hängt mithin seit seinem Beginn ein Formatproblem an. Die Alten sprachen davon, wenn sie das menschliche Alleswissenwollen als den Versuch bezeichneten, den Ozean mit dem Löffel auszuschöpfen. Theologen versicherten, dass der endliche Intellekt die Rechnungen des Unendlichen nicht nachrechnen könne; daher müssten bloße Menschen sich gegen Gott abgrenzen und zugeben, dass nur er, der schlechthin Überlegene, die völlige Einheit von Schwarz und Weiß erfährt; nur bei ihm fallen Allproduktion und Allkontemplation in einem absoluten Genuss zusammen – bei uns hingegen wäre es besser, wenn wir den Prozess der theoretischen Ambition so früh wie möglich in Bescheidenheit abbrächen; dem Menschen komme es zu, jetzt in die kleine graue Schachtel Glauben zu steigen, um dereinst von ihr aus die große White Box in Gott zu erreichen. Dieses Schema liefert die Konstante theologischer Kritiken am Menschenwerk unter altabendländischen Prämissen; sie tritt heute vor allem in den Argumenten des grünen Pietismus auf. Trotz solcher Abmahnungen blieb der Versuch, die ganze Welt in den selbstbauenden schwarzen Kasten zu ziehen, auch für Menschen der Neuzeit attraktiv, und mochte er auch anfangs in seinem Überschwang absurd erscheinen, so wurde er doch nie mehr ganz aufgegeben trotz einer langen Stagnationsperiode zwischen der Spätantike und dem Beginn der mittelalterlichen Universitätsgeschichte, also dem Neueinsatz einer Akkumulation von kognitivem Kapital auf europäischem Boden. Dies zeugt für die langwirkende Sprengkraft der Künste, die aus den schwarzen Anfangsexperimenten hervorgegangen waren. Die schwarze Intelligenz führte, lange Zeit, gegen eine große weiße Mehrheit den Beweis, dass alle Macht vom schwarzen Kasten ausgeht. Es sind nicht die sonnenhaften Gönnerblicke auf die Welt, die die Welt verändern – es sind die stringent formulierten, operativ geschlossenen weltlosen Könnergedanken, die aus dem Dunkeln kommen, von denen die effektiven Einschnitte ins Gegebene ausgehen. Damit deutet sich schon das konstruktivistische Weltbild an. Aber man darf annehmen, dass spätestens bei Plato diese Situation in ihrem vollen erkenntnisorientierten Ernst erfasst war. Sein Werk bezeugt, wie die Einsicht in die Gewalt dessen, was aus dem schwarzen Kasten kommt, scharf gemacht wurde: Nicht umsonst spricht Plato mathematischen Übungen eine so große Bedeutung zu. Er erkennt in Zahlen und geometrischen Figuren souveräne Größen, die aus der Black Box steigen und die die Erscheinungswelt nicht brauchen, um wahr zu sein. Freilich hatte Plato eine klare Einsicht in die mittlere Natur des Menschen; er gab zu, dass wir vom Fleisch angezogen bleiben, obwohl wir an der Offenbarung der Zahlen teilhaben. So hinterließ der Platonismus ein Bild vom Menschen im Zwielicht zwischen Erotik und Mathematik: Wir sind Wesen, die noch lieben müssen, obwohl sie schon rechnen können. Kein Wunder, wenn nach Plato immer wieder Denker auftraten, die dem

Rechnen, allgemeiner, dem kontextfreien Verknüpfen, dem Mitdenken der Gedanken Gottes vor der Schöpfung, doch mehr als die Hälfte geben wollten. Seither geht in der europäischen Wissensgeschichte das Gespenst des absoluten Wissens um: Es meint die suggestive Idee, den weißen Kasten restlos zu ersetzen durch einen schwarzen, der sein eigenes Licht hätte. Darin steckt das Programm der konstruktivistischen Revolution: Aus dem schwarzen Kasten des operativen Bewusstseins soll eine Bauanleitung für das Weltganze unter Einschluss des operativen Bewusstseins darin entwickelt werden. Damit würde die Theorie fürs große Ganze, die weiß begann, aufhören, nur jovial, sonntäglich, kontemplativ zu sein, und würde sich in der Black Box des bewussten Könnens zu einer angewandten, werktäglichen Kunst entfalten – also zur Technik. Die große Theorie wäre dann endlich und wirklich, was sie in ihrem magischen Traumgrund immer schon sein wollte: eine technische Weltmacht.

Ich bin mir bewusst, hier einen Begriff von schwarzem Kasten eingeführt zu haben, der im Widerspruch steht mit dem üblichen, von dem behavioristischen Psychologen B. F. Skinner bekannt gemachten Konzept der Black Box. Skinner wollte bekanntlich die so genannten mentalistischen Begriffe der introspektiven Psychologie wie Willensakt, Spontaneität, Freiheit, Innerlichkeit, Intelligenz und ähnliches aus dem Feld der rein empirischen, am manifesten Verhalten orientierten Psychologie entfernen und forderte daher, das Objekt oder den Komplex von Verhaltensweisen, den die Tradition Seele genannt hatte, als eine Black Box aufzufassen, in die direkt Einblick nehmen zu wollen sowohl unmöglich als auch sinnlos sei. Den Terminus Black Box will Skinner aus dem Soldatenjargon übernommen haben, wo er vom Feind hinterlassene Objekte bezeichnet, die man, weil sie vermint sein konnten, unter keinen Umständen öffnen und untersuchen durfte. Im Gegensatz dazu habe ich einen Begriff von Black Box angedeutet, der gewisse Züge von Subjektivität und eigensinniger Innerlichkeit bewahrt, freilich nicht in der Art des mystischen Fünkleins, sondern eher wie ein endogenes Programm oder eine fixe Idee, die sich kontextfrei wiederholt und gegen wechselnde Umwelten durchsetzt. Typisch hierfür sind intelligente Maschinen wie Flugschreiber, die man neuerdings auch Black Boxes nennt; es sind Fälle bekannt geworden, in denen nach Flugzeugabstürzen nur noch nach der Black Box gesucht wird, als wäre sie die einzige überlebende Seele an Bord, die zu Auskünften über Ursachen imstande ist. Dies setzt voraus, dass eine Black Box zugleich als Umweltabtaster – etwa als Beobachter und Gedächtnis für Flugparameter – und als kontextfreie Einheit konstruiert wird, und während Menschen bei Abstürzen aus großer Höhe aus ihrem biologischen Kontinuum fallen, sind Black Boxes für plötzliche Höhenunterschiede nicht sensibel, sie sind darauf eingerichtet, den Unterschied zwischen Landen und Abstürzen mit Gleichgültigkeit zu quittieren. Man darf vermuten, dass in der aktuellen technischen Revolution immer mehr Menschen den Wunsch entwickeln, ihrerseits zu unsterblichen Black Boxes zu werden – die White-Box-Religionen laufen allmählich aus, weil sie noch einen allzu verletzbaren, allzu passiven, ontologisch masochistischen Menschen zur Voraussetzung haben. Während es nämlich in der White Box einen Vorrang der Wahrnehmung vor dem Handeln zu geben scheint – dies ist die phänomenologische Normalität – gilt in der

Black Box der unbedingte Vorrang der eigenen Operation vor dem Umweltbezug; dies wiederum ist die Standardsituation von Technik oder Systemhaftigkeit.

Die beiden Schachteltypen greifen in der alltäglichen Welterfahrung ständig ineinander. Wird die Welt als weiße Schachtel wahrgenommen, so steht sie unter dem Vorurteil von Erschlossenheit und Transparenz, im Idealfall ist die weiße Welt ein Raum ohne Geheimnis; sie hat allenfalls Schatten, aber kein Unbewusstes, keine Rückseite, die ganz ins Schwarze fällt. Man kennt sich aus und ist im Hellen sicher, und was nicht aktuell im Sichtfeld liegt, ist gleichwohl prinzipiell Sichtbares, dem nur im Augenblick kein Beobachter gegenübersteht. Die weiße Welt gibt Anlass zu einer alles erfassenden erkenntnistheoretischen Heiterkeit, weil in ihr Sein und Vorliegen konvergieren. Aber diese Offenheit wird von der alltäglichen Erfahrung immer schon ein Stück weit sabotiert. Denn auch in der unter weißen Vorurteilen aufgefassten Welt fallen emergente schwarze Schachteln auf, die sich wie störende Flecken vor dem hellen Grund abheben. Durch ihre Existenz, vielmehr durch ihre Prominenz – ihr Hervorragen und Sichaufrichten – wird unser White-Box-Gefühl getrübt, und wir machen beim Umblick in der erschlossenen Sphäre die Erfahrung, dass an kritischen Orten Wesentliches vorliegt, in das wir nicht hineinsehen. Der kognitive Alltag von *homo sapiens* entspricht im Ganzen einem Ineinander und Nebeneinander von offenen und verschlossenen Objekten, und wo dieser Befund selbst wiederum als offener und selbstverständlicher Tatbestand anerkannt wird, dort setzt sich das phänomenologische Axiom vom Vorrang des Vertrauten vor dem Unvertrauten bilanzmäßig durch – die Welt ist alles, worin wir uns letztlich auskennen. Nur in pathologischen Epochen nimmt das Unvertraute überhand, und dies kann bis dahin gehen, dass schwarze Boxen die Welt insgesamt verdüstern und *toto genere* als undurchdringlich erscheinen lassen. Den Ideenhistorikern sind Zeitalter bekannt, die überwiegend von solchen Weltgefühlen geprägt waren; wir denken vor allem an die Spätantike, in denen die Menschen die imperiale Maschine als fremdes Haus erlebten, und die Gegenwartswelt, in der große Populationen von dem Gefühl erfasst sind, in einem Durchgangslager der Innovationen zu leben. Spätantike und Moderne sind nicht umsonst die beiden großen von gnostischen Exiltheorien beherrschten Epochen: Zeiten, in denen Menschen zu Aussagen über ihre Deplacierung in der Welt gelangten.

Die Omnipräsenz schwarzer Kästen ist aber nicht so sehr eine Sache der Lebensgefühle, als der Erkenntnisstrategien. Denn die Black Box zwingt ihre Beobachter und Partner dazu, vom Verstehen auf äußeres Manipulieren umzuschalten. Wo die Welt von schwarzen Kästen überfüllt ist, dort zersetzt sich der phänomenologische Optimismus, der unterstellt, dass die Dinge sich mit ihrem Erscheinen selbst erklären. Sobald der schwarze Kasten ins Auge fällt, sieht sich das Verstehen vor eine Grenze gestellt. Überall auf schwarze Boxen treffen heißt ja, nichts mehr von all dem begreifen. Die dunklen Schachteln kränken uns, indem sie uns spüren lassen, dass es in ihrem Inneren ganz anders zugeht, als ihre Oberfläche verrät. In ihnen kehrt uns das Wesen der Erscheinung den Rücken zu.

Eben diese Erfahrung – die Kränkung des Intellekts durch die äußere Black Box – hat ihre spezifische

Geschichte: Es ist die Geistesgeschichte des Nicht-Verstehenkönnens, eine Geschichte, die sich in zwei Strömungen gabelt – die Resignationsgeschichte der Intelligenz angesichts des Undurchdringlichen und die Invasionsgeschichte der Forschung, die ihre Demütigung durch die Grenze des Verstehens mit einem kognitiven Gegenangriff beantwortet. Ich werde im folgenden die These zu begründen versuchen, dass der Prozess der Moderne seinem Resultat nach nicht länger als Aufklärung, das heißt als Transparenzwachstum interpretiert werden kann; er führt vielmehr Zustände herbei, in der uns die Umwelt, mehr als in jeder Form von Frühkultur, als Aggregat aus fremdproduzierten schwarzen Schachteln umzingelt. Diesen Prozess möchte ich in groben Andeutungen als Kulturgeschichte des Undurchsichtigen nachzeichnen. Sie illustriert den Prozess der Intelligenz im Umgang mit intransparenten Größen anhand von fünf typischen Figuren: Ich nenne das Grab; den Körper; das Buch; die Bürokratie; die komplexe Maschine. Wenn man in dieser Reihe eine progressive Annäherung an die Lebenswelt oder besser die Boxen-Umwelt der Moderne zu erkennen meinte, so wäre dies zwar ein zufälliger, doch nicht unwillkommener Effekt.

1. Ohne Zweifel ist für die Menschen der Moderne das Grab noch ein suggestiver, wenngleich überholter Vertreter des Prinzips Black Box. Auch moderne Särge verkörpern den Inbegriff von etwas, worin wir nicht hineinschauen: zum einen, weil das Motiv Totenruhe noch einen gewissen Respekt erzwingt, zum anderen, weil wir davon überzeugt sind, dass begrabene Särge grundsätzlich keine Information für uns enthalten – von wenigen kri-

minologisch oder politisch veranlassten Exhumierungen abgesehen. Die moderne Toten-Box ist eine entzauberte und insofern leere schwarze Schachtel; in ihr wird kein operantes Subjekt mehr vermutet, dessen Wirken aus dem Dunkeln in unsere Sphäre eingreifen könnte. Diese Überzeugung von der Leere der Toten-Box musste freilich erst in einem langwierigen kulturellen Prozess erworben werden – sie gehört zum harten Kern dessen, was Aufklärung noch heute positiv meint. Aufklärung impliziert die Überzeugung vom sepulchralen Nichts, die Gewissheit also, dass in Särgen nichts geplant und operativ umgesetzt wird, was für uns im Hellen zu Konsequenzen führen könnte. Insofern sind für uns heute die Särge in Gräbern die einzigen Black Boxes, zu denen wir ein völlig entspanntes Verhältnis haben. Sie sind erkenntnistheoretisch erloschene Objekte – wir brauchen uns im Blick auf sie um keine verborgenen Handlungszentren mehr zu kümmern; die Toten stehen nicht mehr im Wettbewerb um die Wirklichkeit. Dass dies nicht immer so war, ja dass die Gräber in früherer Zeit als die eigentlichen Operationszentren des Weltgeschehens galten, davon kann uns schon ein flüchtiger Rückblick in die Geschichte des Totenglaubens überzeugen. Wenn Tote nicht, wie in der atheistischen Moderne, entsorgte Biomaschinen sind, bei denen die Erfolgsphase ihres Immunsystems abgelaufen ist – nichts anderes nämlich bedeutet der systemische Begriff von Leben –, wenn Tote also nicht nur ins absolute Aus geraten, sondern in einen anderen Aggregatzustand von Sein übergetreten sind und nun unsichtbar auf der anderen Seite des Hellen existieren, so versteht sich von selbst, warum die Gräber einst der Inbegriff von vollen schwarzen Schachteln waren. Wenn bedeutende

Persönlichkeiten in ihnen steckten, insbesondere Ahnen, Könige und Religionsstifter, so ist die Ruhe der Box nicht garantiert; im Gegenteil, das Grab ist der Unruheherd erster Ordnung – eine Werkstatt für Wirkungen, die uns betreffen, ein Büro, in dem von jenseitigen Funktionären Maßnahmen fürs Diesseits verfasst und verabschiedet werden. Somit ist in alter Zeit das Grab geradezu die paradigmatische Instanz für Black-Box-Erfahrungen. Die wirklichen Mächte sind auf der anderen Seite des Grabes am Werk und benutzen es als Eingang in unsere Welt. Folgerichtig besaßen die Interessen der Menschen zwischen der neolithischen Revolution – dem Beginn der großen Ahnenbeerdigungszeit – und der Moderne – der Zeit der Gräberberuhigung – im Hinblick auf das Totenreich ziemlich klare Umrisse: Die Lebenden mussten es um alles in der Welt dahin bringen, vom Inneren der eminenten schwarzen Schachtel die genauesten Vorstellungen zu gewinnen. Was wir seit Aristoteles unter dem Begriff Metaphysik kennen, war vorphilosophisch zunächst nichts anderes als Black-Box-Forschung, also der Versuch, in die schwarzen Ahnen-, Königs- und Götterboxen Einblick zu nehmen. Das Axiom der ältesten Erkenntnistheorie lautete also: Grabwissen ist Macht; das Eindringen in die schwarze Totenschachtel gewährt Mitwisserschaft mit den Verfahren der anderen Seite. Daher finden wir im Zentrum der alten Kulturen allenthalben das priesterliche Wissen, das in erster Linie Verkehrswissen ist in Bezug auf die Geister im Innern der Black Box. In dieser Hinsicht hat es die altägyptische Kultur wohl am weitesten gebracht; sie besaß nicht nur eine komplexe Soziologie der Götter, ihre Totenbücher zeigen auch, dass ihre Priester die besten Jenseitskarten zeichneten, so dass der Tod auf ägyptisch wie eine sorgfältig geplante Reise in ein gut erschlossenes Land ins Auge gefasst werden konnte. Im übrigen hätte sich Skinner in Ägypten zur Pharaonenzeit mit einem doppelten Mentalismus plagen müssen, weil nach ägyptischer Auffassung der Mensch nicht eine, sondern zwei Seelen besitzt: Die eine wird im Körper geboren, die andere sitzt in der Nachgeburt; daher wurde die Plazenta des Pharaos sofort mumifiziert und bis zum Tod des Herrschers in einem königlichen Büro von Priestern bewacht; dann unternahmen die äußere und die innere Seele gemeinsam die Reise ins Totenland. Angesichts solcher Komplikationen war es für Skinner ein Glück, dass er im christlichen Amerika lebte, wo es nur eine Seele zu leugnen gab und nicht zwei.

Im Blick auf diese ältesten Forschungen und Imaginationen ist es berechtigt, von einem Ursprung der Technik aus dem Geist der Gräber-Beobachtung zu sprechen. Wer in dieser Welt Macht erlangen will, muss versuchen herauszufinden, was die Operateure im Inneren der schwarzen Schachtel planen und wie sie dabei vorgehen. So entsteht die Magie, die Mutter der Technik, durch die Nachahmung und die Durchkreuzung von Totenoperationen. Wer vom Hellen aus die Geheimnisse der schwarzen Zelle durchdringt, gewinnt symbolische, und damit auch operative Macht. Bis in die jüngste Vergangenheit war das Tun-Können von Menschen zum großen Teil auf die Verfügung über Symbole beschränkt. Von hundert lebenswichtigen Operationen waren neunundneunzig symbolische Handlungen. Ihr mythischer Grund lag meistens in der Nachahmung der Taten von Toten. Die nicht-symbolischen Operationen der Technik hingegen entsprangen zum großen Teil aus Nachahmungen der lebendigen schwarzen Schachteln, die wir Körper nennen. Der Weg zur Neuzeit ist identisch mit der Entwicklung von symbolischen zu technischen Handlungen.

2. Tatsächlich sind – neben den Gräbern – die lebendigen Körper die maßgeblichen schwarzen Kästen in alten Zeiten. Ob es die Tierkörper sind, ob die Menschenkörper – man weiß zunächst nie, woran man mit beiden ist. Auch wenn man selbst in einem solchen Körper lebt, ist dieser undurchdringlich und ohne Luke zum Hineinschauen; immerhin habe ich als Insasse meiner selbst einen privilegierten Zugang zu diesem Körper, was beim Koitus vielleicht ein Vorteil, bei Schlangenbissen sicher ein Nachteil ist. Was die Körper der Mitmenschen angeht, so sind diese erst recht opake Größen, die aufzumachen sich verbietet und in die hineinzuschauen zunächst nicht in Frage kommt, es sei denn, es wären Feinde, die man schon gelegentlich öffnen darf. Ich erwähne hier nebenbei, dass die scheinbar harmlose Stempelformel »Post darf öffnen« einen anthropologisch prekären Hintergrund hat, der klar wird, wenn man weiß, dass wir die Post sind und das Paket der Feind. Was animalische Körper angeht, so wird die Vorstellung, dass in ihrem Innern verborgene Operationen geschehen, durch zwei unübersehbare Erfahrungen angestoßen: zum einen durch die Tatsache, dass Tiere und Menschen sterben, woraus folgt, dass die Operatoren der Lebendigkeit im Innern ihre Arbeit eingestellt und anderswohin verlegt haben. In Bezug auf sie heißt Wissen erlangen zunächst so viel wie Einsicht nehmen in den *modus operandi* der Lebendigmacher im Inneren der Box – eine Nachforschung, die zur Zeit der Philosophie unter dem vielversprechenden

Begriff Selbsterkenntnis angeregt wurde. Sich selber erkennen heißt, das Lebendigmachende von innen her überraschen, sich mit ihm eins machen und dadurch sicherstellen, dass wir auch im Tod mit diesem operanten Prinzip vereint bleiben. Von da an sind wir der eigenen Black Box, dem Körper, überlegen und können in Betracht ziehen, nach dem Auszug aus der eigenen Schachtel entweder andere Schachteln zu besiedeln oder in einen ewigen Pool körperloser Seelenhaftigkeit einzutreten, den die Religionen als Paradiese oder gottimmanente Kondominiums beschreiben. Die moderne Welt hat das Innere des schwarzen Körperkastens jedoch nicht auf dem Weg der so genannten Selbsterkenntnis, sondern mit anatomischen Methoden erschlossen. Durch die Biowissenschaften ist uns gezeigt worden, wie man modern mit einer Natur-Black-Box verfährt: Man beginnt mit chirurgischer Aufklärung und biochemischer Darstellung und ruht nicht eher, als bis man Einzelteile oder Funktionen im Kasteninnern ersetzen kann. Tatsächlich lässt sich am anatomisch-prothetischen Verfahren das Wesen der Technik am besten erklären: Sie entspringt aus einer doppelten Geste, zum einen der Veröffentlichung – das heißt der Extraversion, durch die ein Inneres zu einem Äußeren wird, und der Ersetzung, also die Entwicklung der Prothese. Mit einem weitgefassten Prothesenbegriff lässt sich die Eroberung des schwarzen Kastens stringent beschreiben. Nehmen wir an, mein Körper will im Augenblick keinen kopfwehfreien Zustand hergeben, so kann ich, wenn nichts Ernsteres vorliegt, mit der Aspirinprothese Kopfwehfreiheit herstellen. Das technologische Axiom der Körperaufklärung lautet also, dass wir nur verstehen, was wir ersetzen können. Damit aber wird, was zunächst schwarzer Kasten war, für uns zum gläsernen Kasten, der technische Körper ist bekanntlich der transparente.

Technik aber sucht mehr als die Veröffentlichung des Leicheninneren. Von den Körpern selbst her wird uns ja die komplementäre Beobachtung aufgezwungen, dass aus manchen von ihnen kleine schreiende Schachteln herausfallen, die wir bei näherem Hinsehen als Nachkommen identifizieren. Von denen begreifen wir zunächst in keiner Weise, wie sie dort drinnen produziert werden können. Unsere Mütter faszinieren und erschrecken uns eben deswegen so sehr, weil sie die Black Box in eigener Sache verkörpern. Sie sind extrem durchtriebene schwarze Kästen, die auf Familienfotos harmlos dreinsehen. Es spricht vieles für die Annahme, dass das Denken beim Kind als Träumerei über den Unterschied zwischen dem Innen und dem Außen der Mutter-Box einsetzt. Das Prinzip Mutterschoß ist jedenfalls in noch höherem Maß als das Grab ein Brennpunkt für unbeobachtbare Innenarbeiten. Es ist im übrigen nicht zufällig, dass die alten Mutterreligionen allenthalben die Identität von Grab und Mutterschoß unterstellt haben: Sie nutzen damit die Chance aus, die eine Unbekannte durch die andere zu erklären. Dies war die Operation, die den frühen Menschen dazu verhalf, nicht ganz in kognitivem Defaitismus zu versinken. Die operanten Kräfte in der Mutter-Box demonstrieren uns, dass wir von der Natur im wesentlichen nur Resultate vorgesetzt bekommen, an deren Hervorbringung aktiv beteiligt zu sein bis auf weiteres für uns schlechthin nicht in Frage kommt. Aber dieses Ausgeschlossensein von der weiblichen Produktion nimmt die technische Intelligenz auf Dauer nicht hin. Sie öffnet die Mutter-

Box und stellt in ihrem Innern die Frage Wie. Wer für mehr Transparenz ist, wird auch die Mutterpläne publizieren; wer mehr Demokratie wagen möchte, wird auch den Mutterleib zum öffentlichen Ort machen. Ideengeschichtlich sind die Pioniere in der Mutter-Box die frühen Metallurgen, die ihre geheimnisumwitterten Techniken in strikter Analogie zum perinatalen Komplex entwickelt haben – sie entnehmen aus dem Mutter-Berg die Erze und unterziehen sie in künstlichen Müttern, das heißt in Öfen und Hütten, einer beschleunigten Schwangerschaft, bis Gold und Eisen vorliegen. Der Religionshistoriker Mircea Eliade hat hierüber ein schönes Buch geschrieben: *Schmiede und Alchemisten* – es könnte den Untertitel tragen: Über die Geburt der Technik aus dem Geist der männlichen Ersatzschwangerschaft. Dieses Motiv hält sich im ideengeschichtlichen Kontinuum bis in die Moderne durch, auch wenn mit der Wende zur Neuzeit die Metallurgen und Alchemisten von den Gynäkologen abgelöst worden sind. Viele Anzeichen sprechen dafür, dass in Zukunft nicht mehr der Phallus das Symbol der Männlichkeit sein wird, sondern das Reagenzglas. Wer die Black Box des Lebens öffnet, um zu verstehen, was in ihr geschieht, setzt auch hier auf die Prothese. Forschung in diesem Bereich bedeutet also: Natur-Baupläne abzeichnen und im eigenen Werk in Prothesenpläne umsetzen. Gen-Forscher verhalten sich wie Industriespione, die bei der Konkurrenzfirma Natur Verfahren abschauen und sie aus dem Mutterleib ins Gen-Labor hinüberfaxen. Man könnte dies den Lopez-Effekt in der Naturphilosophie nennen. Die Zeichen der Zeit deuten an, dass sich hier das Industrie-Konzept der Zukunft profiliert.

3. Was nun das Buch als Black Box angeht, so handelt es sich bei ihm um die erste reine Kulturgestalt von opaker Erscheinung. Bücher mögen zwar mit Gräbern ein signifikantes Inneres haben. Aber ihr Grab und Körpercharakter ist durchwegs kulturell erzeugt. Daher ist das Buch das Urmodell der perfekten technogenen Black Box. Es ist die ursprüngliche vollständige Maschine, die erste effiziente Arbeitshypothese der hochkulturellen Magie. Hochkulturgeschichte ist daher bis heute immer in erster Linie Buchgeschichte gewesen, und insofern ihr Prozess einen progressiven Index hat, stellt sie vielleicht auch eine Buch-Optimierungsgeschichte dar. Mit dem Auftauchen des Buches wird die oben erwähnte Relation von weißer und schwarzer Schachtel erst ernsthaft möglich, denn das Buch ist der Prototyp jener Black Box, in die die White Box raumparadox eingeschlossen werden soll: Es ist der kleine Kasten, der große Inhalte transportfähig macht – was nicht möglich wäre ohne die Schrift als Miniaturisierungstechnik. Schreiben heißt zunächst und zumeist, große Dinge kleinschreiben. Darum hofft die alphabetisierte Fraktion der Menschheit seit dem Aufkommen des Buches auf das ultimative Erleuchtungswunder: Alle Lektüren sind immer nur Vorlektüren beim Warten auf das Schlussbuch. Das metaphysische Zeitalter war seiner Zeitstruktur nach eine Wartezeit im vorausblick auf das Buch, in dem alles steht – bis dahin liest man auch noch Romane, mathematische Lehrbücher, Samstagsbeilagen, systemtheoretische Essays und andere Vorläufigkeiten. Erst mit den Neuen Medien, im Grunde schon mit dem Aufkommen der Zeitung im Übergang vom 18. zum 19. Jahrhundert, ist die Buch-Metaphysik in die Krise geraten, und wenn nicht alles täuscht, so erleben wir heute den

unwiderruflichen Übergang zu einer nachmetaphysischen Buchkultur. In dieser lösen neue Black-Box-Phänomene das Buch als eminente menschengemachte magische Box ab. Seit die neuen Medien da sind, ist das Warten auf das Buch, das alle bisherigen Bücher in Fußnoten verwandelt, nicht länger sinnvoll. Das große Gefühl, dass alles im Kasten ist, wechselt zu anderen Medien über. Seit seinem ersten Auftreten hat das Buch auf seine Wirtsgesellschaften spaltend gewirkt und die beinahe-anthropologische Differenz zwischen den buchmächtigen und den nicht-buchmächtigen Gruppen provoziert. Schon bei den Ägyptern waren die Schreiber eine mystische Kaste, während das nicht-lesefähige Volk den Tempeltexten und Buchrollen wie Göttermaschinen gegenüberstand. Spuren dieses Gefälles findet man noch in Shakespeares Dichtung, und Prosperos Studien in seinem Zauberbuch, die ihm mehr bedeuteten als sein Herzogtum, bezeugen eine Weltepoche, in der das Buch-Innere wichtiger werden konnte als der Staat, genauer, das Herz des Staates war selber ein geheimer Text, der in schwer lesbaren Büchern notiert war. Somit führt das Buch auch die Erfahrung der menschengemachten Black Box in die partial-alphabetischen Gesellschaften ein. Die überwältigende Mehrzahl der Menschen im Schriftzeitalter kennen Bücher nur als Bücherrücken oder aufgerollte Zylinder – sie zu öffnen und Leseversuche zu unternehmen ist für die meisten ein geradezu sakrilegischer Gedanke –, im übrigen gilt das, mehr als man gemeinhin glaubt, bis heute. Unzählige halten Bücher noch immer für etwas zu Bedeutungsvolles, als dass ausgerechnet sie in sie eindringen dürften. Die menschengemachte Black Box macht die meisten depressiv, und nur die manische Ambition führt in sie hinein.

Im Mittelalter war der Vorsatz »ich will lesen lernen« praktisch gleichbedeutend mit dem Entschluss »ich will Priester werden«. Was wir Humanismus nennen, war im wesentlichen das Projekt zur grammatischen Erziehung des Menschengeschlechts, und was wir unter Menschenrechten verstehen, ist im wesentlichen identisch mit der Würde, die uns als Subjekten von Lesefähigkeit zufällt. Wenn wir uns Menschenrechte zuschreiben, dann deswegen, weil unsere Namen in irgendwelchen Büchern stehen, zumindest in Kirchenbüchern und Standesamtsregistern, ja weil wir Wesen sind, über die einzeln oder in Gruppen Bücher geschrieben werden könnten. Wenn Gott, der Leser aller Leser, uns kennt, so darum, weil unser Name, wenn wir metaphysisch Glück haben, im Buch des Lebens eingetragen ist; die Mitmenschen schulden uns Anerkennung, weil wir ein kleines Buch, den Pass, bei uns tragen. Wen dieses Mindestbuch nicht befriedigt, oder wer unsicher ist, ob Gott seinen Namen im Buch des Lebens findet, kann selber Bücher schreiben, um den eigenen Namen zu sichern und das Menschenrecht auf Gelesenwerden einzuklagen. Dies setzt voraus, dass wir das Innere der Buch-Welt erreicht haben und mithin die Kunst beherrschen, mit Schreibzeug zu handeln. Für die große Mehrheit der Menschen ist diese Prämisse auch heute unzutreffend, und so bleibt für sie die Gleichung von Buch und äußerem schwarzem Kasten weiter in Kraft. Sie kommen zeitlebens nicht über die Ebene hinaus, die man bei technischem Gerät die Benutzeroberfläche nennt, im Fall des Buches sind das die Einbände und das darauf Gedruckte. Seit mehreren Jahrtausenden sind Gesellschaften tief gespalten in jene, die in Büchern operieren können, und jene, die in

Büchern opake Körper sehen. Dies drückt sich auch in zwei verschiedenen Arten von Büchervernichtung aus. Wer Bücher aus Gegnerschaft zu ihrem Inhalt verbrennt, gehört schon auf die Seite des Buches selbst, weil solches Verbrennen ein Rezensieren ist – unschuldig sind Bücherverbrenner nur dann, wenn sie die Schriften in dem guten Glauben ins Feuer werfen, dass Brennbarkeit deren erste Eigenschaft darstellt. Der bekannteste jüngere Fall einer naiven Buchverbrennung geschah 1946 nach der Entdeckung der gnostischen Bibliothek von Nag Hammadi – die Großmutter des Finders der Handschriften verbrannte vermutlich den größeren Teil des Fundes, um Feuer für Tee zu machen. Etwas von dieser Großmutter lebt in jedem von uns, weil Alphabetisierung ein von Natur aus fragmentarisches Projekt ist. Wir können nur den Bruchteil eines Bruchteils aller Bücherinnenseiten in uns aufnehmen, und auch wir verhalten uns gegenüber dem Rest, als wäre er zum Teemachen bestimmt. Nichtsdestoweniger hat die Alphabetisierung unsere Innenwelt auf wunderbare Weise künstlich beleuchtet; unsere dunklen Gehirne glimmen auf, wenn sie in die richtige schwarze Schachtel steigen, und auch die Wirklichkeit hält nicht mehr lange stand, wenn ihre Bewohner andere Bücher aufschlagen.

4. Ungefähr gleichzeitig mit dem Buch erhebt sich aus der menschlichen Sphäre eine riesenhafte schwarze Schachtel, die von ihren Kennern als ein kaltes Monstrum beschrieben worden ist – ich meine den Staat, verkörpert in Verwaltungsbehörden oder Bürokratien. Bei den Ägyptern, den Griechen und den Römern war Schrifterziehung meist unmittelbar auch Vorbereitung zum Eintritt in die

politische Black Box. Für die Bauern und Handwerker hingegen erschienen die frühen Imperien mit ihren Palästen und Tempeln und Kanzleien wie extraterrestrische Größen, sie sahen in ihnen überdimensionale Gräber, erfüllt von einem mysteriösen und schicksalsgewaltigen Innenleben. Noch heute haben manche Menschen beim Blick auf Verwaltungstürme numinose Empfindungen – sie erscheinen ihnen wie vertikale Särge, in denen für uns gehandelt wird. Aber das Handeln des Staates im Behördeninneren ist wesentlich Schriftverkehr. Daher braucht der Staat besondere Tische, die so genannten *bureaux*, die als Unterlagen für Schreibakte *ex officio* dienen. Das französische Wort für Schreibtisch, *bureau*, kommt angeblich von dem groben Tuch, *la bure*, mit dem die Beamtenschreibtische bedeckt sein mussten, so wie auch in den Kirchen der Tisch des Herrn mit Tüchern zu bedecken war, um ihn von profanen Tafeln abzuheben. Bürokratie ist schriftliches Handeln am gedeckten Tisch des Staates. Man weiß von Karl dem Großen, dass er – schon Herrscher über ein Militärimperium – noch in seinen mittleren Jahren lesen und schreiben zu lernen versuchte, weil er zu Recht der Meinung war, ein Monarch mit Ambitionen vom Umfang der seinen müsste der erste Leser und Schreiber im Staat sein. Nur so ließ sich eine germanische Black Box gegen die byzantinische stark machen, und nur so wurden aus Franken neue Römer. Einst war der Thron das symbolische Herz der politischen Box, und die Ämter fungierten als ihre inneren Organe. Studiert man die Geschichte des Staates und der politischen Ideen nur in der Weise, wie sie konventionell vorgetragen werden, so wird einem ein entscheidender Aspekt von Staatlichkeit entgehen: Man verfehlt die Tatsache, dass für das Publikum aller Zeiten ein ganz ideenloses und unverständliches Gesicht des Staates existiert. Wer selber in der monströsen Schachtel operiert, rechtfertigt den Staat durch seine Vernünftigkeit – anfangs durch theologische, später durch demokratische gute Gründe, die nicht umsonst Staatsraison heißen. Wer dagegen die politische Black Box von außen ansieht, und das sind bis auf den heutigen Tag die großen Mehrheiten, bemerkt am Staat im Grunde nur, dass man ihn eben nicht versteht, was immer auch dieser an Gründen für sein Verhalten vorgeben mag. Daher fiele der größere Teil der Geschichte politischer Ideen in eine – leider nie versuchte – Geschichte des Nichtverstehenkönnens des Staates durch seine Einwohner. Dieses Nichtverstehen tritt in zwei Aggregatzuständen auf: Der dramatische Staat, vor allem in Krieg und Revolution, ist für seine Insassen undurchsichtig, weil sie in die Motivationen der Machtakteure nie oder nur zu spät Einblick nehmen können – etwa, wenn die Herren ihre Memoiren vorlegen; die meisten Europäer wissen noch irgendwie, dass Napoleon in Ägypten einen Feldzug führte, aber man darf daran zweifeln, ob irgendjemand – unter den Zeitgenossen wie den Historikern – je verstanden hat, was Napoleon mit seiner Armee dort wollte. Der triviale Staat wiederum ist undurchsichtig, weil seine Untertanen, später seine Bürger, in der Regel nicht wissen, was die Beamten und Administrateure in ihren verborgenen Routinen tun. Seit es den Staat gibt, existiert auch ein populäres Unverständnis für alle Arten von Beamtenhandeln. Tatsächlich hat Einsicht in die Staatsmaschine beinahe Züge einer erkenntnistheoretischen Angelegenheit. Die Frage: Was tun eigentlich die Beamten? ist fast so grundsätzlich wie die Frage von Immanuel Kant, wie synthetische Urteile *a priori* möglich sind. Wer sie stellen wollte, müsste die Bereitschaft erkennen lassen, das Innere von monströsen Kästen zu untersuchen. Aber was könnte uns dazu im Ernst bewegen? Systemiker würden erklären, der undurchsichtige Verwaltungsstaat drücke nur ein normales Strukturgefälle aus: Bürokratien sind Gebilde, die unter einem, wie es heißt, sinnvollen organisatorischen Imperativ hohe Eigenkomplexitäten aufbauen; ihre Undurchsichtigkeit könnte daher auch ein Merkmal ihrer Effizienz sein. Also im Zweifel für Bonn, im Zweifel für Brüssel. Genau so wie die meisten Menschen ausgezeichnet leben ohne Präzisionswissen über Vorgänge in ihrer Lunge, ihrem Zwölffingerdarm oder ihrer Prostata, so sollten sie, solange alles halbwegs funktioniert, den Staat sich selbst überlassen können, ohne exakt zu wissen, wie Auswärtige Ämter, Bundesfinanzverwaltungen oder Verteidigungsministerien gebaut sind. Luhmann hat glänzend gezeigt, wie in komplexen Systemen Vertrauen Verstehen ersetzen muss. Tatsächlich haben die historisch bekannt gewordenen Staaten unser Nicht-Verstehen dessen, was sie tun, in hohem Maß zu ihren Gunsten in Anspruch genommen; umgekehrt haben sie unser Desinteresse an ihnen überwiegend tolerant verarbeitet. Wenn zwei Drittel der Bundesbürger, wie Umfragen zeigen, den Unterschied von Bundestag und Bundesrat nicht kennen, so gilt dies bei Experten eher als Zeichen dafür, dass die Bundesrepublik systemisch gut in Schuss ist. Bedrohlicher wäre es, wenn Studenten in Massen anfingen, sich für Rentensysteme zu interessieren, oder wenn das ganze Volk die Sorgen des Außenministers als seine eigenen ansähe. Es kündigen sich allerdings Zeiten an, in denen mehr-verstehende Populationen für den Bestand von strapazierten Staaten unentbehrlich sein werden; sie werden vor allem zunehmend verstehen müssen, warum sie das staatliche Handeln und Nicht-Handeln immer weniger verstehen. Vor den Europäern liegt ein Jahrhundert, das randvoll sein wird mit Nachhilfestunden in der politischen Black Box. Was wir einst naiv für den langen Marsch durch die Institutionen hielten, wird sich erweisen als die Pflicht, im Innern eines komplizierten Ungeheuers Überstunden zu machen.

5. Damit kommen wir zu dem letzten Objekt in unserer Reihe von schwarzen Schachteln – dem technischen Gerät in seiner jüngsten lebenspraktischen Allgegenwart. Wir sind heute umgeben von zahllosen para-subjektiven Systemen oder Automaten, unter denen sich Psychologen der Skinner-Schule außerordentlich wohl fühlen dürften – sie funktionieren tatsächlich auf eine Weise, die sich ohne Rückgriff auf mentalistische Konzepte triftig beschreiben lässt. Automaten sind die ersten Subjekte, die zuverlässig triviale Maschinen sind – also Einheiten, bei denen die Bau- und Bedienungsanleitung zugleich das vollständige Verständnis ihres Wesens liefert. Die Symmetrie von Herstellen und Verstehen bleibt bei ihnen naturgemäß ein Herstellerprivileg, weil technisches Gerät auf dem Benutzermarkt, zumal wenn es als Massenartikel kommt, von sich her nur gehandhabt, aber nicht verstanden werden will. Die Mehrzahl der hochtechnologischen schwarzen Schachteln von heute sind ironische, oder psychologisch gesprochen, herablassende Maschinen. Sie wenden sich an Benutzer, die damit zufrieden sind, bloße Benutzer zu sein, und die in der Re-

gel darauf verzichten, mit der Maschine in intellektuelle Konkurrenz zu treten. Für solche verzichtenden Benutzer haben die Hersteller, vor allem mit Hilfe der Designer, die Maschinen charmant gemacht: Wir leben im Zeitalter der sympathischen Geräte. Charme im Design-Zeitalter meint Oberflächenpolitik, und diese ist Ausdruck der Erkenntnis, dass man unvermeidliche Beleidigungen in Komplimente umformen muss. Im Grunde signalisiert jedes hochkomplexe Gerät seinem Benutzer, dass er neben ihm deklassiert ist. Aber eine kluge Benutzeroberfläche sagt so etwas nicht; weil sie nicht tief ist, muss sie nicht deutsch und ehrlich sein. So wendet sie sich dem Inhaber mit einem Lächeln zu, das ihm zusichert, er dürfe sich als Herr der Lage fühlen. Wer das Gerätelächeln richtig deutet, liest einen etwas weniger schmeichelhaften Text heraus. Die smarten Systeme sagen nämlich ihren Benutzern: Es genügt, wenn von uns zweien nur einer ein Idiot ist. Damit wird das Prinzip der Black Box auf erkenntniskritisch bedeutsame Weise umgedreht. Zum ersten Mal in der Geschichte des Undurchsichtigen lernen die Benutzer eine Haltung, die es ihnen freistellt, erst gar nicht auf die andere Seite kommen zu wollen. Das hat seinen Grund darin, dass die hochtechnischen schwarzen Schachteln zwar übervoll an komplexen Funktionselementen, aber metaphysisch und psychologisch leer sind. Daher können wir sicher sein, dass die Geräte uns nicht persönlich beleidigen oder manipulieren wollen. Folglich wäre es unpassend, den Wettbewerb mit ihnen zu suchen; unverhältnismäßig wäre es auch, hinter ihre Konstruktionsdetails kommen zu wollen. Die moderne Hightech-Box ermutigt ihren Benutzer dazu, an ihrer Oberfläche stehenzubleiben, und dies ist wohlgemerkt ein gutgelaunter Verzicht: Es gibt tatsächlich am Gerät keine Tiefe, in die eindringen zu wollen sich denkökonomisch oder lebensökonomisch lohnt. Darum soll man Geräte, die Mucken zeigen, eher ersetzen als verstehen wollen. Dieser Habitus setzt eine stille Kulturrevolution in Gang. Verstehensfreie Interaktionen mit Geräten färben auf die Menschen selbst ab und führen zu eleganten untiefen Beziehungen. Jüngere Menschen wachsen vielerorts schon in erotische Standards hinein, die ein gegenseitiges Benutzeroberflächenspiel als Ziel vorgeben. Dass solche Befreiungen vom Verstehen entlastend wirken, ist evident. Aber nicht nur interpersonale Beziehungen sind durch den Abschied vom Verstehen betroffen, die ganze Ökologie des Geistes ist davon affiziert. Vieles spricht dafür, dass die modernen Hochtechnologie-Boxen eine erkenntnispraktische Situation herbeiführen, die ideengeschichtlich ohne Beispiel ist. Es deutet sich eine erneuerte altsteinzeitliche Attitüde an; in dieser klingt das forschende und eindringende Verhalten – also der Drang zur anderen Seite des schwarzen Kastens – insgesamt aus. Das große Wissenwollen, das aus Grabesdunkel, Frauengeheimnis, Buchzauber und Staatsmysterium gespeist wurde, verflacht angesichts einer Maschinenumwelt, die wir zwar nicht im Geringsten verstehen, die uns aber auch die Pflicht, verstehen zu sollen, immer mehr von den Schultern nimmt. Sei klug, sei ein Idiot – so lautet die Maxime der neuen Black-Box-Ethik. Frage nach den Knöpfen und den Tasten, und lasse Innenkomplexität auf sich beruhen – es gibt Leute, die dafür bezahlt werden, in Bezug auf Maschineninneres keine Idioten zu sein; wehre dich erst, wenn die bezahlten Nicht-Idioten sich doch als Idioten erweisen. Daraus folgt: Moderne, maschinenvermittelte Gesellschaften sind Ensembles von inter-idiotischen Beziehungen – unter Einschaltung von genau definierten Nichtidiotie-Feldern oder Expertendiensten. Der populäre Ausdruck für interidiotische Beziehungsarchitekturen lautet Netzwerk; sie dienen dem Versuch, schwache Intelligenzen so zu verschalten, dass sie zusammen klüger sind, in Netzwerken werden Intelligenzen zu Teams, sofern wir Teams präzise als Steigerungsgruppen verstehen. Gesellschaften hingegen sind so gebaut, dass die Intelligenzen der Mitspieler sich gegenseitig trivialisieren, also berechenbar machen. Der Test, ob man sich in einem Team befindet oder in Gesellschaft, ist leicht zu machen: Wer zusammen mit anderen klüger ist als allein, steht in einem Team; wer allein klüger ist als mit anderen, ist in Gesellschaft. Von hier aus lässt sich das Elend der Intelligenz-Ökonomie in Demokratien und erst recht in Despotien erläutern, weil solche sozialen Ensembles fast nie Teamqualitäten erreichen. Auch die Medien der Demokratien funktionieren nach dem latenten Leitsatz: Gemeinsam sind wir dümmer.

Es versteht sich leicht, warum in solchen Spielen ein Gesamt-Nicht-Idiot keinen Sinn mehr macht, und daher ist die klassische Philosophie, die seit mehr als hundert Jahren totgesagt wird, angesichts der neuesten schwarzen Kästen wirklich am Ende. Der Philosoph war der Delegierte von Gesellschaften, die ihr Nicht-Verstehen bewältigen wollten, indem sie einige Alles-Verstehende im Herzen der Welt postulierten. Heute wird die Welt für alle zum Nicht-Verstehen freigegeben – bei den komplexen Maschinen haben wir das gelernt. Einige Menschen wissen, wie man sie herstellt, die übrigen lernen, zufrieden zu sein mit der Kenntnis weniger Bedienungstasten.

Von dieser Erfahrung strahlt für unser Verständnis von dem, was Intelligenz ist und tut, eine maßgebliche Information ab: Wahrscheinlich haben wir zur Welt im Ganzen nichts anderes als ein Tastenverhältnis. Das Ganze ist keine White Box, wie die Phänomenologie und ihre Theologie suggerierten, sie ist in der Summe eine schwarze Schachtel mit ein paar kleinen Kontrolllämpchen darin. Kontroll-Lampen sind keine Sonnen, für sie ist die alte Metaphysik des Lichts und der Aufklärung nicht mehr zuständig. Wo der Horizont schwarz ist, hört seine Undurchdringlichkeit auf, ein Stachel zu sein. Wir erreichen das Ende der unvordenklich scheinenden phänomenologischen Vertrautheits-Täuschung; das Weltalter der Überzeugung von der vorgängigen Erschlossenheit des Seienden in der Erscheinung läuft aus. Dadurch wird klar: Intelligente Umsicht kommt zwar vor, aber sie ist ein knappes Gut und hat nur ein schwaches Licht. Nicht alles liegt im Erscheinungsbild, und wir selber haben kein inneres Licht für alles. Wir lernen einzusehen, dass zwischen Sein und Nichtbemerken, zwischen Wirklichkeit und Nichteinsehen, zwischen Macht und Nicht-Erscheinung der tiefere Zusammenhang besteht. Erscheinen ist die ontologische Ausnahme, und das Verständlich-Vertraute ist nur ein dünner Film über dem Unverständlich-Unvertrauten. Die komplexen Maschinen bringen uns dezent über die phänomenologische Grundillusion hinaus. Unter dem Lächeln der Benutzeroberflächen endet die philosophische Überforderung des Offenkundigen. Dabei wird in großem Maßstab Intelligenz freigesetzt – enttäuscht, aber glücklich.

Nach dieser Enttäuschung verstehen wir erst den Unterschied zwischen Arbeiten und Feiern so, wie keine frühere Generation ihn verstanden hat. Das Licht dieser Differenz bringt die Erleuchtung in den schwarzen Kasten.

III. Design

Das Zeug zur Macht – Bemerkungen zum Design als Modernisierung von Kompetenz

1 Das Tausendjährige Reich der Kompetenz – Zum Selbstbegriff der modernen Welt

Es besteht bei fast allen, die über das Wesen der Modernität nachgedacht haben, ein mehr oder weniger ausdrücklicher Konsensus darüber, dass das Weltalter, in dem wir leben, ein riesiges Experiment der primären technologiefähigen Nationen über das Motiv der grenzenlosen Steigerung von Macht und der immerwährenden Intensivierung des Lebens darstellt. In diesem Weltexperiment entdecken sich die modernen Subjekte – fortschreitend von Generation zu Generation – als Träger eines spezifischen Willens zur Macht. Es ist allerdings durchaus nicht wahr, dass mit Männern vom Schlage eines Kolumbus oder eines Descartes, eines Cosimo oder eines Bacon mit einem Mal ein neues fertiges Geschlecht von theoretischen und praktischen Machtmenschen auf den Plan getreten sei, die nun nach einem gewalttätigen Meisterplan ein von vornherein intendiertes Imperium des Könnens ohne Grenzen aufgerichtet hätten. Die genannten Namen stehen als personale Symbole für einen transpersonalen Wirbel, in dem sich das epochale Experiment der fortgehenden Macht- und Könnenssteigerungen aufschaukelt. Nicht einzelne Individuen sind Initiatoren und erste Ursachen des großen neuzeitlichen Ausgriffs in die Seinsweise der neuen Kompetenzen, sondern eine autonome, durch aktive Subjekte hindurchgreifende Kompetenzsteigerungsspirale ist es, die sich mit den schöpferischen Geistern der frühen Moderne zu drehen beginnt, indem sie den Erfindungswillen und die Initiativität jener Männer rekrutiert. Die großen Namen aus der Frühzeit der europäischen Ermächtigungsgeschichte sind gewissermaßen die Namen von experimentellen Aposteln – sie bezeichnen Individuen, die als die Erstberufenen einer neuen globalen europäischen Mission gelten können; sie waren die Träger eines ursprünglichen Apostolats der Wissensmacht, das sich mit der Unwiderstehlichkeit einer siegreichen Religion fortpflanzte, immer neue Berufungen hervorbringend und zu immer neuen Sukzessionen inspirierend. Die Macht- und Kompetenzerweiterungsspirale der europäischen Neuzeit lässt sich als eine Art Fortsetzungsspiel beschreiben, in dem jeweils neue Generationen – vom Könnensniveau der älteren ausgehend – ihr eigentümliches Kapitel in den epochalen Steigerungsroman einfügten. Vor dem Drama sind alle Akteure gleich, und vor dem Ruf zur Macht verschwinden zu Beginn der Neuzeit die ständischen Differenzen; Kaiser und Bürger sind gleichzeitig Medien der autonomen Machtspirale – Fürsten hören wie Ingenieure den Ruf der neuen Könnens-Horizonte. *Plus ultra* lautete das Motto des habsburgischen Kaisers Karl V., und auf den Weltmeeren des frühen 16. Jahrhunderts kreuzten die spanischen Flotten unter diesem Zeichen, von dem man behaupten darf, es sei das maßgebliche Europäerwort der Neuzeit. Nur wer dem inneren *modus operandi* seines Lebens nach an diesem Immer-Weiter Anteil hat, ist im präzisen Sinn des Wortes ein moderner Europäer. Erst nach der Einnistung des Steigerungsmotivs in den Pilot-Individuen der Neuzeitspirale wird Subjektivität modernen Typs im eigentlichen Sinne möglich und wirklich. Im Willen zum Immer-Weiter sind Zwang und Spontaneität untrennbar ineinander verschmolzen, so dass sich nie mehr sagen lässt, ob die Spirale ihre Dynamik eher aus Könnenwollen oder Könnenmüssen zieht – gewiss ist nur, dass ihre Schwungmasse zuletzt immer subjektiver, also kompetenzhafter wird, so dass sich Könnenwollen in Wollenkönnen und Könnenmüssen in Müssenkönnen verwandelt. Es wird, mit anderen Worten, jedes Mal das Kompetenzmoment führend, und das Subjekt kristallisiert sich fortschreitend heraus als eines, das sein Handeln, sein Wissen, sein Begehren, sein Wollen auf einem subjektiven Kapitalstock von Kompetenzen gründet. Es ist dies alles nur eine andere Art zu sagen, dass moderne Subjekte diskrete Medien von Macht sind, freilich nicht von einfacher Macht, sondern von Macht mit einem Steigerungsindex, von Ermächtigungsmacht, wenn man so will. Wer auf moderne Weise etwas kann, der kann es so, dass ein Zuwachs an Können samt einem Willen zum Mehrkönnen schon *a priori* mitgemeint und mitgekonnt wird.

Ich möchte nun diese Andeutungen über die Dynamisierung von Macht und Kompetenz für die Charakterbestimmung des gegenwärtigen Zeitalters nutzen. Ein in der westlichen Welt weit verbreitetes Sprachspiel legt uns die Meinung in den Mund, wir lebten in einer postmodernen Zeit. Darunter ist entweder eine epigonale Position gegenüber der heroischen und avantgardistischen Modernität, vor allem in den Künsten, zu verstehen oder eine ernüchterte Position gegenüber exaltierten Vorstellungen von Geschichtsplanung und Naturbeherrschung.

Wenn die Moderne ein Kompositum aus Genialität und Konstruktivismus war, so wäre die Postmoderne eines aus Mediokrität und Chaosmanagement. Ich möchte demgegenüber zeigen, dass diese Entgegensetzungen unter kompetenzgeschichtlichen Gesichtspunkten sich nicht halten lassen. Denn über die beiden Positionen hinweg, und durch sie hindurch, zieht sich die unaufgehaltene Bewegung der Machtsteigerungsspirale; ja man kann sogar der Meinung sein, dass die so genannte Postmoderne nur eine weitere Landmarke in der seit Jahrhunderten akkumulierenden Ermächtigungsdynamik festsetzt; was sie auszeichnet, ist die Vermassung der vormaligen Avantgardequalitäten und die Übersetzung von einst pathetischer Kreativität in alltägliche Manipulation von Materialien und Zeichen durch die Angehörigen einer weltumspannenden Design-Zivilisation, sprich, durch die übernationalen neuen smarten Mittelschichten. In dieser Sicht sind Moderne und Postmoderne durch ein überwältigendes Kontinuum verbunden. Ohne Zweifel ist auch die so genannte Postmoderne eine Phase in der Geschichte des euro-amerikanischen *Plus-Ultra*. Sie hat keine Entspannung vom Zwang zur Macht mit sich gebracht, allenfalls hat sie das Könnenmüssen dem neuesten Stand der Technologie angepasst und ein wenig Spiel in den zeitgenössischen Kompetenzstil eingeführt. Es gibt keine Anzeichen für einen wirklichen Epochenbruch im Sinne eines Abbruchs der Kompetenz-Eskalation. Solange nicht eine höhere Gewalt die Spirale der Könnenssteigerungen sprengt, bleibt ihre Aufschraubung als kinetisches Herzstück der Modernität ungebremst in Fahrt. Auch was ihr widerstehen möchte, scheint zu ihrem Auftrieb beizutragen; wer sie bekämpft, treibt sie an. Was auf die Modernität folgen wird, kann darum nur ein weiteres höheres Modernitätsniveau sein. Unser Zeitalter hat, solange der Weltlauf seiner Eigendynamik überlassen bleibt, nichts vor sich außer der Fortschreibung und Steigerung seiner selbst ins Unabsehbare und doch prinzipiell Immergleiche – bis hin zu Grenzwerten, von denen man gleichwohl annimmt, auch sie ließen sich überspielen und immer weiter hinausrücken. Die Modernität ist somit die Endzeit ihrer selbst, und sie kann wesenhaft für sich selbst nichts anderes als ihre eigene Zukunftsquelle sein, sofern sie die Drehung der Kompetenzspirale bleibt. In diesem Sinn muss man sie als ein dynamisches Millenium verstehen. Wer auch immer sein Leben als genuiner Teilnehmer am Weltexperiment der Neuzeit vollzieht, muss sich Rechenschaft ablegen über seine spontane Beteiligung an einer millenarischen Operation; für diese gilt seit dem europäischen 16. Jahrhundert die noch immer unüberwindliche imperiale Devise. Gleich, ob wir in Kolumbus oder Karl V., den Ingenieuren der Renaissance oder den Utopisten des Barock die ursprünglichen Apostel des neuzeitlichen Kompetenz-Evangeliums sehen: Wir stehen noch immer mit jeder aktuellen Lebensäußerung in ihrer Sukzession. Ob wir Jahrhunderte rückwärts schauen oder die Gegenwart in die Zukunft weiterdenken: Wir sind zunächst und zumeist Agenten und Medien für ein Tausendjähriges Reich der Kompetenz.

2 Simulation von Souveränität – Über die Geburt des Designs aus dem Geist des Rituals

Dieses unruhige Reich ist, so viel wir wissen, kein bequemer Ort. In der agitierten Endzeit ohne Ende wird dem Leben der Einzelnen eine neuartige wettläufige Leistungsverfassung aufgeprägt; diese erzwingt die Entwicklung des Individuums zu einer adaptionsbereiten Biomaschine. Als Könner oder Inhaber von Kompetenz muss das einzelne Subjekt zu einem Träger von abstrakter Leistungsbereitschaft und konkreter Leistungsfähigkeit werden. Sein sozialer Stolz und seine private Würde begründen sich aus dem Bewusstsein seiner Beitragsfähigkeit zu einer Totalität von steigenden Leistungen. Der Einzelne im Kompetenz-Universum muss sich selber als relativer Souverän in seiner Wirkungssphäre verstehen. Eben dadurch gerät der moderne Einzelne in eine Falle, aus der es kein Entrinnen – zumindest kein direktes – gibt. Die Falle klafft dadurch auf, dass das leistungsstolze Subjekt des Kompetenzsteigerungszeitalters im Gesamtwirbel der Kompetenzspirale nur eine immer kleinere, immer weiter relativierte und spezialisierte Position einnehmen kann. Der moderne Könner kann immer weniger immer besser. Was einerseits gerechter Grund seines existentiellen Stolzes ist – nämlich die aufgeweckte Mobilisierung von Wollen und Können in offenen Horizonten –, wird zugleich auch zum Grund einer fundamentalen und unausweichlichen Demütigung. Die Kompetenzmasse der experimentell mobilisierten Welt im Ganzen wächst exponentiell im Verhältnis zu den Lernfortschritten der einzelnen Könnensträger. Je mehr Kompetenz der Einzelne erwirbt, umso gewisser ist er Mitspieler in einem

Gesamtspiel, neben dem sein Kompetenzradius – so groß er sein mag – nichtig erscheinen muss. Dieses Paradox der zugleich steigenden und sinkenden Individualkompetenz bildet den Hintergrund, vor dem sich das System des neuzeitlichen Individualismus entwickelt.

Die individualistische Zivilisation steht vor der Aufgabe, die Fähigkeiten und Ansprüche der Einzelnen so aufzuwirbeln, dass die aufgestachelten kompetenten Einzelnen nicht in vernichtende Depressionen fallen durch die unvermeidliche Entdeckung ihrer jetzt erst sichtbar werdenden unermesslichen Inkompetenz in allem Übrigen. Der Individualismus schafft das psychosoziale Reizklima, das die Souveränität der Einzelnen zugleich provoziert und annulliert. Genau mit der dramatischen Entfaltung dieser Verlegenheit findet das Prinzip Design seinen Ort im System. Denn Design ist – von einem kompetenzökologischen Ansatz her gesehen – nichts anderes als die gekonnte Abwicklung des Nichtgekonnten. Es sichert die Kompetenzgrenzen der Einzelnen, indem es dem Subjekt Verfahren und Gesten an die Hand gibt, im Ozean seiner Inkompetenz als Könner zu navigieren. Insofern darf man Design als Souveränitäts-Simulation definieren: Design ist, wenn man trotzdem kann.

Ich denke, es lohnt sich, diesem Sachverhalt ein wenig weiter auf den Grund zu gehen. Dieser Grund liegt, wie man sich nach dem Gesagten vorstellen kann, keineswegs in unmittelbarer Nähe zum manifesten Thema. So wie Martin Heidegger in einem berühmten Diktum darauf insistierte, dass das Wesen der Technik selbst nichts Technisches sei, so muss man im Blick auf unser Sujet deutlich machen, dass das Wesen des Designs selbst nichts Designartiges ist. Ich habe soeben Design als Können des

Nichtkönnens definiert und möchte nun diese Formel mit einigen anthropologischen Überlegungen unterbauen. Die Wurzeln des gekonnten Nichtkönnens reichen natürlich weit vor die moderne Kompetenzwelt zurück, ja sie durchziehen das gesamte Feld der menschlichen Urgeschichte und der Frühkulturen; in denen driftet der *homo sapiens* als Werkzeugmacher und Mythenerzähler in Horden und Stämmen durch eine noch weithin technisch unbewältigte und analytisch undurchdrungene Naturwirklichkeit. Für ihn ist das Nichtkönnen – das Nichtvielmachenkönnen, Nichtvielverändernkönnen in Bezug auf seine Umwelt – zumindest verglichen mit dem Machtradius der Spätkultur – gleichsam seine erste Natur. Nichtsdestoweniger sind die frühen Menschen alles andere als hilflose, angstüberschwemmte Opfer einer übermächtigen Außenwelt. Sie sind, im Gegenteil, lebhafte, erfinderische, hochbewegliche Akteure eines Überlebensspiels, das sie mit großem Erfolg betreiben, auch wenn sie vom Kompetenzhorizont eines mittelmäßigen modernen Individuums nur wie von einem Dasein in göttlichen Vollmachten hätten träumen können. Wenn ihre Lebensformen aus heutiger Sicht als schiere Ohnmachtskulturen erscheinen, so haben wir es mit einer optischen Täuschung zu tun. In Wahrheit sind moderne Subjekte wegen der breiten Entfaltung ihres Kompetenzenfächers viel mehr ohnmachtsgefährdet als die vorgeschichtlichen Menschen. Sie riskieren öfter und an vermehrten Fronten, ihr Scheitern durch Inkompetenz zu erfahren. Der Frühmensch hingegen profitiert davon, dass er zumeist fast alle Griffe kann, die er zu seiner persönlichen und sozialen Selbsterhaltung braucht, während er alles, was nicht gekonnt werden kann, im Schutz von Ritualen mehr oder weniger routiniert übersteht. Nehmen Sie an, die Sintflut fällt unter Blitz und Donner vom Himmel auf Ihr Blätterdach, dann können Sie, wenn sich das Unwetter überhaupt überstehen lässt, es besser überstehen, wenn Sie ein Lied für den Wettergott rezitieren. Es ist nicht wichtig, dass Sie selber Wetter machen können – auch die modernen Kompetenzen reichen noch nicht ganz bis dorthin –, sondern dass Sie eine Technik kennen, bei schlechtem Wetter in Form zu bleiben; es muss in Ihrer Kompetenz liegen, auch dann etwas tun zu können, wenn man ansonsten nichts tun kann. Nur wer weiß, was man tut, wenn nichts zu machen ist, verfügt über hinreichend effiziente weiterlaufende Lebensspiele, die ihm dabei helfen, nicht in auflösende Panik oder seelentötende Starre zu verfallen. Gekonntes Nichtkönnen stiftet eine Art Leerlaufverhalten oder einen Parallelprozess, in dem das Leben auch in Gegenwart des Ohnmächtigmachenden weitergehen kann. Ich verwende für solche Parallelprozesse den religionswissenschaftlichen und ethnologischen Ausdruck Ritual. Auch die Menschen der Frühzeit konnten nicht ganz dessen gewiss sein, ob die Sonne wirklich deswegen aufgeht, weil sie schon vor ihr wach waren und ihren Aufgang mit einem Rundtanz förderten; aber sie waren auf diese Weise den Dämonen der Morgendämmerung gewachsen und konnten sich so in ihren Tag hineinspielen und ihre mythische Identität als Kinder des hellen Gestirns und der dunklen Erde bewahren. Die Lücke, durch die Ohnmacht, Panik und Tod ins Leben eindringen, wird von archaischen Zeiten an durch Rituale geschlossen. In diesem Sinn darf man von der Geburt des Designs aus dem Geist des Rituals sprechen. Denn wenn auch Design im exakten Sinn des

Wortes eine unverkennbar moderne Erscheinung ist und sich eher an Dingen als an Gesten manifestiert, so ist sein gestisches Substrat, das Können im Ungekonnten, das In-Form-Bleiben inmitten des Formzersetzenden, doch präfiguriert in der uralten Geschichte jener gestischen und symbolischen Parallelhandlungen, die wir Rituale nennen. Ohne selbst ursächlich auf die Ereignisse in der autonomen Umwelt einzuwirken, halten die Rituale die Lebensvollzüge ihrer Praktikanten zusammen und besitzen in diesem wohlverstandenen Sinn die Macht, eine ansonsten nicht zu meisternde Welt in Ordnung zu bringen. *Extra ritum nulla salus*. Vor allem für die unverfügbaren, großen Schwellenereignisse des Lebens – insbesondere beim Tod von nahe stehenden Menschen – haben ja auch moderne Individuen noch Reste von Ritualkompetenz bewahrt; diese erlaubt es ihnen, parallel zum nicht-beherrschbaren Ereignis die Fortsetzung des eigenen Lebensspiels durch Minimalschemata des richtigen Weitermachens und Darüberhinwegkommens zu beherrschen. Ähnliches lässt sich auch für Geburten und Geburtstage, Hochzeiten und Trennungen sowie für Jahreswechsel und Jubiläen sagen. Sie sind von Ritualresten unterfütterte Schwellen, deren Überschreitung ein Minimum an formaler Fitness erforderlich macht. Das Ritual, als elementare Spielregel und Formquelle, liefert das hierzu notwendige gestische Repertoire.

Von hier aus ist die Rückkehr zu den aktuellen Gestalten des Design-getragenen Inkompetenz-Managements nicht allzu schwierig. In der Not nimmt auch der Teufel den Farbeimer. Als in den 70er Jahren auf dem Flugplatz von Athen eine Maschine der Swissair abgestürzt war, kam es neben den selbstverständlichen

Bergungsmaßnahmen für die überlebenden und toten Passagiere auch zu der bedenkenswerten Anordnung seitens der Fluggesellschaft, dass das hoch aufragende Heck der zerbrochen am Boden liegenden Maschine mit dem allzu sichtbaren weißen Kreuz auf rotem Grund von einem Flughafenarbeiter auf der Stelle übermalt werden sollte. Man mag das Erste Hilfe für ein verunglücktes Firmenzeichen nennen. Es zeigt präzise, was Design im Extremfall will und kann: Die Heckübermalung ist ein Beweis dafür, dass man immer noch etwas tun kann, wenn man nichts mehr tun kann.

Aber es wäre sinnlos und frivol, die Design-Frage ausschließlich von Inkompetenzkatastrophen der erwähnten Art her zu entwickeln. Kompetenter Umgang mit Verhältnissen und Geräten, für die man nicht ganz kompetent sein kann, macht ja einen übergroßen Teil des modernen Berufslebens und Freizeitalltags aus. Alle technischen Systeme, die auf der Basis von höherer Feinmechanik, von Verbrennungstechnik, von Nukleartechnologie, von Elektrik und Elektronik funktionieren, sind für die durchschnittlichen Benutzer völlig undurchsichtige Größen. Nichtsdestoweniger ist unser Leben alltäglich längst in den Umgang mit solcher Technologie installiert. Die Basismaschinen der gegenwärtigen Welt, die Uhren, die Automobile, die Computer, der Gerätepark der Unterhaltungselektronik, die höheren Werkzeuge und dergleichen – sie sind allesamt für die absolute Mehrheit der Benutzer nur glitzernde Oberflächen, deren Innenwelten unmöglich zu betreten sind, es sei denn dilettantisch und zerstörerisch. In traditioneller Rhetorik würde man von Büchern mit sieben Siegeln sprechen, in zeitgenössischer Sprache heißen solche undurchdringlich komplexen Blöcke in der Umwelt der Benutzer schwarze Kästen. Nach der technologischen Revolution ist die Lebenswelt der Individuen vollgestellt mit solchen Gerätschaften, die zu zauberanalogen telepathischen Operationen ermächtigen – wie Fernhören, Fernsehen, Fernsprechen, Fernsteuern, Fernlesen –, Operationen, die sich sämtlich auf vom Benutzer abgewandte apparatinnerliche Prozesse stützen. Design kommt unweigerlich überall dort ins Spiel, wo der schwarze Kasten dem Benutzer eine Kontaktseite zuwenden muss, um sich ihm trotz seiner internen Hermetik nützlich zu machen. Design schafft den dunklen Rätselkästen ein aufgeschlossenes Äußeres. Diese Benutzeroberflächen sind gleichsam die Gesichter der Kästen, sie sind das Make-up der Maschinen; sie simulieren eine Art von Verwandtschaft zwischen Mensch und Kasten und flüstern dem Benutzer Appetite, Berührungslüste, Handlichkeitsempfindungen und Initiativen ein. Je unbegreiflicher und transzendenter das Innenleben des Kastens ist, desto auffordernder muss das Kastengesicht dem Kunden ins Naturgesicht lächeln und ihm signalisieren: Du und ich, wir können es miteinander; vor dir verhehle ich keine meiner empfindlichen Stellen; ich drücke in meiner PVC-Physiognomie meine ungeheuchelte dienstbereite Sympathie für dich aus. Durch Design lässt sich die Überzeugung stiften, dass ein Mann und sein Trockenrasierer Mannschaftskameraden sind, kaum anders als die Hausfrau und ihr Lavamat. Design schafft bei komplexem Gerät jene Fassade aus Zeichen und Berührungspunkten, an welcher der Benutzer ohne spürbare Demütigung durch seine evidente Inkompetenz fürs Innere sein Spiel anschließen lassen kann. Aus der Benutzerperspektive muss Unwissen Macht werden können. Ich telefaxe, also bin ich, ich telefoniere mobil, also schwinge ich mich ein ins Netz. Das Universum des Produktdesigns dreht sich weitgehend um das sensitive Sujet des Dienstes am Kompetenz-Bedarf strukturinkompetenter Benutzer. Ein Kunde ist aus solcher Sicht immer ein Idiot, der Souveränität kaufen möchte. Und der Designer liegt – in strategischer Allianz mit den Herstellern und den Experten für das Innere der schwarzen Kästen – immer auf dem Sprung, um neue Wendungen auf dem Souveränitätsmarkt hervorzubringen oder nachzuvollziehen. Als Benutzer von undurchschauter Technologie ist der moderne Kunde ein ins Alltägliche abgesunkener Scharlatan – ein Illuminist mit Kippschalter und Dimmer, ein Telepathiekünstler mit Faxgerät, ein kinetischer Gaukler am Steuer eines Wagens, ein Levitationsmeister im Linienflugzeug. Und insofern all diese dunklen technischen Objekte ohne den Beitrag von Designern nicht wären, wie sie sind, kann man den Beruf des Designers als den eines Scharlatanenausstatters bezeichnen – er liefert Alltagsscharlatanen wie mir und jedermann das Zubehör für fortlaufende Souveränitäts-Simulationen.

Umgangssprachlich nennt man dieselbe Leistung Mithilfe zur Lebenserleichterung. Dieser Dienst hat Vorbilder und Verwandte in einer Sphäre, die dem technischen Element ganz fern, ja entgegengesetzt zu sein scheint: bei den Rhetorik- und Grammatiklehrern der Antike und den Tanz- und Manierenlehrern aristokratischer Zeiten. Beide lieferten Trainings in sprachlichen und körperlichen Haltungen, die den Individuen auch in bodenlosen Situationen den Absturz in Sprach- und Haltlosigkeit ersparten. Wenn kein Wort mehr passend ist, ist immer noch ein Wort am Platz; wo aller Halt verloren ging, ist immer noch gute Haltung möglich. Design wiederholt diese Ausstattung mit Souveränitätsmitteln im Horizont einer technologischen Zivilisation; es liefert das technische Zeug zur Macht für Menschen, die versuchen, in der ungeheuren Machtsteigerungsspirale der Gegenwart nicht nur als ohnmächtige Kompetenz-Marionetten vorgeführt zu werden. Ob dieser Versuch gelingen kann, darüber streiten heute die humanistischen und die technizistischen Parteien der Kulturkritik.

3 Kompetenz als Revisionskompetenz – Design unter dem kategorischen Imperativ der Warenwelt

Nachdem von der Geburt des Designs aus dem Geist des Rituals die Rede war, muss von einer zweiten spezifisch modernen Quelle der Design-Zivilisation gesprochen werden. Die moderne Welt als Experimentalkultur ist in ihrem Betrieb der praktische Vollzug der Überzeugung, dass Dinge nicht Wesen oder Kreaturen sind, sondern Funktionen oder verstofflichte Handlungen. Wären Dinge Wesen aus eigenem Recht und Ursprung – gewissermaßen Dinge von Gottes Gnaden –, so wäre der Versuch, Hand an sie zu legen, latent oder manifest blasphemisch; jedes Design – sofern Design Neuzeichnung von Dingen meint – wäre dann ein Aufstand gegen die anerschaffene oder naturgeborene Essenz. Sind Dinge jedoch Träger von Funktionen, so sind sie durch kein Ursprungssiegel geschützt und geheiligt und stehen von ihnen selbst her einer ständigen Verbesserung und Neuschöpfung offen.

In diesem Sinn ist Design als Haltung und Beruf im elementaren Revisionismus der pragmatischen Modernität verankert; Revisionismus aber ist Meliorismus, Neumachen meint Bessermachen. Design ist also die Vollzugsform des Funktionalismus – wer Design betreibt, bekennt sich als praktizierenden Funktionalisten, er ist Täter des Verbs Funktionieren, Apostel des in alle Welt hinausgesandten Glaubens an den Vorrang der Funktion vor der Struktur. Treten wir einen Schritt von solchen Selbstverständlichkeiten zurück und fragen nach dem Sinn dieser allzu einleuchtenden Ausdrücke, so gelangen wir auf ein Feld, wo der Zusammenhang zwischen dem Ding und seiner Funktion oder der Funktion und ihrem Ding in einer durchaus zwielichtigen Weise sichtbar wird. Martin Heidegger hat in seiner berüchtigten dunklen Rede über »das Ding« die hier gestellten Fragen am Beispiel eines Kruges erläutert. Die Funktion des Kruges – darüber sind nicht viele Worte zu verlieren – zeigt sich in seiner Eignung zu der Aufgabe, in seinem hohlen Innern Wasser oder Wein zu fassen und zum Ausschenken zur Verfügung zu stellen – deswegen vereinigt er in seinem Aussehen notwendigerweise die drei Merkmale Hohlbauch, Griff und Schnabel. Die Funktion des Dings wäre demnach einfachhin dessen Dienst oder Nutzen. Von diesem Beispiel her gedacht sind Dinge allgemein gesprochen nützliches zuhandenes Zeug. Aber als dienendes Zeug sind Dinge zugleich auch diskret souveräne Geber – Gebe-Wesen sozusagen in den Händen von Lebewesen. Dies zeigt sich am Krugbeispiel besonders klar. Der Krug ist von Amts wegen zum Ausschenken da, so dass sich an ihm ohne Umschweife verdeutlicht, wie dieses Ding, indem es dient, zugleich auch schenkt. Man muss zugeben, dass Heidegger zu Recht keinen Grund sah, vor der Aussage zurückzuschrecken, das Wesen des Kruges sei das Schenken. Von hier aus ist es nur ein Schritt zu dem ding-ontologischen Hauptsatz, das Wesen des Dings überhaupt sei das Ge-Schenk. Wir erreichen mit diesem überraschenden Theorem ein doppeltes Dingverständnis – eines, das den funktionalen Dienst des Dings an den Anfang stellt und von diesem her auf den Menschen als Herrn und Nutzer kommt, und eines, das vom Geschenkcharakter des Dings ausgeht und den Menschen als Empfänger von Gaben der Dinge kennzeichnet. Die zweite Auffassung ist nach Tenor und Logik natürlich in einer vormodernen Welt- und Seinsauslegung zu Hause, weil sie dem Subjekt – statt seinen Willen zur Mehrkompetenz zu bedienen – seine fällige Dankbarkeit gegenüber den sich schenkenden Dingen in Erinnerung ruft. Sie markiert die Position des Anti-Designs schlechthin. Wer sie sinngetreu in die Tat umsetzte, wäre kein Souveränität suchender kompetent-inkompetenter Benutzer von Zeug zur Macht, sondern ein Meditierer und ein dingfrommer Empfänger von Geschenk im Gewand von Werkzeug, Stoff und Lebensmittel. *Cum grano salis* entspräche dies einer katholischen Handwerks- und Bauernphilosophie; für diese beginnt jeder Gebrauch von Werkzeugen oder Apparaten rechtens immer mit einer Dingandacht, so wie das Essen mit einem Tischgebet.

Auf diese Weise ist noch kein Designer entstanden. Designer mögen alles Mögliche von sich halten, sie sind jedenfalls keine Handlanger Gottes und keine Arbeiter im Weinberg des Seins. Ein Designer kann sich nie nur als Kurator des schon Vorhandenen verstehen. Alles Design entspringt einer Anti-Andacht; es beginnt mit der Entscheidung, die Frage nach der Form und Funktion der Dinge neu zu stellen. Souverän ist, wer in Formfragen über den Ausnahmezustand entscheidet. Und Design ist der permanente Ausnahmezustand in Dingformangelegenheiten – es erklärt ein Ende der Bescheidenheit gegenüber überlieferten Dingverfassungen und manifestiert den Willen zur Neufassung aller Dinge aus dem Geist eines radikalisierten Fragens nach der Funktion und ihrem Herrn und Nutzer. Jedem Funktionalismus wohnt ein dingstürmerischer Funke inne. Während man beim Geschenk nicht an den Preis zu denken hat, ist das Designer-Ding von Anfang an für Preisfragen und Revisionen offen: Statt das Ding zu nehmen, wie es sich gibt, stellt das Design die Funktion an den Anfang und macht aus dem Ding eine variable Erfüllung der Funktion. Design ist möglich, weil und insofern der Satz gilt, dass jedes Ding seinen Preis hat.

Man muss die Geschichte vom Aufstieg des Designs zum fast unumschränkten Machthaber über die Neufassung von Dingen nämlich auch in einer ökonomischen Tonart erzählen. Denn was hier im ontologischen Jargon als Ding bezeichnet wurde, heißt ökonomisch natürlich Ware. Ein Ding, das Wert trägt, ist ein Gut. Wenn ein werttragendes Ding auf den Markt gebracht wird, um dort mit anderen Dingen gleicher Orientierung zu konkurrieren, so wird die Ware, wenn sie erfolgswillig und erfolgsfähig ist, im Wettlauf mit ihresgleichen zum vergleichsweise besseren Gut – mit einem Wort, sie wird vom Gut zur Besserung. Dies scheint fürs Erste nur ein Wortspiel zu sein – ist aber auf dem zweiten Blick der gültige Begriff für das dynamisierte Wertobjekt. Das zur Besserung gesteigerte Gut als erfolgsuchendes, werttragendes Ding ist seiner dynamischen Seinsweise auf dem Markt gemäß von sich her schon eine Sache, die den Vergleich sucht, um ihn zu ihren Gunsten zu bestehen. Man könnte sagen, sie gehorcht dem kategorischen Imperativ: Präsentiere deine Erscheinung auf dem Gütermarkt immer so, dass das Motiv deines Daseins jederzeit als Ausdruck und Anreiz des Strebens nach Besserung verstanden werden könnte. Weil nun gerade Design-Güter per se als Verkörperungen des Anspruchs auf Vorzüglichkeit gegenüber konkurrierenden Gütern hervorgebracht werden, sind sie sozusagen die real existierenden Komparative der Dinge. In der modernisierten Warenwelt gibt es – idealtypisch gesprochen – der Tendenz des Marktverlaufs nach keine statischen Güter mehr, sondern nur noch Besserungen – keine stabilen Qualitäten, sondern nur Überbietungs- und Steigerungswaren. Die revisionistische Ding-Auffassung im Design artikuliert sich genau am Schnittpunkt zwischen Experiment und Konkurrenz, zwischen Funktionsverbesserung und Verwertungsverbesserung. Zu diesen beiden Verbesserungen tritt eine dritte hinzu, wenn man berücksichtigt, dass ein Design-Ding selten, ja nie allein kommt. Jedes einzelne Design-Objekt profitiert von Nachbarschaften zu seinesgleichen – es nimmt von ihnen einen atmosphärischen Mehrwert auf, der von der Familienähnlichkeit mit verwandten optimierten, stilisierten, neugedachten, weitergedachten und zugespitzten Produkten, also Besserungen herrührt. Von Besserungen-Gruppen handelt die kritische Theorie des Sortiments. Aber ob im Ensemble oder als Einzelstück aufgefasst, nach der Verjüngung im Design ist das Ding immer ein komparatives Objekt – es ist der Nachfolger eines abgelösten oder überbotenen Dings, Ergebnis einer nach vorne offenen Optimierungsgeschichte. Wenn der Designer als *homo aestheticus* und *psychologicus*, wie gesagt, ein Zulieferer für Souveränitäts-Simulationen ist, so ist er als *homo oeconomicus* der Ausstatter für Güter auf dem Weg zur Besserung; er ist der Mann des unbedingten Komparativs – Entwicklungshelfer für aufstrebende Dinge. Man könnte ihn als Generalisten für Ding-Revisionen bezeichnen. In dieser Eigenschaft fungiert er als Zeugmeister für die Machtkämpfe der Eigentümer an variablem Kapital, das in Gestalt von Besserungswaren zirkuliert. Und in dem Maß, wie der aktuelle Weltmarkt tatsächlich Besserung honoriert, wird Design nicht nur zu einem Erfolgs-Faktor unter anderen, sondern mehr noch zum Grundelement und zur Nährlösung für den modernisierten, das heißt klüger gemachten Erfolg überhaupt.

4 Auf das Ego angewandte Kunst

Nach Ritual und Kapital ist eine dritte Quelle zu nennen, aus der Design im aktuellen Machtraum Bedeutungen ansaugt. Das Stichwort lautet angewandte Kunst. Ich möchte hier keine Exkursion in die Sumpflandschaften von Theorien moderner Kunst beginnen. Auch den marxistischen Klassiker Warenästhetik und den liberalen Schlager Konsumästhetik will ich hier unberücksichtigt lassen. Ich spreche also nicht über »die Rolle des Ästhetischen bei der Scheinlösung von Grundwidersprüchen der kapitalistischen Gesellschaft« – wir sind nicht mehr in den 70er Jahren. Ich setze voraus, dass bekannt ist, wie Designer als Maskenbildner der Waren mitwirken an der Erwirtschaftung eines Aufmachungsmehrwerts; auch dass Scheinbesserungen, Vortäuschung von Qualitätsdifferenzen, Erzeugung der Illusion von Auswahl beim Kunden seit langem problematische Domänen von Design als angewandter Kunst auf Abwegen darstellen, ist eine Prämisse, die ich hier ohne weiteren Kommentar in Ansatz bringen darf. In einer Identitätskultur wird Differenz notwendigerweise zur knappen Ressource. Was angewandte Kunst angeht, so ist sie, wie jeder weiß, nicht nur ein Kontakthof für Begegnungen zwischen Schönheiten und Techniken, sondern auch ein Inbegriff von Verfahren, den Schein des schönen Lebens zu regenerieren. Insofern ist angewandte Kunst ein privilegierter Zugang zu den Traumfabriken, ohne deren Beitrag die komplizierte psychopolitische Maschinerie moderner Massengesellschaften nicht in Gang gehalten werden könnte. Modernität ist ja, wie sich inzwischen auch bei Ideologiekritikern herumgesprochen hat, nur ein anderer Name für die Verlegenheit, zwischen Abbau und Aufbau von Illusionen die richtige Balance finden zu müssen. Design als angewandte Kunst ist darum immer auch ein Regulator in der subjektiven Ökologie der individualistischen Zivilisation; es klimatisiert nervöse Großgesellschaften und wirkt mit an der Feineinstellung von Illusions- und Elan-Systemen. Es motiviert und tonisiert die Spieler in den Gewinnspielen der Leistungs- und Erlebnisgesellschaft, indem es die Prämie Souveränität samt ihren Simulationsmitteln so breit ausschüttet wie irgend möglich. Alle sollen Zugang zu Gewinner-Gefühlen haben – so lautet die Regel für inklusive Spiele. Solange im avancierten Illusions-Design demokratische

Konzepte Regie führen, wird der technologische Fortschritt sich immer auch als Gewinnspiel für viele, wenn nicht alle präsentieren. So hat die französische SNCF ihre Hochgeschwindigkeitszüge-Politik ins Volk getragen mit dem Slogan: *Le progrès ne vaut que s'il est partagé par tous.* Auf der Kehrseite dieses generösen Illusionismus wächst jedoch eine harte Nüchternheit heran. Deren Zeichen spuken durch alle Medien, und die Trendpresse sendet seit langem nur noch auf dieser Welle. Angewandte Kunst – mit neuer Illusionslosigkeit in exklusiven Spielen kombiniert – ergibt die Modernisierung des Egoismus, und dieses Ergebnis aus dem neuen massenhaften *self-designing* ist es, was einen kalten Zug ins postmoderne Illusionen-Treibhaus des Westens vor dem Jahr 2000 bringt. Design als auf das Ego angewandte Kunst erzeugt an seinem smarten Träger ein hochaktuelles Kompetenzbündel aus Tempo, Information, Ironie, Geschmack und zweiter Rücksichtslosigkeit. Die vormalige Avantgarde-Idee, das Leben des Einzelnen selbst zum Kunstwerk zu machen, hat nun, mit einer Verzögerung von kaum drei Generationen, die Basis erreicht. Was man *Lifestyle* nennt, ist der Durchbruch von Design auf die Ebene der Selbststilisierungen und der Biographien. Das Individuum greift jetzt nach der Kompetenz, sich selber als Kompromiss zwischen Kunstwerk und Maschine auszuführen – etwa nach dem Vorbild von Andy Warhol, der längst weltweit als Patriarch des designgestützten Neo-Individualismus rezipiert wird. Von ihm haben nachrückende Generationen gelernt, dass Souveränität ein Effekt aus der Investition von Energie in flache Prozesse ist. Und insofern das Individuum im Design-Zeitalter selbst der Operator von flachen Prozessen am eigenen Leib werden will, dürfen wir uns darauf gefasst machen, in eine neue psychosoziale Ära hineinzusteuern, ja vielleicht sogar auf einen anthropologischen Quantensprung zu. In der Folgezeit muss es, wenn das Trendbild nicht trügt, zu einem Gestaltwandel in der tradierten menschlichen Imago kommen, bis hin zur Neuprägung von psychophysiologischen und neuronalen Prozessen. Es hat den Anschein, als sollte ein Typus von *homo semioticus* den hochkulturellen *homo psychologicus* ablösen; die manifesten Träger dieser Entwicklung sind bereits volljährig, unsere Kinder, unsere Mutanten; bei ihnen würde die klassische »tiefe« Trias von Psyche, Erinnerung, Innenwelt ersetzt durch die neue flache von Operator, Speicher, Bildraum. Die »Seele im technischen Zeitalter« könnte so etwas werden wie ein lebender Cursor in turbulenten Ereignisräumen – ein Cursor auf der Suche nach seinem Curriculum, ein Läufer auf der Suche nach einer Bahn, die seine »eigene« wäre.

5 Im Titanenkampf

Wie immer man über solche Tendenzvermutungen urteilen mag – auf jeden Fall ist Design in allen seinen drei Stämmen in eine Art von psychopolitischer Titanenschlacht verwickelt, in der Hoffnungskräfte und Verzweiflungskräfte wie zwei Weltmächte oder Gesamtatmosphären miteinander ringen. Insofern ist mit dem Kollaps des Kommunismus keineswegs ein Ende dessen erreicht, was man die bipolare Ära genannt hat. Man kann allenfalls sagen, dass der überflüssige Titanenkampf, die Ost-West-Bipolarität, endlich verschwunden ist, um Platz zu machen für den notwendigen Titanenkampf, nämlich den menschheitsweit schicksalhaften Streit zwischen der Zuversicht, samt dem, was ihr Gründe gibt, und der Verzweiflung, samt dem, was sie nährt. Es ist der Kampf um die Lebensgründe einer Menschheit, die es im Zuge ihrer Modernisierung lernen musste, ihre Verhältnisse mit nüchternen Augen anzusehen. In dieser Bipolarität haben alle Arbeiten und Künste der Gegenwart ihren Ort; in der Schlacht der Motive, die Hoffnung gründen oder in Verzweiflung treiben, kommen die Lebensantriebe der aktuellen und künftigen Generationen zu sich – oder lösen sich in ihr auf zu nichts. Dieses psychodynamische Endspiel der Gattungsintelligenz ist von den Medien weithin unbegriffen, obwohl sie allesamt längst wie Kombattanten im Nebel durcheinander schreien; es ist von den politischen Klassen kaum erfasst, obwohl sie selbst längst in mehr oder weniger wirren Manövern auf dem Schlachtfeld operieren. Kein Institut für strategische Studien hat je über den Verlauf des ultimativen psychopolitischen Dramas ein Wort verloren, geschweige denn eine These über seinen Ausgang gewagt. Auch über der Intelligenz liegt ein merkwürdiger Bann, der sie daran hindert, ihr Weltzeugenamt in gehöriger Weise wahrzunehmen. Offenbar ist es für Menschen unserer Zeit noch immer zu schwer, inmitten einer Titanenschlacht zugleich Kombattant und Beobachter zu sein. Wer sieht, so scheint die Regel zu lauten, der kämpft nicht, und wer kämpft, der sieht nicht. Und doch wäre ein sehendes Kämpfen und ein kämpferisches Sehen an der Zeit – vor allem deswegen, weil kaum jemand noch weiß oder wissen kann, auf welcher Seite der Schlacht er oder sie eigentlich angeworben wurde. Das ist der Rahmen für die heute allenthalben wahrgenommene Krise der Visionen. Die Sicht als solche ist im verworrenen Titanenkampf getrübt. Des einen Grund zur Zuversicht ist des anderen Verzweiflung; des einen Verzweiflung ist des anderen Grund zur Zuversicht. Auch die letzte Bipolarität hat ihre toten Räume und Niemandsländer; zwischen den Fronten irren die Doppelagenten hin und her, und die Szenarien des Tiefenweltkriegs verbergen sich hinter Wolken von Mehrdeutigkeit. Aber wo Ambivalenz herrscht, ist Design nicht weit. Designer sind auch Maskenbildner für bodenlose Zuversicht und Schöpfer von Simulationsmitteln für trügerische Hoffnungen und falsche Auswege. Sie sind die Kerntruppe der Doppelagenten in der Titanomachie, indem sie mit der Zuversicht am Neuen und Zukunftsfähigen arbeiten und mit der Verzweiflung in Selbsterhaltungspanik blind die immergleichen Pfade rennen. Sie geben beiden Seiten Recht und rüsten beide mit Zeichen und Geräten aus. Als Mitglieder der unentschiedenen Klasse *par excellence* sind die Designer zugleich Lieferanten von Spielzeug für letzte Menschen und Erfinder von Werkzeug, das sich in Zukunftswerkstätten bewähren soll. Aber ihre Unentschiedenheit ist nicht Laune oder private Schwäche, sie spiegelt den Zustand aller Kompetenzträger im aktuellen Weltaugenblick wider. Sie zeigt, dass wir zurzeit nicht wissen, mit welchen Kompetenzen man ausgestattet sein müsste, wollte man der Verzweiflung keine weiteren Gründe liefern.

Vom Charisma der Zeichen

Im Prozess der Welt-Moderne kommt den menschheitsweit bekannten Symbolen eine unaufhaltsam steigende Bedeutung zu. Während Linguisten und Politiker sich über die Frage, ob eine allgemeine Weltsprache wünschenswert oder durchsetzbar sei, weiterhin ohne überzeugende Thesen den Kopf zerbrechen, hat sich bei den Einzelsymbolen längst so etwas wie eine Neue Weltordnung etabliert. Auch die Welt der Zeichen kennt ein Star-System. Über dem Getümmel der Sprachen, der Codes, der Botschaften, die um Anteile am Verständlichkeits-Markt kämpfen, ist im Laufe des 20. Jahrhunderts ein quasi-platonischer Ideenhimmel aufgegangen, in den eine Elite neo-universaler Symbole Eintritt gefunden hat. Von diesem semiologischen Ideenhimmel, der die modernen Welten überspannt, bietet der vorliegende Text eine knappe Auswahl. Was hier vor Augen steht, bildet gleichsam den siebenten Himmel der globalen Symbole, die für die Zeitgenossen des neuen Jahrtausends, insbesondere für die Bewohner der Ersten Welt, feste Bestandteile ihres Lexikons, ja ihres Weltbilds inkarnieren; in einem Dutzend Bildern von unterschiedlichster Natur – Marken, Ursymbole, Abzeichen, Piktogramme – scheint eine Konstellation von Zeichenleuchtkörpern auf, deren Verständlichkeit alle regionalen Kulturgrenzen und Sprachbarrieren gesprengt hat. Diese Megastars unter den Zeichen sind durch eine nahezu »planetarische« Sichtbarkeit aus der Masse hervorgehoben wie Satelliten, die als künstliche Sterne um die Erde kreisen. Diese semiotischen Sterne der ersten Größenordnung stehen über der mobilisierten Erde als Chiffren ihrer ungeheuerlichen Epoche. Im Blick auf sie wird deutlich, dass die Rede von der Einen Erde doch mehr ist als ein Amerikanismus oder eine geschichtsphilosophische Leerformel. Beim Aufgang dieser Zeichen bietet sich eine Gelegenheit, den Weltzustand zu reflektieren, der sich in der globalen Verbreitung und Verständlichkeit der vorgestellten Exempel offenbart. Im Blick auf diese Gebilde scheint das Zeitalter der Globalität in seinen strahlenden Ikonen, seinen durchschlagenden Marken, seinen imperialen Botschaften gleichsam auf den Begriff gebracht. Denn die Super-Erfolgszeichen dieser Kollektion deuten kraft ihrer weltweiten Penetrationsgewalt und Sichtbarkeit – zumindest in evolutionärer Optik – immer auch auf den Grundprozess der Moderne, dem sie ihre Verbreitung verdanken: die Weitwerdung der Welt – man könnte auch sagen: das Drama der realen Globalisierung oder Unifizierung. Indem sie sich selber weltweit in Ruf und Geltung haben halten können, verbreiten sie, wo immer sie erscheinen, die gute Nachricht von der Moderne als dem Weltalter, in dem jede Nachricht und jede Ware potentiell überall und gleichzeitig gegenwärtig gemacht werden kann. Nichts anderes ist die Funktion des Star-Systems in der globalen Synthesis – und was den personalen Superstars recht ist, kann den semiotischen billig sein.

Nur unter diesem hochabstrakten Aspekt tritt etwas Gemeinsames an diesen frei zusammengetragenen Symbolen ans Licht. Wie könnte sonst das Apple-Markenzeichen neben der taoistischen Weltscheibe, die Mickey Mouse neben dem christlichen Kreuz, die Coca-Cola-Flasche neben dem Hakenkreuz, die Jeansmarke neben dem Davidstern ohne überleitende Texte figurieren. Wir bewegen uns gleichsam in einem semiotischen Labor, in dem die Universalisierungsleistung von Welt-Zeichen getestet wird. Stets entscheiden das Standrecht des Marktes und das Gottesurteil des Erfolgs über Glück und Unglück der Zeichen-Kandidaten. Begreiflich ist auch, dass im Labor-Milieu Differenzen tendenziell hinter die Gemeinsamkeiten zurücktreten, selbst ein schwer kompromittiertes Symbol wie das Hakenkreuz kann hier kühl in den Fahrzeugpark der globalitätsfähigen Bedeutungstransportmittel eingereiht und getestet werden. Umso besser, wenn die Bedeutungen, die an ihm haften, heute keine positiven Verallgemeinerungen mehr erlauben.

Wo die Welt selbst als Theater für Globalisierungstests verstanden wird, dort haben Theologie und Ökonomie gemeinsame Sorgen. Als Angehörige einer von Grund auf missionierend verfassten Kultur müssen wir uns darauf gefasst machen, dass hinter allen großen Erfolgs- und Werbezeichen das christliche Kreuz hindurchscheinen wird – als Muster jeglicher Propaganda. Es ist unleugbar der Prototypus und Bahnbrecher einer semiotischen Weltpolitik, die keinen anderen Daseinsgrund besaß als die Universalisierung einer Botschaft und eines Heils-Zeichens. Daher gilt: Der Missionar geht dem Marketing-Experten voraus – der Werber bleibt ein bezahlter Prophet. Weil Kapitalismus auch eine Religion ist, das heißt ein *way of life* von letzthinniger Orientierungskraft, sind seine Leit-Embleme, Namen wie Waren, notwendigerweise von einer gemäßigten messianischen Energie erfüllt. Sie transportieren frohe Botschaften aus dem leichten Leben ins Bewusstsein der Belasteten in aller Welt, die zur Erleichterung streben wie Insekten zum

Licht. Zu den Spielregeln der neuen Weltreligion Leichtigkeit gehört es aber, dass sie sich selbst als Antireligion vorstellen muss. Wer ein moderner Mensch ist, definiert sich als Mitglied der glaubenslosen Konsumenten-Internationale, die jedem Absolutismus und Fundamentalismus abgeschworen zu haben vorgibt. Die großen Zeichen wissen es jedoch besser als ihre Benutzer – sie sprechen die Sprache eines Glanzes und einer Sehnsucht, die über die Sphäre der Konsumvorteile hinausweisen. Wer könnte sich Illusionen machen über die mitlaufenden Botschaften des Mercedes-Sterns? Ist dieser nicht das Leitsymbol einer kinetischen Weltreligion, die ihren Anhängern Befreiung durch Mobilisierung verheißt? Wer sähe aus den Werbezeichen dieser Kollektion nicht helle Genuss- und Leistungshoffnungen hervorleuchten – als wären auch messianische Waren Mittler zu einem geglückten Leben?

Es scheint, dass sich im menschlichen Bewusstsein ein Widerwille regt gegen die Versuchung, sehr große Erfolge auf bloße Zufälle zurückzuführen. Was an der Spitze ist, muss doch, so will es unsere emotionale und logische Ökonomie, eine tiefere Beglaubigung mitführen, als Machenschaften und Würfelspiele zu geben vermögen. In allem sehr Erfolgreichen wittert die Vernunft etwas von ihren eigenen Grundformen und Archetypen – als wäre den Gebilden, die ganz an die Spitze dringen, eine Zustimmung höherer Art aufgeprägt, sagen wir eine Auserwählung oder eine Deckung vom Urbildlichen her. Auch wenn es nicht um offen archaische Sinn-Bilder und Grundstrukturen geht wie bei den hier versammelten Versionen von Kreis, Kreuz und Stern, sondern nur um willkürliche Markennamen und Embleme, so haben auch die Megastars der Konsumzeichenwelt eine gleichsam archetypische Ladung in sich angesammelt. Es wird wohl immer schwer zu sagen bleiben, ob in solchen Fällen der zufällige Erfolg den Glanz oder der archetypische Glanz den Erfolg bewirkt hat. Der Hit und das Urbild zehren voneinander, über beidem schwebt etwas von dem Charisma, das den gemachten Namen und die geprägte Form umgibt. Es teilt den profanen Erfolgsmarken etwas mit von der wie auch immer illusorischen Würde der Gattungen, die einer anfänglichen schöpferischen Intelligenz entsprungen zu sein scheinen.

Für eine Philosophie des Spiels

1

Seit Menschen in modernen Gesellschaften leben, erfahren sie das ihnen im anspruchsvollen Sinn Gemeinsame nicht mehr unter dem Dach von Kirchen. Das soziale Band, das die Angehörigen neuzeitlicher Nationalstaaten untereinander zusammenhält, wird eher aus kulturellen und ökonomischen als aus konfessionellen Fasern gesponnen. Für Marktgesellschaften stellt sich das Problem, wie ihre zahllosen untereinander kaum verbundenen Mitglieder in hinreichend gemeinsame Spiele zu verwickeln sind. Wenn in heutiger Zeit eine größere Anzahl von Menschen als präsente Gesellschaft zusammentritt – als diskutierende Öffentlichkeit oder als aufnehmendes Publikum, dann bleiben sie fürs Erste eine Versammlung von Fremden oder Halbfremden, die sich mit Hilfe eines gegenseitigen Kredits an gutem Willen über ihre ursprüngliche Unbekanntheit miteinander hinwegsetzen. Eine solche gesellschaftliche Versammlung muss sich – anders als eine Glaubens- und Kultgemeinschaft – ihre Zusammengehörigkeit erst beweisen. Zu den Beweismitteln dieser weltlichen Verbindlichkeit rechnet der zivile Festakt; er vollzieht eine Art staatsbürgerliche Liturgie, in der sich die Gesellschaft als wirklich zusammengekommene noch einmal konstituiert. Wenn eine Versammlung eine konstituierende ist, so geht es in ihr um Regeln für Gesellschaftsspiele höherer Art: Die Zusammenkunft hat gesellschaftskonstituierende Spiele als solche zum Thema.

Was eine demokratische Gesellschaft in physischer Hinsicht bedeutet, das erleben wir zwischen zwei Polen: Den einen markiert die Diskretion der Wahlkabinen, wo sich Freiheit als Recht zur Absonderung manifestiert; den anderen die Öffentlichkeit eines Festsaales, wo die Versammlungsfreiheit eine Art von staatsbürgerlicher Körperwärme erzeugt – sagen wir einen demokratischen Äther, in dem sich, wenn alles gut geht, das Gemeinsame ausbreitet. Daraus folgt im übrigen – weil Feste wie Wahlen selten sind –, dass die Versammlung zur Gesellschaft für die Gesellschaft selbst der Ausnahmezustand ist. Moderne Gesellschaften bekommen sich als solche in der Regel nicht zu Gesicht. Weichen sie von der Regel ab, dann nur, weil sie einen besonderen Anlass gefunden haben, vor sich selber zu erscheinen. Ein solcher liegt vor, wenn besonders nützliche Mitglieder der menschlichen Gesellschaft Jubiläen begehen. Sollte eines Tages eine Theorie des Jubiläums entwickelt werden, so hätte diese zu zeigen, wie die runden, die vom Geheimnis der Null markierten Jahreszahlen uns dazu dienen können, die Spielregeln, feierlicher gesagt, die Grundwerte eines sozialen Verbandes, mit ritueller Betonung gleichsam »vor versammelter Mannschaft« zu vergegenwärtigen. Es gehört zum Wesen des Jubiläums, dass sich den Festteilnehmern im Jubilar eine Möglichkeit der Selbstbegegnung eröffnet. Im festlichen Ausnahmezustand überwiegt das Gemeinsame das Trennende und in den außerordentlichen Momenten, in denen von real existierender Zivilität die Rede sein kann, scheint auch das sonst Undenkbare möglich – das gemeinsame Zugehen auf das, was Menschen zu denken gibt, wenn sie zur Welt kommen und das Gewicht der Wirklichkeit teilen. Ich stelle die Frage, ob das soziale Band für einige Momente auch im Nachdenken geknüpft werden kann, das im allgemeinen unser einsamster, verlorenster, gesellschaftsfernster Zustand ist. Ich möchte in Erfahrung bringen, ob es möglich ist, in einer öffentlichen Meditation an Grundstrukturen des Daseins in unserer Epoche zu rühren. Der besinnliche Ausnahmezustand kann sich darin bekunden, dass die Gesellschaft, als versammelte, sich noch einmal konstituiert, um den aktuellen Stand ihres Spiels mit sich selbst und der Welt besser zu verstehen.

2

In diesen vorbereitenden Überlegungen habe ich nichts über das Thema dieser Rede gesagt, wohl aber etwas über die Tonart, in der es angespielt werden soll. Lassen Sie mich die Stimmung festlicher Nachdenklichkeit dazu benutzen, einige Gedanken über Spiel und Spiele vorzutragen – sofern es in die Kompetenz von Philosophen fallen kann, zu einem solchen Gegenstand das Wort zu ergreifen. Der Hinweis auf ein mögliches Kompetenzproblem ist nicht aus der Luft gegriffen; der größte Teil der okzidentalen Geistesgeschichte ist gekennzeichnet durch ein heftiges Abstoßungsverhältnis zwischen dem Geist der Philosophie und der Welt der Spiele, und es hat großer Umbrüche im Haushalt des Denkens bedurft, bevor eine philosophische Rede von einer so unphilosophischen Sache das Licht der Welt erblicken konnte. Es gehörte zum Habitus der älteren Metaphysik, dass sie das Spiel der Erscheinungen durchstoßen wollte auf eine tiefere und stabilere Wirklichkeit hin, an deren erhabenem Stillstand sich der menschliche Geist erbauen soll. Das Flüchtige, das Temporäre, das Spielerische der phänomenalen Welt nicht zu sehen, oder vielmehr von ihm absehen zu wollen und zu können – darin lag gerade die großartige Einseitigkeit des philosophischen Geistes; er stellte sich blind für die bewegte Oberfläche der Welt, um alle Sehkraft aufzusparen für den Anblick der Ideen, der Begriffe, der Strukturen, die die intelligiblen Welten bevölkern. Das intelligible Jenseits kennt nur die reine Beharrung in sich selbst; seine Seinsweise ist nicht die des launigen Spiels, sondern die des wesenhaften Bestands. In ihm gibt es keinen Tanz, kein Flackern, kein Umschlagen der Bestimmungen, sondern nur die Ruhe letzter Grundlagen. Über dem Intellekt, der einen Blick in jenes intelligible Drüben geworfen hat, brennt schon ein ewiges Licht – insofern wahrhafte Erkenntnis zu Lebzeiten das angelische Potential des Menschen aktiviert –, das Vermögen der reinen intellektuellen Anschauung. Was der klassischen Metaphysik ihren Weltalter umspannenden Elan verleiht, ist das Hochgefühl einer logischen Erfolgsmeldung: Sie verkündet die frohe Botschaft vom Triumph des Wesentlichen über das Zufällige, des Grundes über die Folge, des Ursprungs über das Entsprungene. Die Religion der Philosophen glaubt im Grunde an nichts anderes als an die Erlösung vom Zufall. Der ursprünglichen metaphysischen Tätigkeit des Menschen liegt die Überzeugung zugrunde, dass die Dinge der sinnlich erscheinenden Welt nicht ernst genug sind, um philosophische Aufmerksamkeit zu verdienen. In der Erlösung vom Zufälligen ist die Erlösung von bloßer Erfahrung schlechthin mit beschlossen.

3

Wo heute eine Philosophie des Spiels angedeutet oder auch nur für möglich gehalten wird – dort zeigt sich *eo ipso*, dass die Grundstellung der klassischen abendländischen Metaphysik verlassen worden ist. Ein solcher Wandel kann nicht eintreten ohne eine Umwälzung der Wertschätzungen, die den Gegensatz von ernsten und unernsten Dingen festlegen. Dass wir uns inmitten einer solchen Revolution der Wertschätzungen und mithin in einem verwirrenden Seitenwechsel zwischen den ernsten und den nicht ganz so ernsten Dingen befinden – dies ist die These, die ich im folgenden ein wenig illustrieren will. Sie mag zugleich plausibel machen, warum nur eine Philosophie des Spiels als Theorie des gegenwärtigen Zeitalters in Frage kommt.

Die große Metamorphose, die vom modernen Denken über die altehrwürdige Disziplin der Weisheitsliebe verhängt wurde, ist zu Recht mit einem hochgreifenden Ausdruck umschrieben worden: dem Bild der kopernikanischen Wende. Weniger als der Vergleich mit einem Weltbildumsturz reicht nicht aus, um den Tiefgang der Revolution zu vergegenwärtigen, die im Laufe der letzten zwei Jahrhunderte zu einer philosophischen Rehabilitierung des Zufälligen geführt hat. Die ältere Metaphysik war verliebt in das Ewige und Notwendige, das durchs Wirkliche hindurchscheint wie reines Licht durch ein trübes Medium. Hingegen hat sich das moderne Denken der Sucht nach Wirklichem hingegeben; dieses wird nun auf einen Hintergrund von unendlichen Möglichkeiten des Auch-anders-sein-Könnens gesetzt.

Das neue Verlangen, den Geist im unteren Wirklichen Fuß fassen zu lassen, hat außer psychologischen Motiven auch einen theoretischen Grund. Denn das Subjekt der Erkenntnis, der um sich greifende Mensch, sieht sich in neuerer Zeit zunehmend zugleich als Objekt der Erkenntnis vor sich selber auftauchen. Modernität und

Selbstbezüglichkeit, menschliche oder systemische, sind nur zwei Aspekte desselben Sachverhalts. Seither muss die Philosophie alle Aussagen über Sein und Seiendes brechen in Aussagen über den Menschen. Das spielt an auf jene unabsehbar folgenreiche Wendung zum Subjekt, die sich verbindet mit dem Werk Immanuel Kants, mit dem Begriff der Transzendentalphilosophie und mit dem unwiderstehlichen Aufstieg einer neuen philosophischen Disziplin, die sich Anthropologie nennen wird. Diese Wende zeitigt bedeutsame Folgen im geistigen Haushalt der modernen Welt. Dem metaphysischen Bedürfnis ist seither der naive Aufschwung in höhere Welten stark erschwert. Die Fahnenflucht ins Absolute wird nicht mehr ohne weiteres gelingen. Der moderne Mensch kann nicht mehr geradewegs Ontologie betreiben wie zur Zeit der platonischen Akademiker und der himmlischen Doktoren; was sich ihm anbietet, ist bestenfalls nur noch Wissenschaft von dem ontologischen Tier, das er selbst ist. Was auch immer Menschen in nachidealistischer Zeit über Gott und die Welt denken mögen, sie können es nicht anders mehr als mit der anthropologischen Brille vor Augen; diese erinnert sie fortwährend daran, dass alles, was sich vor dem geistigen Blick auftut, durch das Prisma Mensch hindurchgegangen ist; folglich kann sich nichts Seiendes mehr als reines An-sich manifestieren. Von da ist der Mensch, auch als philosophierender und gerade als solcher, zu sich selbst in seiner Tatsächlichkeit verurteilt; er muss sich ertragen als zufälligen Träger nichtabsoluter Einsichten; er muss sich anerkennen als unreine Bedingung einer nicht mehr rein zu nennenden Vernunft. Somit hat auch dem Geist der welterzeugende Zufall – der früher den schönen Namen

Schöpfung trug – schon mitgespielt, lange bevor dieser metaphysisch reagierte und sich von dem bösen Spiel des Werdens abzuwenden suchte. Seit der Geist menschlich und geschichtlich – allzumenschlich und allzugeschichtlich – wurde und von seiner Verwicklung ins Gewordene Notiz nahm, ist er wieder mitten im Spiel: als einer, mit dem immer schon gespielt wurde; zugleich als einer, der selbst das Spiel in die Hand nimmt.

4

Der Mensch, Geschöpf von Zufallsspielen, muss von jetzt an als Schöpfer neuer Spiele ins Zentrum philosophischer Aufmerksamkeit rücken. Mit der anthropologischen Wende brechen die Dämme, die den Zufall hinter dem Wesentlichen aufstauen sollten, und das moderne menschliche Subjekt sieht sich überflutet von einer neuen Vielfalt von Zuständigkeiten fürs Zufällige, Faktische, Historische, Lokale, Einmalige. Unter diesen Kompetenzen, die mit einem Male so pathetisch unterstrichen werden, ragt eine hervor: die artistische Kompetenz als das zutiefst beunruhigende und herausfordernde Vermögen, Kunstwerke zu schaffen. Das Kunstwerk steht vor dem Bewusstsein neuzeitlicher Menschen als der endlich gerechtfertigte Zufall. In ihm ist das Nicht-Notwendige nicht nur wirklich, sondern in gewisser Weise auch notwendig geworden; das von Gott bei der ersten Schöpfung gleichsam noch Weggelassene oder Vergessene wird nun kraft der menschlichen Werkmacht nachgeholt; durch kreative Akte wird der Bestand des Seienden selbst vermehrt. Als Urheber von Kunstwerken, Spielen der höchsten Art, ist der Mensch mit dem Nicht-Notwendigen exemplarisch versöhnt. In der Kunst ist das Zufällige quasi heilsnotwendig geworden. Es ergeht dem kunstschaffenden Subjekt ähnlich wie dem Schöpfergott persönlich, der mit seiner eigenen Willkür fertig werden muss, die aus der Fülle möglicher Welten keine andere als eben diese zur Wirklichkeit erhoben hat. Bei Licht besehen macht unsere Welt ja immer noch einen ziemlich zusammengewürfelten, improvisierten Eindruck. Doch hat sie in theologischen Kreisen nach wie vor die besten Besprechungen. Das Rezept hierfür ist so alt wie die Schöpfungsgeschichte selbst: Wer etwas in die Welt gesetzt hat, muss zusehen, wie er eine Selbstrezension verbreiten lässt, die mit Autorität versichert, dass es gut war. Die moderne Wendung zum Subjekt erzwingt die Wendung zum Menschen als Urheber der Kunst: Als Sinngeber des Sinnlosen ist der Künstler ein Erlöser des Zufälligen.

5

Was sind Spiele anderes als die kleinen Cousinen der Künste? Natürlich müssen auch sie von der neuzeitlichen Wendung des Denkens zum Menschen profitieren. Vom Lob der Kunst zu dem des Spiels ist es nur ein Schritt – und den muss die Anthropologie vollziehen, da sie hierin unter Zugzwang steht. Nachdem sie den Menschen als Schöpfer ins Gespräch gebracht hat, kann sie vom Menschen als Spieler nicht lange schweigen. Ob *homo artifex* oder *homo ludens* – wer überhaupt den Menschen dem Zufälligen positiv zuordnet, der muss die Dinge so wenden, als wäre seit jeher das Spiel des Menschen bester Freund. Das Spiel hat hierin ein ähnliches Theorieschicksal gefunden wie die Natur; auch diese wurde in der romantischen Anthropologie umgedeutet von der ältesten Feindin des Menschen zu seiner intimsten Komplizin, ja zu seinem besseren Selbst; somit vermag dieser Auffassung nach die Natur mehr für uns zu tun als wir für uns selber. Analog hierzu wurde dem Spiel die Kraft zugesprochen, uns über alles Selbstbeabsichtigte und Berechnete hinaus zu bereichern. Es liegt auf der Linie dieser spielromantischen Denkweise, wenn Johan Huizinga uns in seinem klassischen Buch versichert, die menschliche Kultur sei ein Geschenk des Spiels. Für ihn bedeutet Spiel eine ekstatische Funktion der Natur; im Spiel geht das Natürliche spontan über sich selbst hinaus – mit Richtung auf Geist, Darstellungstrieb und Selbstfeier. Das Spiel ist das theatralische Organ der Natur. Der Mensch zeichnet sich lediglich dadurch aus, dass er der Intendant jener aus dem Biologischen heraufsteigenden Spielenergien ist. In diesen ist stets ein überschießender Faktor am Werk und die Natur erscheint im Licht der spielromantischen Analyse nicht wie eine Haushälterin, die scharf rechnet, sondern wie eine Diva, bei der genug nicht genug ist. Huizingas Idee, dass ein Prinzip Spiel durch den Menschen hindurchgeht, um ihm Kultur zu geben, erscheint wie eine niederländisch zivile Replik auf Nietzsches dionysische Doktrinen – das Spiel wird quasi der Gott von unten, der die menschliche Sphäre durchquert, um sie mit einem Gelächter, einer Pirouette, einem Paradox zu übersteigen. Hier zeigt sich, dass auch heute noch die großen Theorien des Spiels nicht anders können, als in der Nähe des Prinzipiellen anzukommen, das in metaphysischer Zeit das Göttliche hieß. Noch immer gilt, dass dort, wo Anthropologie getrieben wird, die Theologie nicht weit sein kann. Allerdings bricht an dieser Stelle regelmäßig die Verlegenheit auf, dass abendländische Menschen sich nach wie vor nur ernsthafte Gottheiten am Ursprung von allem vorzustellen vermögen. Die Welt muss einen seriösen Grund haben, wenn seriöse Leute nach ihrem Anfang forschen. Ein allwissender Weltenschöpfer mag gerade noch angehen – aber wie soll man an einen ersten Spieler glauben?

6

Anthropologie könnte eine ernsthafte Wissenschaft sein, wenn der Mensch nicht wäre. Aber sie kann sich nicht konsolidieren, weil sie mit ihrem Gegenstand schwankt. Bis in die tiefste Wesensebene haben Menschen, als ontologische Irrlichter, eine charakteristische Unschärfe um sich; an dieser erkennt man sie zuverlässiger als in jeder Definition. Alle Unschärfe in der Theorie des Menschen geht aber auf die Unmöglichkeit zurück, nach objektiven Kriterien zu entscheiden, ob der Mensch »im Grunde« ein armes oder ein reiches Wesen sei. Beide Optionen markieren, in unterschiedlichen Graden, seit je die Geschichte der Zivilisation. Die seit Jahrtausenden offen vorherrschende These spricht vom Menschen als geborenem Mängelwesen, als in sich gekrümmtem Sünder, als denkendem Schilfrohr, als prekärem Spaltprodukt der Evolution, als instinktverlassenem Paria des Kosmos, als Sklave des Selbsterhaltungstriebs; als kargem Überlebenskünstler und als düsterem Sparer. Die weithin in der Latenz gebliebene Antithese vertritt eine Lehre vom Menschen als Luxuswesen, als Feuerwerkskörper des Seins, als Festplatz der kosmischen Bewusstwerdung, als endlichem Gott, als Dichter eigener Welten; als heiterem Erzeuger und als mutigem Verschwender. In diesen beiden Auffassungen, die schwerlich aufeinander zurückgeführt werden können, spiegeln sich verschiedene Ethiken und Temperamente wider – mehr noch: verschiedene Logiken, verschiedene Rationalitäten, verschiedene Arten von Daseins-Bilanzierung. Naturgemäß muss eine so tiefe Spaltung des anthropologischen Grundsatzes ihre Entsprechung finden in den Auffassungen vom Spiel. Wo der Mensch als armer gedacht wird, dort gilt er als das Wesen, das *trotzdem* spielt – zur Entlastung und Kompensation, zur Aufheiterung und zur Erbauung. Die Hypothese des Mangels deutet das Spiel durch sein vierfaches Gegenteil: durch die Geburt, durch die Arbeit, durch den Krieg und durch den Tod; somit stehen dem Spiel jene Instanzen des Ernstes gegenüber, in denen sich die Schwere und Gewalt der Welt zusammendrängen.

Jedes Mal ist das Spiel nur ein Loskauf von Zwängen und ein leichtes Zwischenspiel zwischen schweren Aufgaben. Gerade der spielende Mensch ist der arme – er spielt, weil er es nötig hat. – Wo hingegen der reiche Mensch proklamiert wird, dort gilt er als das Wesen, das *von Grund auf* spielt. Solches tut es, weil es per se zu viel des Guten besitzt, weil es im Überschäumen bei sich ist, weil seine Selbstverwirklichung die Selbstverschwendung braucht. Zur Hypothese des Reichtums gehört die Absolutsetzung des Spiels. Wenn Menschen reiche Wesen sind, dann insofern, als sie das Spiel *nicht* durch sein Gegenteil interpretieren. Im absoluten Spiel stehen die ernsten Größen des Lebens dem Spiel nicht gegenüber, sondern sind ihm immanent; sie treiben es an, sie geben ihm Volumen, Weltgehalt, Menschlichkeit. – Egon Friedell hat einmal gesagt, Kultur ist Reichtum an Problemen. Analog dazu müsste eine Anthropologie des Überflusses sagen, Spiel ist Reichtum an Widerständen.

Wenn das reiche Leben an sich selbst glaubt, dann feiert es seine Schwierigkeiten. Daher gehört zur modernen Welt eine Religion der Belastbarkeit im Leichtsinn.

7

Ich schließe, um das eben Gesagte zu erläutern, mit einer zeitdiagnostischen Überlegung. Die aktuelle Menschheit hat auf ihrem industriegesellschaftlichen Flügel inzwischen mehrere Jahrhunderte von Erfahrungen mit dem Abenteuer der Modernisierung angesammelt. Sie hat über diesen Zeitraum hinweg ein dynamisches Kontinuum des technischen Lernens, der Kapitalbildung und der Lebensbeschleunigung aufrechterhalten – gewaltigen Rückschlägen und Krisen zum Trotz. In ihrer Summe ergeben all diese Modernisierungen eine lawinenhafte Mobilmachung des Weltprozesses; sie wird subjektiv erfahren als eine bis vor kurzem unvorstellbare Vermehrung von Reichtümern und Erleichterungen – begleitet von einer Inflation der Risiken. Gleichwohl hat unsere Epoche ihr Grundgefühl, noch immer im Defizit zu leben, nicht durchgreifend revidieren können. Die Denk- und Gefühlsmuster der Mangelanthropologie sind so allgegenwärtig wie je zuvor. Auf einen, der mehr als früher zu geben hat, kommen hundert, die mehr als zuvor fordern. Es scheint manchmal sogar, als seien bereicherte und entlastete Menschen die ärmsten und beschwertesten von allen – weil sie um ihren Sinn für den Umgang mit Schwierigkeiten gebracht sind. Seit dem frühen Existentialismus ist das ein Topos der Kritik an der Moderne geworden: Wer inmitten von Fortschritt und Erleichterung ein Wohltäter der Menschen werden will, sagt Kierkegaard, muss Schwierigkeiten schaffen. Dieser Gedanke durchwandert subversiv das 19. Jahrhundert, er wird bei Nietzsche groß und gefährlich gemacht – dann greift er die letzten Menschen, die Fortschrittsfellachen an; er wird von Heidegger ins Verwegene transponiert – dann ist von der Not der Notlosigkeit die Rede; Vergleichbares kehrt wieder in heutigen Diskursen vom Aufstand gegen die sekundäre Welt. Für die ökonomische Ebene hat Illich von einer bloßen Modernisierung der Armut gesprochen. Wer auch immer den Stand heutiger Dinge tiefer diagnostiziert, sieht sich gezwungen, modernisierte Mangelwelten zu beschreiben. Gerade die reichen Gesellschaften scheinen es zu sein, in denen die alte Armutsanthropologie mehr als irgendwo sonst triumphiert.

In diesen Paradoxen manifestiert sich etwas, was ich die Furcht der Bereicherten vor dem Reichtum nennen möchte. Das beweist nicht weniger als ein Zurückschrecken der Moderne vor ihrem eigenen Prinzip im Augenblick des Erfolgs. Das Wesen unseres Zeitalters hatte Marx definitiv erfasst, als er die Weltrevolution des Willens zum Reichtum für alle proklamierte. Es war die westliche Welt, die sich dieser Parole radikaler verschrieben hat als der in Armseligkeit weiterschwelgende Osten. Im aktuellen Unbehagen am reichen Leben manifestiert sich jedoch eine tiefe Furcht zeitgenössischer westlicher Menschen vor der Einsicht in ihre zivilisationsgeschichtlich beispiellose Lage: Es steckt darin etwas von Verlegenheit vor übergroßen Erfolgen. Die Entfesselung des Reichtums übersteigt, wie es scheint, bei weitem die Kräfte moderner Subjekte. So wollen sie den Reichtum zwar haben, aber nicht wahrhaben; sie wollen nicht auf ihn verzichten, ihn aber auch nicht wirklich ergreifen. Sie wollen an ihm leiden wie an einer komfortablen

Krankheit: Niemand will an seinem Reichtum schuld sein. Tatsächlich gibt es gerade bei sensibleren Subjekten eine moralische Scheu, den historisch möglichen Übergang vom Mangel zur Fülle als primärer Bestimmung des menschlichen Lebens offen zu vollziehen. Denn müsste dies nicht wie ein Verrat an den teuer bezahlten Evidenzen der Armutstheorie erscheinen? Hieße es nicht die Solidarität mit den weiterhin Mühseligen und Beladenen brechen? Muss nicht zudem die offene Wette aufs reiche Leben in Hybris enden? Noch immer wird eine Moral der Fülle von armutsverhafteten Gemütern der reichen Gesellschaften als Unmoral empfunden. Aus diesem Grund stellen wir uns vor dem Offenkundigen blind: dass für unseren Weltteil die überlieferten Rechtfertigungen, Beschönigungen und Kompensationen des armen Lebens nicht mehr gelten. Um die Sache der Armutsanthropologie steht es schlecht, auch wenn die des reichen Lebens keineswegs gewonnen ist. Denn allen Evidenzen zum Trotz wollen die neureichen Neuzeitler, die wir sind, noch nicht so recht an die veränderten Prämissen der Existenz in unserem Weltmoment glauben – noch sind die Prämien auf den jahrtausendealten Armenstatus zu hoch, noch reicht die Gewöhnung an die kleine Seelenform, die von Kompensationen lebt, zu tief. Sich arm denken bringt immer noch fiktive Gewinne – oder zumindest fiktive Ansprüche darauf. Reichtum hingegen verpflichtet – mehr als bloßer Adel es vermöchte. Vielmehr: Reichtum verpflichtet nicht – er setzt frei, er begünstigt. Das reiche Leben verrät sich an seinem Überfließen. Es hat etwas übrig, es lässt mit sich spielen, es ermöglicht Spiele und es will, dass auch andere Leben, neue Leben sich einspielen in diese Welt und in neue

Welten. Wo Reichtum herrscht, dort kommt nach uns nicht die Sintflut; was folgt, ist die Einladung zu erweiterten Spielen. Nicht zuletzt dies war es, was der Aufbruch der Europäer in die Modernität gemeint hat. Die moderne Welt war wesensmäßig – und ist es noch – ein Unternehmen zur Überwindung von Armut und Armseligkeit; dieses Unternehmen hat die Struktur einer Wette, die das Wesen des Menschen aufs Spiel setzt. Wer eine solche Wette eingeht, setzt auf die Annahme, dass unter dem Armutsvorzeichen noch nicht zum Vorschein kommen konnte, woran der Mensch mit dem Menschen ist. Wo in diesem Sinne wesenhafte Modernität versucht wird, dort ist ein Unternehmer im Gang, alle Verhältnisse zu beenden, in denen der Mensch erklärt und entschuldigt werden kann durch das, was ihm fehlt. Es mag nicht überflüssig sein, in einem nachdenklichen Augenblick wie diesem an den revolutionären Ansatz unseres Weltalters zu erinnern. Seit der neokonservative Miserabilismus an Boden gewinnt, wird der generöse Gehalt der Neuzeit – die Überschreitung der Mangelmoral in Richtung auf eine Moral der Fülle – allenthalben mehr oder weniger heimlich widerrufen. Das macht die reaktionäre Tiefenströmung der Gegenwart aus. Die Psychopolitik des Nichts-übrig-Habens vergiftet zunehmend die wohlhabenden Gesellschaften auf dem Planeten. Ob sich dieser Trend aufhalten lässt, ist ungewiss. Um ihn zu brechen, wäre zumindest zweierlei nötig: die konstante Wiederholung der Frage, woher materieller und menschlicher Reichtum in Wahrheit stammt, und – folgerichtig – die Initiierung umfassenderer Spiele anlässlich jener Zusammenkünfte, bei denen zeitgenössische Menschen sich feiern und deuten.

IV. Stadt und Architektur

Die Stadt und ihr Gegenteil – Apolitologie im Umriss

Aus drei Gründen ist zu den folgenden Ausführungen eine gewisse Entschlossenheit vonnöten: Erstens, weil sich das Thema bei näherem Zusehen als ein großes Sujet erweist, das seinem inneren Volumen nach jeden Vortrag sprengt – man kann es nur angreifen unter dem Schutz des epikureischen Mottos: »Man muss beachten, daß eine lange und eine kurze Rede auf dasselbe hinauskommen.«[1]; zweitens, weil zu beweisen sein wird, dass das Negativ zur Theorie der Stadt, das ich hier entwickeln will, kein Zusatz aus späten oder dekadenten oder überkomplexen Zeiten ist, sondern eine Bedingung des okzidentalen städtischen Geistes von Anfang an; woraus folgt, dass mit der Apolitologie ebenso klassisch zu beginnen ist wie mit der Politologie selbst; drittens, weil die hier vorgeschlagene Begründung der europäischen Stadtkulturen aus dem Spiel der Stadtverneinungen durch typische Städter den aktuellen Zeitgeist gegen sich hat – denn dieser ist befallen vom Zwang zur politischen Korrektheit; folglich will er auch in Sachen Stadt nichts anderes hören, als was sich mit seinen Klischees von positiver Urbanität verträgt; und sofern das Folgende nicht kosmopolitisch korrekt sein kann, nicht metropolitisch korrekt, nicht stadtbürgerlich korrekt – zumindest nicht in erster Lesung –, werden die folgenden Ausführungen gewisse Ansprüche stellen an die Bereitschaft des Publikums, der Unkorrektheit, man könnte auch sagen: der Mehrdimensionalität, Kredit zu geben. Ich werde die These verteidigen, dass die paradigmatische europäische Stadt nicht die Summe ihrer positiven Bürger ist, sondern die Summe aus Stadtträgern und Stadtflüchtern. Die Stadt, die uns zu denken gibt, als nostalgisches Objekt wie als aktuelle Chance, ist immer schon mehr als nur die Gesamtheit ihrer aktiven Bewohner. Interessant werden Städte durch diejenigen, die in der Stadt sind, als wären sie anderswo. Nicht die einfache Versammlung von Bewohnern macht das aus, was Europäer an ihren bedeutendsten Städten fasziniert, sondern die doppelte Versammlung aus Bürgern und Deserteuren. Gewiss haben nur Städte das, was man in einem anspruchsvollen Sinn Einwohner nennt – Bürger, deren Dasein mit dem ihrer Stadt von Grund auf verbunden ist; aber nur solche Orte, wo sich neben den Einwohnern die Anderswohnenden deutlich genug bemerkbar machen, verdienen es, in einem alteuropäisch akzeptablen Sinn Städte zu heißen. Wer dialektische Formeln mag, könnte diesen Gedanken auch so wiedergeben: Die klassische Stadt ist die Versammlung der Versammelten und der Nicht-Versammelten.

Um diese Aussagen zu konsolidieren, werde ich versuchen, in zehn kurzen Anhörungen maßgebliche Zeugen zur Sache der Stadt zum Sprechen zu bringen. Wir hören zuerst einige Sätze über die Gründung der alteuropäischen Polis aus dem Geist metaphysischer Resignation und analysieren sodann die Verachtung und den Überdruss als *negative soziale oder urbane Bänder*; drittens reden wir über den Bruch zwischen Stadtgeist und Wahrheit, wie er sich in der altehrwürdigen Institution athenischer Philosophie manifestiert hat; an vierter Stelle schließen sich Bemerkungen über Kynismus und Kosmopolitismus an, es folgen an fünfter solche über die Entdeckung der

Misanthropie durch die enttäuschten aristokratischen Mitbürger der antiken Stadt; als sechster und siebenter Punkt unseres Durchgangs durch das Spektrum der stadtverneinenden Impulse folgen einige lakonische Hinweise auf so alte Institutionen wie das Anachoretentum und die Mysterienkulte; unser achtes Argument gilt der Idyllik und der Pastorale, das neunte fragt nach dem politischen Verrat der Stadt durch ihre glänzendsten Bewohner; das letzte befasst sich – fast möchte ich sagen: folgerichtig – mit dem städtischen Ästhetizismus; seit Baudelaires Tagen huldigen alle Stadtsüchtigen jenem Bad in der Menge, das der Dichter als »eine heilige Prostitution der Seele« besungen hat. Mit ihm kommt unsere Apolitologie zum sachlichen Abschluss; die Analyse wird zeigen, dass die scheinbar stadtfreundlichste Regung, der Weltstadtrausch und das angeregte Mitsummen in der Sinfonie der Großstadt, in Wahrheit den Untergang der Bürgerstadt in einer Mystik der Unverantwortlichkeit besiegelt. Auf dem Höhepunkt der urbanen Freuden, in der Impressionen-Orgie, in der ästhetischen Affirmation des Verkehrs löst sich die politische Stadt endgültig auf ins ästhetische Phänomen. – Es werden bei diesem Parcours, flüchtig wie er sein muss, Umrisse einer negativen Politologie hervortreten.

1

Als ersten rufen wir den Dichter Pindar (gest. nach 446 v. Chr.) in den Zeugenstand, wo er sein Votum abgeben soll zu der Frage, was für den griechischen Mann des fünften Jahrhunderts vor der christlichen Zeitwende den besten Grund zum Leben in Städten darstellt. Wir hören seine Antwort in der fünften Isthmischen Ode:

Zwei Dinge allein weiden des Lebens erfreulichste Blüte:
Wenn einem der Sieg gelang und er edlen Ruhm hat.
Suche nicht Zeus zu werden! Alles hast du,
Wenn dich das Teil dieses Schönen erreicht.
Sterbliches Sterblichen geziemt![2]

Diese Auskunft klingt, zweitausendfünfhundert Jahre nach ihrer Formulierung, in den Ohren zeitgenössischer Leser verblüffend verständlich – zumindest in ihrem ersten Teil; auch wenn wir nicht mehr nacherleben können, was eine antike Polis war[3], so ist doch eine Funktion der Polis zumindest uns wieder völlig gegenwärtig: Eine Stadt – das wissen Bürger des späten 20. Jahrhunderts so gut wie klassische Griechen – taugt vor allem dazu, Schauplatz für Siegerehrungen zu sein, und zwar im engeren sportiven Sinn wie im weiteren politischen und kulturellen. Es ist die Pointe des männlichen Daseins in der städtischen Menge, aus der Menge hervorgehoben zu werden und sich in lebenden Gesprächsstoff zu verwandeln. Die Stadt mag im übrigen sein, was sie will – ein Handelsplatz, eine Schutzburg, ein Herrschaftssitz, ein Kultzentrum; sie ist zunächst und vor allem ein Ambitionentheater, in dem Kandidaten um Anteile am Ruhm wetteifern. Ruhm ist das Vermögen des guten Rufs, den die Städter durch ihre Massen-Medien, das Stadtgespräch und die panegyrische, rühmende Lyrik, in ihrer Interessen-Sphäre verbreiten. Schon in Athen war jeder, der den Mund aufmachte, fünfzehn Minuten lang berühmt. Sieger ist einer, dem der Sprung an die Spitze der städtischen Interessen-Sphäre gelang. Offenkundig war die Ruhmkapazität der griechischen Städte in ihrem klassischen Jahrhundert hoch entfaltet, und die bekannten Wettkampf-Feste, von denen das olympische nur eines war, hatten die Aufgabe, jene Mengen an Siegern zu liefern, ohne welche die städtische Ruhmesmaschinerie zum Leerlauf verurteilt wäre. Unentbehrlich sind Ruhm und Rühmung, weil sie die Antidepressiva des griechischen Städte-Systems bedeuten. Keine andere Kulturform des Altertums hat ihren Angehörigen ein so hohes Maß an metaphysischer Resignation aufgezwungen wie die griechische Polis, und kaum eine andere hatte daher solchen Bedarf an leuchtenden Siegern und verklärender Rühmung. Dieses psychopolitische Rätsel der griechischen Stadt wird in der zweiten Hälfte von Pindars Versen aufgelöst; da zeigt sich, dass die Polis nur möglich ist durch ihre Kraft, die Bürger zu überreden, sich als sterbliche und nichts als sterbliche Menschen zu begreifen. Die Polis ist ein System zur Ausbalancierung von Depressionen durch Ambitionen. Nur durch metaphysische Resignation erwirbt der erwachsene griechische Mann das volle Bürgerrecht in seiner Stadt; erst wenn er seine Träume von persönlicher Unsterblichkeit begraben hat, kann er sich in öffentlichen Ämtern an die Arbeit machen – als Bürger unter gleichen, als Sterblicher unter Sterblichen. Um Städte zu gründen, in denen freie Bürger ihre Angelegenheiten in Frieden und Krieg selbst verwalten – das wussten die Griechen –, muss man die Nachahmungsrivalität oder Eifersucht unter den Menschen ausschalten, die metaphysische so gut wie die materielle, und nichts ist in dieser Hinsicht wirkungsvoller als die Unterwerfung aller unter die Herrschaft eines gemeinsamen und unpersönlichen Herrn, des Todes. Daher hat noch der apolitische Denker *par excellence*, der Ethiker Epikur (341–270 v. Chr.), Grund für das Diktum:

> Dem anderen gegenüber ist es möglich, sich Sicherheit zu verschaffen, aber im Hinblick auf den Tod bewohnen wir Menschen alle eine Stadt ohne Mauer.[4]

Das heißt: Wer auch immer weiß, so wie ein Grieche es wusste, dass er oder sie sterblich ist, wird durch dieses Wissen ein Wesen, das die europäische Stadt mitträgt. Im egalitären Todesgedanken hat die altabendländische Stadtkultur ihren realen Grund. Demokratische Gemeinschaftsaufgaben können nur von Menschen angegangen werden, die von einem nicht hinterfragbaren Gemeinschaftsmotiv bewegt werden, und nichts anderes meint die griechisch betonte Sterblichkeit. Nur solchen zu ihrer Sterblichkeit aktiv bekehrten Sterblichen kommt es zu, sich im Rahmen städtischer Lebenszwecke zu verbrauchen, als lägen alle Ziele menschenwürdigen Begehrens im Horizont der Stadt. Wäre es anders, so würde die Stadt in ihrem Motivationenzentrum auseinander gerissen und ihre Besten würden unweigerlich beginnen, Wege zur Unsterblichkeit zu suchen. Darum schwört Pindar seine Sieger darauf ein, dass Sieg und Ruhm genügen müssen: »Suche nicht Zeus zu werden!« Olympier zu sein ist nicht menschenmöglich, Olympiasiege müssen genügen! Wäre das Streben danach, Zeus zu werden, für das städtische Ethos legitim, so würde die Zusammenarbeit der Sterblichen für die Stadt im Nu gekündigt; nur noch die Gröberen ließen sich mit Ruhm und Sieg abspeisen, während die Besseren sich abwenden müssten, um das Beste zu versuchen: eben Zeus zu werden und die Stadt zu übersteigen. Die griechische Stadt verbietet durch ihre Dichter diese Strebung wie keine andere. Sie blockiert die Suche nach Zeus-Ähnlichkeit und Unsterblichkeit mit ihrem mächtigsten Bannwort: Hybris. Alle Seelen sind aber potentiell hybrid – die griechische Theologie weiß es, so wahr sie in einer abgeklärten Menschenkunde verankert ist. Von dieser Neigung müssen die Bürgerseelen ständig in den Stadtdienst zurückgerufen werden. In der dritten Pythischen Ode lenkt Pindar mit einer bedenklichen Explizitheit die manisch erregbare Seele zurück ins städtische Feld:

> Nicht, meine Seele, nach unsterblichem Leben strebe! Nein, das schöpfe aus, was im Bereich des Handelns liegt.

In diesen Versen liegen das Pathos und der Grundwiderspruch aller griechisch inspirierten Formen von städtischer Humanität offen: Polis als Kultur oder Lebensform ist die Sache von Menschen, die ihre Seelen für die Städte geben. Diese Gabe bleibt bis ans Ende paradox; eine Seele noch haben und doch schon bereit sein zum Verzicht auf deren Unsterblichkeit um der Demokratie willen – wenn eine so unwahrscheinliche Forderung der Preis ist für das griechische Wunder, so hat man auch bereits den Anfang einer Erklärung dafür in Händen, warum dieses Wunder von kurzer Dauer war. Die alteuropäische Bürgerstadt ist gebunden an ein Depressionsprogramm, das die Seelen der Städter dafür engagiert, sich in sterblichen Aufgaben zu verbrauchen, als gäbe es keine anderen. Die noble Sterblichkeit, auf der die alte demokratische Bürgerstadt beruht, kann ihre Chance so lange wahren, wie es städtischen Erziehern gelingt, junge Menschen dazu zu bringen, in keinen anderen Himmel kommen zu wollen als den, der aufgeht durch den Ruhm bei den Mitbürgern und durch den Sieg in Schlachten oder Spielen oder Diensten. Gute Bürger wird es nur so lange geben, wie es Männer – später vielleicht auch Frauen – gibt, die durch ihr Leben Anrechte gewinnen wollen auf ein Minimum an Verklärung im Gedächtnishimmel über ihrer Stadt.

2

Den zweiten Experten – ausnahmsweise einen modernen – rufen wir auf aus dem Paris des 19. Jahrhunderts. In den Prosagedichten seines Spätwerks hat Charles Baudelaire den »Spleen de Paris« unvergesslich gemacht. Spleen meint die Lebensmüdigkeit des modernen Individuums, das sich nicht vorstellen kann, an einem anderen Ort zu leben, als dem, der seine Lebensmüdigkeit hervorruft. Die stadtmüde Stadtsucht kommt kaum irgendwo glänzender zur Sprache als in Baudelaires Beichte »A une heure de matin«, einem Stück Prosa, das um den Ausruf kreist: »Furchtbares Leben! Furchtbare Stadt!« – einem Text, der nicht umsonst Rainer Maria Rilkes Lieblingsstück war. Ich schlage vor, ihn wie eine moderne Entgegnung auf Pindar zu lesen.

> Enfin! seul! On n'entend plus que le roulement de quelques fiacres attardés et éreintés. Pendant quelques heures, nous posséderons le silence, sinon le repos. Enfin! la tyrannie de la face humaine a disparu, et je ne souffrirai plus que par moi-même.
> Enfin! il m'est donc permis de me délasser dans un bain de ténèbres! D'abord, un double tour à la serrure. Il me semble que ce tour de clef augmentera ma solitude et fortifiera les barricades qui me séparent actuellement du monde.
> Horrible vie! Horrible ville!

> Endlich! Allein! Man hört nur noch das Rollen einiger später abgehetzter Droschken. Für einige Stunden werden wir Stille haben, vielleicht sogar Ruhe. Endlich. Die Tyrannei der Menschengesichter ist vorbei und ich werde nur noch unter mir selber leiden.
> Endlich! Nun darf ich mich in einem Bad aus Dunkelheit entspannen! Zuerst zweimal den Schlüssel im Schloss umdrehen. Mir scheint, diese Umdrehung verstärkt meine Einsamkeit und festigt die Barrikaden, die mich im Augenblick trennen von der Welt.
> Furchtbares Leben! Furchtbare Stadt!

Dreimal ruft Baudelaires Mann, der aus dem Großstadtgetriebe in seine Kammer zurückkehrt, »enfin«, endlich! Wenn wir die Ungeduld des Dichters, einen Pariser Tag hinter sich zu lassen, ernst nehmen, verstehen wir, was Dasein in Paris um 1860 für den entschiedensten Städter bedeutet hat: sich foltern lassen durch den Umgang mit Menschen, deren Gegenwart schmerzt, weil sie den erniedrigen, der nicht leugnen kann, dass er ihnen gleicht. Jetzt ist die Großstadt Bühne für eine Majorität von Verlierern geworden; deren Verkehr miteinander besteht in einer permanenten gegenseitigen diffusen Kränkung. Sie alle begreifen nicht wirklich, was sie einander antun, indem sie einander, halbanonym, Gesellschaft leisten. Sie werden einander vorgestellt – um zu erleben, dass sich mit fast jeder geschüttelten Hand die Zahl der Gesichter vermehrt, für die sie nichts tun können und die nichts für sie tun können. Für die Bürger, die Ambitionenträger, die Chancensucher ist die Stadt der Ort, wo sie vage erfahren, dass sie einander nicht geben können, was sie vage suchen. Sie können sich nur gegenseitig bei ihrem Scheitern beobachten. Wo sie auftreten, sind Wesen in Aktion, die mehr oder weniger ungeschickt bei ihresgleichen um die Anerkennung betteln, die ihnen von ihresgleichen nicht gegeben werden kann. Die Rohesten, Heftigsten, Erfolglosesten unter diesen Anerkennungssuchern vergessen sogar, worum sie betteln, und ihre Gemeinheit kann darum hervorplatzen wie eine Naturgewalt mitten im Geschäftsviertel. So wird die raffinierte Metropole dem Urwald ähnlich. Was der Dichter in seiner Gewissensprüfung an sich vorüberziehen lässt, sind Beispiele für beides – Anerkennungsbettler und Rohnaturen, und für sein eigenes trübes Spiel im gleichberechtigten Umgang mit diesen Damen und Herren und Monstren. Nach einem Tag wie diesem hat sich der Mann in der Stadt seine Selbstverachtung vollauf verdient. Wer sich verachtet, freilich, glaubt daran, dass es auch in der Großstadt noch Wahrheit gibt – die letzte katholische Illusion vielleicht. Um dieser Wahrheit willen sucht der Dichter sein Zimmer auf wie ein Sünder den Beichtstuhl – und wie ein Revolutionär die Stellung hinter der Barrikade. Indem er beichtet, beweist er, dass man recht hat, sich aufzulehnen, gerade der Barrikade verdankt die moderne Literatur eine helle Szene; ein Großstadttag passiert Revue vor dem letzten Gewissen.

> Furchtbares Leben! Furchtbare Stadt! Gehen wir den Tag noch einmal durch: mit einigen Literaten gesprochen, von denen einer mich gefragt hat, ob man auf dem Landweg nach Rußland fahren kann (offenbar hielt er Rußland für eine Insel). Ausführlich mit einem Zeitschriftenredakteur gestritten, der auf jeden Einwand entgegnete: »Wir sind hier im Lager der anständigen Leute«, was auch bedeutet, daß alle anderen Blätter von Schelmen redigiert werden. An die zwanzig Leute gegrüßt, von denen ich fünfzehn gar nicht kenne. Im gleichen Verhältnis Händedrücke verteilt, und das, ohne darauf bedacht gewesen zu sein,

Handschuhe zu kaufen; während eines Regenschauers eine Schauspielerin besucht, die mich bat, ihr ein Venuskostüm zu entwerfen; einem Theaterdirektor den Hof gemacht, der mich hinauskomplimentierte mit den Worten: »Vielleicht täten Sie gut daran, sich an Z. zu wenden; er ist der plumpeste, dümmste und berühmteste meiner Autoren, mit ihm zusammen bringen Sie vielleicht etwas zustande, besuchen Sie ihn, dann werden wir sehen«; mich einiger Gemeinheiten gerühmt (warum eigentlich?), die ich nie begangen habe, und feige einige Schlechtigkeiten geleugnet, die ich freudig vollbrachte, Vergehen der Großsprecherei, Verbrechen gegen das menschliche Ansehen; einem Freund einen leichten Dienst abgeschlagen und einem Volltrottel eine Empfehlung geschrieben. Uf! ist es nun alles? –

Man könnte die Apolitologie als Disziplin einführen und begründen mit der Forderung, diesem Stück Prosa und dem Bewusstsein, das in ihm erscheint, in einer politischen Theorie gerecht zu werden. Der Dichter stellt sich deutlich als Doppelwesen vor, das bei Tag Chancensucher im großstädtischen Ambitionentheater ist – und das nachts sein eigener Zuschauer wird, mit der Fähigkeit, sich als Zeuge und als Inhaber eines Gewissens wie von außen zu sehen. Das ist die Urszene der Apolitologie: Wenn der Bürger sich nicht ganz im städtischen Betrieb betäuben kann, sondern zudem, gleich aus welcher Quelle, begabt bleibt, sein bürgerliches Rollenspiel mit einem quasi exzentrischen Blick zu beobachten – dann ist dieser Beobachter bereits der quintessentielle Nicht-Bürger. Wer anderen Städtern bei ihrem Treiben zusieht, bleibt selber Städter bei einer typisch städtischen Tätigkeit – dem Zuschauen. Wer sich selber im Stadtwirbel mittreiben sieht, übersteigt die Stadt und wird zum transzendenten, gewissermaßen stadtlosen Zeugen. Bei Baudelaire ist der apolitische Zeuge doppelt bestimmt: durch Katholizismus und Kunstreligion. Mit dem Katholiken kommt der Mönch in die Großstadt, mit dem Künstler der Saturniker, der melancholische Extraterrestrische, der in der Stadt das Leben des gefallenen Engels führt. Die Stimmen dieser beiden nicht-städtischen Figuren vereinen sich in den Schlusszeilen von Baudelaires Prosagedicht zu einem exzentrischen Nachtgebet:

> Mécontent de tous et mécontent de moi, je voudrais bien me racheter et m'enorgueillir un peu dans le silence et la solitude de la nuit. Ames de ceux que j'ai aimés, âmes de ceux que j'ai chantés, fortifiez-moi, soutenez-moi, éloignez de moi le mensonge et les vapeurs corruptrices du monde; et vous, Seigneur mon Dieu! accordez-moi la grace de produire quelques beaux vers qui me prouvent à moi-même que je ne suis pas le dernier des hommes, que je ne suis pas inférieur à ceux que je méprise.

> Unzufrieden mit allen und unzufrieden mit mir, möchte ich mich erlösen und meinen Stolz ein wenig aufrichten in der Stille und Einsamkeit der Nacht, Seelen aller, die ich geliebt, Seelen aller, die ich besungen habe, gebt mir Kraft und steht mir bei, haltet fern von mir die Lüge und die verderblichen Dünste der Welt; und du, mein Herr und Gott, gewähre mir die Gnade, einige schöne Verse hervorzubringen, die mir beweisen, dass ich nicht der letzte der Menschen bin, dass ich nicht wertloser bin als jene, die ich verachte.

Es ist gleichgültig, ob wir diese Zeilen zu entwerten versuchen, indem wir sie einem hysterischen Katholiken zur Last legen, oder ob wir sie paradigmatisch nehmen, indem wir in ihnen eine typische Äußerung des neuzeitlichen urbanen Individualismus lesen; es genügt, sich für einige

Augenblicke dem Ernst dieser wie auch immer literarisierten Szene ausgesetzt zu haben, um zu sehen, dass sich in ihr die Frage nach dem Zugehörigsein-Können von Individuen zu ihren Städten und Gemeinwesen anders stellt als in der klassischen Politologie. Das Hinausragen über die eigene Stadt will nach diesem urbanen Nachtgebet mit grundbegrifflichem Ernst beschrieben werden. Der Nicht-Bürger als inneres Double des Bürgers fordert zur phänomenologischen Anerkennung heraus. Nicht-Städtertum, Nicht-Bürgertum, Apolitie – das sind Größen, die endlich kategoriale Ansprüche erheben, auch wenn es politischen Positivisten nicht gefällt. Der Städter lebt nicht von der Stadt allein; die Stadt ihrerseits lebt, wo sie am glänzendsten ist, von denen, die sie übersteigen.

3

Den dritten Zeugen unseres apolitologischen Kurses rufen wir wieder aus dem athenischen Altertum herauf. Wir werden Plato als den unsterblichen Informanten anhören, der uns belehren kann über eine seltsame und subversive Neugründung der Stadt aus dem Geist der Philosophie. Und indem wir ihn ein wenig anders als üblich befragen, wird er bestätigen, dass er nicht nur eine Disziplin, die politische Theorie, gegründet hat, sondern eine zweite zugleich, nämlich die apolitische Theorie obendrein, und dass er sich schon lange wundert, warum die später so genannten Europäer – und erst recht die Nordamerikaner – ihn immer nur als Initiator der einen Kunst in Anspruch nehmen, um die andere desto gründlicher zu verkennen.

Es ist vielleicht nicht nur Willkür im Spiel, wenn Baudelaire und Plato unmittelbar nacheinander angehört werden, denn beide lassen sich so betrachten, als markierten sie typische Momente eines weit gespannten bewusstseinsgeschichtlichen Kontinuums: Wenn Baudelaire in seiner Beichte einen inneren Zeugen mobilisiert, der mit seiner Aufmerksamkeit den Zusammenhang des Stadttheaters und seiner Antriebskräfte protokolliert, so kann er dies nicht zuletzt deswegen tun, weil er in der christlich gebrochenen Nachfolge einer platonischen Entdeckung steht: Er macht Gebrauch von der zuerst von Plato explizit gemachten Fähigkeit der Seele, mit sich selbst ein Gespräch zu führen und in demselben »sich selbst überlegen zu sein«. Es lohnt sich wohl, den *locus classicus* hierfür im Wortlaut anzuführen. Plato lässt Sokrates im vierten Buch der *Politeia* sagen:

> B e s o n n e n h e i t (sophrosyne) ist doch eine gewisse Ordnung und eine Beherrschung der Lüste und Triebe: man sagt da: ich weiß nicht wieso – »sich selbst überlegen sein«; Spuren solcher Erklärungen finden man da und dort, nicht? – Gewiß! – Ist aber der Ausdruck »sich selbst überlegen« nicht lächerlich? Denn wer sich selbst überlegen ist, muß wohl auch sich selbst unterlegen sein, und ist so Sieger und Besiegter zugleich! Es handelt sich doch immer um dieselbe Person, nicht? – Allerdings! – Doch will dieser Ausdruck offenbar folgendes sagen: Im Menschen selbst ist, was die Seele anlangt, ein besserer und ein schlechterer Teil vorhanden. Wenn nun der von Natur aus bessere Teil Herr des schlechteren ist, dann sagt man: sich selbst überlegen; und man lobt es auch; aber wenn infolge schlechter Erziehung oder eines schlechten Umgangs der kleinere, aber bessere Teil von der Masse des schlechteren überwunden wird, dann tadelt man das als Schande und sagt von einem solchen Menschen: Er ist sich selbst unterlegen und zügellos. (*Politeia* IV, 430e-431b)

Man könnte sich von hier aus durch einfaches Konsequenzenziehen ausrechnen, dass Plato nichts anderes im Sinn haben wird als eine Stadtreform aus aristokratischer Gesinnung; er wäre in diesem Fall tatsächlich nur der Prototypus des konservativen Politologen, für welchen ihn die Schulmeinung hält. In Wahrheit beginnt mit Plato eine Art von innerer Emigration der besseren Teile in ein logisches Exil. Der Akademiegarten, in dem sich Meister und Schüler versammeln, ist kein Theater, kein Marktplatz und kein Stadion, von wo aus Aufstiege in den zivilen Erfolgshimmel unternommen werden könnten; Platons Grundstück ist ein Terminal für stadtüberlegene Ideen. Von der Akademie aus gelangt man in einen Himmel, in den die schwergewichtigen, selbstsicheren Bürger nicht kommen; ihn erreichen die Besten gerade nicht durch Ruhm und Sieg, sondern durch Selbstklärung der Ideen kraft gemeinsamer Erörterungen. Es mag wohl seine Richtigkeit damit haben, dass die Akademie nirgendwo anders als in Athen ihre Tore geöffnet haben könnte – und ihr Betrieb gibt gewiss immer auch Ausblicke frei zurück auf die Stadt und ihre politischen und religiösen Brennpunkte; aber im philosophisch entscheidenden Augenblick sind die Türen geschlossen und die Intelligenz – auch wenn sie von Polis reden sollte – engagiert sich in einer logischen Himmelfahrt, an der kaum einer von den Honoratioren, geschweige denn von den Politikern, teilhat. Mit dieser Zweideutigkeit hat die Institution Philosophie zweitausendfünfhundert Jahre zu leben gewusst, und wenn ich hier die negative oder esoterische Seite der klassischen Polis-Philosophie stärker hervorhebe als üblich, so tue ich doch nicht mehr, als *extra muros* zu bestätigen, was *intra muros* seit je evident war. Vor den Mauern bedeutet Philosophie Einübung in die städtische Synthesis. Das heißt: Städte sind Menschenzusammenhänge, und die Kunst der richtigen Zusammenhangsbildung ist für die Außenansicht das maßgebliche Thema der Philosophie; vom Plato-Schüler Aristoteles an bis hin zu Hegel und seinem monströsen Epigonen Lenin hat die Philosophie dieses ihr exoterisches politologisches Gesicht zu wahren gewusst und sich als Schule des Kunstwissens für die politische Synthesis empfohlen. In Wahrheit war die Philosophie, das heißt der Platonismus, von Anfang an ein Exerzitium des Überlegenseins über die Stadtrealität und daher immer schon nicht einfach politische Theorie, sondern *a priori* Theorie der anderen Stadt – Theorie jener Stadt, die nirgendwo steht und zu der keiner reist, es sei denn mit Hilfe der semantischen Raumfähren, die später unter dem Titel Ideen bekannt wurden. Somit ist Plato, den Marsilio Ficino *pater philosophorum* nannte, weniger der Gründer der positiven Politologie als vielmehr der Entdecker eines Verfahrens, inmitten der Stadt auszuwandern in die andere Stadt, die uranische Polis, die Allopolis, die Stadt, die ganz anders ist als diese. Sokrates redet in Platos größtem Dialog als der erste Bürger von Allopolis. Nach der *Politeia* ist Philosophie die Etablierung der Allo-Politologie in der bestehenden Polis selbst. Als eine von Grund auf subversive Kunst trainiert sie die Seelen, aus ihren eigenen Städten in überstädtische Exile aufzusteigen. Daher muss der platonische Sokrates bis zuletzt sein stadtkritisches Schauspiel zum Besten geben; er zeigt, wie man leben muss, wenn man in Athen als Anderswohnender den realen Einwohnern, insbesondere dem plumpen Einwohner, der man selber ist, überlegen sein will.

In dieser Perspektive macht die platonische Redaktion der sokratischen Verteidigungsreden den besten Sinn. Alle Philosophen werden *ipso facto* Nachsokratiker, wenn sie auf Platos Deutung eingehen, dass seit der Hinrichtung des Sokrates eine Scheidung zwischen der Stadt und der Wahrheit in der Welt ist. Ihr Justizmord an ihrem besten und gerechtesten Mann war die Klippe, an der die alte Stadt als Ort des guten Lebens gescheitert ist. Ob dies notwendig geschehen musste oder ob nur ein widerrufbarer Irrtum vorlag, ist eine Frage, die Plato bei der Gründung seiner Akademie außer Acht lassen wird. Er vollstreckte, indem er Schule machte, an den Athenern die Prophezeiung, die Sokrates in der Apologie an die Urheber des Todesurteils adressierte.

> Und nun möchte ich euch, die ihr mich verurteilt habt, gern das Kommende prophezeien; denn ich stehe ja schon, wo die Menschen zu weissagen pflegen, an den Pforten des Todes. So sage ich euch denn, ihr Männer, die mich umgebracht habt, daß euch bald nach meinem Tode eine viel schlimmere Strafe ereilen wird, beim Zeus, als die, die ihr mir mit dem Todesurteil angetan habt. Denn damit glaubt ihr nun, euch von der Pflicht zu befreien, über euer Leben Rechenschaft abzulegen. Das aber wird sich für euch gerade ins Gegenteil wenden, glaube ich; denn es werden nun ihrer nur noch mehr sein, die euch zur Rechenschaft ziehen. Bis jetzt hielt ich sie zurück, sodaß ihr sie gar nicht bemerktet… (*Apologie*, 39c f.)

Die nachsokratische Stadt muss mit dem Stigma leben, dass es künftig Philosophie und Philosophen in ihr geben wird. Für immer wird sie mitbevölkert sein von Individuen, die in der Stadt nicht aufgehen, sondern sich in ihr aufhalten wie wandernde Ärzte auf einer Etappe mit vielen Kranken. Zugleich fängt damit zu blühen an, was man die Utopie der Schule nennen könnte: Europäische Städte taugen bekanntlich nur so viel wie die hohen Schulen, die sie unterhalten – und diese Schulen bereiten, mit Duldung der Städte, ihre Schüler vor auf ein Leben in einer viel besseren Stadt. Weswegen zum Zauber wesentlicher europäischer Städte eine Schicht von ewigen Schülern gehört, die für die hohe Schule lernen und um alles in der Welt nicht für das Leben. Wollte man über das späte 20. Jahrhundert in Europa etwas Fatales sagen, so müsste man behaupten, dass die Spannung zwischen Stadt und Schule aufgehört habe und dass die Städte heute die Schulen hätten, die sie verdienen. Aber solange der von Plato entzündete Funke nicht völlig erloschen sein wird, wird es immer wieder neue Ansätze zu einem Unterricht geben, der Menschen für eine unauffindbare bessere Stadt heranbildet.

4

Damit sind wir bereit, den vierten Zeugen einzuladen; beim Stand der Dinge kann es nur einer der ersten Nach-Sokratiker sein. Wir verstehen nach der Anhörung des dritten Zeugen, warum Postsokratismus zum Bild alteuropäischer Stadtkultur gehört. Von 399 v. Chr., dem Jahr von Sokrates' Hinrichtung, an ist es ein offenes Geheimnis, dass die Stadt gewisse interne Beobachter ihres Treibens zum Feind erklären und töten kann. Die Polis wiederum weiß, dass sie durch ihren Justizmord an ihrem besten Bürger-Zeugen gezeichnet ist – sie kann sich nur exkulpieren, indem sie Nachsokratikern Lizenzen gewährt. Aus diesem Befund folgen zwei Figuren des Stadtbewusstseins, die nicht im engeren Sinn philosophisch sind, obschon entschieden nachsokratisch. Philosophie ist, wir wissen es jetzt, ein Arzneimittel für die unheilbar ungerechte Stadt, Plato verabreicht es in klug kalkulierten Dosen; über Risiken und Nebenwirkungen informieren uns das Theater, das Stadtgespräch – und nachträglich Diogenes Laertius; aus diesen Quellen schöpfen wir die Erkenntnis, dass auf Sokrates nicht nur die lange platonische Revanche folgt, sondern auch die Stunde der Komödianten. Deren Kennwort ist ein doppeltes: Kynismus und Kosmopolitismus. Dass beides zunächst dasselbe meint, kann der moderne Benutzer dieser Wörter nicht wissen, weil sie in ihren Bedeutungsschicksalen, nach kurzen gemeinsamen Anfängen, getrennte Wege gegangen sind. Das Wort *kosmopolites* und das Wort *kynikos* entstehen im selben Zuge, aus derselben postsokratischen Verlegenheit. Nun ist der Meister tot – wie soll man künftig das Leben der Menschen in der Stadt erforschen, wenn doch die philosophenmörderische Stadt gezeigt hat, wo sie die Grenzen der Theorie zu ziehen gedenkt? Von den drei Antworten, die hierauf möglich sind, hat die erste Plato gegeben, indem er die Philosophie als didaktische Subversion mitten in der Polis institutionalisierte; sein Idealismus provoziert gleichsam eine neuartige Selbstbeobachtung der Stadt durch Über-Bürger, das heißt durch uranische Zeugen, die die städtischen Dinge mit Himmelsaugen sehen – woraus die immerwährende Blamage der wirklichen Stadt vor ihrem eigenen Begriff entstehen muss. Die beiden anderen Antworten gibt Platos Rivale Diogenes von Sinope, und sie sind, eine wie die andere, paraphilosophisch oder philosophie-parodistisch. Man vergesse nicht: Kosmopolitismus war zunächst nur die ausweichende Antwort eines Nachsokratikers auf die potentiell lebensgefährliche Frage, wo er eigentlich zu Hause sei. Laertius hat die Episode in einem kleinen Satz festgehalten:

> Gefragt nach seiner Heimat, antwortete er, ich bin ein kosmopolites.

Das Wort kommt hier, wenn die Legende nicht trügt, zum ersten Mal vor. Seit der Antike übersetzen die schönen Seelen es brav mit Weltbürger und meinen damit, etwas Tiefsinniges und Seelenerweiterndes zu sagen, stoischen Traditionen entsprechend. Man vergisst dabei, in Rechnung zu stellen, wer spricht; vor allem versäumt man, die für jeden Postsokratismus entscheidende Frage anzuschließen, wohin sich der weise Beobachter seiner Mitmenschen in Sicherheit gebracht hat, während er doziert und forscht. Das witzige Wort des Diogenes enthält eine der seltenen Aufklärungen in dieser weithin dunklen Affäre; man sieht das Licht seiner Replik aufblitzen, wenn man *kosmopolites* statt mit Weltbürger mit Weltallbürger übersetzt. Da ist mit einem Mal die neue Position des Sprechers grell exponiert: Unverfroren nimmt Diogenes – wie nach ihm Lukian und andere – als literarischer Clown eine göttlich exzentrische Stellung ein; er wird nun kurzerhand eben doch wie Zeus und beurteilt die Dinge wie vom Kosmos aus; Hauptwohnsitz »Weltall«, Zweitwohnung Tonne in der Nähe des alten Gymnasions; wer im Prinzip so weit draußen wohnt, und nur phänomenal in der Tonne, wird sich über Vorfälle hier unten nicht unnötig erhitzen – er wohnt ja essentiell im Götterviertel, und die Götter sind berühmt für ihr ewiges Grinsen und für ihre leidlose Indifferenz gegen bloße Menschenschicksale. Aber wie entgeht der kosmische

Apathiker dem Hybris-Vorwurf? Sokrates starb für den Vorwurf der Unfrömmigkeit. Sollte ein Götterparodist vom Schlage des Diogenes weniger riskieren? Nun sehen wir, wie Frechheit Leben rettet. Es ist die beste kynische Strategie, den Blick vom Weltall auf die lächerliche Stadt hinter Hundeaugen zu verbergen. Kurzum, der Philosoph wird Gott, und Gott wird Hund und mischt sich als Beobachter von unten in die Menge. Daraus entwickelt sich Kynismus als Habitus und Ethos. Zunächst ist Kynismus daher nur als Sehweise wirklich – er liefert eine Optik für souveräne verdeckte Ermittler gegen die Stadt. Wer wird da von Gottlosigkeit reden?

> Als er einmal eine Frau bei Kultverrichtungen beobachtete und diese mit erhobenen Röcken vor dem Altare kniend ihm ihr entblößtes Hinterteil darbot, trat er zu ihr und sagte: schämst du dich nicht, dich so dem Gott zu zeigen, denn alles ist voll von Göttern!
> (nach Diogenes Laertius, VI).

Heraklit von Ephesos hatte dieses Wort zuerst geprägt – ein Diktum, das, wie man sieht, den Transport nach Athen nicht unbeschädigt überstand. Wenn Diogenes, der Sinopenser, es zitiert, liegt Hohn in der Stimme – fast meint man zu hören: Alles ist voll von Philosophen, und besser noch: Alles ist voll von Hunden. Jedenfalls: Ein Hund sieht viel, was Bürger sich besser nicht anmerken ließen. Man fragt sich bald: Wie viele Hunde kann sich eine Stadt leisten? Und natürlich fragt man sich auch, wo in diesem Spiel die wirklichen Städter bleiben, die nun von götternachahmenden Philosophen und hundenachahmenden Stadtstreichern so hartnäckig beobachtet werden? Hierauf hat der Mann mit den Weltall-Augen jene furchtbare Antwort parat, die in die europäische Ideengeschichte einging:

> Eines Tages zündete er bei hellem Tag eine Leuchte an, ging auf die Agora und rief: ich suche Menschen. Und als sie herbeiliefen, bearbeitete er sie mit seinem Stock und sagte: Menschen habe ich gerufen, nicht Unflat.
> (nach Diogenes Laertius, VI)

Diese Anekdote, die berühmteste des Altertums, bildet den anderen Eckpfeiler der Apolitologie. Wie Baudelaire nach Mitternacht in der Einsamkeit sich überlegen wird und sein Heil findet in der Unzufriedenheit mit sich selbst, so wird Diogenes sich selbst überlegen, indem er auch den Herrn zu dem Hund spielen kann, den er darstellt. Seine Herrenmomente manifestieren sich mittags, wenn genug Leute zum Beleidigen da sind und wenn die Sonne hoch genug steht, um Alexander den Großen aus ihr schicken zu können.

5

Während wir den vierten Zeugen verabschieden, um den fünften zu hören, ergibt sich eine kurze Pause, die sich nutzen lässt für die Bemerkung, dass unser Kurs festen Grund gewonnen hat. Zwei Formen des Ausstiegs aus dem städtischen Ambitionentheater sind in gesicherten kulturgeschichtlichen Umrissen etabliert; der erste Ausstieg vollzieht sich als Philosophie, sofern sie die Ebene städtischer Erfolge übersteigt; der zweite als Kynismus, sofern dieser sich, jenseits von Sieg und Niederlage, souverän in die Gosse fallen lässt. Beide zersetzen das System der Ausbalancierung von Depressionen durch Ruhm und Erfolg, weil sie die öffentlichen Ambitionsziele der

Sterblichen ironisieren. Ein dritter Aussteiger aus dem Stadttheater wird der gefährlichste von allen werden, der ohnmächtigste und der wütendste zugleich. Der Dritte im Bunde gegen das städtische Ambitionenwesen ist der Menschenfeind, der beweisen kann, dass er durch nichts anderes als durch seine Erfahrungen mit Mitbürgern und Ämtern zu dem wurde, der er jetzt ist. Der nächste Zeuge ist *Timon ho misanthropos*, wie Lukian ihn im Titel eines Lesedramas nannte. Man könnte Timons Geschichte wie die eines griechischen Hiob lesen. Shakespeare, der als Dramatiker der bedeutendste politologische Kopf der frühen Neuzeit war, hat dem »Timon von Athen« eines seiner pessimistischen Spätstücke gewidmet – es entstand zwischen 1605 und 1608 in Nachbarschaft zu King Lear. Das müsste genügen, um diesem Charakter die Aufmerksamkeit des Apolitologen endgültig zu sichern.

Mit Blick auf den von seiner Stadt enttäuschten Athener Timon gewinnen wir eine Gelegenheit, die pindarische Begründung der Stadt noch einmal zu überdenken. Offenkundig ist schon das Athen Timons keinesfalls nur ein homogenes Feld von Bürgern, die um Ehren rivalisieren, sondern zugleich Schauplatz nicht-ehrenhafter Wettbewerbe. Schon früh ist die Polis ein Kompositum aus Aristokratenstadt und Geschäftsstadt – um von der städtischen Unterwelt bis auf weiteres zu schweigen. Was dieses Zusammengesetztsein jedoch bedeutet, zeigt sich erst in der Katastrophe, die die Elemente trennt. Man könnte auf den Gedanken kommen, dass Glück nur ein anderes Wort ist für Nichtanalysierenmüssen. Athens beste Zeiten sind jene, in denen die Athener es fertigbrachten, den Unterschied zwischen solchen und anderen Athenern zu behandeln, als wäre es keiner. In ihren heiteren Tagen ist die manische Stadt mit der ökonomischen Stadt identisch, Prestigesucher und Geldsucher sitzen bis auf weiteres an denselben Tafeln. Zumindest ist nichts in Sicht, was die Bürger zwingt, allzu sehr aufmerksam zu werden auf die gefährliche Differenz, die ihr Zusammenseinkönnen zugleich begründet und bedroht. Die Polis weiß noch nicht, dass sie nur dann bestehen kann, wenn eine nicht-berechnende Klasse in ihr einer berechnenden die Waage hält; Demokratie ist ohne einen starken aristokratischen Zuschuss nicht möglich. Mit dem Fall Timons sind die glücklichen Tage der Nicht-Unterscheidung vorüber. Der Abstieg Athens beginnt nicht zuletzt mit der timonischen Aufklärung; so wie der Tod des Sokrates gezeigt hat, dass die Polis ihrem geistreichsten Bürger keinen passenden Ort geben kann, so zeigt der Sturz des Timon, dass in der Stadt kein Raum mehr ist für die aristokratisch-manische Großzügigkeit. Die Stadt ist *de facto* in der Hand von Unvornehmen – von jetzt an weiß man's. Damit sind die Pfeiler der von Pindar besungenen bürgerlichen Aristie zerbrochen; Ruhm bei den Mitmenschen ist nicht mehr viel wert, wenn Ruhm vor Undankbarkeit nicht rettet. Nichts anderes war Timons Schicksal, und es wurde sofort in seiner typischen Gewalt begriffen. Der athenische Hiob wurde nicht von Gott geprüft, wie weit seine Ergebenheit reiche; nein, er selbst prüft, nachdem er infolge nobler Verausgabungen in Schulden geraten war, die Ebenbürtigkeit seiner Mitbürger – und macht die Erfahrung, dass die wohlhabenden Athener, die ihm so viel verdanken, ihm nichts zurückzugeben haben. Seine zahlreichen Scheinfreunde lassen sich ohne Ausnahme entschuldigen, als er von ihnen Hilfe braucht. Misanthropie ist Timons Antwort auf diese Lektion. Sie ist die logische Endstellung des Aristokraten, der geglaubt hatte, er könne von Bürgern zurückbekommen, was er ihnen als Edelmann zugewandt hatte. Timons Menschenfeindschaft markiert den weltgeschichtlichen Augenblick, in dem eine Gesellschaft gegenseitiger Geschenke in einer Gesellschaft gegenseitiger Geschäfte untergeht. Der Großzügige gerät mitsamt seinem großen Namen ins Elend. Großer Name allein bedeutet in der neuen Geldwirklichkeit nicht mehr unbedingten Kredit. So macht sich Timon einen zweiten Namen, *misanthropos* – und dieser steht für den Bankrott des adligen Vertrauens in die gleichwertige Hochgesinntheit des Mitbürgers. Wenn Aristoteles – fast ein Jahrhundert später – im 4. Buch der Nikomachischen Ethik von der zu fordernden Hochsinnigkeit und Großgeartetheit der Bürger handelt, so treibt er bereits bloße Wortanalysen, denen in der gleichzeitigen Stadtwirklichkeit kaum noch Bedeutung zukommt. Vielmehr hat Shakespeare, der in seiner Zeit Ähnliches vor Augen hatte, ganz recht, dem Timon einen philosophischen Grobian, einen Kyniker, an die Seite zu stellen: Der demonstriert dem noblen Herrn, dass es Narrheit ist, die bürgerlichen Tröpfe zu überschätzen. Apemantus, der Kyniker, statuiert, dass unverwundbare Selbstachtung nur dem gewahrt bleibt, der von den Mitmenschen nichts erwartet, oder was dasselbe bedeutet: das Schlechteste; mit Weltall-Augen auf das athenische Treiben sehen, das allein schützt vor Enttäuschung. Alles verstehen heißt alles verachten. Das ist es, was Timon, der Edle, noch nicht weiß – er wird es lernen. Shakespeare hat in der Fluchrede Timons auf seine Stadt dem apolitischen Erwachen eines Bürgers aus seinem politischen Traum ein Denkmal gesetzt. Den Monolog Timons vor den athenischen Mauern vom Anfang des 4. Akts übersetzt Erich Fried wie folgt:

> Laß mich dich nochmals sehn, o du Mauer,
> die diese Wölfe hegt. Sink in die Erde,
> schütz nicht Athen! Matronen, frönt dem Laster!
> Kinder, gehorcht nicht! Sklaven, Narren, reißt von
> Den Bänken runzlig graue Senatoren
> Und herrscht statt ihrer! Zu gemeinem Unflat
> Werde im Nu die grünende Jungfraunschaft!
> Treibts vor der Eltern Augen! Bankrotteure,
> Gebt nicht den Raub heraus! Nein, greift zum Messer:
> Schneidet den Hals ab denen, die euch trauten!
> Stehlt, Diener! Eure würdigen Herrn sind Räuber
> Im großen Stil mit Hilfe des Gesetzes.
> Magd, marsch ins Bett des Herrn! Deine Herrin
> Ist im Bordell! Du Sohn von sechzehn Jahren,
> Dem lahmen Vater reiß die Krücke fort und
> Schlag ihm mit ihr das Hirn ein! Frommheit, Scheu,
> Furcht Gottes, Frieden, Wahrheit, Recht und Ordnung
> Im Haus, Nachtruhe, nachbarliche Freundschaft,
> Erziehung, Sitten, Künste und Gewerbe,
> Gesellschaftsordnung, Bräuche und Gesetze –
> Verfallt und werdet euer Gegenteil!
> Und nur das Chaos lebe! Seuchen, die ihr
> Menschen befallt, häuft ansteckende Fieber
> Auf dieses Athen, das sturmreif ist! Du Gicht,
> Verkrüpple Senatoren, daß sie lahm sind
> Am Leib wie an der Seele! Willkür, Wollust,
> Schleicht euch in Geist und Mark der Jugend ein,
> Daß sie gegen den Strom der Tugend schwimmt
> Und sich ersäuft in Orgien! Schorf und Beulen,
> Besät die Brüste zu Athen und erntet
> Den allgemeinen Aussatz! Hauch, steck Hauch an,
> Daß, ihrer Freundschaft gleich, ihr Umgang Gift sei,
> Sonst nichts! – Ich will nichts forttragen von dir
> Als meine Nacktheit, du schmähliche Stadt!

Nimm auch noch das, mit hundertfachen Flüchen! –
Timon will in den Wald. Das ärgste Tier
Ist dort noch milder als die Menschen hier.
Ihr Götter, laßt die Bürger von Athen
In diesen Mauern und außerhalb vergehn!
Und mehrt mit Timons Jahren seinen Haß
Auf Hoch und Niedrig ohne Unterlaß.
Amen.[5]

Mit Timons Appell zum Aufruhr in der verkehrten Welt beginnt ein Prozess, in dem europäische Menschen lernen, ihre Verhältnisse – fern von feudalen Verklärungen und adligen Mystifikationen – mit nüchternen Augen zu betrachten. Marx wird einst im Kommunistischen Manifest die timonische Nüchternheit für die Revolution reklamieren. Revolution ist ein neuzeitlicher Name für den schon in der Antike aufbrechenden Ruf zum Ausbruch aus der falschen Stadt. Die Geldstadt ist die verkehrte Welt; wo findet man eine, die auf den Füßen steht?

6

Der sechste Zeuge repräsentiert jene anachoretische oder eremitische Revolution der Spätantike, aus der zunächst das orientalische, später das westliche Mönchstum hervorgegangen ist. In ihm hat der abendländische Kloster- und Spiritualenkommunismus seine Quelle. Es liegt auf der Hand, dass der eremitische Rückzug aus der Stadt sich nur aus der Verlängerung der bisher erörterten Impulse verstehen lässt. Die älteste Anachorese ist Fortsetzung des Platonismus, Kynismus und Timonismus mit anderen Mitteln – und andere Mittel sind jetzt vor allem christliche und gnostische. Wenn man versucht, den Himmel Platos, die Tonne des Diogenes und den

Wald des Timon an einer Stelle zusammenzuziehen, so erreicht man geradewegs jene ägyptische Wüste, einige Tageswanderungen südlich von Alexandria, in der die ersten Athleten Christi mit ihren Übungen die Welt herausfordern und auslöschen wollten. Der Patriarch der Wüstenheiligen ist Antonius, ein junger Christ, der seine Stadt verließ, um in den leeren Gräbern aus der Pharaonenzeit seine Seele zur Seligkeit zu zwingen. Die anachoretische Revolution, die zwischen dem 3. und 6. Jahrhundert ganz Ägypten, Palästina und Syrien in eine wüstentolle Stimmung taucht, setzt den relativen psychopolitischen Kollaps der antiken Polis bereits voraus. Mögen die städtischen Geschäfte in dem Jahrtausend zwischen Perikles und Theodosius ihren üblichen Gang weiter verfolgt haben; die städtischen Seelen hatten inzwischen zu viel erlebt, als dass sie das schlichte Spiel von Kämpfen, Siegen und Sichrühmenlassen hätten weiterspielen können; sie hatten einsehen müssen, dass dem Begehren anspruchsvollere Ziele vorschweben. Schon Diogenes musste aus den Augenwinkeln mit ansehen, wie ihm ein anderer den Rang ablief bei seinem Versuch, die Welt mit Weltall-Augen zu überblicken. Alexander von Mazedonien war als erster hemmungslos und genial genug gewesen, um die pindarische Abstinenz mit Füßen zu treten und offen nach göttlichen Ehren zu Lebzeiten zu streben. Auch der mittlere und späte Platonismus zettelte ein provozierendes Spiel mit dem manischen Feuer an und ließ seine Adepten ausdrücklich wissen, dass *theosis*, Gottwerdung der Seele, der eigentliche Grund des Daseins im besten Leben, dem theoretischen, sei. Im Jahr 27 v. Chr. nahm Octavian in Rom den Gottestitel Augustus an und ließ sich in der Osthälfte des Reiches als Soter, Retter und Heiland, feiern. Mit bloßen Sterblichen wird sich von da an ein Weltalter lang kein Staat mehr machen lassen. Mit der Promulgierung solcher Geheimnisse verliert der städtische Psycho-Reaktor seine wirksamen Brennstäbe; das verlangsamte Glühen der Manien, durch das Gottwerdungswünsche in städtischen Ehrgeiz verwandelt wurden, gelingt immer seltener und hört irgendwann ganz auf; stattdessen brennen die Seelen in direkten religiösen Manien durch oder erlöschen im entgeisterten Städtealltag. Darum wird das Abendland bis in die Zeiten Luthers eine Zweiteilung der Menschheit in Kleriker und Laien *cum grano salis* akzeptieren; sie entspricht nur allzu sehr den kollektiven seelischen Realitäten; über einen Zeitraum von weit mehr als tausend Jahren hin gibt es tatsächlich nur noch zwei Großparteien von Menschen, Gottesverrückte und erloschene Seelen; erst aus den neuen Stadtkulturen des Spätmittelalters entsteht wieder ein Mittelgrund aus Bürgern, die weltliche Orientierungen mit hoher psychischer Lebhaftigkeit verbinden – die Matrix der modernen areligiösen Vitalität. In der psychopolitischen Großwetterlage der Spätantike macht das Christentum seine ersten Punkte. Es stiftet in den Städten ein neues, zunächst geheimes Versammlungsmotiv; es exaltiert die mehr oder weniger euphorische Liebesgemeinschaft von Brüdern und Schwestern in einer unsichtbaren pneumatischen Stadt; es kanalisiert die Stadtflucht neu, indem es die Wüste in den so grausamen wie heilsträchtigen Freilufttempel des neuen Gottes umdeutet. Deswegen ist Wüstenheiligkeit doch mehr als radikaler Timonismus; aus bloßem Hass gegen Alexandria hätten Antonius, Makarius, Onuphrius, Pakomius und ihresgleichen nicht ein ganzes Leben in der Thebais oder in der nitrischen Wüste durchgestanden. Die Wüste lebt für diese Männer, weil sie der Ort ist, wo Gott sich suchen lässt. Gewiss profitieren auch die christlichen Anachoreten von der neuplatonischen Enthemmung; Zeus zu werden galt seit einer Weile, zumindest in hellenophilen Kreisen, durchaus wieder als ein nobles und menschenmögliches Motiv; die neue Theosis in der Wüste ist nur die Zuspitzung solcher Tendenzen in einem christlichen Athletismus. Sehr schön hat Hugo Ball in seinem Essay über das byzantinische Christentum von 1923 die einfachen ägyptischen Brüder als Athleten der Trauer, die Eremiten als Athleten der Verzweiflung beschrieben. Beide Typen von Geistlichen sind Athleten des Nichtmitspielens in den Spielen der Stadt. Ihre Olympiade heißt Demut, und ihr Training zielt auf Nichtsiegen in städtischen Angelegenheiten. Die Mönchspsychologie vollzieht den Frontalangriff auf das städtische Ego – sie dekonstruiert den phallisch-politischen Menschentypus, der auf Ruf bedacht ist, in Siegern sich spiegelt, im Besitz sich absichert und mit Geschlechtsenergie prahlt und zahlt. Für den Mönch ist die Stadt nichts als eine Ladestation für Ich-Batterien; die werden in der Wüste nach den Regeln der Kunst abgeladen. Wie diese Abladung besorgt wird, davon handelt die Aussage unseres sechsten Zeugen; ich zitiere einen Auszug aus dem 52. Brief des Evagrius Pontikus (ca. 345–399) aus der Wüste, in dem er einen Bruder tadelt, der ihn mit unpassendem Lob in die städtische Psychosphäre zurückzuziehen versucht hatte.

> 1. Wir schreiben dir keinen Antwortbrief, sondern einen sehr großen Tadel, weil du uns einen Brief gesandt hast, der in uns eine schreckliche Menge an eitlem Ruhm geweckt

> hat! Es ward mir zuwider beim Lesen deiner Lobsprüche, das heißt bei dem Lohn des eitlen Ruhmes. Es gehört sich nämlich nicht, so denen zu schreiben, die sich aus der Welt entfernt haben, und ihre Seelen, die schwach sind ob der Leidenschaften und die das Eitle lieben, zu entkräften.
> 2. Vielmehr diesen entgegengesetzte Dinge muß man ihnen schreiben: Bleib in der Wüste sitzen, elende Seele, diene Gott mit Fasten und Gebet, blicke nicht auf die Welt, die dich oft auf vielfache Weise elend gemacht hat. Erinnere dich an deine alten Schiffbrüche, erinnere dich an die Räuber, wie oft sie dich heruntergebracht haben. Vergiß das Meer nicht und die wilden Wellen.
> 3. Erinnere dich an den Gestank der Habsucht, der dir aus dem Halse weht und nach einer Fülle von Lüsten giert. Erinnere dich, wieviel Schiffbrüche die Geldgier bewirkt hat und wieviel Kriege sie bei den Menschen erregt, Einsperrungen und Gefängnisse und eine Menge verschiedenartiger Folterwerkzeuge. Weswegen der selige Apostel, auf diese Dinge hinblickend, treffend die »Besitzgier die Wurzel aller Übel« nennt. Über den Gedanken aber des eitlen Ruhmes oder der Überheblichkeit oder über die plötzlichen Wirbelstürme der Lästerung, die das Schiff überschwemmt und den Steuermann-Intellekt bedeckt haben, was soll man da sagen? – Diese und ähnliche Dinge muß man den Ohren derer, die die Welt verlassen haben, predigen … Wer nämlich dem Lobsprüche schreibt, der sich von der bewohnten Welt entfernt hat, gleicht einem Manne, der in einen brennenden Öfen »Holz oder Reisig oder Werg« wirft, damit er noch mehr brenne.[6]

Es war die Stärke Alexandrias, dass man in dieser Stadt nichts lieber las als solche Schriften. Sie gaben den Städtern die Gewissheit, dass sie nichts wirklich versäumten, wenn sie in ihren Villen und Werkstätten, ihren Kantinen und Katechismusschulen, ihren Bibliotheken und Bordellen ausharrten und unermüdlich diskutierten über die neuesten Rekordmeldungen von den Demutsmeisterschaften draußen in der menschenfeindlichen Wüste.

7

Bei der Anhörung des siebenten Zeugen, der die Sache der antiken Mysterienkulte im Verhältnis zum städtischen Leben beleuchten soll, fassen wir uns kurz. Man kann der Meinung sein, dass das meiste von dem, was von den späteren Pythagoräern bis zu den Adepten der Hermetik im 3. Jahrhundert nach Christus unter der Gestalt von Mysterienschulen auftrat, Wildwüchse des Platonismus gewesen sind; über dessen apolitologischen Status ist hier mehr nicht zu sagen. Es liegt auf der Hand, dass auf dem Weg über Eleusinien, die Dionysien und die Kulte der Magna Mater Elemente der zurückgedrängten Mutterreligionen in die androzentrische Poliswirklichkeit einbezogen blieben. Dadurch tut sich eine unabsehbar weite Zone von weiblicher Apolitie auf. Es ist, wenn man aufs Ganze sieht, die Zone derer, die die Stadt eher erleiden als bestimmen. Aber schon in Athen gibt es eine stolze Stille, die sich dessen gewiss ist, dass ihr Leiden die Welt mitträgt.[7] Wenn Passivität als Souveränität entworfen wird, entsteht eine Gegenwelt zum Reich der Aktiven, Sichtbaren und Vordergründigen. Vielleicht sollte man die antiken Mysterienkulte *im wesentlichen* als apolitische Passivitäts- und Passionsschulen verstehen – wobei ich für eine Sekunde den Gedanken streifen will, dass nachhaltige Nachtkulturen nicht möglich wären ohne ihre Ausbalancierung durch eigentümliche Passions-Ideen; was man Hochkulturen nennt, sind Macht-Gebilde, die sich durch ihre Passionsschulen um letzte Gleichgewichte sorgen. Zu einer oberflächlichen Verdeutlichung dieses

Gedankens mag es genügen, dem bekannten Hinweis des Aristoteles nachzugehen, dass »diejenigen, die in die Mysterien eingeweiht werden« (die *teloumenoi*), aufhören zu lernen, *mathein*, und anfangen zu leiden, *pathein*. Nun hat leiden, was immer es hier bedeuten mag, keinen Platz im Spektrum der aktiven, männlichen, städtischen Modi. Es entrückt die Patienten der Geheimnisse weit aus der manifesten Stadt. Am Mysterienpathos gemessen wiegen Glück und Unglück äußerer Stadtschicksale für die Seelen nicht mehr schwer. Zum Mysterium jedoch gelangt der bürgerliche maskuline Adept nur durch eine quasi-weibliche Inversion; was er erleiden muss, ist eine Umstülpung seiner Lebensrichtung vom Marktplatz weg in eine nahezu unerreichbar tief verborgene Zelle im »innersten Selbst«. Dafür hören wir als siebentes Zeugnis eine Passage aus der gnostischen »Exegese über die Seele«, einer geschlechtsmysterischen psychagogischen Schrift aus dem Codex II von Nag Hammadi, möglicherweise simonianisch inspiriert, verfasst gegen Ende des 2. Jahrhunderts nach Christus.

> Bis zu dem Tag, an dem die Seele überall hinrennt, indem sie geschlechtlichen Umgang hat mit dem, dem sie begegnen wird, indem sie sich befleckt, ist sie unter der Pein derer, die sie aufzunehmen verpflichtet ist. Wenn sie aber die Schmerzen wahrnimmt, in denen sie ist, und zum Vater weint und Buße tut, dann wird sich der Vater ihrer erbarmen und ihre Gebärmutter wenden, von den Außenseiten wird er sie wieder nach innen wenden, wobei die Seele ihre Individualität erhält. Sie sind nämlich nicht von der Art der Frauen; denn die Gebärmütter des Körpers sind im Inneren des Körpers wie auch die Eingeweide. Die Gebärmutter der Seele umgibt aber die Außenseite wie die männlichen Charakteristika, die außen sind. Wenn

> sich nun die Gebärmuter der Seele nach dem Willen des Vaters nach der Innenseite wendet, taucht sie unter und wird sofort von der Befleckung der Außenseite rein...[8]

Das gnostische Dokument ist bedeutsam, weil es erkennen lässt: Die Quintessenz der Mysterien liegt nicht in bunten Ekstasen, Himmelsreisen der Seele, Besuchen bei Toten und dergleichen, sondern in einer apolitischen oder metapolitischen Introversion. Dabei fällt auf, dass Entmännlichung und Entpolitisierung durch dieselben Symbole ausgedrückt werden müssen. Durch das Mysterium betreiben stadtkritische Städter ihre Eingemeindung in innere Großreiche, in denen andere als genitale Fortpflanzungsregeln gelten. Die Übergabe – *paradosis* – des Bürgerrechts in den Innenwelten erfolgt durch nicht-geschlechtliche Zeugungen. Darum sind entfaltete und interessante Städte immer auch ein wenig metaphysisch lasziv. Es wird eine Zeit geben, in der man jede Stadt als ausgestorben empfinden wird, deren Atmosphäre nicht aufgeladen ist durch Tagesnachrichten aus den Introvertierten-Imperien. Nicht umsonst sind die Weltstädte Athen, Alexandria und Rom auch Hochburgen für die Mysterienkulte gewesen.

8

Der achte Zeuge wird uns so lakonisch wie möglich über die Idyllik als städtisches und zugleich stadtkritisches Genre Auskunft geben. Idyllik ist die Metaphysik des Urlaubs; Urlaub meint ursprünglich das Recht oder Vorrecht, sich von geschäftlichen Verbindlichkeiten zu verabschieden. In historischer Sicht ist Idyllik eine Errungenschaft der Magna Graecia, ihre Geburtsstadt ist Syrakus, ihre spätere Wahlheimat Alexandria, weil der

Erfinder der Gattung, der Dichter Theokritos, vielleicht um 280 v. Chr. in der sizilianischen Pflanzstadt geboren wurde und später unter seinem Sponsor Ptolemäus II. Philadelphos in der ägyptischen Großstadt lebte. Als Bürger beider griechischer Welten wusste Theokrit, wie man zu stadtmüden Stadtmenschen zu reden hat. So wurde er zum Erfinder der Postkarte – des Eidyllion, das heißt des Bildchens, das man den Verwandten und Bekannten in der Stadt aus Sizilien schickt, später auch aus Arkadien oder Irland oder aus der Algarve. Idyllen sind verbale Postkarten – sie zeigen den ewigen Sonnenuntergang im Süden über Hügeln, auf denen unter immerschattigen Bäumen immerfrische Quellen sprudeln; ihre Heiden sind die einfachen Menschen auf Sizilien, die *bukoloi*, eigentlich Rinderhirten, aus denen die spätere Bukolik Schafhirten macht, weil Schafe auf der Postkarte den gewünschten Eindruck von Harmlosigkeit und friedlicher Ursprünglichkeit besser wiedergeben. Durch Theokrits große Erfindung werden alle besseren europäischen Städte gezwungen, Idyllen-Kioske aufzustellen und Idyllen-Postämter einzurichten, auf denen die unzähligen Grüße aus dem einfachen Leben eingehen können. Alle modernen Reisebüros stehen in der Nachfolge des attischen Idyllen-Kiosks. Folgerichtig kommt auch bald eine Art Idyllenkritik auf – denn Postkarten sind jedem willkommen, wenn auch nicht allen auf die gleiche Weise; man kann sie anschauen und sich am Kitsch erfreuen, und sie durchschauen und dem Kitsch überlegen sein und sich darüber freuen; infolgedessen schwärmen bald schlaue Köpfe durch die Villen und erklären ihren *familiares*, warum nach ihrer Meinung manche Bildchen nicht so echt sind wie andere.

Das griechisch-römische Postkartenschicken hat zudem eine sehr praktische und ernste Seite; es stärkt die reichen Städter in ihrer Überzeugung, dass man, um Mensch im vollen Sinn des Wortes zu sein, neben der Stadtwohnung ein Haus in der Postkarte haben muss, wo man den Bauern und den Schafhirten wieder ähnlich werden kann. Städter ist also, wer Ideen und Idyllen hat – und geeignete Gebäude für den Genuss von beidem, hier Akademien, dort Ferienhäuser. Das antike Landsitzbedürfnis, ohne das man sich vor allem die römischen Jahrhunderte nicht vorstellen kann, ist nur die zur letzten Konsequenz gereifte Folge der politischen Idyllik – gleich ob es um ein bürgerliches Tuskulum geht oder um ein caesarisches Tivoli. Bei Vergil werden die Dinge so weit kommen, dass ein Dichter den Städtern intern das Idyll erklärt, fast wie man externen Feinden den Krieg erklärt. Im Blick auf den landvölkischen Blut-und-Boden-Kult der zwanziger Jahre des 20. Jahrhunderts hat Ernst Bloch von militanter Pastorale gesprochen, und mit diesem Wort im Ohr liest man auch Vergils großartig unklare Vierte Ekloge aus seinen Hirtengedichten mit anderen, gemischteren Gefühlen; in der gewaltigsten Idylle wird der Anspruch Roms auf totale Ferien in einer wiedergekehrten heilen Welt verkündet:

> Prall die Euter voll Milch, kommen heim ohne Hirten die Ziegen,
> nicht mehr fürchtet die Herde des Viehs den gewaltigen Löwen.
> Deiner Wiege sogar entsprießen zärtliche Blumen.
> Sterben auch wird die Schlange, aus stirbt heimtückisches Giftkraut,
> überall blüht statt seiner des Orients duftender Balsam.
> […]

> Dann überflutet mit Gold die Felder die schwankende Ähre,
> purpurne Trauben hangen dann schwer von dornigen Büschen,
> Honigtau tröpfelt hervor aus hartem Stamme der Eiche.
> [...]
> dann gibt auf der Seemann das Meer; in hölzernen Schiffen
> tauscht man Waren nicht mehr, dann alles trägt jegliches Land nun.
> Nicht mehr duldet der Grund die Hacke, der Weinstock die Sichel,
> auch der rüstige Pflüger spannt aus jetzt vom Joche die Ochsen!
> Nicht mehr färbt man die Wolle jetzt bunt, um das Auge zu trügen,
> nein, es wechselt von selbst auf der Wiese die Wolle der Widder,
> sanft zu rötlichem Purpur, goldgelb zu Safran erglühend,
> scharlachrot färbt sich von selbst das Vlies der weidenden Lämmer.

Wenn die Idyllik aufs Ganze geht, wird aus der Postkarte das Weltbild und die ganze bearbeitete Natur wird einbezogen in einen ungeheuren Urlaub. Europäer sollten nie vergessen, dass auf jeder US-Dollarnote dieser Vergil zitiert wird – das Hauptwort seiner Ekloge: *novus ordo saeclorum* steht auf dem Großen Siegel der Vereinigten Staaten und daher auf jedem Dollar. Jeder Dollar ist eine Anzahlung auf die letzte Idylle. Glücklicherweise greift das Verlangen nach Erlösung von der Stadt samt ihrem arbeitsamen Prinzip in normalen Zeiten nicht so hoch. Für den gewöhnlichen New Yorker genügt ein Ferienhaus in den Berkshires, am Lake George, in den Adirondacks, am besten in den Catskills, die bei den Eingeweihten von Manhattan die jüdischen Alpen heißen. Auch Europäer haben das Menschenrecht auf Idylle für die moderne Zeit gerettet. In London wurde vor nicht ganz dreihundert Jahren das Week-End erfunden, damit die Gentlemen des Unterhauses wenigstens einen Teil der Woche so zubringen konnten, wie die Menschenwürde es erfordert, auf eigenem Landsitz nämlich. Und für die neueren Deutschen aus Hamburg, Düsseldorf und München gibt es, auch wenn sie nicht der Toskanafraktion angehören, seit langem schon keine Alternative mehr zur Reise durch den Stau ins Idyll.

9

Zum Schluss wird uns ein neunter Zeuge über Stadtverrat und ein zehnter über Stadtästhetik informieren. Meine Aufgabe wird es sein, Evidenzen zu sammeln für die These, dass zwischen beidem ein unvermutet enger Zusammenhang besteht. Wir wissen jetzt, dass die Polis ein psychodynamischer Reaktor ist, in dem das wahnsinnige Begehren der Menschen als Brennstoff für demokratische Ziele unter Kontrolle gebracht werden soll. Wenn nun die Stadt Ambitionen aufheizt, die sich in ihren eigenen Mauern nicht mehr verbrauchen lassen, dann wird sie selber ihre Verräter erzeugen. Das hat Plutarch klassisch erfasst, als er die herrlichen Talente des Alkibiades als etwas beschrieb, was schon den Athenern zu Recht die gegensätzlichsten Urteile entlockte. Der Dichter Aristophanes hatte schon früh das Problem in einer Metapher erfasst:

> Am besten keinen Löwen aufziehn in der Stadt.
> Zieht man ihn auf, dann heißts, sich seinen Launen fügen.
> (*Die Frösche*, V. 1432/3)

Athens Psychodrama: dass es Löwen züchtet, die mit der Stadt spielen und die zuletzt aus ihr ausbrechen und sie zerfleischen, erscheint in einer Anekdote Plutarchs in extremer Verdichtung:

> Als … einmal der Menschenfeind Timon, da Alkibiades einen großen Tag gehabt hatte und aus der Volksversammlung ehrenvoll heimgeleitet wurde, nicht an ihm vorbeiging oder einen Bogen machte, wie er es bei anderen Menschen zu tun pflegte, sondern ihm entgegentrat, die Hand schüttelte und sagte: »Das ist recht von dir, mein Sohn, daß du so heranwächst; denn du wächsest zu einem großen Unglück für alle diese Leute heran«, da lachten die einen, die anderen schimpften, aber auf einige machte das Wort einen tiefen Eindruck.[9]

Plutarch, der fast 500 Jahre nach der geschilderten Szene lebte, spürt noch immer, dass er an ein gefährliches Geheimnis rührt. Indem er die abgründigste politische Anekdote des Altertums weitererzählt, gibt er für einen kurzen Moment den Blick frei auf die Risiken politischer und hochkultureller Menschenzüchtung. Nicht umsonst erwähnt er an gleicher Stelle das Wort eines weisen Atheners, Archestratos, »daß Griechenland zwei Alkibiades nicht würde vertragen können«.[10] Es fehlt nicht viel und Plutarch selber hätte sagen können, was ich ihm nachträglich in den Mund lege: Der begabteste und wohlgeratenste Städter, der bezaubernde Jüngling Alkibiades, der durch Intelligenz, Energie, Ambition und Visionen glänzt, ist ein städtisches Monstrum. Er ist der Stadtmensch, der alle optimalen Eigenschaften der typischen Stadt in solchem Maß in sich vereinigt, dass er seinen Mitmenschen als Ungeheuer erscheinen und gegenübertreten musste. Der Verrat des Alkibiades an Athen ist nur die Folge dessen, dass Athen, indem es seine besten Möglichkeiten in einem Individuum vereinigt, ein Monstrum erzeugt, das naturgemäß über seine Stadt hinaussteigt. Wäre nicht Perikles als das positive Gegenmonstrum vorzuzeigen, das mit seinem Dasein ganz in athenischen Dingen aufging, so wäre Alkibiades als einziges Spitzenprodukt griechischer stadtpolitischer Menschenzüchtung zu präsentieren – das spätere Königskind Alexander ist ja schon kein Städter mehr, auch wenn er mit Städten spielt, Städte verwüstet, Städte gründet. Alexander wie Alkibiades sind politische Wesen, die durch ihre maßlosen Möglichkeiten ins Unpolitische hinüberzeigen. Plutarch hat die bezaubernde überreiche Natur des Alkibiades im 23. Kapitel seiner Biographie beschrieben:

> Es war nämlich, wie man sagt, dies eine seiner vielen Gaben und Künste, die Menschen zu gewinnen, daß er sich ihnen anzugleichen, ihren Neigungen und Lebensformen anzupassen vermochte, indem er sich rascher wandelte als ein Chamäleon; nur daß, so sagt man, dieses Tier eine einzige Farbe, die weiße, nicht anzunehmen imstande ist, wohingegen es für Alkibiades gleicherweise im Guten wie im Bösen nichts gab, was er nicht nachahmen und mitmachen konnte, sondern in Sparta war er ein großer Turner, einfach und ernsthaft, in Ionien üppig, vergnügt und leichtfertig, in Thrakien ein scharfer Zecher und Reiter, und wenn er mit dem Satrapen Tissaphernes umging, stellte er durch seinen verschwenderischen Prunk die persische Großartigkeit in den Schatten ...[11]

Es ist fast unmöglich, hier nicht an Nietzsches gegen Wagner geprägtes Wort von der Heraufkunft des schauspielerischen Typs zu denken. Wagner hatte sich in Bayreuth seinen eigenen Olymp geschaffen, wo er als Kunstgott und Schelm über den Deutschen residieren konnte – ein deutscher Einstieg in das Starsystem der Gegenwart; Alkibiades trieb seine Löwenspiele fürs Erste in Athen und rivalisierte dort informell mit Göttern und Helden. Während er auf einem Feldzug fern der Stadt eine Flotte führte, wurde er zum Tode verurteilt unter der Anklage, er habe bei Trinkgelagen die Eleusinischen Mysterien nachgeäfft und die Göttinnen beleidigt; er habe – sei es im Ernst, sei es zum Spaß, wer will das bei einem Überbegabten seines Schlages entscheiden – Priestergewänder getragen und seine Freunde mit Arroganz als Mysten und Erleuchtete (*epoptai*) angesprochen. Als Alkibiades von dem Urteil erfuhr, sagte er sich von seinem Vaterland ganz los, trat in die Dienste Spartas und führte Krieg gegen Athen – gewissermaßen als wolle er Timons böse Gratulation wahrmachen. Athen wiederum kam infolgedessen so weit, dass es dankbar sein musste, als der Verräter zurückkehrte, um sich von den Athenern feiern zu lassen, deren Bewunderung ihm von allen doch die liebste war. In ihrem Verfall werden die Städte zu Tourneestationen für Halbgötter und Monstren.

10

Unser apolitologischer Kursus ist damit in der Sache am Ende. Ohne Mühe kann sich jeder moderne Leser einen Reim auf die Moral der Alkibiadesgeschichte machen. Nicht umsonst hat man unsere Zeit das Jahrhundert der Wölfe genannt; man hätte auch Jahrhundert der Monstren sagen können – oder kritischer: Jahrhundert der massenhaft misslungenen städtischen Monstrenzüchtung. Wir verstehen die Berechtigung solcher Formeln vielleicht jetzt etwas besser. Die europäische Stadt ist ein Ambitionenkraftwerk, das seinen Betreibern am Ende

Verluste einbringt. Die begabtesten Züchtungen der Städte schießen über sie hinaus wie lebende Satelliten. Große Karrieren führen in der Regel aus den Städten heraus und kaum jemals in sie zurück, bestenfalls durch sie hindurch. Dem Wahnsinn der Besten hat Stadtpolitik zuletzt nicht viel zu bieten – da sind sie geradezu zum Verrat verurteilt. (Hans Jürgen Syberberg, der Münchener Alkibiades, kann seit Jahren in Deutschland nichts mehr tun, was seinen Möglichkeiten gemäß wäre, nur im Ausland sind für ihn große Projekte noch möglich.) Im Zeitalter der Globalisierung ist die Evolution über die Stadt hinweggeschritten und hat ihr die Rolle eines Vaterlands genommen. Wer Fabriken zu Standorten an der billigen Peripherie verlegt, gilt heute nicht mehr als Verräter; wer Kapital in Steueroasen versteckt, verrät ebenfalls nichts mehr, außer Profit-Instinkt, der für gesund gilt; wenn einer aus dem Stadt- oder Staatsdienst in Industrie und Bankwesen überwechselt, so kann den nur tadeln, wer ihn halten könnte: niemand. Wenn Spitzenforscher, Starregisseure, Dirigenten, Formel-1-Fahrer und Großmanager in andere Lager übergehen, so tun sie, was ihr gutes Recht ist und was ihnen ohnehin jeder zutraut. Lopez ist nur ein typischer Alkibiades des Kapitals, wobei zu bemerken ist, dass das Weltkapital sich heute nicht zwei Alkibiades leisten kann, sondern zweitausend. Die Stadt hingegen, auch die mächtigste, wird allmählich begreifen, dass sie nicht mehr so tun kann, als sei sie noch das Subjekt irgendeiner Geschichte. Wer in ihr ausharrt, kann nur versuchen, sich irgendwie irgendwo irgendwem nützlich zu erweisen – notfalls sich selbst allein. Oder er träumt, wie unser letzter Zeuge, von einer absolut städtischen und zugleich absolut apolitischen Souveränität.

Die letzte Stadtpolitik ist die ästhetische Verteidigung der Stadt. Hören wir noch einmal Baudelaire als Zeugen für die Moderne; sein Prosagedicht: Die Massen, *Les foules*, führt vor, wie die politische Stadt durch ihre ästhetische Verteidigung preisgegeben wird.

> Es ist nicht jedem gegeben, ein Bad in der Menge zu nehmen: die Masse zu genießen, ist eine Kunst, und nur der kann sich auf Kosten des Menschengeschlechts ein solches Schwelgen in Vitalität leisten, dem in der Wiege eine Fee die Lust an Travestie und Maske eingehaucht hat, den Haß auf das eigene Heim und die Leidenschaft für das Reisen.
>
> Menge, Einsamkeit: gleichbedeutende Ausdrücke, austauschbar durch den tätigen, fruchtbaren Dichter. Wer seine Einsamkeit nicht bevölkern kann, weiß auch nicht allein zu sein in einer geschäftigen Menge.
>
> Der Dichter genießt das unvergleichliche Vorrecht, daß er nach Belieben er selber und ein anderer zu sein vermag. Wie jene irrenden Seelen, die einen Körper suchen, tritt er, wann immer er will, in die Person jedes Mitmenschen ein. Für ihn allein ist alles frei und offen, und wenn manche Plätze für ihn verschlossen scheinen, so nur, weil sie in seinen Augen die Mühe eines Besuchs nicht lohnen.
>
> Der einsame und nachdenkliche Flaneur zieht einen einzigartigen Rausch aus dieser Kommunion mit allem und jedem. Wer sich leicht vermählt mit der Menge, kennt fieberhafte Genüsse, von denen der Egoist, verschlossen wie ein Geldschrank, und der Träge, in sich gekrümmt wie eine Seeschnecke, für alle Zeiten nichts wissen werden. Er nimmt alle Berufe an, als wären sie seine, und alle Freuden und Leiden, die die Gelegenheit ihm bietet.
>
> Was die Menschen Liebe nennen, ist wirklich klein, beschränkt und schwächlich im Vergleich mit dieser unaussprechlichen Orgie, dieser heiligen Prostitution der Seele, die sich mit ihrer Poesie und ihrem Mitgefühl ganz hingibt an das Unbekannte, das aufscheint, und an den Fremden, der vorübergeht.

> Es wäre gut, den Glücklichen dieser Welt die Lektion zu erteilen, und wäre es nur, um ihren dummen Stolz für einen Augenblick zu demütigen, daß es Glückseligkeiten gibt, viel höher als die ihren, viel umfassender und viel verfeinerter. Die Kolonisatoren, die Völkerhirten, die ans Ende der Welt verschlagenen Missionare, wissen zweifellos etwas von diesen geheimnisvollen Berauschungen; und im Schoß der großen Familie, die ihr Genie sich geschaffen hat, kommt ihnen manchmal das Lachen über jene, von denen sie bemitleidet werden wegen ihres so bewegten Schicksals und ihres so keuschen Lebens.

Ohne Reserve stellt sich der Dichter als katholischer Snob und als Mystiker der Arroganz der großstädtischen Herausforderung. Seine plastische Seele will der Ort sein, in dem die Stadt mit allen ihren Einwohnern zusammenströmt. Die synästhetische Orgie ist der Preis für den Versuch, mit allen zu kommunizieren, die im großstädtischen Raum nebeneinander leben. Seine Kommunion mit allen beweist, dass auch der Heilige in der Stadt zum Monstrum werden muss: Er ist das Ungeheuer, das die immer monströser werdende urbane Welt in einem menschlichen Fokus sammelt. Bei dem Bemühen, allen alles zu sein, entsteht aber kein Apostel, sondern der integrale Prostituierte.

Ich schließe mit einer zeitdiagnostischen Bemerkung. Mir scheint, wir haben heute mehr als einen Grund, die pindarische Erinnerung an eine Politik für sterbliche Menschen neu zu bedenken. Zweitausendfünfhundert Jahre europäischer Erfahrungen mit Menschen, Göttern und Monstren freilich wiegen schwer; sie zeigen, dass man etwas vom Wahnsinn der Bewohner verstehen muss, wenn man von Städten und Staaten etwas verstehen will. Der Pariser Operettenfürst Jacques Offenbach pflegte bei jeder Gelegenheit zu sagen: »Ich verstehe nichts von Politik« – wozu auch, da er mit seinen Musikstücken direkt zum Psychiater des Bürgertums wurde. Auch am Ende des 20. Jahrhunderts ist so viel deutlich: Mit bloßer Politisierung ist Menschen nicht mehr zu helfen. Gewiss, es gab und es gibt ein politisches Erwachen aus apolitischen Träumen; die revolutionäre Neuzeit hat ja nichts als ein solches Erwachen sein wollen; es gibt aber auch ein apolitisches Erwachen aus politischen Träumen – seit Platos Tagen durchzucken Augenblicke dieser anderen Wachheit die Bewusstseine von Europäern. Wo keines von beiden Erwachen mehr zündet, gehen Gemeinwesen zugrunde. Für die Bürger Westroms im 4. und 5. Jahrhundert war Stadtleben im wesentlichen nur noch Warten auf die Barbaren; für die Byzantiner des 15. Jahrhunderts war es Warten auf die Türken. Viele Europäer stellen sich heute an, als bliebe ihnen nur das Warten auf die Monstren – oder die Aussicht auf den Bürgerkrieg. Wenn wir diese müden Zeitgenossen, diese toten Seelen vom Atlantik bis zum Ural widerlegen wollen, dann am besten durch zahlreiche Beispiele dafür, dass beide Wachheiten zusammen in neuen Bündnissen neue Lebenskünste hervorbringen.

Anmerkungen

1 Vgl. Epikur, *Von der Überwindung der Furcht. Katechismus. Lehrbriefe. Spruchsammlung. Fragmente*, München 1983, S. 108.

2 Zitiert nach: W. Schadewaldt, *Der Gott von Delphi und die Humanitätsidee. Aufsätze und Vorträge*, Frankfurt a. M. 1975, S. 26.

3 Dieses Nichtkönnen wird neuerdings eingeschränkt durch Christian Meiers, *Athen. Ein Neubeginn der Weltgeschichte*, Berlin 1993 – ein Buch, das die Wirklichkeit der klassischen Polis mit großer Darstellungskraft heraufbeschwört.

4 Wie Fußnote 1, S. 108.

5 E. Fried, *Shakespeare*, Berlin 1989, Bd. 3, S. 337/8.

6 Ev. Pontikos, *Briefe aus der Wüste*, hg. v. Gabriel Bunge, Trier 1986, S. 264/265.

7 Über das zornige Schweigen der Matronen hat Nicole Loraux in *Die Trauer der Mütter. Weibliche Leidenschaft und die Gesetze der Politik*, Frankfurt a. M./New York 1992, Auskunft gegeben.

8 Zitiert nach: P. Sloterdijk/Th. H. Macho (Hg.), *Weltrevolution der Seele. Ein Lese- und Arbeitsbuch zur Gnosis von der Spätantike bis zur Gegenwart*, Zürich/München 1991, S. 150/151.

9 Plutarch, *Von großen Griechen und Römern. Doppelbiographien*, München 1991, S. 448/9.

10 Ibid., S. 448.

11 Ibid., S. 457.

Architekten machen nichts anderes als In-Theorie: Peter Sloterdijk im Gespräch mit Sabine Kraft und Nikolaus Kuhnert

archplus: *Herr Sloterdijk, innerhalb Ihrer Sphärentrilogie versuchen Sie, eine philosophische Theorie zu entwerfen, die den Raum als eine zentrale Kategorie aufgreift. Warum?*

Sloterdijk: Weil der Mensch selber ein Effekt des Raums ist, den er zu erzeugen imstande war. Alle Generationen vor uns hatten in der einen oder anderen Weise ein Bewusstsein davon, dass man nicht in der offenen Natur kampiert. Bereits das Lager der Vormenschen ist eine minimale Distanzstruktur, die zeigt, dass Wesen wie wir unter einem bestimmten räumlichen Versammlungsprinzip existieren. Die ältesten Lagerfunde datieren über eine Million Jahre zurück, das geht weit in die Präsapiensgeschichte hinaus und zeigt, dass die ganze Menschheitsentwicklung nur verstanden werden kann, wenn man das Raumbildungsgeheimnis für die Anthropogenese mitdenkt.

Dieses Monsterbuch mit seinen 2.500 Seiten müsste eigentlich, wenn es nicht *Sphären* hieße, *Sein und Raum* heißen. Aber wir leben nicht mehr in einer Zeit, wo man ontologische Theorie betreibt. Daher habe ich mich für einen eher zeitgenössischen, d.h. konstruktivistischen und anthropologischen Theoriestil entschieden.

Im dritten Band Ihrer Trilogie gibt es einen ausführlichen Exkurs zur Architektur, der die Teile »Zellenbau« und »Foam City« enthält. Das Kapitel im Ganzen heißt »Indoors: Archi-

tekturen des Schaums«. Warum Sie das so nennen, geht aus dem Exkurs selbst nicht hervor.

Ja, warum können wir nicht die alte Kosmologie einfach weiterführen, die auf der Gleichung von Haus und Welt aufgebaut war? Eben darum. Die ganze klassische Metaphysik ist ein Phantasma über ein implizit gebliebenes Grundmotiv, das nur an einigen wenigen Stellen, etwa bei Hegel und anderen Autoren offen durchklingt, nämlich dass die Welt Hauscharakter hat und dass die Menschen nicht nur die Sterblichen, sondern auch die Wohnenden sind. Also: Der Mensch ist von Grund auf ein Wohnwesen. Sein Verhältnis zum Weltganzen ist ein Einwohnerverhältnis. Die Frage ist nun, warum verabschiedet sich das moderne Denken von dieser Gleichung zwischen Welt und Haus, warum brauchen wir eine neue Metapher, um die Art und Weise des Sich-Einrichtens von Menschen in ihren eigenen räumlichen Strukturen zu bezeichnen, und warum schlage ich den Begriff der Schäume vor?

Die Antwort ist ziemlich einfach: Weil wir kein All-Haus mehr brauchen, sondern eine *Unité d'habitation*, ein Konglomerat oder eine stapelbare Menge von bewohnbaren Zellen. Der Zellengedanke hält am sphärischen Imperativ fest, aber die Stapelung von Zellen in einem Wohnhaus ergibt nicht mehr die klassische Welt-Hausform, sondern einen Schaum – einen festen Schaum als Vielheit von Eigenwelten. Weil der plurale Charakter der Zellenkonglomerate wichtig ist, hebe ich den individualistischen Akzent bei der Selbsteinrichtung dieser Zellen so pathetisch hervor. Die frühen Architekten der Moderne empfanden diesen quasi-metaphysischen Imperativ des neuen Bauens: »Unterstütze das Weltbildungsbedürfnis der Einzelnen!« offenbar noch viel stärker als die heutigen, die diesen Ansatz längst für eine Selbstverständlichkeit halten.

Ist dieser Zerfall des Welt-Hauses oder der alles umfassenden Sphäre in Schaumblasen ein entropisches Bild?

Es ist nicht nur Entropie im Spiel, sondern auch Negentropie, weil jetzt viel mehr Komplexität aufgebaut wird, als unter der Einheitsvorstellung möglich war. Vergessen wir nicht, die Metaphysik ist das Reich der starken Vereinfachungen, daher auch ihre tröstliche Wirkung.

Woher kommt die Energie für diese Negentropie?

Aus den Reibungen zwischen den weltbildenden Entwürfen der Einzelnen. Die Einzelnen waren früher in höherem Maße in diese Kollektivunternehmung eingespannt, so etwas wie einen gemeinsamen Kosmos zu erzeugen. Das Weltbild selber hat, wenn man so will, eine Kollektorfunktion ausgeübt. Heute gibt man die weltbildenden Energien der Einzelnen frei und baut damit viel mehr Energie auf. Das Ergebnis hiervon ist nicht ohne weiteres totalisierbar, es lässt sich nicht als rundes großes Ganzes darstellen, wie die riesige Seinskugel der Metaphysik, die als All-Behälter für alle gemeinsam dienen sollte. Wenn man im Schaum sitzt, kann man sich nicht einmal einbilden, dass man in die Wirklichkeit der Nachbarzellen Einblick hat.

Explikation

Die Denkfigur der Explikation zieht sich wie ein roter Faden durch den dritten Band. So schreiben Sie in der Einleitung zu »Architekturen des Schaums«, dass die Moderne das Wohnen explizit macht. Was ist darunter zu verstehen?

Walter Benjamin hat in seinem Passagen-Werk zum ersten Mal den Versuch unternommen, eine Architekturform als geschichtsphilosophisches Phänomen darzustellen. Darin steckt ein Gedanke, der mit unserem Motiv der Explikation zu tun hat. Benjamins große Intuition bestand darin, dass er die Menschen des 19./20. Jahrhunderts in ihrer Eigenschaft als Milieubildner oder besser Interieurbildner ernster genommen hat als frühere Generationen von Wissenschaftlern. Also, er sieht in der Interieurbildung ein zeitloses Motiv in dem Sinne, dass Menschen immer das Bedürfnis haben, sich ein »Innen« zu bilden. Gleichzeitig will er als historischer Materialist dieses anthropologische Motiv aus seiner scheinbaren Zeitlosigkeit emanzipieren. Folglich stellt er die Frage: »Was macht der kapitalistische Mensch mit seinem Interieurbedürfnis?« Die Antwort ist klar: Er wird die avancierteste zeitgenössische Technologie verwenden, um das archaischste aller Bedürfnisse zu orchestrieren. Er greift nach dem Gusseisen, nach dem Glas, nach den konstruktiven Möglichkeiten der neuen Pfeilertechnologie, er greift nach der Technik der Montage vorfabrizierter Elemente. Paxtons Kristallpalast mit der märchenhaft kurzen Bauzeit von nur acht Monaten bot den Triumph dieser Technologie.

Die Passage ist für Benjamin deswegen so ein provozierendes Gebilde, weil ein Raumtyp, der bis dahin das Offene in der Polis schlechthin darzustellen schien, der Markt, nach innen gezogen wird. Dass Märkte in Hallen integriert werden, ist zwar eine ältere Tendenz, aber dass der Kapitalismus die architektonische Möglichkeit aufgreift, einerseits den Forumeffekt nach innen zu ziehen und andererseits den Interieureffekt, also den Salon, nach außen zu stülpen, ist für den Hermeneutiker des Kapitals anregend und schockierend zugleich. In der Passage begegnen sich diese zwei Tendenzen. Der Bürger will die Welt, den Kosmos, in seinen Salon hereinholen, er will gewissermaßen die dogmatische Form des Zimmers dem Universum aufprägen. Er will demnach gar nicht mehr hinaus müssen. Benjamin meint dieses Bedürfnis der Außenweltabschaffung im Innersten der kapitalistischen Dynamik entziffern zu können – wobei er natürlich auch von seiner persönlichen Struktur her projiziert, denn wirkliche Kapitalisten sind ganz anders, als Benjamin unterstellt – sie gehen nach draußen, sie sind Seefahrer und Interieurflüchter. Es ist ein Stück seiner eigenen Gelehrtenneurose, die er hier anthropologisiert, aber das ist nicht unser Problem. Der Autor bringt eine heuristisch fruchtbare Behinderung mit, denn er kann genau an der Stelle projizieren, wo er mit dem Entgegenkommen des Realen rechnen darf. Das ist eigentlich immer der fruchtbare Moment: Wenn die Realität neurotischer ist als der Neurotiker, so genügt es, durch die Linse der persönlichen Störung zu gucken, um die Verhältnisse zu erkennen. Das war in Benjamins Fall in exemplarischer Weise gegeben. Er empfindet auf seine Weise das Bedürfnis des kapitalistischen Rentiers, als reine Treibhauspflanze zu existieren, er möchte wie dieser die Welt nach innen holen und durchwegs ästhetisieren, so dass sein Bedürfnis nach Sicherheit und Immunisierung vollständig befriedigt würde.

Bei Corbusier gibt es eine Passage, wo er sagt, dass es um Revolution oder Architektur gehe. Er entscheidet sich für die Architektur. In Ihrem Sinne würde das heißen, er entscheidet sich für die Explikation neuer Wohnverhältnisse.

Und dann braucht er keine Revolution mehr, weil Revolution ohnedies nur eine Fehlbezeichnung für Explikation ist. In der Einleitung von *Sphären III* gibt es eine böse Stelle, wo ich das in Anspielung auf Bruno Latour zugespitzt ausdrücke: »Wir sind nie revolutionär gewesen.« Das 20. Jahrhundert ist im Grunde fast überall auf seine eigenen Sprachspiele hereingefallen. Man muss zwei gefährliche Kategorien aus seinem Wortschatz herausnehmen: Die eine ist der Begriff der Revolution, der heute nur noch im Marketing zu Hause ist, die andere ist der Begriff der Massen, der heute auch nicht mehr affirmativ gebraucht werden kann. Sollte es tatsächlich so etwas wie effektive (so genannte revolutionäre) Wirklichkeitsveränderung geben, dann wird sie sich daran zeigen, dass eine neue Technologie einen Lebensablauf expliziert und dadurch verändert und vorantreibt. Daher hat Corbusier völlig recht. Ein Techniker entscheidet sich immer für das Vorantreiben der Technologie. Alles Erfolgreiche ist operativ, und die symbolischen Begleitgeräusche interessieren ihn nicht mehr so sehr. Man fragt nicht mehr, was für Programme werden verkündet, sondern, welche Programme werden geschrieben. Das ist die operativistische Unterwanderung des Bestehenden. Mit bloßen symbolischen Ankündigungen lässt sich gar nichts bewegen. Aber all das, was Handgriffe promulgiert, popularisiert und was anderen Leuten erlaubt, Handgriffe zu machen, die sie bisher nicht gemacht haben, das bewirkt etwas. Die modernen Wohnungen sind voll von technischer Apparatur, die das Leben im Haushalt explizieren (allerdings heute nicht mehr mit Griffen, denn Griffe gehören zu dem überholten Stadium der Stielwerkzeuge, sondern Apparate mit Tasten, da wir in der Welt der Fingerspitzenoperationen angekommen sind).

Noch mal zurück zu Benjamin: Ist die geschichtsphilosophische Interpretation zeitgenössischer Architekturphänomene ein Weg, das Explizitwerden impliziter Sachverhalte nachzuzeichnen? Ist das eine Art Leitmotiv des Sphärenprojekts?

Ja, wobei Benjamin meist als Hermeneutiker des Kapitals gelesen wird, als jemand, der in einer Parallelaktion zu Freud eine Chiffrenschrift des Realen entdeckt und eine Art Traumdeutung des Kapitalismus vorgeschlagen hat. So wie Freud die Traumdeutung der Einzelseele vorantreibt, so Benjamin die Traumdeutung des Geldsystems. Der raumphilosophische Aspekt ist dabei in der Regel hintergründig geblieben. Trotzdem hat Benjamin offenbar verstanden, dass sich hinter jeder Form von Raumschöpfung ein Übertragungsproblem verbirgt. Die Menschen sind Umzugstiere, die den Raum wechseln, ja sogar das Element wechseln. D.h. sie gehen stets von A nach B und wenn sie sind, wie sie sind, dann weil sie immer die Erinnerung an einen anderen Raum mitbringen, in dem sie ehemals waren. Das Möblieren und das Einrichten, das Herstellen von Räumen geschieht in einem Differential, man kann also weder einen absoluten noch einen völlig neuen Raum schaffen, sondern man erzeugt immer einen differentiellen Raum, der im Vergleich zu einem anderen Raum eingerichtet wird. Benjamin hat verstanden, dass es bei den menschlichen Individuen eine eigentümliche Übertragungsdynamik geben könnte, die er von der Tatsache herleitet, dass wir geborene Wesen sind, die mit einem pränatalen Gedächtnis, mit einer pränatalen Raumerinnerung ausgestattet sind. Die Konstellation Frau und Raum lässt sich auch von der modernen Gynäkophobie nicht ganz aus der Welt schaffen. Daher bleibt die Frage, wie weiblich ein Interieur codiert ist, bei aller Architektonik in dem Maße mit im Spiel, wie das Bauen dem Wohnen dient. Soweit der Mensch als Wohnwesen operiert, bewegt er sich in einem Kraftfeld, wo die Interieurschöpfung im Zeichen der Weiblichkeitsübertragung steht.

Intimität

Ist das der Inhalt, der in Sphären I: Blasen *entwickelt wird?*

Sphären I ist im wesentlichen der Herausarbeitung eines starken Begriffs von Intimität gewidmet – in einer expliziten regressiven Bewegung. Da gehe ich sozusagen im Rückwärtsgang auf das Thema In-Sein zu. Zuerst behandle ich das Phänomen Interfazialität: Wenn Menschen Menschen anschauen, entsteht ein nicht-trivialer Raum, den man nicht physikalisch deuten kann – der interfaziale Raum. Es nützt nichts, wenn ich mit einem Metermaß die Distanz zwischen meiner Nasenspitze und der Ihren messe. Durch die interfaziale Beziehung entsteht ein Raumverhältnis ganz eigenen Typs. Dieses

Raumverhältnis beschreibe ich von der Mutter-Kind-Interfazialität her und verfolge es bis ins Tierreich zurück. In einem nächsten Schritt versuche ich, die Bilder der interkordialen Beziehung zu deuten, die entsteht, wenn Menschen sich so affektiv aufeinander einstellen, dass zwei Herzen einen Resonanzraum miteinander bilden – hier nimmt der metaphorische Faktor zu. Und dann schleiche ich mich auf Zehenspitzen an die intimste Beziehung heran, die durch die Tatsache gegeben ist, dass Frauen aus der Perspektive des zur Welt kommenden Lebens bewohnbar sind.

Frauenkörper sind Wohnungen! Hinter der schockierenden These tut sich eine naturgeschichtliche Perspektive auf, die ich in einem Exkurs unter dem Titel »Das Prinzip Ei« deute. Bei den Vögeln, bei den Insekten, bei der großen Mehrzahl der Arten wird das befruchtete Ei, also der Träger der Erbinformation, bekanntermaßen in ein äußeres Milieu abgelegt, das gewisse externe Uteruseigenschaften aufweisen muss. Nun passiert in der evolutionären Linie, die auf die Säugetiere hinführt, etwas ganz Ungeheuerliches: Der Körper der weiblichen Exemplare der Gattung wird als ökologische Nische des eigenen Nachwuchses definiert. Das ist eine einigermaßen dramatische Wendung der Evolution. Es tritt sozusagen eine Doppelverwendung der weiblichen Exemplare auf: nicht nur, dass sie die Eier legen, wobei die Rolle als Ovalationssystem zur Definition von Weiblichkeit biologisch völlig ausreicht, sondern dass sie die Eier in sich selber legen und als ökologische Nische ihres eigenen Nachwuchses besetzt werden. Sie werden auf diese Weise integrale Muttertiere. Und zudem entsteht ein Ereignistypus, den es vorher auf der Welt nicht gegeben hat, nämlich das

Geborenwerden aus diesem totalen Milieu heraus. Und weil die Geburt ein biologisch anspruchsvoller Ereignistyp ist mit ontologischen Konsequenzen, ist es wichtig, auf diesem Moment mit letzter Indiskretion zu beharren.

Sehen Sie in der Übertragung dieser primären Grunderfahrung ein virulentes raumbildnerisches Motiv?

Durchaus. Denn wenn man von der Psychoanalyse her über den Begriff der Übertragung verfügt, ist es möglich, sich die Frage vorzulegen, wie werden Lebewesen sich einrichten, die die Spur des Geborenseins an sich tragen? Die Antwort wird lauten, sie richten sich wahrscheinlich so ein, dass sie eine minimale Spur jener archaischen Geschütztheit in ihre späteren Hüllenkonstrukte hineinlegen. Dabei müssen wir festhalten, dass die Übertragung sich offenkundig nicht auf Gefühle bezieht, auch nicht auf verwirrte Affekte, sondern auf den Prozess der Raumschöpfung überhaupt. Das Konstruieren der Lebenshüllen erzeugt eine Serie von Uteruswiederholungen in äußeren Milieus.

Das erklärt nicht die Unterschiedlichkeit der Raumbedürfnisse. Nicht alle transportieren den Wunsch nach archaischer Geschütztheit in dieser Form weiter. Viele Menschen fühlen sich in kleinen Räumen extrem eingesperrt. Es gibt die so genannten Höhlenbewohner und die Baumbewohner.

Die Sphärentheorie will nicht alles erklären. Sie ist keine Universaltheorie, sondern eine ausführliche Form der Raumdeutung. Übrigens kann man auch von der Pränatalität her ganz verschiedene Raumtypen erläutern – ozeanisch weite Räume auf der einen Seite, wie höllisch enge auf der anderen.

Sphären I behandelt wie gesagt mikrosphärologische Phänomene. Unter Mikrosphärologie verstehe ich die Beschreibung von Intimraum-Effekten. Sie sind immer interpersonal verfasst, und das Paradigma hierfür finde ich in der dyadischen Beziehung. Ich zeige, wie die Dyade eigentlich zu denken ist, und verfolge sie hinunter bis in eine pränatale Proto-Intersubjektivität. Die Entdeckung dabei ist, dass es nicht so sehr eine Mutter-Kind-Beziehung gibt, sondern eine Kind-Plazenta-Beziehung. D.h. die ursprüngliche Dublierung findet auf einer präpersonalen Ebene statt und die Mutter kommt erst später ins Spiel: nach der allertiefsten Regressionsübung durch die Entdeckung der so genannten psychoakustischen Nabelschnur. Damit beziehe ich mich auf Alfred Tomatis und andere Autoren, die dieses prekäre Feld bearbeitet haben. Sie beschreiben das fötale Ohr als Organ des primären Bonding. Das ist ziemlich aufwühlend für diejenigen, die sich darauf einlassen wollen, Nonsens hingegen für diejenigen, die das Thema nicht gelten lassen.

Wo bleibt dabei der Aspekt einer zeitgenössischen Explikation? Oder meint Explikation hier, dass wir mit einem zeitgenössischen analytischen Instrumentarium implizite Sachverhalte aufspüren können?

Es ist nicht nur das analytische Instrumentarium, das uns gewisse Elemente aus Lebenszusammenhängen wie Wohnen, Arbeiten oder Lieben zugänglich macht, es ist nicht nur ein Erkenntnisvorgang, der voranschreitet. Vielmehr hat man es mit einem realen Ausarbeitungsvorgang zu tun. Das lässt sich allein mit einer expressiven Logik oder einer Produktionslogik fassen. Hierbei stehe ich natürlich in der Tradition der marxistischen Anthropologie. Wenn es wahr ist, dass die ganze Naturgeschichte mit herangezogen werden muss, um die Bildung der menschlichen Hand zu erklären, dann trifft es auch zu, dass man die gesamte Kulturgeschichte mit heranziehen muss, um zu verstehen, warum wir heute Psychoakustik treiben können. Wer anthropologisch arbeitet, muss immer versuchen, die eigenen anthropologischen Thesen zu datieren. Das führt uns zu der Beobachtung, dass alles, was Hegel und seine Zeitgenossen als Phänomenologie des Geistes beschrieben haben – mitsamt einer viel zu optimistischen teleologischen Prozessdeutung –, als Explikationsgeschichte neu geschrieben werden könnte.

Nicht alles, was implizit gegeben ist, wird explizit. Von einer Explikation aufgegriffen werden nur jene Teile der Lebenszusammenhänge, die durch die zeitgenössische Technologie ausgearbeitet werden. Denn die Technik – das ist eigentlich die Basisannahme des Buchs – ist der Versuch, naturgeschichtlich gewachsene oder auch religiöse und symbolische Immunsysteme durch explizite technische Immunsysteme zu ersetzen. Was man ersetzen will, muss man besser verstehen, als ein bloßer Benutzer es versteht. Wenn man eine Prothese bauen will, muss man die Funktion des zu ersetzenden Organs präzise definieren. Man steigt dabei von der konkreten Funktionsaussage zum Allgemeinen auf und dann wieder hinab zu dem möglichen funktionalen Äquivalent – so wie die Funktionalisten es machen. Die gehen stets von den beiden Fragen aus: »Was leistet das System in seiner jetzigen Form?« Und: »Was könnte man stattdessen tun?«

Das verstehen Architekten sehr gut. Was sind die Merkmale des durch Intimität gebildeten Raums? Was leistet er? Es ist sicher ein vorgeometrischer Raum. Wie können wir ihn mit technischen Mitteln ersetzen? Architekten würden wahrscheinlich sofort assoziieren: »Wir müssen Kuschelecken bauen!«

Und das wäre gar nicht so falsch. Fragt man sich, wofür steht eine Kuschelecke, dann kommt man in der funktionalen Analyse zu dem Begriff »Primat der bergenden Atmosphäre«. Und wenn man das Primat der bergenden Atmosphäre, ja überhaupt das Primat des Atmosphärischen erkannt hat, dann ist für Architekten daraus ableitbar, dass sie nicht von geometrischen Ideologien ausgehen dürfen. Sie haben vielmehr von der atmosphärischen Raumwirkung her zu denken.

Das erfordert eine Übersetzungsleistung. Intimität ist doch zuallererst eine intersubjektive Kategorie, die räumlich verschieden gedacht bzw. ausgedrückt werden kann.

Ich denke Intersubjektivität als Raumverhältnis eigener Art. Es brauchte die ersten 700 Seiten des Sphärenprojekts – den ganzen ersten Band, um einen nicht-geometrischen, nicht-physikalischen Begriff von Räumlichkeit aufzubauen. Dessen starkes Merkmal ist darin zu finden, dass Wesen vom Typus Mensch durch ihr Miteinandersein den Effekt einer reziproken Beherbergung hervorrufen. Das Beispiel des Liebespaares macht das deutlich: Die Liebenden sind auf die eine oder andere Weise schon zusammen, und die Frage »Gehen wir zu dir oder zu mir?« ist tatsächlich sekundär. Ein schönes Beispiel für eine Explikation nebenbei: Dieses Miteinander-irgendwo-Hingehen-als-schon-Zusammenseiende ist die gestische Explikation dessen, was mit dem Zusammensein schon implizit gegeben war, jetzt aber explizit herauskommt.

Deswegen ist in diesem Band auch eine Theorie des Schlafzimmers zu finden; ebenso eine kleine Theorie des Bettes oder des anonymen Selbstergänzers.

Balzacs Theorie des Bettes ist genau genommen auch eine Raumtheorie. Knüpfen Sie dort an?

Nein, leider nicht, ich beziehe mich auf andere Quellen; am Phänomen Bett finde ich in meinem Zusammenhang das Kissen und das Federbett am interessantesten, und zwar weil ich zeigen will, dass es eine Art von intimer Kohabitation gibt, die ganz im Präpersonalen bleibt. Viele Leute würden sich eher von ihrem Ehepartner scheiden lassen, als sich von ihrem Kopfkissen zu trennen. Menschen konstituieren immer einen unauffälligen Ergänzer um sich herum. Die Kulturgeschichte des Schlafes ist selber eine Explikationsgeschichte dieser nächtlichen Selbstergänzungen mit Hilfe von, wenn man so will, Schlafhelfern, die im Lauf der Geschichte technisch dargestellt werden. Sich-Zudecken ist eine Geste des Sich-Einräumens, sie beinhaltet die Suche nach dem unverwechselbar eigenen Engeraum, der als schlafunterstützend empfunden wird. Es gibt viele Menschen, die nicht einschlafen können, wenn sie nicht eine Decke haben, die sie über sich ziehen, weil dieses minimale Supplement gegeben sein muss, damit die nächtliche Entwarnung möglich wird.

Am Beispiel der beiden Bautypen Apartment und Stadion werden in Ihrem Buch die Resultate verschiedener Explikationsprozesse zusammengeführt. Resultat nicht im Sinne eines Endergebnisses, sondern eines Ausschnitts aus einem laufenden Prozess. Sie bewegen sich dort auf der zeitgenössischen Ebene der Architektur. Zwischen der ontologischen Fundierung einer Raumtheorie, wie sie in Sphären I *entwickelt wird, und ihrer konkreten geschichtlich/zeitgenössischen Verankerung fehlen einige Vermittlungsschritte.*

Insulierungen

Weltinsel meint die gesamte Präsenz von Welt an einem Ort und zu einer Zeit?

Ja, die Welt ist nicht – wie man das bisher meist verstanden hat – dieses große Ganze, das Gott und andere joviale Beobachter vor sich haben, sondern Welten treten in der Mehrzahl auf und haben Inselstruktur. Inseln sind gewissermaßen Auszüge aus Welten, die als Weltmodelle bewohnt und benutzt werden können. Daher muss man wissen, was eine minimal komplette, das heißt weltfähige Insel ist. In dem Kapitel »Insulierungen« unterscheide ich drei Arten von Inseln: die absoluten Inseln wie z.B. eine Raumstation, die vollständig isoliert ist, die relativen Inseln wie etwa das Treibhaus für Pflanzen und die anthropogenen Inseln, die so gebaut sind, dass auf ihnen Menschen entstehen können. Die anthropogene Insel ist ein selbst-insulierendes dynamisches System, das einem Menschenbrutkasten gleichkommt. Man tut Affen rein und es kommen Menschen raus. Wie ist das möglich? Wie können, darwinistisch und philosophisch argumentiert, Affen in solche Selbstverhältnisse eintreten? Wie ist der anthropogenetische Motor angeworfen worden?

Ich beschreibe diese Insel als einen neundimensionalen Raum, in dem jede einzelne Dimension gegeben sein muss, damit der Effekt der Menschwerdung eintreten kann. Wenn nur eine fehlt, bekommt man keinen kompletten Menschen. Es fängt an mit dem Chirotop, dem Ort der Hand: Was hat die Hand mit der Menschwerdung zu tun? Die Antwort auf diese Frage ergibt eine erste Handlungstheorie, eine elementare Pragmatik. Als nächstes behandle ich das Phonotop, den Klangraum, in dem sich die sich selbst hörenden Gruppen aufhalten. Dem schließen sich an: das Uterotop, d.h. der Raum der tieferen Zugehörigkeiten; das Thermotop, die Wärmesphäre, oder der Verwöhnungsraum und das Erototop, der Eifersuchtsraum und das Feld des Begehrens. Zu dem Letzteren möchte ich bemerken, dass die Entwicklung der artspezifischen Eifersucht für den Prozess der Vermenschlichung äußerst wichtig war – denn Menschen sind mimetische Tiere, die immerzu eifersüchtig-aufmerksam beobachten, was andere machen, ja sie ahmen sogar jene nach, die mit Erfolg so tun, als schauten sie nicht nach dem, was andere tun. Es folgen das Ergotop, also der Kriegs- und Anstrengungsraum, das Thanatotop, der Raum der Koexistenz mit den Toten, in dem die religiösen Symbole vorherrschen, und schließlich das Nomotop, der Raum der gesetzlichen Spannungen, die einer Gruppe normativen Halt geben. Bei diesem Aspekt spielt Buckminster Fullers Theorem der Tensegritäten eine wichtige Rolle.

Aus dieser allgemeinen Inseltheorie kann man die moderne Apartmentkultur herleiten, denn ein Apartment wird nur funktionieren, wenn es als minimal komplette Weltinsel für einen Einzelnen überzeugt.

Wohnungen

Diese Beschreibung enthält noch nicht die Definition des Wohnens, des Menschen als Wohnwesen?

Nicht wirklich. Was wohnen bedeutet, wird in meinem Buch in einem längeren Vorspann zu einem der Kapitel entwickelt. Dort beschreibe ich schrittweise das Explizitwerden der verschiedenen Dimensionen des Hausens. Man muss verstehen, dass Häuser zunächst einmal Maschinen zum Totschlagen von Zeit sind – eine etwas kuriose Theorie, zugegebenermaßen. Tatsächlich wartet man in einem primitiven Bauernhaus auf ein stilles Ereignis draußen auf den Feldern, das man nicht beeinflussen kann, das aber Gott sei Dank regelmäßig kommt. Man wartet auf den Moment, in dem die angebauten Früchte zur Reife gelangen. In einem Haus lebt man also zunächst nur darum, weil man sich zu der Überzeugung bekennt, dass es sich lohnt, auf ein Ereignis außerhalb des Hauses zu warten. In der agrarischen Welt muss die Zeitstruktur des Wohnens in Häusern vom Wartezwang her verstanden werden. Diese Art von Im-Haus-Sein ist erst im Laufe des Mittelalters in Frage gestellt worden, als in Nordwesteuropa wieder eine umfangreichere Stadtkultur begonnen hat. Seither werden wachsende Anteile der europäischen Populationen in eine Kultur der Ungeduld oder des Nicht-warten-Könnens integriert. Zu Goethes Zeit sind in Deutschland erst 20% verstädtert, 80% leben noch unter den alten agrarischen Bedingungen. Heidegger, den ich in diesem Zusammenhang als den letzten wirklichen Denker des bäuerlichen Lebens sehen möchte, begreift die existentielle Zeit weiterhin als Wartezeit und daher auch als Langeweile. Das Ereignis, auf das dieses Warten hinführt, ist naturgemäß etwas abgründig Einfaches: dass die Dinge auf dem Acker des Werdens reif werden. Der Philosoph setzt diesen Acker mit der Weltgeschichte gleich, ohne zu bedenken, dass die Welt der Städte nicht mehr ackerförmig sein kann. In der Stadt reifen die Dinge nicht, sie werden produziert.

Von dieser Bestimmung des Wohnens als angehaltenem Dasein bzw. des Hauses als Haltestelle gehe ich über zu dem Haus als Empfangsstation, d.h. als Ort, an dem man Wichtiges und Unwichtiges sortiert. Das ursprüngliche Haus ist eine Gewöhnungsanlage. Dadurch, dass man sich dort viel aufhält, bildet man mit der Umgebung eine unbewusste, eine habituelle Einheit, man wohnt, indem man sich gewöhnt. Wenn das geleistet ist, hat man den Hintergrund erzeugt, vor dem erst Ungewöhnliches auffallen kann. Das Wohnen ist in diesem Sinn eine dialektische Praxis – sie macht sich für ihr Gegenteil nützlich.

Vielleicht sollten wir kurz erwähnen, dass Sie in diesem Vorspann die Rolle von Heideggers Gegenspieler mit Vilém Flusser besetzen. Größer könnte der Spannungsbogen nicht sein: Wo der eine ontologisch argumentiert, macht der andere technisch explizit, wo der eine die Verluste des modernen Menschen an Vergangenem misst, sieht der andere die Richtung des Aufbruchs.

Deswegen gehören beide in einer größeren Sicht zusammen. In einem dritten Schritt entwickle ich das Theorem der Einbettung oder der Immersion. Hier wird die philosophische Theorie des In-Seins weitergeführt, die Heidegger begründet hatte. Es wird die Frage beantwortet, was es heißt, in etwas drinnen zu sein. Wie geschieht das? Ich illustriere diese Fragen mit Hilfe einiger Aussagen von Paul Valéry, der das In-Sein vom Paradigma der Architektur her gedeutet hat: Für ihn heißt Architektur, dass Menschen Menschen in Menschenwerken einschließen. Hier rühren wir an die totalitäre Seite der Baukunst.

In der vierten Stufe der Explikation schließlich wird das eigentliche Nervenzentrum des Phänomens Wohnen offengelegt, nämlich die Bestimmung des Hauses als Immunsystem. Dabei wird die Dimension des Atmosphärendesigns, der Atemluft im Gebäude, eigens herausgehoben. Es gehört zum Abenteuer der modernen Architektur, dass sie auch die scheinbar immateriellen Seiten des Daseins, den Aufenthalt der Menschen in einem atmosphärischen Milieu, technisch und ästhetisch explizit gemacht hat. Hinter dieses Niveau des Gestaltenkönnens von Menschenbehältern wird die moderne Behausungskunst nicht mehr zurückgehen können.

Sind diese Schritte durchlaufen, wird klar, was ich meine, wenn ich behaupte, das Apartment und das Sportstadion seien die architektonischen Zentralikonen des 20. Jahrhunderts. Nun kann man den benjaminschen Weg noch einmal beschreiten – aber man kommt zu anderen Antworten als denen, die das Passagenwerk gegeben hat. Um heute das Interieur zu denken, muss man fürs Erste Monadologie betreiben. Ein Mann – eine Wohnung. Eine Monade – eine Weltzelle – …

… wobei es damals hieß: Ein Junggeselle, Mann oder Frau – eine Wohnung.

Richtig. Der moderne Wohnungsbau gründet in einer zölibatären Ontologie. So wie die moderne Biologie das Leben als Erfolgsphase eines Immunsystems definiert, so könnte man architekturtheoretisch die Existenz als

Erfolgsphase eines Ein-Personen-Haushalts definieren. Alles wird in die Immanenz gezogen. Welt und Haushalt sind eins. Wenn aber eine Ein-Personen-Existenz überhaupt gelingen kann, dann nur, weil es eine architektonische Unterstützung gibt, die aus der Wohnung selber eine komplette Weltprothese macht. Die frühmodernen Architekten hatten also recht, sich als Menschheitsbildner zu verstehen. Zieht man den Faktor Größenwahn ab, bleibt die Tatsache übrig, dass die Architekten der ersten Ein-Personen-Wohnungen einen historisch singulären Menschentypus massenhaft ermöglicht haben – dieser war allenfalls bei den christlichen Einsiedlermönchen präfiguriert.

Individuierung

Sie beschreiben das Apartment als ein Atelier von Selbstverhältnissen. Wenn man bedenkt, dass die Menschheitsgeschichte mit der Hordenbildung losgeht, mit einer rudimentären Form von Arbeitsteilung bei der Jagd, dann ist die Herausbildung dieses sich singulär reproduzierenden Menschentypus, der fast autonom leben kann, etwas beunruhigend. Dazu zwei Fragen: Sie haben vorhin Intimität, dyadische Intimität als raumkonstituierend beschrieben. Was bleibt in der Apartmentkultur davon übrig? Und: Zwischen den Extremen Single und Masse, Vereinzelung und Ansammlung gibt es doch Formen der Koexistenz, die räumlich bedeutsam sind.

Die erste Frage ist leichter zu beantworten: Die Apartmentindividualisten haben ein Verfahren entdeckt, wie man als Einzelner ein Paar mit sich selber bilden kann. Das geschieht so, dass man dem eigenen Leben gegenüber die Einstellung des »Erlebens«, d.h. der wertenden Beobachtung, wählt. Individuen in der Erlebniskultur unterscheiden sich ständig von sich selber. Sie können sich selbst als den inneren Anderen wählen. Starker Individualismus setzt immer voraus, dass man den zweiten Pol und die übrigen Pole, die zu einer kompletten Persönlichkeitsstruktur gehören, nach innen zieht. Diese psychostrukturelle Möglichkeit ist in der europäischen Kultur seit langem vorgebildet, sie könnte in ihren Ansätzen bis in die Antike zurückverfolgt werden. Das klassische Beispiel sind die Einsiedlermönche, die sich in der thebaischen Wüste, einige Tageswanderungen südlich von Alexandria, niederließen, um zu beten. Sie hatten – soweit man weiß – ein ziemlich beziehungsreiches Innenleben; der berühmteste von ihnen, der heilige Antonius, wurde so oft von quälenden Geistern besucht, dass von einem Alleinsein nicht die Rede sein konnte. Modern ausgedrückt: Er lebte in einer Wohngemeinschaft mit seinen Halluzinationen.

Heute befände er sich wahrscheinlich in der Psychiatrie, vollgestopft mit Tranquilizern. Was unterscheidet diese extreme Form der Individuierung von Autismus?

Der Autist besitzt die innere Großräumigkeit nicht, die ihm erlaubt, in seiner eigenen Gesellschaft zu sein. Die Selbstergänzungsstruktur des Einzelnen im Umgang mit sich selbst ist medien-anthropologisch tief fundiert und nur mediengeschichtlich erklärbar. Die minimale formale Bedingung der Selbstergänzung besteht darin, dass ein so genannter Einzelner in eine Dyade integriert ist – mit realen oder imaginären Anderen.

Schwieriger ist die Frage nach dem Sozialleben der Vereinzelten. Also: Was wird aus dem Kleingruppentier *homo sapiens*, wenn es in individualistischer Reindarstellung als Alleinbewohner seines Weltapartments dasitzt? Die Frage klingt beunruhigend. Zwei mögliche Antworten legen sich nahe: Die eine wäre, dass das Individuum allein die ganze Horde nachspielt. Das impliziert die Aufgabe, im eigenen Inneren 12 Leute darzustellen. So müsste in Abwesenheit der realen Anderen eine komplette Sozialstruktur simuliert werden.

Die Herausbildung einer multiplen Persönlichkeit gilt in der Psychologie als Krankheitssymptom, als schwere Störung der Persönlichkeitsentwicklung.

Die multiple Persönlichkeit wäre aus unserer Sicht nichts anderes als die Antwort des Einzelnen auf das Verschwinden der realen sozialen Umgebung: Sie wäre demnach eine plausible Reaktion auf die chronische soziale Unterforderung. Die andere Möglichkeit geht aus den modernen Praktiken des Networking hervor. Die Horde kehrt als Adressbuch wieder. Das physisch nahe Zusammensein ist keine zwingende Bedingung für Sozialität mehr. Die Zukunft gehört dem Telesozialismus. Die Vergangenheit kehrt als Telehordenleben wieder.

Unter dem Stichwort »Dialektik der Modernisierung« beschreiben Sie, wie das leere Zentrum der Gesellschaft gefüllt wird mit illusionären Zentrumsbildern.

In *Sphären III* versuche ich zu erklären, warum neben Revolution und Massen auch der Begriff Gesellschaft aus unserem Vokabular verschwinden sollte. Dieses Menschenkonglomerat, das sich seit dem 18. Jahrhundert Gesellschaft nennt, ist nicht nur auf den monadologischen oder atomaren Lebensformeinheiten aufgebaut; man beobachtet in ihm auch zahlreiche Milieu-Horden, die sich als Subkulturen organisieren. Denken Sie an die Welt der Pferdeliebhaber – eine massive Subkultur, in der man sich verlieren könnte ein Leben lang und die doch so gut wie unsichtbar ist, wenn man ihr nicht selber angehört. Es gibt Hunderte von solchen Milieus im aktuellen sozialen Feld, die allesamt die Eigenschaft haben, für sich selbst die Weltmitte zu bilden und für die anderen so gut wie gar nicht zu existieren. Ich bezeichne das als interignorante Systeme. Zu deren Bestand gehört die Notwendigkeit, dass sie sich gegenseitig nicht kennen können oder dürfen, andernfalls kämen ihre Angehörigen um den Genuss der Spezialisierung und Erwählung. Wäre man enzyklopädisch ausgerichtet und würde in Hunderte von Szenen reinschnuppern, hätte man gar nichts davon. Von ihrer Profession her gibt es nur zwei oder drei Menschentypen, die sich solche Polyvalenz leisten können. Das sind an erster Stelle die Architekten, die – zumindest virtuell – für alle bauen, danach die Romanciers, die in ihre Romane Personal aus den verschiedensten Szenen einfügen, und schließlich noch die Geistlichen, die Grabreden für alle möglichen schrägen Vögel halten müssen. Damit dürfte die Liste schon zu Ende sein.

Also: Die multiple Persönlichkeit zum einen, das Single-Networking zum anderen; das sind die beiden Ergänzungsmöglichkeiten, die ich in individualistischen Populationen am Werk sehe. Die Vorprägung von *homo sapiens* durch die hordenanthropologische Mitgift ist ohne Zweifel unüberwindlich, aber weil die Explikation des alten Erbes nach mehreren Seiten gleichzeitig fortschreitet, können die hordenhaften bzw. sozialen Momente des Sapienslebens eigens neu bearbeitet werden. Die eher dyadischen Motive, also die Intimverhältnisse werden bis an den Punkt expliziert, dass Intimität durch Selbstergänzungsmechanismen förmlich nachgespielt wird. Und das liefert den Ausgangspunkt für neue evolutionäre Formen. Die eher kollektiven Züge werden aufgegriffen von telesozialen Tendenzen und von Milieutribalismen. Längerfristig gesehen werden Menschentypen entstehen, die ziemlich anders sind als alles, was wir bisher gekannt haben.

Die Modelle, die Sie für das Apartment von der Frühmoderne bis Kurokawa und für den Urbanismus bis Constant beschreiben, haben ihre Gültigkeit in den 1960er Jahren. Danach findet ein Richtungswechsel innerhalb der Architektur statt, getragen von einer Rückbesinnung auf die Stadt – und zwar der Stadt als etwas, das sich nicht fassen, nicht definieren, nicht reduzieren lässt. Der Begriff der Kapsel verschwindet. Die Stadt wird als Gewebe verstanden, das einerseits als Typologie definiert wird, andererseits als städtische Morphologie. Damit beginnt der Siegeszug der Postmoderne, der die utopischen Ansätze der 1960er Jahre beiseite drängt.

Schaum

Wenn Sie erlauben, möchte ich das Kapsel-Motiv noch einmal in einer anderen Weise erläutern – oder verteidigen. Es kommt mir nicht nur auf den Abschließungscharakter verkapselter Verhältnisse an, sondern auch auf eine Kritik an den textilen Metaphern, mit denen die Urbanistik und die Netztheorie der letzten Jahrzehnte gearbeitet haben. Das Reden von Netzen und Geweben leistet einer Enträumlichungstendenz Vorschub, die ich für gefährlich halte. Im Netzdenken gibt es nur Schnittstellen, Interfaces und Punkte, die vom Modell zweier oder mehrerer sich schneidender Geraden oder Kurven her gedacht werden. Man bekommt somit ein Weltbild, dessen konstituierendes Element der Punkt ist. Die Netztheoretiker denken radikal unräumlich, d.h. zweidimensional, sie gebrauchen die Begriffe der Magersucht, um ihr Verhältnis zur Umwelt zu interpretieren. Ihre Graphiken verraten durchwegs, dass die einzelne Weltstelle als ein Schnittpunkt zwischen volumenlosen Linien aufgefasst wird. Ich setze dagegen auf den Begriff der Schaumblase oder der Zelle, meinetwegen der Kapsel, um zu zeigen, dass auch das Einzelelement bereits eine Eigenausdehnung hat. Wir sollten nicht in eine Punktontologie zurückfallen, sondern von der weltfähigen Zelle als Minimalgröße ausgehen. Etwas mehr Monadologie kann nicht schaden – die Monade aber ist kein ausdehnungsloser Punkt, sondern hat Mikroweltcharakter. An der Kapselmetapher als solcher liegt mir nicht viel, die der Zellen ist wesentlich wichtiger. »Zelle« drückt die Welthaltigkeit und Weltförmigkeit der einzelnen Stelle aus. Bei der Gewebe- und Netzmetapher gelangt man bestenfalls zu winzigen Knoten, doch Knoten kann man nicht bewohnen. Dagegen wird mit der Schaummetapher die mikrokosmische Eigenräumlichkeit jeder einzelnen Zelle hervorgehoben.

Die Schaummetapher als Implosion einer All-Einheit, eines Globus, ist ein phantastisches Bild. Bleibt die Frage, welchen

Charakter hat diese Metapher, wenn man sie im Zusammenhang der Architektur denkt? Architekten tendieren dazu, Bilder wörtlich zu nehmen.

Das ist schon passiert. Frei Otto hat ganz bewusst versucht, naturnahe oder organomorphe Raumschöpfungen aus Seifenblasen abzuleiten.

Frei Otto hat anhand von Experimenten mit Seifenblasen bzw. Seifenhäuten festgestellt, dass Minimalflächen, d.h. Flächen gleicher Spannung die optimale Form sind für die Lastabtragung in Membran- und Seilnetzkonstruktionen. Das ist etwas anderes als eine formale Anleihe aus dem Bereich der Biologie oder Natur. Genau genommen hat er sich mit Fragen der Geometrie im Hinblick auf Materialeinsatz und Kraftableitung beschäftigt.

Die Schaummetapher unterstützt eine intellektuelle Tugend: Sie verhindert, dass wir in die übervereinfachenden platonischen Geometrien zurückfallen, die in der traditionellen Architekturgeschichte transportiert wurden. Es gibt im Schaum keine viereckigen Formen, das ist doch eine interessante Nachricht. Es gibt aber auch keine einfachen Kugelstrukturen mehr, zumindest wenn die Schäume über ihr nasses oder autistisches Stadium hinweg sind. In ihnen sind immer gegenseitige Deformationskräfte wirksam, die dafür sorgen, dass man es mit unglatten Strukturen zu tun bekommt, in denen komplexere geometrische Gesetze gelten.

Was spricht gegen den rechten Winkel?

Die Idee, die dieser Theorie der Raumvielheiten zugrunde liegt, lässt sich nur verstehen, wenn man zugleich die

Reflexion über alternative Statik mitberücksichtigt, die sich durch den ganzen dritten Band zieht. Wir leben in einem Zeitalter, in dem die Funktion der klassischen Statik, die Funktion des Lastens und Tragens in druckbeanspruchten Konstruktionen abgelöst wurde durch zugbeanspruchte Konstruktionen, also Spannungsganzheiten. Ich denke dabei natürlich vor allem an Buckminster Fullers bekannte Tensegritäten, aber auch die pneumatischen Bauwerke und *air structures* des 20. Jahrhunderts. Die neue Gebildelogik arbeitet durchwegs schon jenseits von Wand und Säule. Spannungsganzheiten bilden den technischen Übergang zwischen der Schaummetapher und den modernen Bauformen. Der Schaum ist eine Art Natur-Tensegrität, zumal wenn er nicht mehr als »individualistischer« Schaum auftritt, worin Einzelblasen in einer flüssigen Lösung aneinander vorbei schwimmen und sich kaum berühren. Wird ein Schaum älter und trockener, entsteht eine komplexe Binnenarchitektur. Viele Blasen platzen, die Restluft der platzenden Blase geht in die Nachbarblasen über, der Schaum trocknet von innen her aus. Dabei entstehen schöne, architektonisch anspruchsvolle Gebilde, die Polyederschäume.

Der Polyederschaum ist durch das Motiv der Ko-Isolation geprägt – das besagt, man hat mit dem Nachbarn die Trennung von ihm gemeinsam; meine Wände sind deine Wände, wir haben das Abgewandtsein voneinander miteinander gemeinsam. Der Begriff Ko-Isolation ist grundlegend für das Universum der schaumigen Formen. Die Nachbarschaft von Weltentwürfen oder Lebensräumen innerhalb einer ko-isolierten Struktur hat eine andere Qualität als die Nachbarschaft von Räumen innerhalb traditionell segmentärer Kulturen. Dort ist alles Soziale partialisiert, die Welt ein Konglomerat von Einödhöfen. Das Bild des Kartoffelsacks, das Marx im 18. Brumaire verwendet, um die Situation der Parzellenbauernschaft in Frankreich zu bezeichnen, beschreibt den Zustand des nassen Schaums ganz ausgezeichnet. Jede Zelle fließt dort ganz mitweltblind an den anderen Zellen vorbei, sie rühren nicht aneinander, so sehr sie auch einander gleichen.

Wie viel bleibt bei der Schaummetapher von der psychosozialen Verfasstheit des Raums übrig, was von dem konstruktivistischen Ansatz der Raumkonstituierung?

Schaum ist nach meinem Dafürhalten ein sehr brauchbarer Ausdruck für das, was Architekten Dichte nennen – übrigens auch ein negentropischer Faktor. Dichte kann man psychosozial durch einen reziproken Belästigungskoeffizienten ausdrücken. Menschen erzeugen Atmosphäre, indem sie sich gegenseitig bedrängen, einander zu nahe kommen. Man darf nie vergessen, dass das, was wir Gesellschaft nennen, das Phänomen der unwillkommenen Nachbarschaft impliziert. Dichte ist folglich auch ein Ausdruck für unsere überkommunikative Verfassung, die im übrigen durch die herrschende Kommunikationsideologie immer weiter aufgestachelt wird. Wer die Dichte ernst nimmt, kommt hingegen zu einem Lob der Wand. Diese Bemerkung ist nicht mehr mit dem klassischen Modernismus kompatibel, der das Ideal des transparenten Hauses aufgerichtet hat, das Ideal, Innenverhältnisse auf Außenverhältnisse abzubilden und umgekehrt. Heute rücken wir wieder die Isolierungsleistung eines Gebäudes ins Zentrum, nicht zu verwechseln mit Massivität. Isolierung, als eigenständiges Phänomen aufgefasst, ist eine Explikationsgestalt des Lebensverhältnisses Nachbarschaft (das bleibt übrigens in meinem Buch ein wenig blass). Man müsste ein Lob der Isolierung schreiben. Das würde eine Dimension des Zusammenlebens ausarbeiten, die anerkennt, dass die Menschen auch ein unendliches Bedürfnis nach Nichtkommunikation haben. Die diktatorialen Züge der Moderne rühren allesamt von einer falschen kommunikativen Anthropologie her: Allzu lange hat man die Dogmatik eines überkommunikativen Menschenbilds naiv übernommen.

Wir sollten zum Schluss über die unterschiedlichen Abstraktionsebenen sprechen, auf denen sich das Sphärenprojekt bewegt. Es ist ein philosophischer Entwurf für eine Theorie des Raums. Darin fließen Erkenntnisse aus der Anthropologie, Biologie, Psychologie ein, aus Medizin, Sozial- und Naturwissenschaften, aus der Ingenieurtechnik usw. Diese Bereiche haben teilweise Exkurscharakter und sind als eigenständige Essays zu lesen, so wie das hier veröffentlichte Architekturkapitel. Ist die Philosophie noch die Metatheorie, die es schafft, all diese Wissensfelder zu integrieren?

In-der-Welt-Sein

Die zeitgenössische Philosophie ist eine ziemlich perverse Wissenschaft, die sich schwer damit tut, ihren Gegenstand anzugeben. Alle anderen Disziplinen können leicht sagen, womit sie es zu tun haben; die Biologen studieren das Leben, die Architekten den gebauten Raum, die Psychologen haben es mit der Psyche zu tun usw. Was haben eigentlich die Philosophen als Gegenstand für sich? Die einzige Angabe, die man machen könnte, wäre ein Supergegenstand, der kein echter Gegenstand ist, sondern ein Gesamtverhältnis oder ein Horizont – und das nennt man die Welt. Wenn man die Welt, wie die Alten es taten, als den größten aller möglichen Behälter vorstellt, dann wäre der philosophische Gegenstand als eine große Kugel zu veranschaulichen – so groß, dass sie schlechthin alles enthält. Solange man die Welt als die maximale Kugel denkt, die mit einer einzigen in sich zurücklaufenden Bewegung alles Seiende integriert, einer Bewegung, die aus gutem Grund Universum, Einmalgedrehtes, heißt, so dass alles innen ist und nichts außen sein kann, solange scheint die Philosophie einen ordentlichen Gegenstand zu haben, nämlich diese schöne Maximalkugel namens Welt, die allenfalls noch von der absoluten Kugel namens Gott umfasst wird. Um diese beiden Großkugeln geht es übrigens in *Sphären II: Globen*, wo die philosophische Kosmologie und die philosophische Theologie des alten Europa zur Verhandlung kommen.

Im dritten Band zeige ich aber, dass der Optimismus der klassischen Philosophie, sich ihres Gegenstandes mit kosmologischen und theologischen Mitteln vergewissern zu können, übereilt war. Wir wissen heute in vielerlei Hinsicht, erkenntnistheoretisch wie empirisch, so viel mehr und so viel anderes als unsere antiken Vorgänger, dass uns das ungenierte Zugehen auf das große Ganze nicht mehr gelingt. Deswegen sucht man heute nach einem diskreteren Theorietypus. Ich versuche im dritten Band: *Schäume* zu zeigen, dass schon die kleinen Formen Weltcharakter aufweisen. In diesem Sinn ist Schaumtheorie eine Mikrokosmologie in Verbindung mit einer Polykosmologie.

Jede Seifenblase als Kosmos in sich?

Ja, diese Implikation sollte man immer durchhören. Wenn ich von einem Paar spreche, ist das in der Perspektive der Welterzeugung *à deux* gemeint. Wenn ich von einem Schlafzimmer spreche, geschieht es in der Perspektive der Welterzeugung durch eine Bauform, auch wenn ich von Kissen und Federbett spreche, diesen nächtlichen Supplementen eines abgebauten Selbst, ist immer auch eine amorphe Form von Weltbildung mittels intimer Quasi-Objekte mitgemeint. Sogar die Schlafenden sind in der Welt und sind mit etwas zusammen. In-der-Welt-Sein hat immer die Züge eines Zusammenseins. Die so genannte Seinsfrage stellt sich für uns als *synousia*-Frage. Sein als Zusammensein impliziert eine vierstellige Relation, denn es bezeichnet das Dasein von jemand mit jemandem und etwas in etwas. Diese Formel beschreibt die Minimalkomplexität, die man aufbauen muss, um zu einem Weltbegriff zu kommen. Die Architekten sind in diese Betrachtungsweise von vornherein stark involviert, da sie eine besondere Kompetenz haben für die Deutung des Gesamtzusammenhangs des In-der-Welt-Seins. Für sie heißt In-der-Welt-Sein sich in einem Gebäude aufhalten. Ein Haus ist ja zunächst nichts anderes als eine plastische Antwort auf die Frage, wie jemand mit jemandem und etwas in etwas zusammen sein kann. Architekten interpretieren auf ihre eigene Weise diese rätselhafteste aller räumlichen Präpositionen – das »In«; sie machen berufsmäßig nichts anderes als In-Theorie.

Heidegger hat das Problem in *Sein und Zeit* (soweit das Buch noch nicht Zeittheorie, sondern Raumtheorie bietet) sehr schön hergeleitet. Er fängt an mit einigen

Paragraphen über In-Sein schlechthin und geht dann weiter zum In-der-Welt-Sein. Er hat verstanden, dass diese Präposition durchaus abgründig ist. Keine Anstrengung kann hoch genug sein, um das Grundverhältnis des Seins-in-Etwas auszuleuchten. Er zeigt sodann, dass wir auf dem falschen Weg sind, wenn wir das In-Sein als Behälterverhältnis denken. Das von Heidegger neugedachte In-Sein bedeutet nämlich Ekstase, und das ist etwas absolut Verrücktes, denn es meint ein Hineingehalten-Sein in das Nichts. Das In hat von da an nicht Behältersinn, sondern Ekstasesinn. Folglich wissen wir nicht mehr wirklich, wo wir sind, wenn wir In-der-Welt sind.

Noch mal zurück zu der methodischen Ebene. Der Architekt, der sich die archplus kauft, liest einen Teil des dritten Bandes und denkt: »Phantastische Architekturtheorie«.

Das wäre ein Trugschluss.

Bemerkt er auch, dass er sich auf einer Exkursebene Ihrer Argumentation befindet, wo dieses In-Sein unter dem Gesichtspunkt, was das 20. Jahrhundert leistet, entwickelt wird? Wie kann dieser arme Mensch sich orientieren?

Das ist kein armer, sondern ein reicher Mensch, der offenbar Luxusvalenzen übrig hat, sonst würde er ja nicht Theorie treiben. Der Luxus ist, wie ich zu zeigen versuche, schlechthin grundlegend. Wer anfängt, sich arm zu denken, ist verloren. An die Armut glauben ist die Sünde wider den Geist, die nicht verziehen wird. Menschen sind nie arm, auch die Armen nicht. Bei *homo sapiens* gibt es eine konstitutionelle Unmöglichkeit, arm zu sein, und zwar aufgrund seines Zugs zur Weltoffenheit. Man denkt sich nur arm, um die Weltoffenheit wegzuschaffen. Den

Menschen als armes Tier zu deuten ist ein Trick, den sich die Faulheit ausgedacht hat.

Die Raumtheorie des Bandes *Schäume* ist ihrer Grundform nach eine Ekstasetheorie, verbunden mit einer Ekstasekompensationstheorie – das heißt Architekturtheorie. Deswegen erschien es mir von Anfang an sinnvoll, das Gespräch mit der Architektur zu suchen. Heidegger hat übrigens mit *Bauen, Wohnen, Denken* diesen Schritt vorgemacht; ich halte den Aufsatz im übrigen für ziemlich misslungen, von seinen Voraussetzungen her wie in der Durchführung. Aber die Fragerichtung stimmt. Man muss das Ganze also noch einmal machen, mit Heidegger gegen Heidegger, um eine bekannte Formel zu zitieren, und eben das habe ich in *Sphären III* probiert. Menschen sind tatsächlich ekstatische Wesen, sie sind hinausgehalten in das Offene, sie sind nie definitiv in irgendwelche Behältergemütlichkeiten einzuspannen. Sie sind im ontologischen Sinn draußen, aber sie können nur draußen sein in dem Maße, wie sie durch Innenhalt stabilisiert werden. Diesen Aspekt muss man heute gegen die kurante Romantik der Offenheit stark machen. Es sind die räumlichen Immunsysteme, die das Außensein erträglich gestalten. Gebäude sind folglich Ekstasekompensationssysteme. Hier ist der Architekt typologisch neben dem Priester und dem Therapeuten angesiedelt – als Komplize der Abwehr von unerträglicher Ekstatik. Heidegger geht im übrigen weniger von der Architektur als von der Sprache aus, und tatsächlich ist auch Sprache ein vollendetes Ekstasekompensationsprogramm. Da die meisten Menschen ein Leben lang immer dasselbe sagen und die Sprache in der Regel völlig repetitiv funktioniert, leben wir in einer symbolischen Redundanz, die so gut funktioniert wie ein Haus mit sehr dicken Mauern. »Die Sprache ist das Haus des Seins« – wir begreifen allmählich, was damit gesagt war. Meine Sprache ist eine feste Burg, in der können wir uns gegen das Offene verschanzen; nichtsdestoweniger lassen wir hin und wieder Besucher herein. Sprechen und Bauen schaffen in menschlichen Verhältnissen üblicherweise so viel Sicherheit, dass man sich auf die Ekstase gelegentlich ein bisschen einlassen kann. Von daher ist der Architekt aus meiner Sicht eigentlich jemand, der im Material philosophiert. Wer ein Wohnhaus baut oder ein Gebäude für eine Institution errichtet, trifft eine Aussage über das Verhältnis zwischen dem Ekstatischen und dem Enstatischen, dem Draußen-Sein und dem Drinnen-Sein.

Rolle des Architekten

Da sind wir bei einem heiklen Thema, nämlich dass Architekten oft dazu tendieren, die Menschen zu erziehen – ob in bewusster Absicht, wie es die Architekten der Moderne taten, oder einfach dadurch, dass ein Gebäudeentwurf immer auch einen Lebensentwurf impliziert.

Das erzieherische Element der frühen Modernisten verweist auf das Explizitwerden des latent megalomanen Moments in aller Architektur. Und das ist völlig gerechtfertigt, denn als Architekt macht man ziemlich zumutungsreiche Lebensformvorschläge. Sobald jemand ein Gebäude hinstellt, das eine Lebensdauer von 100 Jahren und mehr haben wird, ist das ein gewaltiger Zugriff auf Lebensverhältnisse. Das Beste, was ich als Architekt in solch einer Situation tun kann, ist, mir selber einzureden: »Ich darf tun, was ich tue, weil ich weiß, was Leben ist, weiß, was eine gute Form des Lebens ist. Ich habe über Idealcontainer für Menschen lange genug nachgedacht, und ich weiß, in meinen Behältnissen zu leben, ist absolut menschenwürdig.« Kurzum, diese Architekten waren gut beraten, sich zu ihrem Größenwahn zu bekennen. Wenn ich mir dergleichen nicht sagen kann, sollte ich lieber zu einem anderen Metier Zuflucht nehmen. Mag sein, dass die Geschichte der Architektur in den letzten Jahrzehnten vor allem vom Eindringen skeptischer Motive in das Selbstbewusstsein des Architekten geprägt ist – an der Oberfläche zumindest. Doch die Architekten, die einst die Pariser Passagen und die Palmenhäuser in England gebaut haben, dann die Gehäuse der Weltausstellungen, und weiter die Architekten der frühen Moderne, das waren Leute, die unter allem Möglichen gelitten haben mögen, nur nicht unter einem Mangel an Selbstbewusstsein, überzeugt, wie sie waren, dass sie die Pioniere einer neuen Menschheit sind.

Einer besseren Welt.

Die Pioniere des neuen Bauens waren Apostel, die Besseres hatten als ein altes Evangelium. Sie hatten Pläne für neue Menschen in neuen Häusern.

Architektur ist ein Teil der Immunitätskultur

Wie geht es weiter? Werden Sie den raumtheoretischen Ansatz des Sphärenprojekts weiter verfolgen?

Es wird einen weiteren Band geben: *Im Weltinnenraum des Kapitals.* Es handelt sich um eine Fortschreibung von *Sphären II* und *III*, unter dem Gesichtspunkt, dass die Erde wohl oder übel auch eine Kugel ist – aber nicht die Weltkugel der alten Kosmologie. Es geht in diesem Buch um die Entstehung des Weltsystems und um das Gesamtverhältnis des Lebens unter dem Kapitalismus, für welches ich die von Dostojewskij geprägte Metapher des Kristallpalasts wieder aufgreife. Dostojewskij hatte bei seiner Londonreise 1862 den wiedererrichteten *Crystal Palace* in Sydenham bei London besucht – nicht die Originalkonstruktion von Paxton aus dem Jahr 1851, die bekanntlich im Hydepark gestanden hatte. Aus dem, was der russische Dichter damals sah oder zu sehen glaubte, wurde, wenn man so will, die Geburtsstunde der Globalisierungsgegnerschaft. Dostojewskij wandelte sich angesichts des Kristallpalasts und des rauschsüchtigen Londoner Amüsierbetriebs zum ersten Fundamentalisten der anti-westlichen Reflexion. Er meinte zu erkennen, wie der gesamte Westen in einer Art von konsumistischem Baalskult integriert ist. *Baal* lautet dementsprechend die Überschrift über dem Londonkapitel seiner 1863 erschienenen Reisebeschreibung *Winterliche Aufzeichnungen über sommerliche Eindrücke* – sie gehört im übrigen zum Besten, was das 19. Jahrhundert im Bereich des Reisefeuilletons hervorgebracht hat, vergleichbar allenfalls mit Thomas de Quinceys *Lob der englischen Postkutsche* oder Heines Bravourstück *Die Bäder von Lucca.*

Globalisierung

Von diesem Text ausgehend möchte ich die Metapher des Kristallpalasts als kapitalistisches Weltsymbol und als ausdrucksstärkstes Globalisierungszeichen elaborieren. Die Tugend dieses Bildes besteht unter anderem darin, dass es von vornherein die Innen-Außen-Unterscheidung hervorkehrt. Es betont damit die notwendige und unvermeidliche Exklusivität des so genannten Globalisierungsgeschehens. Globalisierung meint demnach die Errichtung eines Komfortgebildes von exklusivem Charakter mit Hilfe aller hierzu geeigneten medialen und materialen Transaktionen. Das Wort Globalisierung wird nur sinngerecht verwendet, sobald man weiß, dass es ein Tarnausdruck ist für ein erweitertes Makrointerieur, sprich einen Weltinnenraum, der die Warenwirklichkeit als ganze umfasst, soweit sie für die Besitzer von Kaufkraft erschlossen ist. Der Kristallpalast ist das gemeinsame Haus der Kaufkraft: Ein Gebäude mit unsichtbaren, doch von außen nahezu unüberwindlichen Wänden, das etwa anderthalb Milliarden Menschen oder etwas mehr beherbergt – sagen wir der Einfachheit halber die Gruppe der Globalisierungsgewinner.

Denken wir den dostojewskijschen Kristallpalast für das 20. und beginnende 21. Jahrhundert weiter, so kommen wir direkt zu dem Begriff *Empire*, den Negri und Hardt kürzlich für die aktuelle kapitalistische Totalität vorgeschlagen haben. Allerdings vergessen Negri und Hardt ausdrücklich zu machen, dass ihr Empire ebenso wie ihre *multitude* durchaus keine Figuren totaler planetarischer Immanenz sind; auch das Empire ist nur eine sehr große, aber durchaus exklusive Veranstaltung, sagen wir ein

Yachtclub mit Ablegern in zahlreichen Ländern. Nur in diesem Sinn sind die Thesen der Autoren zu verstehen, es gebe heute für die Opposition kein Anderswo mehr: Natürlich nicht, wenn man weiß, dass man dem Yachtclub angehören muss, wenn man gegen die Clubregeln opponieren will. Natürlich gibt es ein Außen, auch jetzt, und mehr denn je. Man kann das Empire verlassen, wenn man will – so wie die Risikotouristen es tun. Aber man kann nicht auf Dauer hinaus, ohne sich zu verschlechtern.

Was ist der Unterschied zwischen Benjamins Passagen- und Dostojewskijs Kristallpalastsymbol? In beiden findet Warenzirkulation statt, beides sind Interieurs – im Kristallpalast ist es sozusagen die Präsenz der Globalisierung an einem Ort, während die Passage eher lokal ist. Geht es dabei um einen qualitativen Sprung?

Richtig, da geschieht ein Formatsprung, der einen Qualitätssprung beinhaltet. Benjamin denkt die Passage zu Recht als Synthese von Markt und Salon, er nennt sie auch einmal die »geile Straße« des Handels, auf der sich die nützlichen Dinge, wie er meint, prostituieren. Der Kristallpalast geht aber weit über diese Oasen des lasziv-gemütlichen Kapitalismus hinaus, in denen sich Dandys und Flaneure wie zu Hause fühlten. Man darf nicht vergessen, dass der *Crystal Palace* entworfen wurde, um einen geschichtlich neuen Veranstaltungstyp zu beherbergen; der Palast von 1851 diente als Ort der ersten Weltausstellung. Die Idee, dass die Welt den Inbegriff der käuflichen Dinge bildet und daher ein Ausstellungsobjekt werden kann, ist ein starker Indikator für den Trend, die Welt insgesamt in ein Erlebnisenvironment zu transformieren.

Mit dem Konzept Weltausstellung verschaffte sich die Ontologie des Kapitals ein mächtiges neues Instrument. Die Hauptwirkung davon ist, dass sich die Konsumdynamik auch in der Innenwelt durchsetzt und die Subjekte zu integralen Verbrauchern formt – Subjekt ist, was sich selbst verbraucht und genießt, indem es Weltobjekte verbraucht und genießt. Eben hierzu bedurfte es im 19. Jahrhundert der Bauform des Kristallpalasts – er fasste das Ergebnis des globalisierten Weltverkehrs und des Kolonialismus in sich zusammen. Seither liegt das Programm des psychedelischen Kapitalismus in der Luft – und 150 Jahre nach Dostojewskijs Londonbesuch kann man die Kontinuität der Entwicklung klar erkennen. Der reale Weltverkehr spielt sich von da an im Grunde nur noch innerhalb des Supergebäudes ab.

Vergessen wir nicht, Verkehr im expliziten Sinn bedeutet Kontrolle über reversible Beziehungen, während man die weniger kontrollierten und einseitigen Bewegungen besser als Expeditionen bezeichnen sollte. Von Verkehr kann eigentlich erst die Rede sein, wenn die Gleichung: ›Hinfahrt minus Rückfahrt ist gleich Null‹ praktisch gilt. Ein Metrofahrer, der täglich hin und zurück fährt, kann präzise Auskunft geben über das Wesen des Verkehrs. Im Zeitalter der Entdeckungen gab es hingegen nur asymmetrische Fahrten, und stets war mit dem Primat der Hinfahrt zu rechnen. Erst innerhalb echter Verkehrsverhältnisse werden Hinfahrten und Rückfahrten strikt symmetrisch – daher ist Verkehr ein durch und durch posthistorisches Phänomen. Lokführer im Nahverkehr sind die authentischsten Zeugen des Posthistoire; sie befahren ihre Strecken zwanzigmal am Tag in beiden Richtungen und können beschwören, dass Hin und Zurück ein Unterschied ist, der keinen Unterschied macht.

Der zweite Band von Sphären: Globen, *über den wir bisher kaum gesprochen haben, endet mit der philosophischen Geschichte der terrestrischen Globalisierung. Auch hier steht der Raum oder das, was mit dem Raum passiert, im Zentrum der Betrachtung. Wie verbinden sich die verschiedenen räumlichen Maßstabsebenen der Sphärentrilogie?*

Den Hauptgedanken des Schlussteils von *Sphären II* habe ich eben schon angedeutet: Die terrestrische Globalisierung, die mit der Kolumbusfahrt beginnt und mit der Etablierung eines Satellitenenvironments in den äußeren Erdhüllen beendet ist, hat eine knapp fünfhundertjährige Episode zum Inhalt, die wir als die Weltgeschichte Europas bezeichnen könnten. In dieser Zeit wird den Erdenbewohnern, und zwar den Europäern zuerst klar, dass die einzige Kugel im Kosmos, die für sie selber von Bedeutung ist, die Erde selbst darstellt. Während dieser authentischen Globalisierungsära gewinnen die Menschen in Europa das Gefühl, die Erde sei unermesslich groß – und doch nicht zu groß, um mit Hilfe von Schiffen umfahren zu werden, vorausgesetzt, man kann ein ganzes Jahr für eine Reise investieren. Im Zeitalter der elektronischen Globalisierung setzt sich hingegen die Empfindung durch, die Erde sei eine schmutzige kleine bewölkte Kugel, die man in einem einzigen Tag umrundet. Globalisierung im Zeitalter der schnellen Medien meint Raumvernichtung, folglich auch Negation des Globus.

Sie beschreiben die Geschichte der Neuzeit als eine Geschichte der Raumrevolution ins Außen, als ein Aufsprengen der ber-

genden Schalen eines metaphysischen Kosmos, in dem es nur ein einziges Innen gab.

Hier folge ich zunächst den Spuren der großen Kultur- und Ideengeschichtsschreiber von Jacob Burckhardt bis Hans Blumenberg, die uns gezeigt haben, was die Entdeckung der Welt und des Menschen in der Renaissance für Folgen zeitigte. Die Raumöffnung in der Zeit der Renaissance-Seefahrt erzeugte ein sehr ambivalentes Resultat – zum einen eine planetarische Agoraphobie, die sich in der Weltangst der kleinen Leute vom Land manifestierte, zum anderen eine neue Weltheimatlichkeit, in der zahlreiche nomadisierende Einzelne es lernten, sich in der Weite des Weltsystems heimisch zu machen. Die Gegenwart hat, wie man sieht, beide Empfindungen geerbt und kombiniert diese unablässig zu den seltsamsten Synthesen. Das Weltinnenraumgefühl ist heute von der christlichen Metaphysik auf die sozialen Sicherungssysteme übergegangen.

Zwei Welten

Ist dieser »Weltinnenraum des Kapitals« eine Art neues Welt-Haus, um Ihren Anfangsbegriff wieder aufzunehmen, eine Interieurbildung auf neuer Stufe, zu der es tendenziell kein Außen mehr gibt?

Selbstverständlich würden die Ideologen des Liberalismus die Welt des *Global Age* gern in diesem Sinn beschreiben – die ganze Menschheit um den Gabentisch des Kapitalismus versammelt, und alle bekämen ihren gebührenden Anteil an der großen Bescherung. Die Wahrheit ist, dass das integrale Komforttreibhaus einen Partialuniversalismus erzeugt, der viele inkludiert und sehr viele exkludiert. Die Optimisten berechnen das Verhältnis von Inklusion zu Exklusion heute mit zwei Milliarden zu vier Milliarden Menschen, die Pessimisten mit einer Milliarde zu fünf Milliarden.

Es ist also zurzeit noch ein westliches Haus mit limitiertem Eintritt und scharfen Zugangskontrollen.

Ein westliches Haus durch und durch, auch wenn es Teile Asiens überspannt. In diesem *Oceandome* des Kapitalismus kann alles, was irgendwie konsumierbar ist, als Teil des Kapitalinterieurs erlebt werden. Seine Grenzen werden durch Diskriminierungen gezogen. Sie laufen, wie gesagt, entlang der Verfügung über Kaufkraft.

Womit haben wir es hier zu tun? Mit einer neuen Form von metaphysischer Kugel oder einer verschäumten Weltkonstitution?

Die Realität, meine ich, gehört von ihr selbst her den zusammengesetzten Vielheiten und den bizarren Nachbarschaften an – also den schaumigen Strukturen. Jedoch gibt es seit einigen tausend Jahren starke reale Kräfte, die sich um die Zusammenfassung des Vielen in einer Einheitsform bemühen. Das ist vor allem seit dem Beginn des Zeitalters der Imperien so. Der Wille zur Macht drückt sich fast immer als Wille zur Synthese aus, folgerichtig auch als Wille zur Mitte und als Wille zur Erfassung der Welt von einem beherrschenden Zentrum aus. Das Zeitalter der kaiserlichen Weltphantasien ist daher mehr oder weniger ausdehnungsgleich mit dem Zeitalter der Einheitsmetaphysik.

In diese Affäre sind seit der Antike außer den Philosophen, den Wahrsagern und den Feldherrn auch die Architekten verstrickt, weil die Einheitsform schlechthin, die metaphysische Kugel, in den Kuppelbauten abgebildet wird. Es gibt schon in *Sphären II* ein ziemlich anspruchsvolles Architekturkapitel, das genau in der Mitte des Buches plaziert ist und das gezielt auf diese Problematik eingeht: Der Exkurs über das Pantheon in Rom krönt den Versuch zu einer summarischen Rekonstruktion der Metaphysik aus dem Geist der Kugelspekulation. Ich deute das Pantheon und *eo ipso* die Kultur der großen Kuppeln schlechthin als den Versuch der älteren Architekten, den Uranos-Kosmos-Gedanken der klassischen Tradition architektonisch nachzubilden. Die Pantheonkuppel ist das Urbild aller *domes*, die bis heute gebaut wurden. Überall wo die Bauidee des *dome* vorhanden ist – man muss hier tatsächlich den englischen Terminus verwenden –, wird ein Makrointerieur entworfen, das den kosmologischen Anspruch formuliert, die ganze Welt unter einem Dach zu fassen. Die klassische Metaphysik beruht auf der Welt-Haus-Gleichung, wobei der *dome* oder der Kuppelbau als unsichtbares Mittelglied fungiert. Das Haus ist ein *dome*, und der *dome* ist der Kosmos. Die Kuppel ist also eine theokosmische Bauform, an ihr hält man fest, solange Gott als Bauherr auftritt.

In der Einleitung zu Sphären III *»Luftbeben« heißt es sinngemäß: »Gott ist tot. Und das ist die gute Nachricht.« Es scheint aber, als ob die Realität sich nicht an diese Erkenntnis hielte. Sonst könnten wir als ko-isolierte Schaumblasen friedlich vor uns hinschillern, ein bisschen muslimisch gefärbt die eine, ein bisschen christlich die andere. Stattdessen prallen die liberalen*

Errungenschaften des Abendlands und die ewigen Werte des Islams aufeinander.

Ich denke, dass Sie recht haben mit der Beobachtung, dass eine Art von Weltbilderkrieg im Gang ist. Der Westen hat die Ära der Metaphysik des Monozentrums hinter sich gelassen, während der reaktionäre, also revolutionäre Islamismus eine Bewegung zur Rettung der Zentrumsillusion darstellt. Allerdings ist es durch den Bushismus vorübergehend doch zu einer gewissen Symmetrie zwischen den beiden Konfliktpartnern gekommen, weil dieser so tut, als lebten wir nach wie vor im Zeitalter der kämpfenden Zentrismen. Daher die törichte Redeweise der Amerikaner vom *war on terrorism*.

Sieht man die konkreten Konfliktverläufe an, begreift man sofort, dass von einem symmetrischen Konflikt keine Rede sein kann. Der Terrorismus ist eine korrekte, wenn schon bösartige Weise, die westliche Schaumbildung zu interpretieren, nämlich indem man probiert, einzelne Blasen in dem großen Zellenverband westlicher Zivilisation zum Platzen zu bringen – hier ein paar Türme, dort einen Reisebus, wieder anderswo einen Zug im Bahnhof, eine Diskothek oder eine Pizzeria. Dergleichen gelingt in einzelnen Fällen, so viel ist zuzugeben, aber auch nicht mehr. Der Rest ist Überinterpretation. Freilich lassen sich die Überinterpretationen des Terrors nicht leicht vermeiden, weil das Leben in der schaumigen Welt naturgemäß von dem expliziten Bewusstsein begleitet ist, dass wir allesamt in der Zerbrechlichkeit existieren – und wer an die eigene Zerbrechlichkeit denkt, neigt zu Übertreibungen seiner Gefährdung (so wie man in heroischen und immortalistischen Kulturen zur Übertreibung der

Selbstsicherheit neigte). Dies unterscheidet uns radikal von der Denkweise der Islamisten, die sich von neuem oder immer noch – den Christen des Mittelalters vergleichbar – eine göttliche Superimmunität einbilden, die jeden wahren Kämpfer umgeben soll. Die wirksamste Waffe hiergegen bestünde im Export von Sozialversicherungen westlichen Typs. Solange solche Systeme für islamische Menschen nicht zur Verfügung stehen, werden sie sich in den Immortalismus und Postmortalismus flüchten. In der religiösen Metaphysik, speziell in jener des Monotheismus, können wir heute gelassenen Tons eine Form der imaginären Sozialversicherung erkennen. Das alles sind, wie man sieht, Themen einer erweiterten Immunologie.

Immunität

In den metaphysischen Sicherheitssystemen rangierte die Gemeinschaft immer vor den Interessen und dem Wohlergehen der Einzelnen.

Ohne Zweifel, der Vorrang der kollektiven Superimmunität, der Kommunität, war traditionell ohne Diskussion evident. Die Immuninteressen der Einzelnen konnten sich erst in der modernen Welt emanzipieren – zuvor galt ein strenger kollektiver Immunisierungsstil –, Relikte hiervon existieren heute in Form von Wehrpflicht, Steuerpflicht und Pflichtversicherungen, und noch heute gilt als Verräter und Deserteur, wer bei dergleichen nicht mitmacht. Im Grund beziehen sich die Ausdrücke

Kommunität und Immunität auf denselben Sachverhalt. Beides sind Ableitungen von *munus*, was so viel wie soziale Aufgabe oder kollektiv zu vollbringendes Werk bedeutet. Die *munera* sind bei den Römern die Steuern und Gemeinschaftsabgaben, später auch staatliche Bauvorhaben, obendrein wurde der Ausdruck für die Ausrichtung der Spiele in den Arenen verwendet. Immunität bezeichnet die entsprechenden Negationen, *in-mun* ist derjenige, der eine Entpflichtung genießt und das Recht hat, sich von gemeinsamen Pflichten zu beurlauben – zum Beispiel von der kollektiven Last des Steuernzahlens oder von der bürgerlichen Last eines Gerichtsverfahrens (solange man ein öffentliches Amt bekleidet). Ich denke, wir leben heute im Scheitelpunkt einer großen immunsystemischen Wende, und während das Konzept der Kommune im Abstieg begriffen ist und diffus wird, so sehr es der wichtigste Allgemeinbegriff in allen Gesellschaftstheorien der Vergangenheit gewesen war, steigt das Konzept Immunität unaufhaltsam zu den Höhen der Theorie und Praxis auf; es ist bereits heute der wichtigste Allgemeinbegriff für die Funktionsbestimmung der Systeme, der biologischen wie der sozialen. Nun können wir den bedeutsamsten Punkt artikulieren: Individualismus beruht auf Individualimmunologie – das ist bei Licht besehen eine Ungeheuerlichkeit, die sich traditionell empfindende Menschen nicht leicht oder überhaupt nicht vorstellen können. Und vergessen wir nicht, dass auch unser postantimodernistischer Katholizismus von heute gegen diese Veränderungen wettert, so wie er vor hundert Jahren gegen alle Ausprägungen des Liberalismus und Säkularismus zu Felde zog – bis hin zu Ausprägungen eines veritablen Klerikalfaschismus – an den fühlen sich manche Ideenhistoriker zu Recht erinnert, wenn sie hören, was die Vorsprecher des militanten Islam heute gegen den Westen vorbringen. Die aktuellen Islamisten opponieren gegen den westlichen Weltentwurf letztlich allein aufgrund der Tatsache, dass sie sich den Individualismus als *modus vivendi* und Immunverfassung schlechterdings nicht vorstellen können – es sei denn in der Form von Pornographie. Solche Reaktionen kriegt man, wenn Gott nicht tot ist.

Dann war das eben nicht die gute Nachricht. In den USA ist Gott im übrigen genauso wenig tot.

Er lebt überall weiter, wo die Umstellung der Immunsysteme von transzendenten Sicherungen auf immanente Sicherungen nicht gelingt. Immerhin haben die US-Amerikaner etwas gefunden, das es Menschen erlaubt, mit dem nicht-toten Gott ihr Auskommen zu finden. Sie haben eine perfekte Synthese von religiösem Totalitarismus und ökumenischer Toleranz entwickelt – hiervon könnten unsere muslimischen Freunde eine Menge lernen. Am amerikanischen Religionskompromiss wäre abzulesen, wie es zugeht, wenn einige Gruppen religiös heiß bleiben wie panische Himmelfahrtsgemeinden, die ständig im Countdown leben und sich doch wie ordentliche Mitglieder einer Zivilgesellschaft benehmen. Die amerikanische Sektenkultur ist religionsgeschichtlich phänomenal. Da gibt es 35 protestantische Denominationen, darunter eine Menge glühender Fundamentalismen, die unter dem offenen Himmel der Verfassung koexistieren, vermutlich deswegen, weil das Land groß genug ist, um die vielen manischen Kommunen in gebührender Entfernung voneinander siedeln zu lassen. Im übrigen tut die Privatisierung des religiösen Raums das ihre: Man lebt in einer privatistisch und kommunitarisch geprägten Welt und akzeptiert, dass es andere solche Welten gibt, denen man Gott sei Dank nicht angehören muss. Man kann miteinander auskommen, weil die Idee einer Staatskirche verpönt ist.

Die politische Theologie der Vereinigten Staaten bleibt üblicherweise sehr allgemein gefasst und wirkt aus der Latenz, so dass sie nicht auf eine einzelne dieser 35 Denominationen heruntergebrochen werden kann. Deswegen sind die liberalen Amerikaner zu Recht beunruhigt, seit es einer fundamentalistischen Sekte gelungen ist, einen ihrer Männer bis an die Spitze durchzubringen – der Fall Bush ist unter amerikanischen Standards eine Anomalie. Normalerweise hat man es mit mittelmäßig christlichen Präsidenten zu tun. Bei diesen lauen Brüdern im Weißen Haus gehen dann die Repräsentanten der manischen Gruppen ein und aus und laden sie mit ihren transzendenten Mandaten auf, so gut sie können. Das ergibt eine Arbeitsform des religiösen Wahns, mit der sich unter normalen Bedingungen auskommen lässt. Ein Atheist im Weißen Haus ist daher nach wie vor undenkbar.

Sphären III *vermittelt mit der Schaummetapher eine gewisse Leichtigkeit, auch Hoffnung, was die Schuttmoränen der Vergangenheit wie Glaubensauseinandersetzungen, Nationalstaatsdenken usw. betrifft. Aber müsste ein analytisch-philosophisches Herangehen nicht eigentlich davon ausgehen, dass Phasen einer ruhigen Entwicklung, wo die Vernunft ein Primat hat, abgelöst werden von unruhigen Phasen wie der jetzigen, dass es eine Art metaphysisches Grundbedürfnis zu geben scheint, das sich in bestimmten Wellen immer wieder*

Bahn bricht, und müsste dann der Schwerpunkt nicht bei der Frage liegen, wie man mit diesem Problem umgeht?

Das sehe ich ein wenig anders. Was Sie metaphysisches Grundbedürfnis nennen, ist aus der Sicht eines empirischen Idealismus das Bedürfnis nach integraler Immunisierung. Ich denke tatsächlich, dass Kulturen die Fortsetzung von Immunsystemen mit symbolischen Mitteln implizieren. Man muss sich immer fragen, wenn Menschen Metaphysiken entwerfen, was tun sie da eigentlich? Es gibt darauf zwei mögliche Antworten, die völlig antithetisch sind: Entweder treiben die Metaphysiker eine Art von Kunst im Code der Theologie, sie erzeugen Komplexitätsüberschüsse, sie steigern die Riskantheit ihrer Lebensformen und bauen weitere Unwahrscheinlichkeit auf; in diesem Sinn wäre Metaphysik eine Praxis des abenteuerlichen Herzens – sie wäre eine Denk- und Lebensform jenseits des Strebens nach existentiellen Sicherungen. Oder aber die Metaphysiker weben an einem symbolischen Netz gegen die wirklichen und vermeintlichen Lebensrisiken, sie elaborieren ihr Immunsystem, um eine Letztversicherung gegen Bedrohungen aller Art, gegen die Feindschaft des Außen zu gewinnen; sie arbeiten an der Verminderung von Riskantheit und Unwahrscheinlichkeit ihrer existentiellen Figuren; in diesen Fällen – und sie bilden die übergroße Mehrheit – ist Metaphysik eine Praxis des angsterfüllten Herzens. Ich glaube, die herkömmlichen Theologien wie auch die bekannten religiösen Praxen können in einer solchen Betrachtung ohne Vergewaltigung ihrer Eigenart untergebracht werden. Ich schlage einen nicht-reduktionistischen Umgang mit der religiösen und theologischen Tradition vor, einen Umgang, der den

Sinn für die Komplexität und Schönheit metaphysischer Konstrukte bewahrt, ohne die Arbeit von dreihundert Jahren Dekonstruktion und Kritik zu dementieren.

Der Konflikt zwischen Islamismus und dem Westen ist also der Kampf zwischen verschiedenen Immunordnungen. Wenn ich eine gute Versicherung habe, dann brauche ich keinen barmherzigen Gott. Die Moderne expliziert die Religion und schlägt für ihre Teilfunktionen optimierte Ersatzformen vor – und dies geschieht so lange und so oft, bis Radikale freigelegt sind, die der Substitution widerstehen. Nach meiner Einschätzung werden von Gott nur die psychischen Luxusfunktionen die Reduktion überstehen, er bleibt ein Steigerungsraum für ekstatische Kommunikationen; das ergibt einen Rest-Gott, der durch Hinweise auf reine Transzendenz symbolisierbar ist. Mir scheint, das ist eine würdige Lösung, alle anderen Aufgaben der Religion sind doch nur höhere Sozialhilfe.

Ist die Hauptaufgabe von Religion nicht die Regelung des Verhältnisses der Menschen untereinander?

Das kann man so sehen, aber damit machen Sie die Religion zu einem moralischen Code und folglich zu einer leicht ersetzbaren Größe. Bei uns im Westen sollte der Gott der *social relations* in Ruhe sterben können, da wir eine säkulare Moral entwickelt haben, die stark genug ist, um die vergesellschaftenden Motive der Religion ehrenhaft abzulösen. Wie man sich zu dem mystischen Rest und dem thanatologischen Nukleus der Religionen einstellt, kann dann Privatsache werden. Ich denke zudem, dass der Islam wie alle übrigen Monotheismen eine agonisierende Religion ist – aber seine Agonie steckt noch in ihrem heftigen Stadium. In diesem parodieren die

Sterbenden das Leben, indem sie sich angriffslustig und weiß Gott wie rüstig und vital gebärden. Aber im Grunde weiß dieser marode Monotheismus kein vernünftiges Wort mehr über die moderne Welt zu sagen; irgendein kluger Orientalist hat einmal bemerkt, der Islam habe im 13. Jahrhundert zu denken aufgehört; alles spricht dafür, dass das richtig ist. Das Wiedereinsetzen des Denkens geschieht zurzeit unter den Formen der Abwehr. Daraus entsteht ein doppelter Hass: zum einen Hass gegen die Denkaufgaben der modernen Welt, zum anderen Hass gegen die Kulturformen, die bei ihrer Sterbearbeit um einige Kapitel weiter vorangekommen sind. Was heute auf der Weltbühne agiert wird, ist eine verworrene inner-monotheistische Angelegenheit (überlagert von einer fast ebenso verworrenen inner-akademischen Spannung, denn es liegt auf der Hand, dass die arabische und koranische Universität noch nicht damit umzugehen weiß, dass sie zuerst von der christlichen und später von der säkularen europäischen Universität deklassiert worden ist, die westlichen Akademiker hingegen wissen nicht, wo sie ihre muslimischen Kollegen abholen sollen).

Systemelastizität

Gilt dieser Hass nicht einem System, das die Lebenschancen in der Welt sehr ungleich verteilt?

Den Systemhass gibt es, seit der Umriss der modernen Welt in ihrer ganzen blasphemischen Neuartigkeit bei uns selbst sichtbar wurde. Alles, was heute den äußeren

Hassern zugeschrieben wird, haben früher die inneren Hasser der Moderne in Europa selbst sehr ausführlich und hundertstimmig vorgebracht. Das antimoderne Ressentiment ist europäische Volksmusik seit 1789 – und sie wurde in der Regel nicht von den Armen gespielt, sondern von wohlhabenden Rachsüchtigen. Es sind jetzt über 200 Jahre, dass wir uns mit hausgemachter Entfremdungskritik herumplagen. Seit den frühen Schriften Fichtes, spätestens seit 1794, als die erste durchschlagende Darstellung des Systems der Wissenschaftslehre vorlag, gibt es einen scharf gemachten Neoidealismus auf europäischem Boden, der den explosivsten Gedanken einer Systemkritik von innen aufgebaut hat, den Entfremdungsgedanken, wonach der wahre Mensch in dem Gehäuse der verdinglichenden Zivilisation nicht zu Hause ist. Seither bot die metaphysische Linke stets eine Kritik der wirklichen Welt, in der wir sind, im Namen der wahren Heimat, in der wir nicht sind. Meine quasi-rilkesche Metapher vom kapitalistischen Weltinnenraum drückt den Versuch aus, das Kontinuum der Entfremdungssprachspiele zu verlassen. Sie erweitert den Immanenzgedanken um einige Stufen – ohne durchwegs immanentistisch zu werden.

Die letzten 200 Jahre waren in der westlichen Zivilisation, was Kritik der modernen Lebensformen von innen angeht, eine Epoche der ungeheuren Zuspitzung. Daher war Extremismus der Stil der Zeit. Ich glaube, dass es Nietzsche war, der zuerst gesagt hat: Wir sind die »Äußersten«, unsere Kraft besteht darin, uns mit dem Extrem zu identifizieren. Unzählige Angehörige der europäischen Moderne haben sich das nicht zweimal sagen lassen. Alle unsere hauseigenen Systemgegner links und rechts hatten ihre Bomben in der Hand, ob diese nun gezündet wurden oder nicht. Inzwischen blicken wir auf acht Generationen bombenbauender Intelligenz zurück – wobei man anerkennen muss, dass nicht jeder Bombenbauer ein Bomberwerfer ist – zumal nicht im Bereich des semantischen Bombenbaus. Immerhin stellt sich die Frage, wieso diese Lieferanten von Zerstörungswissen das Weltsystem nicht definitiv destabilisiert haben.

Sie haben eher dazu beigetragen, die notwendigen Korrekturen einzuleiten.

In der Tat, sie haben durchwegs das Gegenteil ihrer deklarierten Absichten bewirkt – das gilt ironischerweise sogar für die europäischen Faschismen. Die inneren Extremisten haben das System lernfähig gehalten und ihm das Maß an Stress zugeführt, das notwendig war, um es noch elastischer zu machen. Daher ist der moderne Westen so merkwürdig unverwundbar. Zwar tun unsere Kommentatoren, Politiker und Berater heute mehr denn je, als wären wir im Westen weiß Gott wie fragil, aber dieser Diskurs basiert erstens auf der Fehlinterpretation der Statistik des Terrors von außen und zweitens auf einem überholten Gebäudegedanken. Er verweist auf eine archaische Statik, als ob alles, was heute »besteht«, ein Komplex von Gebäuden im traditionellen Sinn wäre. Nur in diesem Kontext lässt sich verstehen, warum der Angriff auf das World Trade Center durch und durch regressiv war – und warum man aus ihm bislang völlig falsche Lehren gezogen hat.

Die optische Täuschung des 11. Septembers liegt darin, dass damals zwei Gebäude vor den Augen der Welt eingestürzt sind. Jeder war sich sicher, er hätte gesehen, was da geschah – in Wahrheit wurde man durch das Spektakel abgelenkt. Der Einsturz dient seither als falsche Metapher für das, was Terrorismus anrichtet – tatsächlich aber geschieht das Gegenteil, denn statt einzustürzen, richten sich die angegriffenen Strukturen auf, sie entfalten ihre selbstreparierenden Energien. Wenn man das bemerkt, bekommt man einen Begriff von der neuen poststatischen Gebilde-Logik, die unserem Weltentwurf zugrunde liegt. Der 11. September betraf architektonische Gebilde alten Typs, die in keiner Weise die Struktur moderner Gebilde-Kunst repräsentieren, weil diese nicht mehr im Sinn herkömmlicher Statik zu denken sind. Wer ausschließlich über die einstürzenden Gebäude meditiert, versäumt es, aus dem Ablauf der Affäre im Ganzen die fälligen Lehren zu ziehen. Schon ein paar Monate nach dem *event* war den Beteiligten klar, dass man die Türme durch eine beliebige andere Struktur ersetzen wird – und zwar ganz leicht und unter Rückgriff auf die enormen Energieüberschüsse des irritierten Systems. So reagieren intelligente Systeme, die den Charakter von Spannungsganzheiten besitzen und nicht mehr den von lastenden Gebäuden alten statischen Typs.

Die Architekten antworten auf den Terror um vieles intelligenter als die Politiker, die ihre dummen Reden vom Krieg im Munde führen, um sich selbst mit dem Gefühl des Notwendigen zu hypnotisieren. Den Grund hierfür sehe ich in der Tatsache, dass die moderne Architektur längst ein Teil der neuen Immunitätskultur ist. Sie hat verstanden, dass architektonische Gebilde, die man traditionell als Häuser bezeichnet, verräumlichte benutzerdefinierte Immunsysteme darstellen. Immunsysteme sind Verkörperungen der Erwartung, dass Störungen eintreten werden und dass es ihre Aufgabe ist, passende Antworten entweder bereitzuhalten (wie bei bekannten Invasoren) oder neue zu entwickeln (wie bei neuen Erregern). Genau das geschieht heute. Unabhängig davon, wie man die einzelnen Beiträge des Wettbewerbs für *ground zero* beurteilt, es lässt sich absehen, dass das neue Gebilde dem alten technologisch weit überlegen sein wird. Hieran sollte man die eigentliche Information des Zwischenfalls vom 11. September ablesen.

Für eine Architektur der Teilhabe – Notiz zur Kunst Daniel Libeskinds mit Rücksicht auf Maurice Merleau-Ponty und Paul Valéry

1 Für eine neue Poetik des Raumes

Man wird im Rückblick eines Tages erkennen, dass das Jahr 1999 in der Geschichte der modernen Architektur einen Meilenstein, um nicht zu sagen, eine Zäsur darstellte. Mit der Fertigstellung von Daniel Libeskinds Gebäude für das Jüdische Museum Berlin und seiner Übergabe an die Öffentlichkeit im Januar eben dieses Jahres vollzog sich etwas, was man in der Sprache der Chaostheorie eine Fulguration nennen würde – ein Blitzschlag, in dem die Partikel der umgebenden Atmosphäre zu einem neuen Muster geordnet wurden. Wenn ein Blitz zu einem Gebäude wird – wie das aussehen kann, lässt sich in Berlin am Schnittpunkt der Markgrafenstraße und Lindenstraße mit freiem Auge beobachten.

Das Ereignis vollzog sich, für alle hinreichend nahen Zeugen deutlich spürbar, auf drei Ebenen zugleich. Auf der ersten und sichtbarsten artikuliert sich dieses Gebäude als artistisches Phänomen – als eine *apparition* im starken Sinne des Wortes. Es blitzt in seiner Umgebung auf wie eine unerwartete, unverdiente, uneinholbare Singularität – ein Gebäude, mit dessen Errichtung und Fertigstellung das Abenteuer der Architektur im 20. Jahrhundert sich gleichsam kontrahiert, um in ihm wie von neuem zu beginnen. Es dürfte in der Geschichte der Baukunst wenige Gebilde gegeben haben, die so wie dieses unter einem individuellen Gesetz stehen, ausgestattet mit kanonischer Kraft für etwas, was es seiner Natur nach doch nur einmal geben kann. Neben all seinen übrigen Bedeutungen und Widmungen ist dieses Gebäude *prima* und *ultima facie* ein Manifest der architektonischen Moderne, die sich nach einer hundertjährigen Geschichte zu sich bekennt und sich in höchster Bewusstheit noch einmal ihrer Mittel vergewissert. Kunststück in jedem Detail, Kunstwerk kraft seiner souveränen Disposition, ist das Bauwerk erfüllt von einem Jubel der Höchstschwierigkeiten – in diesen Räumen hält der Gott der Architekten selbst den Atem an. Der Besucher freilich sieht sich in eine Atmosphäre meisterlicher Diskretion versetzt, fern von Belehrung und äußerer Überwältigung.

Ereignis ist dieses Gebäude auch durch den Zeitpunkt und mehr noch durch den Ort seiner Errichtung. Als die Stadt Berlin gegen Ende der achtziger Jahre den Auftrag für den Neubau eines jüdischen Museums an einer exponierten Stelle der Stadt vergab, lag auf der Hand, dass an diesem Projekt ein hoher moralischer und geschichtspolitischer Anspruch haftete. Libeskind, der schon damals aufgrund seines ungebauten Werks zu den Großen der zeitgenössischen Architektur zählte, erkannte in diesem Unternehmen die Gelegenheit zu einer singulären ethischen und ästhetischen Geste; sein Umzug nach Berlin, den er um 1990 gemeinsam mit seiner Familie vollzog, um sich vorbehaltlos in das Projekt versenken zu können, war mehr als ein Zugeständnis an die Praxis. Es war ein Bekenntnis zu der Berliner Chance und ein Zeichen des Willens, sich in der gegenwärtigen deutschen Wirklichkeit zu positionieren. Als Wahl-Berliner nahm

Libeskind die Gelegenheit wahr, die Stadt in mehrfacher Hinsicht als Arbeitsplatz zu definieren – zum einen als Schauplatz eines architektonischen Abenteuers, zum anderen als gedächtnispolitische Baustelle. Fünfzig Jahre nach dem Holocaust und im Blick auf das Aussterben der Augenzeugen war es an der Zeit, die Erinnerung an das Große Unheil und an die verlorene jüdische Kultur Berlins in einem anderen Medium und einem anderen Aggregatzustand zu fassen – einem Zustand, für den sich die gleichsam objektive Form des Museums nahe legte. Es zeugt für einen Moment der Weisheit in Berlins Kulturpolitik, dass man es wagte, Libeskind mit dieser Aufgabe zu betrauen: Sein Entwurf hatte in der Tat hoffen lassen, dass er, der Lyriker, der Kammermusiker, der Komplexitätsforscher unter den zeitgenössischen Architekten, die nahezu unlösbare Aufgabe meistern würde. Wir wissen heute, dass das Ergebnis die Erwartungen übertraf. Auch die einfachsten Bürger Berlins haben nach und nach begriffen, dass ein Juwel in der Stadt ist; sie ahnen auch, dass mit dessen Anwesenheit eine Form gefunden wurde, sich mit den Spuren des ausgelöschten jüdischen Lebens ins Verhältnis zu setzen.

Von hier aus lässt sich zeigen, warum das Jüdische Museum Berlin in einer dritten Hinsicht eine ereignishafte Größe darstellt. Seine Errichtung zeigt für Deutsche, Europäer und Juden in allen Teilen der Welt einen neuen Zustand in der Ökologie des historischen Gedächtnisses an. Durch seinen Ort und seine Form besiegelt es einen Erinnerungsvertrag, geschlossen zwischen dem Bauherrn, der unweigerlich nicht nur die Stadt Berlin, sondern die deutsche Gesellschaft im Ganzen repräsentiert, und dem Architekten samt seinem Team und den Kuratoren des

Museums, die unvermeidlich – wenn auch stets mit ihrer jeweils eigenen, unverwechselbaren Note – als Deputierte des zeitgenössischen Judentums wahrgenommen werden. In seiner Materialität wie in seinem ästhetischen Eklat ist das Gebäude selbst der Vertrag zwischen den Erinnerungsparteien, die sich in ihm darauf verpflichten, der Vergangenheit mit gemeinsamen Anstrengungen gerecht zu werden, soweit dies nach dem Geschehenen in der Macht der lebenden Generationen liegt. Hier wird Architektur zum irenischen Ereignis. In dem Jüdischen Museum zeichnet sich ein historisch unbekannter Aggregatzustand der Bemühung um Frieden im Schatten der Erinnerung an die Auslöschung ab. Libeskinds Bauwerk ist, unter diesem Blickwinkel betrachtet, eine Forschungsstätte der Irenik, der Wissenschaft vom Frieden – oder vielleicht besser: der Friedens*kunst*. Es verkörpert eine Hypothese über die Bedingungen der Möglichkeit der kooperativen Koexistenz zwischen den Überlebenden der moralischen Katastrophe.

2 Im-Werk-eines-Menschen-Sein: Zur Kritik der Teilhabe-Vernunft

In einer Notiz, die nach der Fertigstellung des Museumsbaus in Berlin zu Papier gebracht wurde, bemerkte Libeskind über seine innere Bereitschaft zur Teilnahme an dem Architekturwettbewerb im Jahr 1988: »Ich fühlte, dass dies nicht ein Programm war, das ich erfinden musste, oder ein Gebäude, nach welchem ich zu forschen hatte; dies war etwas, worin ich von Anfang an involviert war (*implicated from the beginning*)...« Ich möchte diesen Satz ernst nehmen, indem ich den Sinn der Wendung »von Anfang an involviert sein« im Licht einer zeitgenössischen Theorie des Raums und der Teilhabe an umfassenden Situationen untersuche. Wenn der Künstler bemerkt, dass er nichts erfinden musste, um zu verstehen, und nichts suchen musste, um zu finden, so deutet dieses auf eine Dimension des Werkes vor dem Werk hin, für die wir provisorisch den Ausdruck Teilhabe vorschlagen. In welcher Weise kann die Errichtung eines Gebäudes als Manifestation der Zugehörigkeit zu einem Raum und der Teilhabe an einem generativen Komplex verstanden werden?

Den Schlüssel zur Beantwortung dieser Frage lassen wir uns von Maurice Merleau-Ponty in die Hand geben, der in seinem Hauptwerk *La phénomenologie de la perception* von 1947 sich mit dem Rätsel der leiblichen Teilhabe des Menschen an seinem räumlichen Environnement befasste. Wir heben nur die entscheidende Formulierung hervor: »Der (menschliche) Körper ist nicht im Raum, er wohnt ihm ein.« (*Le corps n'est pas dans l'espace, il l'habite.*) Der scheinbar einfache Terminus »einwohnen« (*habiter*) bezeichnet hier ein Verhältnis der Teilhabe, das offenkundig älter und tiefer ist als jede Ortsbestimmung, zu welcher die Weisheit der Geometrie und der Einwohnermeldeämter gelangen könnten. Dasselbe gilt für das Verhältnis zur Zeit, an welcher menschliche Wesen existentiell teilnehmen, indem sie im Herzen einer Dauer, einer Geschichte, eines Dramas residieren. Das teilhabende Einwohnen in Raum und Zeit begründet ein Verhältnis der existentiellen Immersion.

Wie eng Überlegungen dieser Art an die Frage nach dem Wesen der Kunst und der Künste rühren, zeigt Paul

Valéry in der überzeugendsten Weise, indem er bereits im Jahr 1921 verwandte Einsichten in einem Abschnitt seines Dialog-Essays *Eupalinos oder Der Architekt* entwickelte. Er rief die Figuren des Sokrates und des Phaidros in einem Totengespräch zusammen, um sie am Beispiel der Architektur und der Musik das Prinzip Immersion oder Inklusion-im-Kunstwerk erörtern zu lassen. Die Überlegungen des Sokrates über das Eingetaucht- und Eingeschlossensein von Menschen in menschengemachten Umgebungen beginnen als Meditation über den Dualismus von In und Gegenüber:

> Es reizt mich, über die Künste zu schwätzen... Eine Malerei, lieber Phaidros, bedeckt nur eine Oberfläche, die einer Bildtafel oder einer Mauer... Aber ein Tempel, wenn man an ihn herantritt, oder gar das Innere dieses Tempels, bildet für uns eine Art von vollständiger Großheit, in der wir leben... Wir sind dann, wir begegnen uns, wir leben im Werk eines Menschen! ... Wir sind ergriffen und gemeistert von den Verhältnissen, die er gewählt hat. Wir können ihm nicht entgehen.[1]

Diese Reflexion setzt den Akzent auf zwei Momente zugleich: Zum einen insistiert sie darauf, dass das Umgreifende im gegebenen Fall das Erhabene darstellt, zum anderen betont sie, dass das Umgebende ein Artifizium und keine Naturumgebung ist. Gewiss ist hier nicht von dem Dynamisch-Erhabenen Kants die Rede, das die Natur als eine Übermacht beschreibt, sondern vom Artifiziell-Erhabenen, durch dessen allseitige Gegenwart ein Menschenwerk wie eine integrale Umgebung erlebt werden kann. Valérys Sokrates springt mit einem Satz ins heiße Zentrum der modernen Ästhetik und konfrontiert sich ohne Umwege mit dem Rätsel des totalen

Kunstwerks. Weil dieses, dem Anspruch der Avantgarde gemäß, das gesamte Environnement erfasst, erlischt für den Betrachter die Möglichkeit, es in nur der »bürgerlichen« Haltung des gegenüberstehenden Beobachtens aufzunehmen. Das In-der-Welt-Sein bedeutet angesichts des Tempels, in dem ich stehe, ein Im-Werk-eines-Anderen-Sein, mehr noch ein Konsumiertwerden durch das künstliche Große. Ist es nur ein Zufall, dass dieser Sokrates Ausdrücke gebraucht, die an die Rede des ehemaligen (Theater-)Zeltmachers Paulus auf dem Areopag erinnern von dem Gott, in dem wir leben, weben und sind?[2] Das gleiche wäre nach Valéry nur noch von einer zweiten Kunstgattung, der Musik, zu sagen:

> Im Werke eines Menschen zu sein wie Fische in der Welle, vollständig in ihm zu baden, in ihm zu leben, ihm zu gehören.[3]
> Lebtest du nicht in einem beweglichen Gebäude, das immerfort erneuert war und wieder erbaut in sich selbst, völlig hingegeben an die Verwandlungen einer Seele, die eine Raumseele war? ... schien es dir nicht, als ob sie dich umgäben, dich, der wie ein Sklave unter die verteilte Gegenwart dieser Musik geraten war? ... warst du nicht mit ihr eingeschlossen und gezwungen, darin zu sein wie eine Pythia in der Kammer voll Dämpfen?[4]

Die Explikation des Aufenthalts durch die Theorie des einschließenden Kunstwerks führt so direkten Wegs zur Erörterung des ästhetischen Totalitarismus oder der freiwilligen Knechtschaft in einer menschengemachten Umwelt. In beidem macht sich sofort ein Bezug zur Ästhetik des Erhabenen geltend.

> Es gibt also zwei Künste, die den Menschen in den Menschen einschließen ... im Stein oder in der Luft ... je-

> de von ihnen erfüllt ... unseren Raum mit künstlichen Wahrheiten ...[5]

Die Moderne scheint eine Versuchsanordnung zu sein, um zu beweisen, dass es vom Erhabenen zum Banalen nur ein Schritt ist. Zu der Zeit, als Valéry diese Überlegungen notierte, stand der Kinofilm, das Hauptmedium der Massenkultur, das sich zum Überwältigungsmedium entfaltet, zwar noch in seinen Anfängen, aber er war bereits zielstrebig unterwegs zur Bereitstellung eines Arrangements für massenhafte immersive, tagtraum-mimetische Erfahrungen. Er arbeitete daran, das Auge zu versklaven und aus dem Organ der distanzierten Beobachtung eines des Tauchens in einem quasi taktilen Milieu zu machen. Zugleich hatte man im Bauhaus von Weimar damit begonnen, unter dem Titel *Gestaltung* – welches den deutschen Weg zum Design bezeichnet – über einen integralen Zugriff auf das Umfeld des alltäglichen Aufenthalts zu verhandeln. Nicht nur Musik ist, um mit Thomas Mann zu reden, dämonisches Gebiet, auch das Raum-Design bezieht sich, wie die Architektur, auf die Unheimlichkeit des permanenten oder gelegentlichen Zugehörens zu einer durch und durch von Menschen geformten Umgebung. Diese Künste explizieren den Aufenthalt von Menschen an Orten mit Hilfe von Immersions-Anlagen, die nichts anderes sind als Versklavungsvorschläge für die Konsumenten der geformten Situation. Durch sie wird das Wohnen oder Im-Hause-Sein als willkommene Unterwerfung unter das Ambiente gedeutet. In dem Maß wie Häuser Installationen oder montierte Immersionsanlagen sind, erläutern sie das Dasein als plastische Aufgabe. Die Installation ist die ästhetische Explikation der

Einbettung. Dies zeigt sich unter anderem daran, dass auch die Einbettungen an den beiden Grundwerten des ästhetischen Urteils Anteil haben: Von Einbettungen im Angenehmen und Banalen sagt man, sie seien »schön«, von Einbettungen im Schrecklichen und Unheimlichen, sie seien »erhaben«.

Was Libeskinds Baukunst angeht, so artikuliert sie die Frage, wie eine dritte Einbettung möglich ist, die sowohl schön als auch erhaben und zugleich keines von beidem wäre: weder nur Verführung durch das Angenehme noch bloße Überwältigung durch das Hohe und Unangenehme. Der libeskindsche Raum – von dem Künstler selbst des Öfteren mit dem Kennwort »Begegnung« umschrieben – ist ein Vorschlag für die Immersion in verräumlichter Freiheit. Das Libeskind-Interieur nimmt den Besucher auf wie ein Taufbecken, in dem die Intelligenz des Eintauchenden im Namen der Aufmerksamkeit getauft wird. Wie Malebranche die Aufmerksamkeit als das natürliche Gebet der Seele definiert hat, so hat Libeskind durch eine alarmierende Verschränkung von hellen und dunklen Räumen der Einladung zur Aufmerksamkeit eine neue Form verliehen.

3 Durchbruch zum mehrwertigen Raum

Aristoteles bemerkt in seiner *Physik*: Wenn ein Mensch ein Haus baut, so tut er nichts anderes als das, was die Natur tun würde, wenn sie Häuser wachsen ließe. Man kann hieran ablesen, welche Rolle die traditionelle Philosophie der Architektur zugedacht hatte: die einer Vasallin und Helferin der *physis*. Wo die Natur nicht objektiv nachgeahmt werden konnte, weil sie keine Modellhäuser hervorgebracht hat, musste der herkömmliche Baumeister die Stellvertretung der Natur übernehmen und ihre unvollbrachten Werke kommissarisch ausführen; die Nachahmung bezieht sich in diesem Fall auf den *modus operandi* der Natur, die als Herrin der Gewächse ausgelegt wird. Die Häuser der Menschen stehen darum als Epinaturen in der Natur, gleichsam als Gewächse zweiter Ordnung inmitten einer Umwelt aus ersten Wüchsen. Kaum nötig zu sagen, wie radikal die konstruktivistische »Revolution« der Moderne sich von der alten Metaphysik des Wachstums abstößt. Die Architektur der Moderne – man könnte sie *prima vista* als den Aufstand der Kristalle gegen die Pfanzenhaftigkeit resümieren oder als die Rache der willkürlichen Formen an den unwillkürlichen. Selbstverständlich ist Libeskind, als einer der Virtuosen des architektonischen Modernismus, auf seine persönliche Weise in die Revolte des Artifiziellen verstrickt; auch er ist *nolens volens* ein Vertreter der Kristalle und der kontra-naturalen Geometrien. In Bezug auf dieses Abenteuer hätte er mit ebenso gutem Recht sagen dürfen, er sei in es von Anfang an impliziert gewesen. Dieses Impliziertsein in die Geschichte der modernen Kunst wird bei ihm überlagert vom Impliziertsein in die Tragödie des Judentums im 20. Jahrhundert. Man könnte versucht sein zu sagen: Wenn der Architekt Libeskind ein Haus baut, wird er tun, was die Geschichte täte, wenn sie Häuser »wachsen« ließe. Dies ergibt eine Formel für den Beitrag Libeskinds zum Kanon der architektonischen Moderne: Was geschieht, wenn sich die Kristalle für die Geschichte öffnen…

Der Sinn von Teilhabe ist nunmehr neu zu deklinieren: Die doppelte Staatsbürgerschaft des Künstlers in den Sphären der Formen und jener der Tragödien stellt Forderungen nach beiden Seiten. Den Kristallen ist zu geben, was den Kristallen gehört; der Geschichte, was der Geschichte gehört. Wie diese antagonistischen Ansprüche sich in ein und demselben Gebäude materialisieren, steht seit Januar 1999 den Bürgern von Berlin und den Besuchern aus aller Welt vor Augen. Auch der naive Gast, der mit der Geschichte der modernen Baukunst nicht vertraut ist, nimmt von dem Rundgang durch dieses Haus den unverlierbaren Eindruck mit, dass hier dem Raum selbst etwas Entscheidendes zugestoßen ist. Wenn das libeskindsche Museumsgebäude in kurzer Zeit zu einem Mythos hat werden können, so vor allem deswegen, weil in ihm durch die Gegenwart der *voids*, jener Leer- und Hohlräume, die das Haus in einem geheimnisvollen Rhythmus durchschneiden, auf sinnlich spürbare Weise eine Differenz aufklafft, von der so gut wie alle anderen Gebäude nur ein implizites Wissen haben.

Man könnte auf den Gedanken kommen, es seien durch anomale tektonische Kräfte die Keller über die Bodenlinie gehoben worden, als wollten sie sich nicht länger mit ihrem unterirdischen Status abfinden. Auf den zweiten Blick wird klar, dass man es nicht mit verrückt gewordenen Kellern zu tun hat, auch nicht mit der Projektion eines hypothetischen architektonischen Unbewussten. Tatsächlich artikulieren die libeskindschen *voids* ein Ereignis, das die Grammatik des Raums betrifft: Sie tasten nicht nur den Mythos des Meisterplans an, sondern auch die Dogmatik der Übersicht und der durchgängigen Begehbarkeit des umbauten Raums.

Wenn die Geschichte Häuser wachsen ließe: Sie müsste im Gebäude Räume offenlassen – oder besser aussparen –, die unbetretbar und unbewohnbar bleiben. Wer als Teilhaber der europäisch-jüdischen Geschichte des 20. Jahrhunderts den Raum neu denkt, dem muss es darum gehen, die Erinnerung an Vorgänge zu bewahren, die nie ganz ins Eigentum der Bewohner eingehen können. Man kann unmöglich in dem Großen Unheil wohnen – gleichwohl ist in einem Haus, in dem die Geschichte die Kristalle sprengt, eine Dimension anwesend zu halten, die dieser Unbewohnbarkeit Rechnung trägt. Auf dieser Ebene gelesen, verkörpern die *voids* den Symbolismus der Abwesenheit. Sie bilden eine radikale Formalisierung der Totenwelt innerhalb der Lebenswelt. Da ihnen aber die Konvivialität und Kommunikativität des gewöhnlichen Grabes fehlt, deuten sie mehr noch auf die Unbegrabenen, die in der Katastrophe untergingen, ohne eine Spur zu hinterlassen. Deswegen sind die *voids* auch als irenische Manifeste zu lesen: Wenn gewöhnliche Friedhöfe – ihrem deutschen Namen gemäß – von Grenzmauern geschützte Enklaven im sozialen Raum darstellen, in denen die Toten und die Lebenden einander in ferner Nähe begegnen können, so bilden die ausgesparten Räume bei Libeskind gewissermaßen ontologische Enklaven oder Meta-Friedhöfe, die dem unmöglichen Verkehr zwischen den Lebenden und den Opfern des Großen Unheils eine Form zur Verfügung stellen. Sie verkörpern den strengen Frieden des Andenkens an das Undarstellbare. In diesem Sinn bilden sie einen jüdischen Zugang zur Markierung des Erhabenen. Die Leerräume geben allen Beobachtern die Grenze des Beobachtens zu sehen; mit erhabener Gerechtigkeit weisen sie jede Annäherung zurück und versetzen alle Besucher in gleichen Abstand; kein Einzelner kann sich diese Räume aneignen und zu seinem Standpunkt machen. Weder der Architekt noch irgendein bevorzugter Interpret der Geschichte haben Zugang zu diesen Räumen der Absenz. Eben dadurch offerieren die leeren Volumen Teilhabe an dem, was sich von sich aus der Teilhabe entzieht.

Indem Libeskind im Inneren seines Bauwerks gewisse Volumen dem Verkehr entzieht, modifiziert er die Erfahrung der zugänglichen Felder. Er macht auf diese Weise klar, dass Architektur keineswegs nur Anwendung von dreidimensionalen Geometrien auf menschliche Inhalte bedeutet. Der von Menschen bewohnte Raum selbst wird als mehrwertige Größe enthüllt. Wo immer Menschen sich aufhalten, vollzieht sich eine Scheidung der Räume: Das Bewohnbare setzt sich gegen das Unbewohnbare ab; das Tauchbare gegen das Untauchbare; das Sichtbare gegen das Unsichtbare; das Transparente gegen das Opake; das Durchdringliche gegen das Undurchdringliche. Wenn Sigfried Giedions These zutrifft, dass das Abenteuer der modernen Architektur mit dem Durchbruch zum raumplastischen Empfinden begonnen habe, so ist Libeskinds Berliner Projekt fürs Erste gewiss auch als eine Kulmination des Spiels der Masse mit der Leere zu bestimmen. Als Erbe Le Corbusiers jedoch, der die Dialektik von *le plein* und *le vide* in der Kunst des Häuserbaus entfaltet hatte, führt Libeskind in den gesperrten Raum eine intersubjektive Dimension ein.

Gerade als Niemands-Räume sind die *voids* Räume für jemand. Sie markieren das Gebiet des Ungeheuren, in welchem die sterblichen Menschen zur Koexistenz berufen sind.

Anmerkungen

1 Paul Valéry, *Eupalinos oder Der Architekt*, Frankfurt a. M. 1973, S. 33.
2 Apostelgeschichte 17,28.
3 Paul Valéry, *Eupalinos*, a.a.O., S. 33.
4 Ibid., S. 34.
5 Ibid., S. 35.

V. Conditio humana

Versuch über das Leben der Künstler: Andersgläubige * Verschwender * Fälle * Einwohner

Sie kommen von weit her, aus schwülen Felsendörfern und aus bösen Marktflecken, wo die Feste verfallen sind und die Verwünschungen regieren. Vor dreitausend Jahren hoben sie zuerst den Kopf, früher als die übrigen. Sie spürten, dass etwas Neues in der Luft lag: Anders als alle ihre Vorfahren werden die Menschen in Städten zusammenleben – die Dörfer, die Stämme werden nicht die ganze Zukunft für sich haben. Die seelischen Räume dehnen sich aus, als wollten sie für größere Welten Platz schaffen. Von den Hügeln herab leuchten königliche und bürgerliche Blicke den erweiterten Weltraum aus. Feldherren schauen so, und Schamanen, die hinter den Horizont sehen. Noch sind die Städte nicht erbaut, aber in den Augen der Menschen geht schon die Geräumigkeit auf, die sich mit Städten füllen wird. Die Propheten und Gründer wussten es zuerst: Von den Städten aus gedacht und gesehen, wird die Welt erst wirklich das Ganze, Große, Größte werden. In ihren Visionen erscheint ein Menschentypus, den in das neue Größere heilend einzufügen alle Kräfte der Zukunft fordern wird. Die Flut der Besessenheit wird eingedämmt, die Bosheiten und Verzückungen des alten Landes erreichen die alten Höchstmarken nicht mehr. Ein inneres Festland tritt dauerhaft hervor, auf dem Gedanken sich festsetzen wie erste Siedlungen an Flussübergängen. Dort können Städte, Erkenntnisse und Unternehmen wachsen. Bei den Tempeln sammelt sich ein spöttischer, unternehmender Menschenschlag, um Götter der Besonnenheit in ihnen zu verehren. Das Göttliche selbst scheint klug werden zu wollen; ganz Auge, Licht, Mitwissen thronen die ewigen Weltzeugen im Rausch des Wachseins auf der Anhöhe. Die Atmosphäre der Polis ist durchtränkt von der dauernden Anwesenheit einer Klugheit, die sich unter Bürgern wohlfühlt. Stadtmensch ist, wer von der Nachbarschaft so heller Gottheiten durchdrungen werden kann. Von der Akropolis strahlt eine Wachheit über die Stadt wie ein schöner Alarm, der die Geister der Bürger unter demselben Himmel zusammenruft. Die täglichen Geschäfte sind ein Wettbewerb der Helligkeiten, die Reden und Gespräche eine ständige Prüfung dessen, was der gemeinsamen Erörterung standhält. In diesem scharfen Medium zerfällt das kindliche, ländliche, berauschte Glauben. Wenn die Götter selbst sich auf so neue und durchdringende Weise dem Wachen und dem Wissen verschrieben haben, wie sollten ihre Nacheiferer unter den Menschen ihnen nicht folgen? An eine andere Gottheit anders glauben: Mit dieser Aufgabe, die sich in den hellsten Individuen der alten Stadt selbst erkennt, beginnt die Geschichte einer Klugheit, deren Ausstrahlungen bis in die heutigen Künste wirken. Im Lauf einer zweitausendjährigen Metamorphose ist das Abenteuer der Andersgläubigkeit von den Priestern auf die Philosophen übergegangen, und von diesen auf die Künstler – die letzten Erben der städtischen Frage nach dem Mächtigen, Wirkungsvollen, Wahren, Guten. Die Philosophie entstand, als die griechischen Zauberer, die Iatromanten oder Hellseherärzte der Trance- und Zauberzeiten, sich in den Städten niederließen und es lernten, sich den Regeln urbaner Mittelbarkeit zu unterwerfen. Was ist jetzt Weisheit, was ist gutes Leben? Im Blick auf den Schrecken der Welt die Bedingungen des Glücks erfragen können – an dieser Aufgabe findet der griechische Geist sein Richtmaß.

Als Sokrates vor seinen Richtern erscheint, steht in seiner Person die Dimension Andersgläubigkeit zur Diskussion. In einem einzelnen Mann feiert eine Seinsweise ihren Auftritt auf der Bühne der Ideen. Was vor Gericht gebracht wird, ist nicht so sehr der Tatbestand der Gottlosigkeit, den die biederen Ankläger zu formulieren vermochten; was unter Anklage steht, ist die innere Beweglichkeit eines anderen Glaubens, in dem die Altgläubigen die Ungläubigkeit wittern. Für sie, die Soliden, Nichtverführbaren ist unverständlich, was Sokrates in seinen verführerischen Erkundigungen betreibt; sie sehen ihn, das grübelnde Monstrum, Begründungen für das Heilige, Verborgene, Tragende suchen. Ist solches Denken nicht selbst schon ein Verbrechen? Wer, wenn nicht ein Verbrecher aus Innerlichkeit, würde es wagen, Gründe für die Gründe der Welt zu fordern? Wie unheimlich ist es doch, dass dieser Mann zwar keinen letzten Grund ausspricht, aber sich wie ein Kollege der Dämonen in der Gegend der letzten Ursachen bewegt. Tut er nicht damit so, als seien diese auf unsere Rede angewiesen? Dass diese bewegliche und abgründige Gläubigkeit das Prinzip der städtischen Klugheit selbst verkörpert – dies verstanden zu haben, macht allein die Überlegenheit des Sokrates über seine Richter aus. Er kann den exemplarischen Bürger seiner Stadt darstellen und zugleich der monströse Einwohner einer Gegenwelt bleiben. Darum bringt er, am Ende seiner Verteidigungsrede, die Worte vor, die die Geschichte der Andersgläubigkeit förmlich eröffnen. Er, Sokrates, glaube nicht an die Götter? »Ihr Athener, ich glaube an sie wie keiner von meinen Anklägern, und ich lege es euch und dem Gotte anheim, so über mich zu urteilen, wie es für mich und für euch am besten ist.« So fängt die fromme Unfrömmigkeit mit ihrer Selbsterklärung an: glauben wie kein anderer. In diesem Plädoyer manifestiert sich Dissidenz als das Element, in dem die städtische Art, klug zu sein, bei sich ist. Das ist die Urszene der Modernität. Mit der Gewalt des »Zum ersten Mal« erklärt eine Intelligenz von sich, dass sie ihr Leben auf die offene Weite des Versuchens wettet; ja, sie versichert ihren Hörern, dass diese auch ihnen offenstünde, wenn sie nur mit Bewusstsein wären, was sie sind – Städter, sprachehabende Wesen, vernunftbegabte Sterbliche, Versuchende eines anderen Lebens – eines nachnatürlichen, metakosmischen Daseins im akropolitischen Licht. »Ich glaube wie keiner von meinen Anklägern« – der Satz markiert den kritischen Moment in der Weltrevolution der Seele. Der Glaube – das helle Vorwärtsgehen ins Verborgene – hört auf, sich auf die Unterwerfung zu gründen; es bindet sich an die helle Unruhe und das logische Licht der Seele, die zu denken nicht aufhört. Was aber ist diese anderes als das Innere des Lebens, das im Weltalarm der Stadt erwacht ist? Der Philosoph freilich, der Ex-Schamane, der noch von älteren Einweihungen gezeichnet bleibt, setzt mit der Andersgläubigkeit zugleich ein Anderszaubern in die Welt. Nun sollen die Seelen nicht mehr an die Mutter-Böden gebunden und unter Missionen gebeugt werden. Entbindung ist das Grundwort des Anderszaubers, Aufheiterung sein Programm. Es ist sein treibendes Motiv, die Zahl der Zugänge zum Glück und der Ausgänge aus dem falschen Leben zu erforschen. In der Stadt beginnt der Abschied von den Höhlen aller Art, von ihrem Elend, ihrer Benommenheit.

Weil die Stadt der Ort der Entscheidung über ungleiche Schicksalslose ist, kann hier die Frage nach dem Unterschied der Glücklichen und Unglücklichen zuerst laut werden. Was sind die Menschen ihrem Wesen nach? Sind sie arme oder reiche Subjekte? Bedrückte oder begünstigte Wesen? Lastträger oder Lieblinge der Götter? Die Menschen offenbaren sich jetzt selbst in ihren Antworten, die sie sich auf diese Fragen geben. Sein ist antworten, antworten ist sein. Unter dem Standrecht der Antworten scheiden sich die Geister und Schicksale. Eine unreduzierbare Verschiedenheit trennt die Sterblichen auf engstem Raum voneinander. Seit die menschlichen Tatsachen in keine einheitliche Aussage mehr passen, kann der tragische Chor bei Sophokles erklären, dass es viel Ungeheures gebe in der Welt, nichts aber, das ungeheurer wäre als der Mensch. Für das gewöhnliche Bürgerwissen ist der Mensch ein armes Wesen, das aus übermächtigen Mängeln zum Reichtum strebt – der Mensch gilt ihnen als das Tier, dem immer etwas fehlt. So reden festgestellte Wesen von sich selbst – und die vom Mangel überwältigten Bürger folgen ihnen darin bis heute. Wie großzügig denken dagegen die Anderszaubernden, die den Menschen nicht erklären, sondern überraschen wollen. Für sie ist der Mensch das überreiche Tier, das in die Welt kommt, um sich zu belasten. Die Gattung gibt ihr Bestes im Typus des göttlichen Dulders, dessen Seele durch die Extreme geht. Wenn Menschen es schwer haben, dann nicht, weil eine Misere ihnen zuvorgekommen ist, sondern weil sie sich dazu bereit erklärten, beim Mangel in die Schule zu gehen. Den Göttern näher als den Tieren, lassen die Reichen, Ungeheuren, Vielgewanderten es darauf ankommen, ins Handgemenge mit den Stoffen und Leiden zu geraten. Ihr Leben ist monströs durch Fülle und Gelingen. In der Höhe zu Hause, finden sie weitere Erhöhungen lächerlich; Aufgaben und Felder für Taten liegen für sie immer unten. Als Bürger der wirklichen Stadt sind sie mehr noch Einwohner eines unerschöpflichen inneren Raums, der nichts ist als das Spielfeld möglicher Bewegungen der Klugheit. Wenn sie, die in Künstler verwandelten Stadtzauberer, nach vorne treten, um sich mit einem Werk, einem Wort, einem Trick sehen zu lassen, setzen sie das Woher ihrer Geste immer mit aufs Spiel. Sie veröffentlichen ihre Unfassbarkeit, indem sie Zeichen in Umlauf bringen, die aus der Gegend der Gründe kommen. Wenn es mehr Wachheit gibt als Stoffe, sie auszufüllen, dann hat die Stunde der Ironie geschlagen. Sie ist ein wilder Vorbehalt gegen die Zumutung, an positive Diktate zu glauben. Mit ihrem Schweben revidiert sie die Gewichte aller Dinge. Gegen ihre Weite kommt kein Objekt mehr auf, und wenn es ein pompöses totales Weltbild wäre. Dem Anderszauberer schwebt nichts vor, er selber schwebt vor allen Gebilden. Werke, Taten, Bilder, Welten – was ist da jetzt anderes als Material, das für Durchzüge durch die Weite taugt? Die Künstler des anderen Glaubens bringen Gebilde an den Tag, denen anzusehen ist, dass hier keine knienden Gemüter am Werk sind. Jedem Werk wird etwas mitgegeben von der Geräumigkeit, die sich zu ihm zusammengezogen hat. Sie geben immer zu verstehen, dass für ihre Urheber das Kleinwerden gegenüber dem Großsein das tiefere

Problem ist. Das Schwebewesen, das aus seiner Formlosigkeit auf die Welt zutreibt, hat ja kein anderes Mittel, sich zu verraten als seine immer neue Entäußerung in die Gebilde. Bei seinen Durchgängen durch das Alphabet der Farmen bezeugt es die Verwandlungskraft, in der es sein Leben immer wiederfindet. Daher ist Nachhaltigkeit etwas, das der großen Kunst nie fehlt. Indem die Anderszaubernden sich unaufhörlich wandeln, atmen sie den Raum aus, aus dem ihnen alles kommt. Seine Weite ist ihnen geläufiger als ihr manifestes Werk. Sie könnten alles, was sie geschaffen haben, vergessen, nur nicht die Sphäre, aus der das Schaffen kommt und weitergeht. Sie sind die Sponsoren der sichtbaren Welt, indem sie den Bestand der Erscheinungen vermehren. Unter den Unzähligen, die sich fürs arme Leben vorentschieden haben, bleiben sie die letzten, die einzigen Reichen. Was sie verschleudern, ist die Erfahrung, dass jede formsetzende Geste, die etwas taugt, einem Überschuss entstammt. Sie bezeugen eine Kraft vor den Themen, eine Unruhe vor der bestimmten Linie, eine Helligkeit vor der Farbe. Wären sie Philosophen, so ginge es ihnen darum, die Weltweite vor der Welt zu bekunden. Reichtum ist das Vermögen, Optionen für Besonderes zu treffen. Reich ist die Laune, die an Höhe nicht verliert, wenn sie sich dem Trivialen hingibt. Ohne Stolz, ohne These bestätigt sie ihre Freiheit, die Niederungen zu durchqueren wie der Teufel die heiligen Hallen.

Wieso ist die Welt alles, was der Fall ist? Wir wissen über die Bewegung, die wir sind, am wenigsten. Hat eine Tradition uns darüber aufgeklärt, dass der Fall das ist, was uns die Welt erleiden lässt? Fall ist die weltdurchquerende Bewegung, der sich das wache Menschenleben schlechthin unterzieht. Wer fällt, erleidet die absolute Passion, der gegenüber es keine Überlegenheit gibt – außer der, sich fallen zu lassen. Die Welt ist der Behälter aller Fälle. Sie zieht, wie ein dunkler Attraktor, die neu zur Welt kommenden Wesen in die Schwere, wo sie Erfahrungen mit Widerständen machen. Wer fällt, schlägt auf, um Schmerz und Auflehnung zu erfahren. Darum muss jedem Fall ein Kompromiss zwischen Wut und Geduld entsprechen. Wut hilft dem hineingeratenen Ich, sich nicht aufzugeben unter den toten Dingen; Geduld hingegen schützt die Welt in uns vor der Rache des Nichts, mit der wir die Daseinskränkung ungeschehen machen wollen. Wer mit seiner Leidensfähigkeit das Rasen in Schach zu halten lernt, kann zum geduldigen Arbeiter werden. Arbeit schafft Gewaltenteilung in der Verzweiflung. Zugleich ist die Geduld, die der Wut entgegenwirkt, eine Fortsetzung der präexistentiellen Souveränität mit anderen Mitteln. Sie bringt eine Spur von der alten schwebenden Weite ins gestürzte Leben. Über Jahrzehnte hin dichte Tage aneinanderhängen, um eine Arbeitskraft auf ihren Bahnen zu halten – gibt es eine andere Definition für das Leben der Künstler? Kunst als das Werk der Andersarbeitenden ist immer auch die Arbeit am Fall. Weil Fallen nicht gekonnt werden kann, kommt bei den Künstlern, die ihren Fall manifestieren, die Rohheit der Welt und die Voraussetzungslosigkeit unseres Einbrechens in sie so grell zur Erscheinung. Alles, was in den Werken der Kunst roh und leuchtend und unbedingt gegenwärtig ist, hebt die Materialität der Welt, wie sie im freien Fall erscheint, ins Thema. Vor dem Stürzen sind alle Einzelheiten gleich. Ihr Eintreten ins Sichtfeld bringt immer dieselbe Zumutung hervor – dass ein Wirkliches da ist, das die geballte Faust gegen das Auge hebt und ihm zu spüren gibt, dass Anwesendes, wie es auch sei, seine Macht behauptet. Nur in dieser Sicht können Vorformen wie volle Bilder auftreten, Funde als Werke, Werke als Rohstoffe, Zufälle als Täter, Taten als Driften, Prozesse als Gesten. In allem wirkt dieselbe faktische Körnung der Welt. Immer bringt das Grenze-Sein der sichtbaren Dinge die Blicke zum Halten. In diesem Halt ist die ganze Rohheit der Welt gegeben – ein Grund, warum die moderne Kunst dem Ernstfall des Seins näher kommt als irgendeine seit den magischen Höhlenbildern. Der Maler, der seinen Fall zum Thema von Werken und Serien macht, der muss im Lauf der Zeit die Gleichheit der Dinge vor dem rohen Blick bemerken. Für jemanden, der aus dem Fenster fällt, machen die Fassade, an der er entlangstürzt, und die Szenen des Lebens hinter den Fenstern, die sein Blick im Fallen streift, keinen Unterschied. Er ist so tief in den nackten Umstand hineingeraten, dass es für ihn keinen Sinn macht, hinter einer Erscheinung Tieferes zu vermuten. Was ist jetzt das Erste, was das Zweite? Das Erscheinen ist die Tiefe selbst. Die in den freien Fall gesetzte Kunst wird von der Gleichtiefe der erscheinenden Dinge durchdrungen. Was aber wie eine Anleitung zur Gleichgültigkeit gegen alles aussieht, ist eine Einübung in die Erfahrungskraft, die ins Extreme geht, um sich der Vielfalt der Weltanblicke und ihrer Steigerung in den Werken auszusetzen.

Bei Thomas von Aquin heißt es, die Engel seien nicht wie körperhafte Wesen im Raum, sondern sie erzeugten aus sich den Raum, den sie mit ihrem Wesen ausleuchten und beleben. In unserem Jahrhundert schrieb Merleau-Ponty den Satz nieder, von dem alle Reden über das sinnliche In-der-Welt-Sein der Menschen auszugehen haben: »Der (menschliche) Körper ist nicht im Raum, er wohnt ihm ein.« (*Le corps n'est pas dans l'espace, il l'habite.*) Die großen Künstler sind es, die heute wie früher die Wahrheit dieser Sätze offen halten. Als Tiefeneinwohner der Welt erinnern sie an die Frage, wie das Welthaus überhaupt zu bewohnen sei. Wenn wir in der Welt sind, sind wir dann wie in den eigenen vier Wänden bei uns eingerichtet? Ist uns denn alles, was der Fall ist, in hausartiger Weise gegeben? Beziehbar, möblierbar, wie ein schlüsselfertiges Sein, in dem wir uns nur niederzulassen brauchen und unsere Raten zahlen? Wer Künstler ist, wird solche Fragen immer verneinen. Ihm ist die Verlegenheit, in einem Nicht-Haus zu wohnen, seit jeher gegenwärtig. Künstler sind die Ökologen des Unheimlichen, die Hauszweifler, die Anderswohnenden. Ihr Wohnen unter den Dingen bedeutet Mitarbeit mit den aufscheinenden Formen – mögen diese aus der Natur, der Kultur oder aus dem Kosmos der wissenschaftlichen Zeichen und Modelle stammen. Das Haus der Anderswohnenden ist voller fremder Gäste – es ist ein Punkt im Weltgitter, eine magische Zahl, ein Aussichtspunkt auf rohe Farben. Der Hausherr selbst bewegt sich in seinem Reich wie im Labor eines verrückten Erfinders. Sind die Gäste bereit, an der reichen Konversation teilzunehmen, die unter seinen Gebilden herrscht, so dürfen sie sich in Werken niederlassen. Was ihnen der Künstler in seiner Werkstatt bietet, ist nicht weniger als die Aufnahme in ein Paradies, in dem das älteste Glücksfluidum bis heute fließt: Aufmerksamkeit.

Bekenntnisse eines Verlierers

Meinen längsten Irrtum – ich habe ihn durchschaut. Ich musste vierzig Jahre alt werden, bevor mir endlich die Augen aufgingen. Von Kindheit an hatte ich unter dem Vorurteil gelebt, man müsse unter allen Umständen die Wahrheit sagen. Wahrhaftigkeit allein, so machten sie mir vor, ermöglicht gutes Leben. Wahrheit macht frei, sagten die einen, Wahrheit macht glücklich, behaupteten die anderen. Ich habe ihren Rat beherzigt. Mein Leben verlief in den Bahnen des unauffälligen Unglücks. Niemand erklärte mir, dass ein guter Mensch über den mittleren Dienst nicht hinauskommt. Ich ging den Weg der grauen Mehrheiten, die sich nichts vormachen können und alles zugeben.

Dann kam die Wende, mit der mein Leben neu begann. An einem schicksalsträchtigen Wochenende ging mir die Wahrheit über die Wahrheit auf. Nun wird mich nie mehr jemand dazu bringen, auf meine eigenen Kosten ehrlich zu sein. So viel will ich Ihnen verraten: Ein guter Tag beginnt mit einer starken Lüge. Mein eigener Fall ist hierin lehrreich. Ich taumle ins Bad und sehe im Spiegel den Schatten einer bleichen Masse, die Unwohlsein verbreitet. Müsste ich jetzt scharf hinsehen, so wäre schon alles in der Krise. Mein Feind steht im Raum und will die Sphäre mit mir teilen. Schon wieder schleicht mein nächtliches Selbst hinter mir her und will die Hälfte von meinem Leben haben. Seit Jahren belästigt es mich mit dem Ansinnen, mit mir über das zu reden, was es für meine Probleme hält. Aber ich verhandle nicht mehr mit

Gespenstern. Das Ding im Spiegel ist die Unwirklichkeit. Wer ich bin – das bestimme in Zukunft ich. Ich hole den Zerstäuber aus dem Schrank und umgebe mich mit einer Wolke guten Willens; ich tröpfle mir Weichzeichner in die Augen und erinnere mich an meine Affirmationen: »Es ist ein Glück, dass ich bin, wie ich bin.« Nun bin ich bereit, dem Doppelgänger zu begegnen. Ich lächle meinem Spiegelbild zu, als stünde der Kerl mir menschlich nahe. Ich habe die tausend Gründe, ihm ins Gesicht zu spucken, vergessen und längst beschlossen, dass ich den Typ von innen her mag. Hab selten so früh einen so interessanten Menschen getroffen, ohne Übertreibung. Die erste Anerkennung ist geleistet – ein früher Sieg, ein gutes Omen. Ich werde heute auch über andere viel Gutes sagen, ich merke es schon. Heißt nicht positiv denken die Grundregel der neuen Ethik? Positivität und Härte, die Legierung der Sieger. Keine Sentimentalitäten vor dem Start, keine Minute der Besinnung vor der großen Sause. Zuschauen, entspannen, nachdenken, das ist nur etwas für die Abgeschlagenen nach dem Rennen – sie treiben es mit Hilfe der Dritten Programme, die ganz auf Verliererbetreuung umgestellt haben. Bei mir steht Aufrüstung auf dem Programm. Mich selber dreimal anlächeln vor dem Frühstück, das ist mein mentales *stretching*. Energisch trainiere ich Lügenmuskeln an Stellen, wo andere auf ihren Depressionen sitzen. Ich mache das Tiefengewebe mobil, ein hochspringender Ball würde neben mir träge wirken. Ich zähle bis zehn und finde mich hinreißend. Sie haben mir nicht zu viel versprochen – in wenigen Wochen eine Traumfigur fürs bessere Selbst. Selbstkritik ist das Morgengetränk der Verlierer – ich nehme jetzt immaterielle Vitamine. Der Sieger in mir lässt den Motor aufheulen, ich gehe die Termine durch. Mit sonorer Stimme sage ich mir, dass ich mich blind auf mich verlassen kann. Ich mag den Typ, der Mann ist auf der unwiderstehlichen Seite. Das Schwanken im morgendlichen Niemandsland hatte nichts zu bedeuten. Ich verlasse das Haus wie die Granate das Rohr – ballistisch leben ist das Gebot der Stunde. Ein smartes Geschoss auf der Suche nach seinem Target – seit ich neu denke, erlebe auch ich das Glück der Angreifer. Ein Mann mit dem Siegfried-Faktor spricht zu Ihnen. Tatsächlich, sie hatten mir nicht zu viel versprochen. Das neue 3-D-Lügen-System, *Mendanetics-Basic* – von lateinisch: *mendacium*, die Lüge, hat aus mir einen neuen Menschen gemacht. An vier Wochenenden haben sie mich umgebaut zum Mann der Stunde. Sie sagen auch, in frühestens einem halben Jahr könne ich zu 4-D-Super-Mendanetics weitergehen, und bei Erfolg, an dem schon jetzt kein Zweifel möglich ist, steht meinem Aufstieg zum *identity*-Berater für Sieger nichts im Wege: Personen, Betriebe, Staaten – wir haben Formeln für alle Formate von Kunden. Man sieht, ich wage es wieder, hoch zu träumen.

Seit ich mit dem Glück bringenden Spiel begonnen habe, schaue ich mit der Kaltblütigkeit des Experten auf meine naiven Jahre zurück. Ich war ein Kind der altabendländischen Kultur – und das will heißen: in Wahrheitsfragen ein Primitiver, erzogen in einem Wahrheitsverständnis, wie es zu *flatlandern* passt, zu Wesen, die in einer zweidimensionalen Wirklichkeit leben und die eine dritte oder gar eine höhere Dimension von Wahrheit für Teufelszeug erklären. Sich flach machen ist die Tugend dieser alten Wahrhaftigen. Sie bilden sich allen Ernstes ein, dass sie sich mit den schlichten Unterscheidungen von wahr und falsch, gut und böse, passend und unpassend im Weltlabyrinth orientieren können. In ihrem flachen Kosmos ist kein Raum für komplexe Spiele; sie wissen nichts von Vorstößen ins Unerprobte, sie ahnen kaum, bis wohin Experimente mit vorweggenommenen Wahrheiten gehen können. Ja und Nein, sic et non, Entweder-oder, das ist der trübe Alltag der alten 2-D-Systeme. Schon bei einem simplen Vielleicht ging mir in meinen *flatlander*-Jahren logisch die Luft aus – ich wurde passiv, ja, ich gab alles zu. Ich war der gute Mensch in der Warteschlange, gefangen in einer schwermütigen Ehrlichkeit, auf die ich stolz war wie auf alten Familienschmuck. Ich sammelte damals Niederlagen wie Trophäen, die meine Menschenwürde leuchten ließen. Ich war ein Narr, ein guter Mensch. Je mehr ich versagte, desto heller glänzte meine schöne Seele – mein Ich war ein neurotisches Juwel, ineffektiv und heilig, zusammengekauert im Schmollwinkel der Welt, ein unberührter Verweigerer und Verächter. Von Augustinus hatte sich mir der Grundsatz eingeprägt, dass Lügen unter allen Umständen verwerflich seien; selbst wenn die ganze Menschheit durch eine einzige Lüge gerettet werden könnte, bleibe das Aussprechen der Unwahrheit doch ein verdammungswürdiges Mittel.

Von Immanuel Kant hatte ich gelernt, dass ein Recht, aus Menschenliebe zu lügen, nur vermeintlich bestehe und dass das moralische Gesetz in meiner Brust von mir unter allen Umständen fordert, umschweifelos die volle Wahrheit zu offenbaren. Wie die meisten Opfer der Tradition war ich dazu abgerichtet, zu leben wie im permanenten Zeugenstand, eingeschworen darauf, die Wahrheit zu sagen und nichts als die Wahrheit. Es ist mir heute unerfindlich, wie ich die klassischen 2-D-Ideologen je für große Geister habe halten können. Warum habe ich gegen ihr rigoroses Geflunker nicht schon viel früher revoltiert? Nun, ich habe es wohl schon erklärt – es war mir eine bittersüße Genugtuung, wahrhaftiger als die meisten zu sein. Dabei hätte es an Gegenautoritäten und Eideshelfern aus dem Altertum bei einer Absage an die strikten Wahrheitspriester nicht ganz gefehlt. Ich kann von heute aus erkennen, dass unser neues 3-D-Weltbild, von den 4-D-Visionen schweige ich hier – auf indirekte und diskrete Weise längst vorhanden war. Auch unter den Alten gab es trockene Köpfe, die zumindest partielle Lügenerlaubnisse formulierten. Hatte nicht Ovid in seiner *Ars amatoria* den klugen Frauen, die ihren Geliebten halten wollten, den Rat gegeben, den Mann mit allen Anzeichen der Lust zu täuschen, selbst wenn sie im Augenblick keine empfanden? Auch Aristoteles diskutierte Fälle, wo lügen besser sei als die Wahrheit sagen – etwa bei Krankheiten, wenn das Gemüt des Leidenden aufgeheitert werden soll, oder wenn es gilt, im Krieg das Vaterland durch noble Täuschungen zu retten. Später haben die Jesuiten die Kunst der Lüge hoch gelobt und höher entwickelt, wie umgekehrt ihr Erzfeind Luther alles, die ärgsten Listen inbegriffen, für erlaubt erklärte, was dazu beitrüge, dem Papst, dem Antichrist, zu schaden. Doch was bedeutet all dies gegen die erhabene Brutalität, mit der unser Ahnherr Macchiavelli in seinem Werk *Il Principe* erstmals den vollendet technischen Gebrauch der Wahrheit und der Lüge lehrte? Seit dieses Hauptwerk in der Welt ist, waren Mendanetics der Sache nach geboren. Stolz denken wir, die postmodernen Lügenfürsten vor unseren Monitoren, an diesen kühnen Vorgänger zurück. Seit damals ist das Wort Lüge in der Substanz überholt. Statt von Lügen sollten wir jetzt von selbstinduktiven Hypothesen sprechen. Lügen ist nichts als eine alteuropäische Fehlbezeichnung für das Experimentieren mit kontrafaktischen Aussagen – eine Kunst, die wir im übrigen eher bei den Propheten als den Philosophen lernen. Ist es ein Zufall, dass mehr als die Hälfte unserer Mendanetics-Trainer ehemalige Theologen sind? Ein Lügner ist lediglich ein Prophet, der Pech gehabt hat – vermutlich auf Grund eines nicht-professionellen Umgangs mit den verfügbaren Datenstöcken.

Ein Mensch, der nicht die schlichte Wahrheit sagt, das weiß ich jetzt, ist kein Lügner, wie die Flachgebliebenen meinen, sondern jemand, der beim Noch-Nicht-Wirklichen Kredit aufnimmt. Lügen heißt: mit semantischen Schulden leben. Es wäre ja ein Wunder, wenn die Gesetze des spekulativen Kapitals vor dem Sagen der Wahrheit Halt machten. Die Grundform spekulativer Wahrheit unserer Zeit ist das »Projekt« – der Wurf des Willens, der sich ins Kommende, Gewünschte, Geforderte vorausprojiziert. Der Lügner von einst wäre in dieser Sicht der Prototypus des Unternehmers – ein Pionier der 3-D-Realitäten, erfahren in der Kunst, durch Tatsachen noch nicht gedeckte Sätze zu lancieren, bis aus der Summe kohärenter Fiktionen eine Art von Wirklichkeit geworden ist. Leute mit solchen Talenten waren bisher meist Opfer von altabendländischen Denunziationen. Das Neue, das ich am eigenen Leib erlebe, räumt aber mit den Vorurteilen auf: Durch Mendanetics wird das Prinzip Unternehmertum nach innen gezogen und auf das Ich-Programm des Unternehmers angewandt. Die Kunst besteht darin, sich scharf zu machen wie ein Projektil und sich von keinen hemmenden Instanzen, mögen sie Moral und altbürgerliche Ehrlichkeit heißen, vom Selbstschuss auf die große Bühne abhalten zu lassen. Eine unserer Morgen-Affirmationen heißt: Wer bremst, ist Feind. Diesen Satz sich vorsagen, intensiv wie ein Gebet oder einen Schwur, bevor man den Wagen aus der Garage holt, das hat schon manchen von uns schnell an die Spitze getragen. Ein anderer Satz heißt: Lerne, wie du innen und außen die Hemmer eliminierst. Du musst die hässlichen Kleinwahrheiten entfernen, kühl wie ein elektrischer Insektentöter. Begreife, dass die Alten im Unrecht waren, die sagten, ein Körnchen Lüge, gering dosiert, sei vielleicht erlaubt – als wäre Lüge nur ein Pharmakon oder ein Gewürz. Nein, Mendanetics-Basic, die ganzheitliche 3-D-Wahrlügelehre fürs neue Jahrtausend, besteht darauf, dass Lüge falsch aufgefasst wird, solange man in ihr nur einen Zusatz zu einer ansonsten fälschungsfreien Substanz erkennt. Unser Durchbruch besteht darin, dass wir die Lüge als Hauptsache servieren – oder besser als Netzwerk, als Bausatz. Strategische Ontologen, die wir sind, begreifen wir die Welt nüchtern: Alles ist Konkurrenztheater, es überlebt, wer sich besser inszeniert. Darum ist Lüge unser Marschbefehl, unser Tonikum, unsere Diät. Lüge hilft mir starten, wo Wahrheit alten Typs mich auf der Stelle sitzen bleiben ließe. In einer Performanz-Welt kommt es darauf an, die Einzellügen in einem großen Wurf zusammenzubinden – Vision ist alles, mit ihr beginnen die Wunder der vierten Dimension. Das freilich führt auf ein Gebiet, über das zu sprechen ich noch nicht befugt bin. In einem halben Jahr werde ich reif sein für 4-D-Super-Mendanetics. Ich ahne Großes, die Verklärung ist nahe. Systemisch lügen – das wird den letzten Glamour in mein Leben bringen. Manchmal leuchte ich heute schon wie ein Halogenfluter. Bald werde ich zum Gesamtkunstwerk.

Minima Cosmetica – Versuch über die Selbsterhöhung

Meine sehr geehrten Damen und Herren,
wie alles, was die ökologischen Schicksalsfragen unseres Kontinents anbelangt, kommt dieser Vortrag um ein halbes, vielleicht ein ganzes Jahrhundert zu früh. Wer Stichhaltiges vorbringen will zu der Frage, wie eine Zivilisation mit einem beispiellos hohen Faktor an Luxuskonsum ihre ökologischen Bilanzen ausgleicht, müsste sich auf vollendete oder zumindest gut etablierte Tatsachen beziehen können; und solche ließen sich nur gewinnen durch Langzeitbeobachtungen an dem einzigen Fall, der über unsere Interessen Aufschluss geben wird – unserem eigenen eben; die Unvergleichlichkeit neuzeitlicher Verhältnisse lässt Schlüsse aus der Vergangenheit nicht mehr zu. Die Historie ist nicht mehr die Lehrmeisterin des Lebens. Wer die Wahrheit über unsere Krise wissen will, muss warten können. Nur ein Historiker, der sich in zwei, drei oder vier Generationen mit den Ökodramen des späten 20. und des 21. Jahrhunderts befasste, hätte das Material vor Augen, das ihm die Kompetenz zu gültigen Urteilen lieferte; er oder sie könnte auf die Turbulenzen, die für uns Zukunft bedeuten, wie auf eine abgehandelte Problemmasse zurückblicken; er oder sie könnte von dem methodischen Vorteil profitieren, dass aus unseren Rätselfragen seine oder ihre Protokolle geworden sein werden, aus unseren Erwartungen seine oder ihre Rückblicke, aus unseren Hoffnungen seine oder ihre Feststellungen; im übrigen weise ich mit diesen etwas eigensinnig nebeneinan-

der laufenden männlichen und weiblichen Pronomen auf die unvermeidliche Zweigeschlechtlichkeit der künftigen Geschichts- und Sozialwissenschaften hin; es gehört zu den Nebenwirkungen des wie immer verzögerten emanzipatorischen Fortschritts, dass er auch die Frauen ins ökologische Zwielicht führt. Unter dem Licht der Vergangenheits-Forschung von morgen wird sich alles, was wir heute über Umwelt und Kosmetik vorbringen könnten, nur als eine Demonstration unseres unverbesserlich scheinenden Leichtsinns deuten lassen. Wer hundert Jahre vor der Wahrheit so tut, als könne er die Wahrheit schon sagen, der ist ohne Zweifel – ja was nun? Ein Scharlatan? Ein Illusionist? Ein Suggestionskünstler? Ein Wettermacher? Ein Rattenfänger, ein Kartenzinker – man könnte hier das ganze Wortfeld für Gaukelei und Schwindel auflisten und hätte doch über die Unseriosität unserer antizipierenden Behauptungen nicht genug gesagt.

Vielleicht jedoch kommt einer verfrühten Sorge um künftige Wahrheiten noch andere Bedeutung zu. Starke Indizien sprechen dafür, dass sich im logischen Haushalt unserer Zivilisation der Sinn von »Wahrheit« in einer Umwälzung befindet, einer Umwälzung, die uns zumutet, in ständig wachsendem Maß Zuständigkeiten für die noch nicht festgestellten Tatsachen zu übernehmen. Wenn wir uns hundert Jahre zu früh mit Dingen beschäftigen, von denen wir nichts Erwiesenes wissen, so mag dies darauf hindeuten, dass die Scharlatanerie von gestern im Begriffe ist, die Seriosität von morgen zu werden. Mehr und mehr werden Zeitgenossen in eine futurisierte Praxis gezogen, die sie zwingt, sich um die Tatsachen vor ihrem Eintreten zu kümmern. – Sofern dies zutrifft, haben wir Grund, auf einen Wandel der überlieferten

Denkhaltungen aufmerksam zu werden – einen Wandel, den ich der Kürze halber in drei großflächigen zeitdiagnostischen Sätzen zusammenfassen will: Erstens, sofern wir hinreichend involvierte Zeitgenossen sind, existieren wir im Scheitelpunkt einer Umstellung unseres logischen Haushalts vom Primat der Vergangenheit auf das Primat der Zukunft; zweitens, das Interesse an Wahrheit kann sich künftig nicht mehr vorrangig als Historie äußern, sofern diese fragt, wie es wirklich gewesen ist, noch als Philosophie, sofern diese fragt, aus welchen Ursprüngen und Prinzipien Seiendes eigentlich hervorgeht, sondern als Prognostik und Prophetie, sofern diese kommen sieht, was kommen muss, und heraufbeschwört, was kommen sollte, wenn es mit rechten Dingen zuginge; drittens, wir nehmen Anteil an einer breitenwirksamen Wandlung vom passiven zum aktiven Prophetismus, insofern wir uns zu Mahnungen und Vorhersagen nicht mehr in erster Linie leidend verhalten, als vielmehr dazu übergehen, eigenhändig Fakten herzustellen, die zu den von uns bevorzugten Fiktionen und Projekten passen. Ließen sich diese Thesen erhärten, so würde aus ihnen doch nicht folgen, dass die Perspektive des Historikers in hundert Jahren uns nichts mehr anginge. Im Gegenteil, der Historiker der Zukunft wird über die prophetischen Aktivitäten der Gegenwart zu Gericht sitzen, und die Wahrheit, die in hundert Jahren von der zurückschauenden Intelligenz erfasst werden wird, wird auch das Urteil sprechen über unsere vorausschauenden Initiativen. Somit bleibt der eingangs aufgestellte Satz in Kraft: Ginge es darum, zu unserem Thema stichhaltige Wahrheiten im Sinne der zurückblickenden Bestandserhebung vorzubringen, so kämen wir in der Tat zu früh; wir kommen rechtzeitig, um zu begreifen, was Geschichte treiben für die Zukunft bedeutet: durch aktive Prophetie das Material herbeizuschaffen, das künftigen Historikern vorliegen wird. Wir sind nach alledem gewarnt: Was immer wir von jetzt an tun und sagen, kann vor dem Zukunftsgericht gegen uns verwendet werden.

In dem düsteren Jahrzehnt nach dem Ende des Zweiten Weltkriegs machte in der westlichen Hemisphäre der Satz die Runde, der Mensch sei zur Freiheit verdammt. Er gehört zu den Thesen, die im Laufe weniger Jahrzehnte klassisch und unzutreffend zugleich werden können. Der Autor des Theorems, Jean-Paul Sartre, hatte mit der Formulierung das Logo des Existentialismus geschaffen; das Wort brachte, wenn nicht seine Zeit, so doch deren Gestimmtheit auf den Begriff. Ihren Grundton fand die Epoche in einem Gefühl der Bodenlosigkeit, die man damals das Absurde nannte; das Dasein war durchtränkt von einer billigen Tragik, wer am Leben war, hatte mit der Zerrissenheit seine Erfahrungen gemacht; die Davongekommenen spürten das Zufällige an ihrem Überleben in allen Gesten; wie ein Rest stand das Vorhandene herum, umgeben von Ausradierungen und Hohlräumen. Wer überlebt hatte, fühlte sein Dasein deutlicher umrissen, gleichsam als hätte eine unsichtbare Hand eine schwarze Linie um das eigene Leben gezogen. – Der jähe Ausfall von vierzig Millionen Toten versetzte die Atmosphäre in Schwingung, eine mystische Emission; sensiblere Zeitgenossen brachten das Gefühl zum Ausdruck, dass Lebenszeit nur ein bei den Verschwundenen aufgenommener Kredit war. Es dauerte lang, bis die absurde Wolke sich auflöste – die späteren fünfziger Jahre gehörten zunehmend den Aufbauparolen, eine neue Solidität dichtete sich zusammen, von Neuem Realismus war die Rede, Positivisten aller Länder vereinigten sich, um auf den Boden der Tatsachen zu treten, und in den Sechzigern sahen wir eine neue Sattheit ihre Fahnen hissen. Sie schuf den Hintergrund für neue Wagnisse und neue Sicherheiten, solche der Demokratie und solche des hemmungslosen industriellen Wachstums; beide, Demokratie und Wachstumsoptimismus, mussten sich irritieren lassen von dem Neo-Utopismus und der moralischen Ungeduld der westlichen akademischen Jugend. Dann stieg ein seltsamer Begriff am Horizont herauf – »Lebensqualität«. Wer sich erinnert an die Jahre, in denen der Ausdruck neu war, wird ein gewisses Lächeln nicht unterdrücken können; das Wort schwebte über den kapitalistischen Parteien wie ein Zeppelin über einem Volksfest; es war, als hätten Politiker die Methode gefunden, ihren Wählern den blauen Himmel in den Briefkasten zu werfen. Inzwischen ist dies alles Geschichte – zu referieren, um mit Thomas Mann zu reden, in der Zeitform der tiefsten Vergangenheit. Welcher Bruch hat sich da vollzogen? Es kommt mir vor, als sei Herbert Marcuse nun mit Plato, Paulus und Spartacus gleichzeitig geworden, Adorno versinkt für immer ins Gespräch mit Jeremias, dem Propheten, Mao Tse Tungs Schatten hat sich der Gruppe um Tamerlan und Cortez angeschlossen, Simone de Beauvoir und Galla Placidia entdecken füreinander vorsichtige Sympathien. Traumartige Annahmen – sie mögen den Eindruck festhalten, dass die Vergangenheit dimensionslos geworden und sozusagen in einen Punkt gestürzt ist. Wenige nur, die heute am Leben sind, haben Erinnerungen an eine Zeit, als das Dasein wie ein ruhiger breiter Strom aus der Tiefe der Zeiten hervorkam; schon die Wochen hinter uns sind Kondensstreifen, die sich im Nu entwirklichen. Jahre sind Müllsäcke, die an Silvester abgeholt werden. Wie würdelos wurde die abgelaufene Zeit, als habe der Begriff Abfall die konsumierte Gegenwart erfasst. Ein neuer Zeitgeist gewann Gestalt – ein Zeitvernichtungsgeist, seit den 70er Jahren in Vorzeichen erahnbar, seit den 80er Jahren mit Händen zu greifen und in massiven Selbstaussagen nachweisbar. Auch er ist vom Gefühl der Bodenlosigkeit imprägniert, aber nicht mehr jener, die den Absurdismus der 50er Jahre hervorgetrieben hatte; eine Bodenlosigkeit von veränderter Färbung hat die Zeitgenossen in Besitz genommen. Um es mit einem Wort zu sagen: Der Ästhetizismus hat den Absurdismus überspielt. Nicht Entscheidung, sondern Erlebnis ist das Schlüsselwort der Zeit. Es kommt dem Zeitgenossen von heute nicht in den Sinn, sich grundlos selbst zu wählen, wie einst im allgemeinen Nachkriegs-Grau. Die große Chance von heute liegt darin, sich grundlos selbst zu verzehren. Nicht weil, wie nach dem Weltkrieg, die Toten in der Mehrheit zu sein schienen, fühlen wir den leeren Raum um uns herum aufklaffen und alle Institutionen wie auf Treibsand stehen, nein, haltlos sind wir geworden, weil die Welt als Liste von Optionen uns schwindeln macht. Bodenlos sind wir, weil wir zwischen vierzehn Arten von Dressings wählen müssen. Die Welt ist eine Speisekarte, da heißt es konsumieren und nicht verzweifeln. Dies ist der Grund der postmodernen »Kondition«. Du hast nur ein Leben, also häufe den Teller, friss dich selber auf, lass nichts von dir übrig, die Reste kämen ohnehin nur in den schwarzen Plastiksack. Wir treiben auf dem Ozean der Appetite, Erlebnisbereitschaft hat die Welt entgrenzt. Zwar haben die letzten Konservativen, Stoiker wie Christen, sich Reste von Glauben an den Geist ernster Missionen und objektiver Aufgaben bewahrt, die breiten Mehrheiten sind längst zur glaubenslosen Internationale der Endverbraucher konvertiert – um eine Bemerkung des englischen Kulturhistorikers Gellner abzuwandeln.[1] In seiner Eigenschaft als Verbraucher nimmt der Mensch des neuen Jahrtausends seine Stellung im Bodenlosen wahr. Nicht mehr zur Freiheit ist er verdammt, sondern zur Frivolität. Frivol ist, wer ohne ernsten Grund sich für dies oder das entscheiden muss – es ist das Taubengrün und nicht das Karmesin, das Lachs-Teriyaki und nicht die Lammstelze, die Seychellen sind es und nicht Acapulco, Naomi ist es, nicht Vanessa, die Bad Boys, nicht Depeche Mode, die Großen von Honda, nicht BMW, es ist Long Island, nicht Bogenhausen. Wissen, dass man sterben wird und die Kraft aufbringen, nicht Seide zu tragen, sondern raffiniert einfach gestreifte Baumwolle – dazu gehört Größe, und eben die ist den Angehörigen unserer Generation auf diskrete Weise eigen. In hellen Augenblicken ist man über die eigene Entscheidungsfähigkeit erschrocken. Nun wurzelt die neueste Entschiedenheit nicht so sehr, wie die aufgedrehten Vitalisten nach Nietzsche glauben wollten, in einem hochenergetischen Willen zur Macht – sie geht aus kleinen, instabilen Spannungsunterschieden hervor. Man könnte ihr regulatives Prinzip den Willen zum Spaß nennen, wenn man unter Spaß das Prinzip der Abfuhr kleiner und kleinster Spannungsmengen versteht. Was hier Wille zum Spaß heißt, ist zugleich kein Ausdruck eines Willens im herkömmlichen Sinn mehr, denn in der Spaßkultur ist das überlieferte Bild vom Menschen, der wollen kann, obsolet geworden. Der Spaß hat und ist kein Prinzip, das sich selber ernst nimmt, in seiner Mitte gibt es nichts, das wie Grundsätzliches beharrt. Stellungen räumen können, das ist es, worauf es Spaßsubjekten ankommt. Frivolität ist das Fluidum einer Weltlage, in der sich die Hauptmasse alltäglicher Verhaltensweisen rechtfertigt aus einem Grund, im Spaß – das heißt in einer schwachen Differenz, einem niedrigen Gefälle. Das System der Frivolität – so könnte man in einer fast unpassend weitgreifenden Verallgemeinerung hinzufügen – schwebt über einem Satz vom minimalen zureichenden Grund. Optionen, Launen, Präferenzen müssen genügen, um den Einzelheiten ihren Sitz im Sein zu geben. Man könnte versucht sein zu glauben, dass wir in philosophischer Hinsicht eine Ordnung der schwachen Gründe betreten haben. Wenn Welt ein Inbegriff von Optionen ist, so geht es für ihre Bewohner darum, aus Beinahe-Gleichgültigkeiten Entscheidungen zu machen und aus Entscheidungen manifestes Verhalten.

Meine Damen und Herren, ich rücke diese Bemerkungen über das postmoderne Frivolitäts-System mit Vorbedacht an den Anfang der folgenden Überlegungen. Vielleicht sind sie dazu geeignet, einen Aspekt an der Verlegenheit über das Thema des heutigen Tages zu artikulieren. Kosmetik und Umweltkrise – man nimmt leicht wahr, dass in dieser Konfiguration Ungleichwertiges zusammenkommt oder dass Ungleichgewichtiges auf derselben Waage liegt. Zweifellos ist die Kosmetik, zusammen mit allem, was zur aktuellen Schönheitsindustrie gehört, das Spitzenphänomen jener Welt der schwachen Gründe, als welche oben die Optionen-Wirklichkeit angesprochen worden ist; und ebenso zweifellos steht die Umweltkrise gerade heute für ein System der schweren Gründe, die im Hintergrund des optionalen und frivolen Designs von Wirklichkeit – so vermuten wir wenigstens, fortzubestehen nicht aufgehört haben. Zu unmittelbar will das Leichte sich an das Schwere anschließen, allzu direkt will das System des Unernstes sich mit der Ökologie vernetzen, das heißt mit dem logischen Zentrum des Wissens um ernste Dinge. Das ist auf direktem Wege nicht zu erreichen. Dem Autor ist keine Methode bekannt, wie das Dilemma zu beheben wäre. Um die Lösung für die gestellte Denkaufgabe aufzuspüren, sind entweder paranormale Kräfte vonnöten oder wir müssen uns auf eine umwegige Ermittlung vorbereiten. Gewiss würde viel für das Erste sprechen. Der Autor steht noch unter dem Eindruck eines Vorfalls, der sich in dem österreichischen Kurort Bad Aussee im September 1993 zugetragen hat. Durch menschliches Versagen – wie der juristische Terminus für Frivolität lautet – war während einer exotischen Schlangen-Show in einem Kurhotel des genannten Ortes eine grüne Mamba aus ihrem Vivarium entkommen – eine Schlange, die zu den giftigsten und, nach Meinung der Liebhaber, auch zu den schönsten Geschöpfen der Schlangenwelt gehört. Sie verschwand in einer Ecke des Saales unter dem Parkett und blieb während mehrerer Tage unauffindbar. Die kleine Welt von Bad Aussee geriet in Aufruhr, und dank der Medienberichterstattung verfiel halb Österreich ins Mambafieber. Polizei und Feuerwehr waren zur Stelle, rissen Parkett-Böden auf und wühlten in den Wänden, Abteilungen des Bundesheeres kamen zum Einsatz, Jäger mit Flinten sicherten die Stadt weiträumig ab, und man darf sicher gehen, dass noch in einer Entfernung von fünfzig, siebzig, hundert Kilometern besorgte Väter vor dem Schlafengehen um ihre Einfamilienhäuser schlichen und in Anschlag gingen auf etwas hinterhältig Gleitendes, Lispelndes, Grünes, Tödliches. Aus der Bevölkerung gingen an die tausend Hinweise ein, wie man der Schlange habhaft werden könnte; im übrigen stammten die Ratschläge mehrheitlich aus dem okkultistischen Milieu – ein Umstand, der dem Vorfall ein gesellschaftstheoretisch markantes Relief gibt; man macht sich keine Illusionen mehr über das Methodenbewusstsein von Mitteleuropäern vor der Wende zum dritten Jahrtausend: Die Ära des Transpragmatismus ist da – wer es schafft, hat recht. Am dritten Tag war die Jagd zu Ende, man fand das Tier ungefähr dort, wo es zuletzt gesehen worden war, irgendwo unter dem inzwischen abgetragenen Fußboden. Die Pointe dieser glücklichen Wiederentdeckung steht noch aus: In den Abend-Hauptnachrichten des ORF kam ein Rutengänger zu Wort, der sich den Erfolg der Suche nach der Schlange zuschrieb.[2] Unvergesslich bleibt, was der Mann über seine Methode bemerkte; er gab zu Protokoll, die Suche habe lange gedauert, weil er das Tier zuvor nicht persönlich gesehen hatte und daher, wie er sagte, keinen direkten »mentalen Kontakt« zu ihm aufnehmen konnte; so blieb ihm nur ein indirekter Weg: Der Besitzer der grünen Mamba musste sich auf die Schlange konzentrieren, oder, wie man im Milieu zu sagen pflegt, »sich mental auf sie einstellen«, woraufhin sich der Rutengänger seinerseits auf den Besitzer konzentrierte bzw. mental einstellte, um anschließend anhand seiner inneren Impression die Schlange zu lokalisieren. Der Erfolg des Vorgehens ließ, wie man sah, nicht allzu lange auf sich warten, das grüne giftige Tier sitzt wieder in seinem Vivarium, der Besitzer soll allerdings die Kosten der Aktion tragen – herausgerissene Fußböden, demontierte Wandvertäfelungen, Tagegelder für Sicherheitsbeamte, vorzeitige Abreisen und Buchungsausfälle der Bad Ausseer Hotellerie usw. – Umstände, die das Land Österreich als avancierte Risikogesellschaft ausweisen.

Der Autor muss gestehen, während der Ausarbeitung dieser Studie hat er mehr als einmal an den Rutengänger von Bad Aussee denken müssen; kaum konnte er sich dem düsteren Gedanken entziehen, dass dieser Mann methodisch nicht schlechter gerüstet sei als er selber, wenn es darum geht, die ökologischen Chancen einer Zivilisation von Luxuskonsumenten zu ermitteln. Ich stellte mir vor, wie man das Verfahren der mentalen Kette um einige Glieder erweitert, etwa in folgender Weise: Der Rutengänger stellt sich mental auf Karl Lagerfeld ein; Karl Lagerfeld stellt sich mental auf Claudia Schiffer ein; Claudia Schiffer stellt sich mental auf ihre Visagistin ein; diese stellt sich mental auf den Chefchemiker von Schwarzkopf ein – und der ist ohnehin schon mental eingestellt auf Kosmetika im Spannungsfeld zwischen Ästhetik und Ökologie, er wäre in unserer Analogie derjenige, der die grüne Mamba persönlich kennt; bei normalem Ablauf sollten wir imstande sein, binnen einer vernünftigen Frist eine Modell-Lösung des Problems bekannt zu geben. Leider steht es um die medialen Fähigkeiten des Autors im allgemeinen und die rutengängerischen im besonderen nicht sehr gut; Philosophie ist, wie es scheint, noch immer nicht die beste Vorbereitung auf die Herausforderungen der Zeit. Wer sich an Plato und Adorno gebildet hat, steht gegen die neuen Intuitionisten auf verlorenem Posten; die treten auf mit Lösungen, ohne sich fragen zu lassen, warum und wie; dem Erfolg ist es egal, wie du ihn erlangst.

Was im folgenden zu hören ist, sind völlig konventionell erreichte Annäherungen an das flüchtige Sujet, Versuche, der gegenwärtigen Problematik auf ideengeschichtlichen Umwegen näherzukommen. Der Natur des Gegenstands entsprechend werden sich religionsphilosophische Exkurse nicht vermeiden lassen. Ich werde in relativ kurzen Absätzen nachdenken: erstens über die alteuropäische Idee, dass Menschen Wesen sind, die sich durch untilgbare Mängel auszeichnen – mithin über die Idee der Erbsünde; zweitens über die Methoden der Sünder, die Folgen ihres Makels erträglich zu gestalten – mithin über die Doppelideen von Purgatorium und Ablass als einer nachträglichen Reinigungsprozedur für hartnäckige Übeltäter; drittens über das Motiv der ökologischen Menschenfeindschaft, die sich als Wiederkehr der radikalen Sünderbestrafung unter nicht-religiösem Vorzeichen verstehen lässt, sowie über mögliche Mittel und Wege, dem Sog dieser Menschenfeindschaft durch eine prophetische Umweltökonomie zu entgehen; viertens und letztens über die mögliche psycho-ökologische Funktion des Optimismus.

1

Es ist mir nicht bekannt, ob Untersuchungen zum ökologischen Gehalt des Sündenbegriffs vorliegen; es scheint mir jedoch auf der Hand zu liegen, dass hier bei geeigneter Beleuchtung ein sinnvoller Zusammenhang zutage kommt. Tritt man von den Details der klassischen Sünden- und Laster-Rhetorik weit genug zurück, wie sie vor allem in jüdisch-christlichen Überlieferungen gegeben ist, so zeigt sich, und zwar im Blick auf beide Geschlechter, ein dunkles und doch nicht inaktuelles Bild. Der Mensch wird portraitiert als ein Wesen, das aus tiefen Ursachen dazu disponiert oder entschieden ist, eine gegebene Große Ordnung zu verletzen. Sündentheologie ist in ihrer klassischen, bis an die Schwelle der Neuzeit herangetragenen Form ein Gebilde der christlichen Spätantike; erst im Übergang vom heidnischen Altertum zum christlichen Weltalter konnte ein Interesse daran aufkommen, die anthropologisch pessimistischen Motive der Alten Welt zu systematisieren, um sie in die neue Erlösungsökonomie einzubauen. Gewiss hatten Römer und Griechen, in den Tagen der Mythen und des Theaters wie in denen der Philosophie, von menschlichen Gefährdungen durch Mängel und Laster Wesentliches gewusst; das Wort Hybris erinnert daran, wie früh der Mensch als das zur Maßlosigkeit neigende Tier zum Objekt kritischer Blicke geworden war. Dennoch war es von der antiken Hybris-Kritik zur frühchristlichen, namentlich zur augustinischen Lehre vom erbsündigen Zustand der Menschheit ein weiter Schritt. Es ist der Schritt, der getan werden musste, um sämtliche Möglichkeiten von Selbstrechtfertigung, wie sie den antiken Weisheitslehren zugrunde lagen, zu zerstören und die Einzelnen unter die bedingungslose Abhängigkeit von einer Erlösungslehre und ihren apostolischen Vermittlern, den katholischen Bischöfen, zu bringen. In der väterzeitlichen Theologie setzt sich eine Denkform durch, die man als theonomen Monarchismus bezeichnen könnte: Die Welt ist ein von einem einzigen Gott geschaffener, erhaltener und regierter Ordnungskosmos, in dem jedes einzelne Seiende seinen Ort und seine Wesensbestimmung anerschaffen erhalten hat. Darum bedeuten An-seinem-Ort-Sein und In-Ordnung-Sein im Grunde dasselbe. Die schmerzliche Ausnahme in dieser schönen Topologie bildet der Mensch; er ist das einzige Wesen, das nicht oder nicht mehr an seinem vorhergesehenen Ort steht; ursprünglich eingesetzt in die Mitte eines paradiesischen Gartens, als dessen freizügiger Hüter und Nutznießer, wurde Adam seiner Bestimmung, seiner Plazierung untreu, mit Folgen, die nur allzu bekannt sind. Seither ist die gesamte Menschheit – »in Adam«, so will es die biblische Gattungs- und Mengenlehre – ortsverrückt, theologisch gesprochen »gefallen« oder »vertrieben«, aus ihrer Ur-Lokalisierung herausgebrochen und auf der Suche nach neuen Stellungen, warum nicht auch nach wiedergefundenen Paradiesen. Es gehört zu den Stärken der kirchenväterlichen Analyse, dass sie es bei der Sondierung des adamitischen Falls durchaus genauer wissen wollte. Auf die Frage: Wo bist du Adam? – mit der das Versteckspiel des Menschen, dann seine Vertreibung und Verformung begann, sind, nach ihrer Überzeugung, nur solche Antworten noch möglich, die mit der Idee der Großen Ordnung unverträglich sind. Adam ist immer am falschen Ort, immer daneben und dagegen, immer in der Maske, hinter dem Busch, im Exil, in der Irre. Er ist am Ort des Widerstands, im Reich des Ungehorsams. Im adamitischen Ungehorsam manifestiert sich das Super-Paradigma menschlicher Zivilisationen seit der neolithischen Revolution – der Aufstand eines Herrentiers gegen die kosmische Ordnung. Was aber ist Ungehorsam an sich selbst? Wie konnte er sich einschleichen in eine von Gott schön konstruierte Welt? Mit dieser Frage rühren wir an den Nerv der Sonderung. Es versteht sich wohl, dass man, um sie zu beantworten, über Adam hinausgehen musste, um die Bedingungen der Möglichkeit eines Widerstands gegen das Gesetz in ihrer letzten Tiefe zu erforschen. In seiner Analytik des Ersten Egoismus stößt Augustinus vor zu einer Tiefendiagnostik der Subjektivität als teufelskreisartiger Selbstbehauptung in negativen, eigenwilligen, in sich selbst eingekrümmten Stellungen. Es ist natürlich nicht Adam allein, sondern, weit vor und über ihm, der Satan selbst, mit dem der Einbruch des Neins in den zunächst ganz auf Bejahungen angelegten Ordnungskosmos beginnt. Der erste Verneiner, als Erfinder des Nichts, parodiert gleichsam die göttliche Schöpfung, indem er sein Nein *ex nihilo* hervorzaubert. Der erste Teufel hat, darauf kommt alles an – kein externes Motiv für seine Wahl, wie arme Teufel zweiten, dritten Ranges ansonsten. Er handelt aus der Fülle der Unmotiviertheit: Weil er will, wie er will, und weiter nichts. Er wählt sich selbst und seine Sonderung grundlos, aus dem Abgrund der Laune, so wie ein Modeschöpfer seine Saisonfarben festlegt. So einfach und einfach so, mehr nicht. Augustinus entdeckt in der Ersten Verneinung gleichsam die Anarchie; hier leuchtet die Anfangslosigkeit des mutwillig neu aus sich Begonnenen erstmals im Licht der Reflexion auf. Augustinus betont: Hinter dem Teufels-Nein stehen keine bedingenden Erfahrungen und kein rivalisierendes Prinzip; der negative Engel wird sich nicht dadurch entschuldigen, dass er vor dem Fall eine schlechte Kindheit hatte; auch ist er nicht der Vasall eines zweiten bösen Gottes. Seine Weigerung ist frei; kraft ihrer Freiheit vollzieht sie die Kehre gegen die Große Ordnung als Hinwendung zum Eigensinn. Im Grunde ist der Engel des Widerspruchs ein Künstler. Mit tödlicher Eleganz, leicht wie ein Modell am Ende des Laufstegs, kehrt Satan seinem Ursprung den Rücken. Fast meint man zu sehen, wie seine langen, sorgfältig gepflegten Locken bei der Kehre um seine Schultern schwingen – bekanntlich gehört er zum effeminierten Typ. In dieser ersten halben Drehung, dieser ursprünglichen Perversion ist für Augustinus das Schicksal der Menschheit enthalten; alles, was später Geschichte heißen wird, ist nur die Explikation dieser Abwendung und ihre Korrektur durch eine mögliche Zurückwendung; christlich verstandene Weltgeschichte ist wesentlich das Spiel von Perversion und Re-Konversion – man könnte sagen, sie ist das Drama menschlicher Stellungnahmen zu einer Wahrheit, der sie, die Menschen, in Satan und in Adam, zunächst und zumeist den Rücken kehren, um sich – mit Gottes Hilfe und mit Hilfe des Leidens – zuletzt und vielleicht zu ihr zurückzuwenden. Dass Wahrheit etwas ist, was in der Regel nicht im ersten Angang gefunden und festgehalten wird, sondern nach einer Entstellung erst wiederzuentdecken ist – diese Ansicht gehört im übrigen schon zu einer älteren Stufe jüdischer Weisheitsliteratur. Das so genannte Alte Testament enthält massive Fassungen des Motivs von Sünde und Buße, nicht zuletzt im Blick auf die weibliche Eitelkeit; die liefert – wie wir leicht erkennen – das Muster satanischer Selbstreferentialität. Der älteste der jüdischen Schriftpropheten, Jesaia, tritt mit der ersten Kritik an der kosmetischen Widerspenstigkeit der Frauen hervor:

> Und der Herr sprach: Weil Sions Töchter so hochmütig sind, beim Gehen hochrecken den Hals und ihre Augen verdrehen, weil sie trippelnd und tänzelnd einhergehen und mit den Fußspangen klirren, darum wird der Höchste den Scheitel der Sionstöchter kahlköpfig machen … An jenem Tag entfernt der Herr den prächtigen Schmuck: die Fußspangen, Stirnbänder, Möndchen, die Ohrgehän-

> ge, Armkettchen und Schleier, die Kopfbinden, Schrittkettchen und Gürtel, die Halsbänder und Amulette, die Fingerringe und Nasenringe, die Feierkleider, Mäntel, Überwürfe und Täschchen, die Schleier und Untergewänder, die Binden und Umschlagtücher. Und dann wird es geschehen: Statt des Balsams gibt es Moder, statt der Schärpe den Strick, statt des Lockengekräusels die Glatze… (Isaias 3, 16–24)

Man sieht sehr deutlich: Weil der Prophet im Haar den Sitz der ursprünglichen Sonderung vermutet, in der Locke den Anfang der Selbsteinkrümmung, in der Frisur die Zustimmung zum Sonderweg, muss Reue mit der Schere beginnen; wenn ich die Stelle richtig lese, schneidet der Herr eigenhändig den stolzen Frauen die Haare ab – das ist die einzige Kosmetik, die der verletzten Großen Ordnung Genugtuung verschafft. Herab vom Laufsteg, die Kleider auf den Boden, fort mit der Schminke, Schluss mit der originellen Frisur – in diesen Gesten regt sich eine frühe Leidenschaft für die Wiederherstellung dessen, was Eiferer seit je für einfachere, anfängliche, wahre Verhältnisse halten. Wir würden diese Leidenschaft heute am ehesten als eine radikal-ökologistische einordnen.

2

Der Feind ist nun erkannt, die Frontlinie markiert. Von Satans bodenloser Rebellion als Urstiftung der Selbstbezüglichkeit läuft eine klare Spur zu Adams Ungehorsam und von dort direkt zu den hübsch nach innen gedrehten Locken der Sionstöchter. Der Teufel gefällt sich besser als Gott – mit einem Akt ästhetischer Dissidenz setzt die Tragödie ein, die als moralische beginnt, um als ökologische zu enden. Weil Menschen, in Satan und Adam, wie gesagt, sich selbst besser gefallen als alles andere, erwacht in ihnen ein Zug zu gefährlicher Originalität. Der Kirchenvater Tertullian sah das Problem der Mode, oder wie er sich ausdrückte, des Weiber-Putzes – *cultus feminarum* – in ihrer für alle Formen von Großer Ordnung bedrohlichen Dynamik nicht ganz ohne Hellsicht voraus: »Konnte (Gott) nicht auch purpurrote oder stahlblaue Schafe erschaffen? Wenn er es vermochte, so hat er es eben nicht gewollt; was Gott aber nicht machen wollte, das darf man auch nicht machen ...«[3] Man wird dies nicht als ein Plädoyer für Naturfarben missverstehen – was der strenge Theologe im Sinn hat, ist ein Veto gegen die Sorge um farbliche Modi überhaupt. Mit der Färberei, das meint er zu wissen, wird das Gebiet einer Originalität betreten, die auf keineswegs unschuldige Zusätze zum Gegebenen hinaus will; originell ist der Mensch nur auf der Basis von impliziten und expliziten Widerständen gegen Gottes Werke erster Hand. Tertullian förmlich: »Was nicht von Gott kommt, muss notwendig von dessen Widersacher kommen.« Für Kenner der Großen Ordnung steht fest: Der Weg zur Hölle ist mit originellen Einfällen gepflastert.

Und dass Hölle die exakte Bezeichnung für das Zukunftsreich des Teufels und seiner originellen Anhänger sei: Dies ist die Überzeugung, die sich im Laufe der Spätantike in den Werken der Väter konsolidiert, um von da an bis in das hohe Mittelalter unangefochten zu herrschen. Das tausendjährige Reich des katholischen Höllenglaubens gehört zu den mächtigsten Tatsachen des europäischen Bewusstseins; es war ein psychopolitisches Regime von gewaltiger Ausdehnung, das auf bedenkliche Weise an den Zusammenhang zwischen Terror und Seelenlenkung erinnert. Der Mensch ist verdorben von Grund auf; man tritt darum ihm nicht zu nahe, wenn man ihm mit dem Schlimmsten droht. Das frühe Mittelalter setzte ohne Umschweife auf den Terror als Erzieher. Um der Idee der Hölle die äußerste Schwere zu geben, war es, wie Augustinus erkannte, unerlässlich, den Ewigkeitscharakter der jenseitigen Strafen mit unnachgiebiger Betonung herauszuarbeiten und gegen alle Einwände seitens der barmherzigen Laxisten zu sichern. Indem er nach den formalen Garantien des ewigen Höllenbrandes forscht, entdeckt er wie nebenbei die Frage nach der Möglichkeit unendlich regenerierbarer Energiequellen; es ist auch bei Gott keine Kleinigkeit, die Unverbrennbarkeit eines sündigen Körpers im ewigen Feuer sicherzustellen; sobald man sich ernsthaft mit den Fragen der Feuerungstechnik in der Ewigkeit befasst, rückt nicht weniger in die Nähe als ein Durchbruch zur Konzeption des sich selbst speisenden Reaktors; mit eindrucksvoller konstruktiver Phantasie entwirft Augustinus im 21. Buch seines *Gottesstaates* ein Energiekonzept, das in der Art eines geschlossenen Plutoniumkreislaufs das Nicht-Ausbrennen des strafenden Feuers für alle Zeiten sicherstellt; mit einer fast liebevollen Präzision durchdenkt der Bischof die Fähigkeit des Sünderkörpers, wie ein ewiges Brikett in formbeständiger Qual zu glühen – ein letzter christlicher Tribut an die griechische Morphophilie, die Liebe zu Grenze und Gestalt. Auch dem Problem der Brennbarkeit von körperlosen Dämonen und bösen Engeln widmet Augustinus unvergessliche Kommentare. Worauf es für unsere weiteren Überlegungen ankommt, ist die unerbittliche Korrelation von Sünde und Höllenstrafe, die von Buße und Paradies braucht uns im gegebenen Kontext nicht zu interessieren. Gewiss tauchen auch bei dem Kirchenvater von Hippo Hinweise auf die Möglichkeit einer postmortalen Läuterung auf; in den Grundzügen jedoch beruht seine Lehre von den Letzten Dingen – wie die Lehre der Kirche im Ganzen bis weit ins 12. Jahrhundert hinein – auf einem schroffen Dualismus von Paradies und Hölle, Seligkeit und Verdammnis.

Dies ändert sich von Grund auf erst im hohen Mittelalter, als der Gedanke des Purgatoriums seinen Siegeszug antrat. Dank der bahnbrechenden Studien des französischen Mediävisten Jacques Le Goff[4] wissen wir heute, dass die »Geburt des Fegefeuers« mehr war als ein nachträglicher ornamentaler Zusatz zur christlichen Eschatologie. Man sagt vermutlich nicht zu viel, wenn man sie als das größte Ereignis im Ideenhaushalt Europas zwischen Bernhard von Clairvaux und Luther bezeichnet. Im Zeichen des Fegefeuers entdeckte das Abendland seine bis heute unerschöpfte synthetische Kraft; mit der Einräumung des Dritten Ortes zwischen Hölle und Himmel tritt auch die Idee des Dritten Weges in ihre geschichtlichen Rechte ein. Seither ist Europa beides – Mutter der Revolutionen und Kaufhaus der Zwischenlösungen. Man vergesse nicht: Alles, was neuzeitliche Menschen, zumal im europäischen Osten, seither im Namen von Revolution und Übergangszeiten an Opfern für die Zukunft zu erbringen hatten, sind immanentisierte purgatorische Leiden. Solange Europa seine Weltgeschichte denkt, spricht es der Zukunft wesentlich purgatorischen Charakter zu; gerade die Menschen der ehemaligen Zweiten Welt werden bald begreifen, dass sie bei ihrem aktuellen Sprung von der einen Übergangszeit in die nächste gleichsam nur das Purgatorium gewechselt haben. Im Fegefeuer haben die Abenteuer der Dialektik ihre Quelle. Hier lernen Europäer zuerst Sowohl-als-auch zu sagen. Hier entdeckten sie den Zauber der Synthese, die ein Gemeinsames über dem unversöhnlichen Gegensatz errichtet. Und vor allem: Im Zeichen des Purgatoriums lernen sie eine neue metaphysische Wendigkeit – sie erwerben ihre typische Beweglichkeit in der Sünde und jenen Leichtsinn im Bewusstsein der Mangelhaftigkeit, der bis heute das moralische Profil Europas von Grund auf prägt. Das Fegefeuer lehrte die europäischen Christen – genauer die Laien, die Stadtbürger, die Händler, die Wucherer, die Gelehrten, die Hauptleute, die Fürsten und die Künstler – eine Lektion, die man als ersten Modernismus bezeichnen könnte. Aus dem Jenseits züngelt das Läuterungsfeuer in die menschlichen Lebenswelten herüber und spricht mit tausend rosa, gelben und grünlichen Zungen: Es ist nicht nötig, radikal zu werden, um Übeln von der Wurzel her zuvorzukommen; es ist nicht nötig, die »Wahrheit« zu suchen; es ist nicht nötig, die Kutte und das Kreuz zu nehmen, um schlimmen Versuchungen abzuschwören; es ist nicht nötig, sein Leben in jeder noch so kleinen Geste unter den Wortlaut der Großen Ordnung zu stellen. Es genügt, den gröbsten Schurkenstücken aus dem Weg zu gehen; es genügt, sich in der sündigen Mitte aufzuhalten; es genügt, für eine nachträgliche Abrechnung zur Verfügung zu stehen; es genügt, die bei der Großen Ordnung gemachten Schulden in einem späteren Tilgungsverfahren auszugleichen. Diese Lektion enthält alles, was Unzählige seit spätmittelalterlichen Zeiten hören wollten, um mit sich und der Welt ins Reine zu kommen; dies waren Menschen, denen das gute Gewissen nicht ganz gleichgültig war und die doch keine Berufung zum Leben in Entsagung verspürten. Das Fegefeuer eröffnet den Heilsweg für die gemäßigten, die lässlichen, die bürgerlichen Sünder. Sein Brand gibt einem spirituell nicht mehr ganz anspruchslosen laikalen Menschentypus in Europas Höfen und Städten grünes Licht; es eröffnet freie Fahrt dem tüchtigen mittleren Sünder. Auch Wucherer können nun auf Umwegen die Seligkeit erwerben.[5] Unverzeihlich ist zwar die bewusst begangene Sünde und doch verzeihlich, sofern mit ihr eine Anleihe auf Jahre der Reinigungstortur im Jenseits aufgenommen wird. Da ist der *modus operandi* der Moderne gefunden – das Heil der Unheiligen in den Horizont gekommen. Noch unter katholischer Patronanz setzt ein Vorspiel ein zu riskanten Lockerungen; man ahnt eine Epoche des galoppierenden Fortschritts voraus, eine Zeit des beinahe unbegrenzten Kredits, eine Zeit der Sünde mit beschränkter Haftung. Sündige jetzt, leide später und werde nach allem doch noch selig: So lautet das Formular, das der europäisch-katholischen Heilswirtschaft für Laien zugrunde liegt. Das Fegefeuer stellt die ökologische Zahlungsfähigkeit des mittleren Übeltäters sicher. Weil er *post mortem* in einer Hölle auf Zeit ausreichend gefoltert und nach-geläutert werden wird, kommt die verletzte Große Ordnung in letzter Instanz noch immer auf ihre Rechnung. Durch die Einrichtung des Fegefeuers wird der mit dem Faktor Zeit multiplizierte Schmerz der Sünder zu einem akzeptablen Zahlungsmittel; Purgatoriumsjahre können die Leiden der Großen Ordnung an unseren Verstößen gegen sie aufwiegen. Und da die Große Ordnung durch einzelne Sünden immer nur relativen Schaden leidet, sind endliche Strafmaße im Jenseits zu ihrer Wiederherstellung vollauf genug. Von diesem Moment an ist Ökologie im eigentlichen Wortsinn möglich, wenn man darunter die Operationen der umfassendsten Hauswirtschaft versteht – unter Einbeziehung des Untersten und Obersten, man würde heute von externen systemischen Kosten sprechen.

Es mag in diesen indirekten Vorüberlegungen zur Geschichte der ökologischen Vernunft genügen zu sagen, dass mit dem Fegefeuergedanken eine effektive christliche Weltökonomie auf den Weg gebracht wurde; sie machte die katholische Ablasspraxis als Vorspiel des modernen Kapitalismus möglich, indem sie demonstrierte, wie der Geist des Geschäfts den Geist des Opfers weiterführt; sie präfigurierte die brisante ökologische Idee, dass mit gegenwärtigen Verfehlungen Kredite bei der Zukunft aufgenommen werden; und sie schuf Anschaulichkeit für die Vorstellung, dass solche Kredite mit Reparationen im Feuer zurückgezahlt werden können, immer vorausgesetzt, dass das größte Übel, die ewige Verdammnis, auch weiter als das schlechthin zu Meidende im Bewusstsein der Menschen anerkannt und gefürchtet blieb. Das Fegefeuer brach in die Normenwelt des Mittelalters eine Bresche für den originellen Menschen; durch sie drangen die Leitfiguren künftiger Generationen vor: die nachhaltigen Sünder, die witzigen Neuerer, die Anhänger der ökonomischen Moden, nicht zuletzt eben die Zinsnehmer, die Makler, die Protokapitalisten, die das Prinzip des widernatürlichen Gewinns allgemein zum Erfolg führten. Von der Rettung der Wucherer ist der Weg nicht weit zur protestantischen Heiligung der Laienarbeit.

Nun fehlt nur noch die theologische Rechtfertigung für Originalität, ein Freispruch für das eitle Hinzuerfinden von Werken, die in der ersten Auflage der Schöpfung nicht enthalten waren – heute besser bekannt als Innovationen. Dann werden alle Motive versammelt sein, die für den definitiven Ausbruch der europäischen Weltakteure aus dem Gehäuse Großer Ordnungsideen vonnöten sind; durch die Rechtfertigung, ja Heiligsprechung der Originellen bekommt der Mensch das gute Gewissen zur Machtergreifung durch die erfinderische Praxis; er wird sich dann davon überzeugen, dass es kein Sein vor der Tat gibt, keine Norm vor dem Willen, keine Essenz vor der Existenz; diese Desiderate beginnen sich in den Kunstphilosophien der frühen Renaissance zwischen Cusanus und Marsilio Ficino zu erfüllen; dort gewinnen der produktive Laie und der inspirierte Mann von Genie zuerst ihre metaphysischen Weihen. In der Folge geht das privilegierte Merkmal des Absoluten – Kreativität – auf den Menschen über. Neuzeit ist Kreativitätszeit, Unternehmenszeit, Projektzeit – eine Zeit, die erst damit zu Ende gehen könnte, dass sie den Nebenwirkungen ihres eigenen Erfindungsreichtums nicht mehr gewachsen wäre. Wir können zum gegenwärtigen Problemstand weiterblättern.

3

Diese Reminiszenzen wären überflüssig, wenn sie nicht die komplette Tiefenstruktur der gegenwärtigen ökologischen Konflikte enthielten. Tatsächlich lässt sich die Zeitspanne vom Ende des Mittelalters bis zur ökologischen Dämmerung des späten 20. Jahrhunderts als ein Drama charakterisieren, das unter dem Titel »Niedergang und Wiederkehr der Idee der Großen Ordnung« stehen könnte. Sein Verlauf entspricht einer ideen- und sittengeschichtlichen Wellenbewegung, die zum Untergang der Erbsündigkeit und zum Auftauchen von Umweltsündigkeit führt. Zwischen den beiden Polen liegt die totale Mobilmachung – ökonomisch, rüstungstechnisch, verkehrstechnisch, epistemisch, informatisch, ästhetisch. An dem Prozess fällt auf, wie das Motiv prinzipieller Sündhaftigkeit vom Himmel auf die Erde steigt. Natürlich imponiert uns, dem säkularistischen Grundzug der Modernität entsprechend, nicht länger eine religiöse Differenz zwischen Gott und Mensch; was jetzt als Riss erster Ordnung zu denken gibt, ist die historische Differenz zwischen der Species Mensch und ihrem »Lebensraum« – man könnte sie auch die Differenz zwischen Technosystem und Ökosystem nennen. Entscheidend bleibt, dass das Motiv der grundlegenden menschlichen Unpassung, die theologisch Sünde hieß, unter verändertem Vorzeichen wiederkehrt; sie meldet sich zurück als Wahrnehmung des Umstands, dass sich im industriezeitalterlichen *way of life* ein Bruch zwischen der Seinsweise der Menschensphäre und den Ordnungszuständen der übrigen Natur manifestiert. Auch immanentisierte Sünde kann noch Sünde sein, schwere, tiefverankerte, tödliche. Ihre Anerkennung nötigt die Menschen der Ersten Welt, Antwort zu leisten auf die Epochenfrage des Industrialismus: Wie bekommen wir eine gnädige Natur? Eine Reform des Systems auf allen Ebenen steht auf dem Kalender der Weltgeschichte. Mehr und mehr erscheint »der Mensch« im Industriesystem, der ausgreifende, polyvalente, erlebnisbereite Endverbraucher, als ein Wesen, um dessen Zerwürfnis mit seinen naturalen Voraussetzungen es ebenso radikal übel steht wie um das Verhältnis des Engels, der das Nein erfand, zur heiligen Totalität. Wie Satan Gift war für die Schöpfungspyramide, so ist der Mensch, in seinen Ausgaben ab 1750 zumindest, Gift für die Umweltkreisläufe im Kleinen wie im Großen. Wer also die Welt entgiften will, kann nirgendwo anders ansetzen als beim hypertrophierten menschlichen Faktor.

Und nun zeigt sich, wie die beiden katholisch-alteuropäischen Ordnungsstile – der raue frühe, als Ruf nach der Hölle für den verhärteten Sünder, und der moderate spätere, als Eröffnung eines purgatorischen dritten Wegs – auch bei der Abwicklung immanenter Sünden gegen den ökosystemischen Ordo sich wieder geltend machen. Der strenge Modus setzt auf das bedingungslose In-Sich-Gehen bei allen, denen die Nachricht vom nahen Ende zugestellt wurde – widrigenfalls hat man die Reduktion der Menschheit durch die autogene Hölle zu erwarten; die Rache der Natur auf rein kausaler Basis ist zuverlässig versprochen. Das mag die Wahrheit sein, doch wer kann sie hören? Für den umweltsündigen Menschen, der nicht hören kann, haben die Autoren des gemäßigten Modus viel Verständnis; sie stellen ihm ein Purgatorium in Aussicht, worin jeder, der nachhaltig gesündigt hat und vorhat, es weiter zu tun, das gute Gewissen gewinnen kann, vorausgesetzt nur, dass er oder sie den Preis der Sünde zu entrichten gewillt ist, nachträglich oder im voraus. Damit ist der entscheidende Begriff in die Debatte gekommen: der Preis. Wer vom dritten Ort spricht, darf vom Ablass nicht schweigen. Er führt ins Zentrum der purgatorischen Ökonomie. Das spätmittelalterliche Ablass- oder Indulgentienwesen war seinem Grundzug nach nichts anderes als ein beeindruckendes System von Preisen für kreditierte Kirchenstrafen und Fegefeuerzeiten. Es präfiguriert den Europäischen Markt als Fernhandel mit mehr oder weniger heiligen Gütern (auf der Basis Römischer Verträge, wie sich versteht). Man erinnert sich an die gotterweichenden Fürbitten der Heiligen für die Sünder im Feuer, an die mildernden Wirkungen von Nachzahlungen seitens der Angehörigen, an Stiftungen auf dem Sterbebett zugunsten der Kirche, an Preislisten für Verbrechen und Lästerungen aller Art, an Ablösesummen für unterlassene Kreuzzüge, gebrochene Gelübde, umgangene Beichten und vernachlässigte Fastenpflichten, an Sonderziehungen für Deich- und Kirchenbauten und vieles mehr. Der Erzbischof Albrecht von Mainz, damals noch Luthers höchster Vorgesetzter, ließ 1521 zur Finanzierung ambitionierter Baupläne für die Stadt Halle einen Sonderablass in Form eines gigantischen Reliquienkatalogs auflegen, in dem 42 integrale Heiligenkörper und 9000 Einzelobjekte, mehrheitlich Knochen, im Gesamtwert von 19 1/4 Millionen Fegefeuerjahren zum Kauf ausgeschrieben wurden. Die Hauptattraktionen des Katalogs waren das Schulterblatt des heiligen Christophorus, eine Handvoll von der Erde, aus welcher Adam erschaffen ward, sowie das Becken, in dem Pilatus die Hände gewaschen hatte; auch Reisig von dem brennenden Dornbusch und Manna aus der Wüste fehlten nicht in dem Katalog des ersten deutschen Versandhauses. Noch heute heißt es in dem Handbüchlein des Paters Arnold Guillet *Die Ablassgebete der katholischen Kirche* (3. Aufl. 1984, Imprimatur von 1971) einigermaßen deutlich: »Am besten lässt sich der Ablass mit einer Aktie vergleichen. Je mehr Aktien einer besitzt, umso größeren Anteil erhält er am Kapital und am Gewinn der Firma. Die ›Firma‹, der wir angehören, ist die Kirche; wer einen Ablass gewinnt, wird ›Aktionär‹ der Kirche.«[6] Besser noch hätte der Autor von einer

Zentralbank gesprochen, die aus ihrem Heilsschatz eine Währung emittiert bzw. Anleihen auflegt und die durch ihre Tochterbanken die Überweisungsströme der Gnadenschuldner zu den Gnadeninhabern hin kontrolliert. Es waren bekanntlich die Reformtheologien Calvins und Luthers, die jener so monströsen wie effektiven Heilswirtschaft die Grundlagen entzogen, indem sie Gottes Gnade ganz ins Unbedingte, Unberechenbare, Unkäufliche versetzten.

Meine Damen und Herren, man hat unsere Zeit gelegentlich die Jahre der zivilisationsgeschichtlichen, ja der naturgeschichtlichen Entscheidung genannt. Eher sollte man sie Jahre der triumphierenden Unentschiedenheit nennen. Weltweit hat sich im Lauf des vergangenen Jahrzehnts der moderate Deal in ökologischen Angelegenheiten durchgesetzt. Die kompromisslosen Mahner zur Umkehr, die systemkritischen Pönitentiare, die grünen Apokalyptiker sind in den Hintergrund gedrängt worden, sie finden Anklang nur bei noblen und wahnsinnigen Marginalen, bei erregbaren und den Extremen zugewandten Menschen, die für das Ideal einer ökologischen Heiligkeit empfänglich sind; wie im franziskanischen Mittelalter sind das auch heute keine Mehrheitscharaktere. In ihren Kreisen nur kann eine bis zum Äußersten gehende Empörung zugunsten der misshandelten Natur zur Blüte kommen; dort gedeiht der Sinn für Gerechtigkeit in der Katastrophe. Es ist wahr, wer Wale und Libellen liebt, wird beim Stand der Dinge zum Menschenfeind. Die ökologistisch Radikalen schämen sich für ihre Gattung und träumen, metaphysisch empfindsam, von einer wieder menschenleeren Erde. Ihr Ordnungssinn geht weit genug, um die *dissipatio humani generis*, die Auslöschung des Menschengeschlechts, als eine begrüßenswerte Tendenz des Weltlaufs anzuerkennen. Bei ihnen gipfelt die ökologistische Misanthropie im Paradox: Die Menschheit wird liebenswürdig sein, sobald sie durch aktive Selbstkritik vom Erdboden verschwunden ist. Man sagt nicht zu viel, wenn man feststellt, dass diese vornehme Liebe zur Menschenleere zurzeit nicht mehrheitsfähig ist. Die nachhaltigen Sünder in allen Kontinenten, die unbußfertigen Originellen, die Entwickler und die Entwickelten, die Kreativen und die Stilisierten, die schönen und die schnellen Leute, mithin die breite Mehrheit der Konsumenten und Produzenten, der Besitzer und Wähler, der Fahrer und Fernreisenden in der Ersten Welt, sie fordern, nachdem ihnen zumindest das Leugnen vergangen ist, einen anderen Weg, einen Weg in den Ausweg, einen dritten Weg in der Gefahr. Und genau dessen Umrisse setzen sich in den letzten Jahren mit einer unwiderstehlichen Logik durch. Ein immanentes Purgatorium erblickt das Licht der Welt, wir selber sind seine ersten Klienten. Nach einer Phase dualistischer Zerrissenheit zwischen Ökonomie und Ökologie haben auch wir einen dritten Ort in unser Weltbild aufgenommen: Dort ist Ökologie kein absoluter Gegensatz mehr zur Ökonomie; Ästhetik ist Ethik; Konsum ist Schonung; Weitermachen ist Umkehr – der neue dritte Ort macht's möglich. Die Ökonomie beharrt auf ihren Gesetzlichkeiten und Gewohnheiten und nimmt doch ökologische Manieren an: Sie reinigt sich und ihre Produkte, ja sie lanciert einen Hyper-Markt für alles, was reinigt, senkt, filtert, reduziert, entgiftet, extrahiert, miniaturisiert. Von neuem ist die Dialektik dabei, den Dualismus zu besiegen. Immerhin: Mit dem ökologischen Reinigungsweg ist so wenig zu spaßen wie einst mit dem religiösen. Auch an ihm haftet der furchtbare, zugleich ferne und gegenwärtige Ernst der wiederentdeckten Idee von Großer Ordnung, mag diese jetzt, ohne explizite metaphysische Perspektiven, in biosystemischen Sprachen und unter allen wissenschaftstheoretischen Vorbehalten präsentiert werden. Wenn gerade die hellsichtigsten Analytiker unserer Lage sich zu solchen Vorstellungen bekehren, so markiert das mehr als alles andere unsere epochale Verlegenheit. Mit einem Realismus, der das Prädikat katholisch verdient, nimmt die aktuelle purgatorische Ökologie die moralischen und physischen Hauptfaktoren unserer Lage in ihre Analyse auf: die nachhaltige Sünde und ihre Wette auf das fortgehende lustige Leben; die Verwahrlosung des Fortpflanzungsbewusstseins in fast allen menschlichen Populationen; das Krachen im Gebälk der Großen Ordnung – den Zustand der Böden, Gewässer, Faunen, Floren sowie der Atmosphäre; die Knappheit der Zeit; die Feigheit der Amtsinhaber; die Furcht der Täter, Opfer zu werden; ihre widerwillige Bereitschaft, sich ihre nachhaltige Sünde etwas kosten zu lassen. Aus diesen Momenten lässt sich eine neue Gesamtökonomie formulieren, etwa unter den Überschriften »ökosoziale Marktwirtschaft«, »ökologische Realpolitik«, »Marshall-Plan für die Erde« oder »Ökonomie der Nachhaltigkeit«. In solchen Ansätzen wird mit anerkennenswerter Folgerichtigkeit über die Totalkosten von originellen Lebensstilen nachgedacht samt Finanzierungsmodellen für nachhaltige Sünden gegen das Ökosystem. Die bedeutendste Programmschrift der Richtung stammt aus der Feder von Ernst Ulrich von Weizsäcker, ihr Titel: *Erdpolitik. Ökologische Realpolitik an der Schwelle zum Jahrhundert der Umwelt.*[7] Das Titelbild der Studie zeigt ein Viertelporträt der Erdkugel, man erkennt links den Atlantik mit einer zartweißen Wolkengirlande, rechts oben Europa, grazil und bräunlich, darunter die gelbe Landmasse Afrikas. Es ist die für die neue Große Ordnung typische Optik. Wer solche Blicke auf Meer und Erde werfen kann, hat wenig Chancen, sich Illusionen zu machen über seinen Ort im Raum. Auch der Titel des Buchs sagt viel auf einmal; nicht nur signalisiert das Wort Realpolitik, dass die Zeit der Abrechnung da ist; der geschichtsphilosophisch keineswegs anspruchslose Hinweis auf ein kommendes »Jahrhundert der Umwelt« hat evident purgatorischen Sinn; in einer solchen »Epoche« haben Akteure aller Richtungen mit einer nie gesehenen Verbindlichkeit ein System von Preisen für die Abwendung von katastrophischen Effekten zu ermitteln. Nicht umsonst überschreibt von Weizsäcker das systemische Zentralkapitel seines Buches mit den Worten: »Die Preise müssen die Wahrheit sagen«.[8] Die künftige Geschichte, so könnte man folgern, behält ein Mindestmaß an weltgeschichtlicher Kohärenz nur dann, wenn sie zu einer über Märkte regulierten Welthauswirtschaft führt; in dieser wird Geld als Preis für Ablässe von Racheakten der belasteten Umwelt aufgewendet. Die nachhaltigen Sündenappetite werden in den Markt eingefüttert, eine generalisierte Bußzahlungspraxis führt über Marktmechanismen zu selbststabilisierenden Kreisprozessen. Ob ein solches System von Umweltbelastungspreisen hinreichend global funktionsfähig werden kann, bleibt völlig offen – in ihm käme eine neue Qualität von politischer Ökonomie zum Tragen, die zugleich Welt- und Rettungsökonomie wäre. Das einzige historische Beispiel dafür, dass dergleichen nicht *a priori* zum Scheitern verurteilt ist, ist die katholische Ablassökonomie; sie bietet ein anregendes, in seiner bizarren Kohärenz beinahe großartiges Modell. Und: Sie war konkurrenzlos erfolgreich, jahrhundertelang, bis Besseres gefunden war. Heute, da wir dem Untergang des kurzatmigen profanen Ökonomismus beiwohnen, wächst erneut ein Bewusstsein davon, dass auch das Indirekte, das Unsichtbare, das Hintergrundwirkliche mit Preisen zu bewegen ist. Der Himmel ist nicht umsonst, sogar die chemische Zusammensetzung der Stratosphäre muss finanziert werden; von jetzt an werden Haushaltsentscheidungen zum Bekenntnis des Glaubens an ein künftiges Leben. Wir haben die Rechnung dafür aufzumachen, dass massive Mehrheiten aus Halbgläubigen, Viertelgläubigen, Ungläubigen nicht aufhören werden zu tun, was sie im Sinne der inzwischen umrisshaft manifestierten biosphärischen Global-Ordnung unter keinen Umständen tun sollten. Die Preise dafür werden zunehmend die Wahrheit sagen. Auf den Gott der Immanenz, das allesbewegende Geld, kommen Zeiten zu, in denen er sich offenbaren muss wie nie zuvor.

4

Meine Damen und Herren, die Schlussüberlegung wendet sich vor allem an jene, die sich wundern, dass sie fröhlich sind. Ich denke, unser bisheriger Gedankengang hat dieser Verwunderung ein Fundament angeboten. Wir sehen deutlicher, warum der Mensch das Tier ist, bei dem Frivolität und Konstruktivität konvergieren. Wenn *homo sapiens occidentalis* heutigentags in den Spiegel blickt, dann sieht er nicht nur ein originelles Tier, das sich selbst gefällt; er hat einen Konstruktivisten vor sich, der ihm von der anderen Seite des Spiegels her aufmunternde Zeichen gibt. Konstruktivisten sind Leute, die aus den Tatsachen der menschlichen Produktivität, der logischen wie der materiellen, extreme Konsequenzen ziehen wollen. Sie lehren, dass es keine Großen Ordnungen gibt, in die wir nur im Modus subalterner Anpassung einzutreten hätten; wir sind schon ursprünglich koproduktiv. Wo Ordnung behauptet wird, dort zeigt sich immer auch schon Konstruktion, und wo Konstruktion ist, dort öffnen sich die Spielfelder indeterminierter Prozesse, in sie lassen sich energische Vektoren setzen. Das ist der systemische Grund für die Möglichkeit von prophetischem Aktivismus zugunsten einer scheinbar von vornherein verlorenen Sache. Der Mensch ist bis zuletzt ein autoplastisches Tier – es kann fast alles werden, was es zu sein sich nachhaltig einbilden kann. Aber können wir uns eine wirksam umweltfreundliche und globalitätsfromme Seinsweise für uns erfolgreich einbilden? Wie gesehen, ist im industriellen Frivolitätssystem Originalität als Treibstoff und Motor der munteren Bewegung operativ geworden. Eben dieser Originalität zeichnet der Lauf der Dinge eine konstruktivistische Wende vor. Wir haben Gründe, nicht weiter ins Blaue hinein erfinderisch zu sein, sondern müssen die Outputs des originellen Tiers konstruktiv in großen Kreisprozessen auffangen. Der Anlagenbau wird dadurch zu planetarischen Größenordnungen verurteilt. Konstruktivismus ist der objektive Idealismus der Frivolität – daher die prädestinierte Denkform des ökorealistischen Zeitalters. Wer ein epistemologisches Antidepressivum sucht – hier ist es, man kann es sich in verschiedenen Handelsformen verschaffen. Mit seiner Hilfe werden erfolgreiche Real-Einbildungen der Umweltfreundlichkeit – oder zumindest der zurückgenommenen Umweltfeindlichkeit – auf den Weg kommen. Für die Avantgarden heutiger Ingenieurs- und Umweltintelligenz zeichnet sich in einem neuen Erfindungs-Horizont ein veränderter Begriff von Technik ab; eine zweite Originalität kündigt sich an, mit der die Folgen der ersten unter Kontrolle genommen werden. An der zweiten Originalität wird klar: Hoffnung darf nicht blind sein – heute weniger denn je. Als Instrument der zweiten Originalität würde das neue selbstkritische Erfinden eine System-Konversion bedeuten. Ihr Axiom ist die Einsicht, dass Reproduktivität tiefer reicht als bloße Produktivität. Wenn Originalität und Nachhaltigkeit zusammengedacht werden, kommt eine unerhörte Idee ans Licht – die einer neuen, durch menschliche Analyse mit sich selber vermittelten Natur.

In der Unerhörtheit unserer Situation liegt die Rechtfertigung für zeitgenössische Blicke in den Spiegel. Wir schauen aufs eigene Äußere, um in Form zu bleiben. Im Kampf gegen die Entropie sind kleine Gesten oft von großer Wirkung – in Form bleiben ist schon die Hälfte der Politik. Bei Menschen, denen Zweifel kommen, kann auch das Make-Up zu einer Geste des Urvertrauens werden. Wenn eine Große Ordnung lächeln könnte, sie würde es angesichts dieser Geste tun. So halten sich originelle Wesen in Form für die langen Arbeitstage des dritten Weges.

Anmerkungen

1 Vgl. Ernest Gellner, »Aus den Ruinen des Großen Wettstreits, Bürgerliche Gesellschaft, Nationalismus und Islam«, in: *Merkur*, 521, Aug. 1992, S. 656.

2 Nach anderen Versionen soll ein Feuerwehrmann, der nur mit einer Taschenlampe bewaffnet einen Keller durchstöberte, die Suche zum Erfolg geführt haben.

3 Zit. nach: Hans Blumenberg, *Wirklichkeiten in denen wir leben*, Stuttgart 1981, (Ausg. 1986), S. 75.

4 Jacques Le Goff, *Die Geburt des Fegefeuers. Vom Wandel des Weltbildes im Mittelalter*, München 1990.

5 Vgl. Jacques Le Goff, *Wucherzins und Höllenqualen. Ökonomie und Religion im Mittelalter*, Stuttgart 1988.

6 Arnold Guillet, *Die Ablassgebete der katholischen Kirche*, Stein am Rhein 1984, S. 4.

7 3., aktualisierte Auflage; nach dem Erdgipfel von Rio de Janeiro, Darmstadt 1992.

8 Ibid., S. 141ff.

VI. Museum

Museum – Schule des Befremdens

Der Rest ist kein Zeichen des Todes, sondern des Geheimnisses.
H. P. Jeudy

1 Fremdheit und Firnis

Es gibt Tage, an denen das Gefühl der Zugehörigkeit zur Welt verblasst. Es ist, als ob ein unsichtbares elastisches Band, das uns normalerweise an die alltäglichen Belange heranzieht, ausgeleiert wäre – man ist versucht zu glauben, dass eine Teilfunktion des seelischen Apparats, die unsere Anteilnahme am Leben besorgt, ausgefallen sei. Albert Camus hat solche Zustände beschrieben, um seine Ethik des Absurden anschaulich zu machen. Anders als Heidegger, der in seiner Freiburger Antrittsrede von 1929 das Dasein als Hineingehaltenheit in das Nichts auslegte, erläutert Camus das absurde Aroma der Existenz aus der schockhaften Erfahrung des Eingetauchtseins in die Belanglosigkeit. Eine kleine Unterbrechung der Gehirnaktivität, mit der wir uns unablässig Aufgabenstellungen und Sinnperspektiven induzieren, genügt – und wir sind plötzlich in die nackte Tatsächlichkeit des Existierens versetzt. In solchen Sekunden kann uns ein sonst verborgenes Gesicht des Weltganzen aufgehen: Dasein heißt in diesem Augenblick umzingelt sein von Dingen, die uns nichts angehen. Man kommt an einer öffentlichen Telefonzelle vorbei, sieht einen Mann in ihr, der intensiv gestikulierend in den Hörer spricht, und mit einem Mal sind die Straße und das ganze Stadtviertel in eine flache

Kulisse verwandelt, die Häuser stehen da wie sinnlose großsprecherische Gesten, die Passanten stürmen von absurden wichtigtuerischen Bewegungen eingenommen vor sich hin, die Plakate gestikulieren Ekel erregend ins Leere, und die Alleebäume, die Verkehrsampeln, die Auslagen der Geschäfte, die Fahrzeuge sind nichts anderes als eine Versammlung von Gestikulationen, die mit ihrem Dasein prahlen. Die Welt erscheint wie ein Film, bei dem die Tonspur, die Sinnspur abgeschaltet ist, so dass von ihr nichts übrig bleibt als das undurchdringliche und marktschreierische Gewimmel der Tatsachen, die von einem lächerlichen Anspruch auf Vorhandensein durchdrungen scheinen. Die Weltszene ist um alles vermindert, was Sprache und Anteilnahme ihr hinzugefügt hatten – das Sein hat einen Sinninfarkt erlitten und besteht nur noch im Leerlauf weiter. Der Beobachter ist von Zuständen und Bewegungen umringt, an die ihn kein Relevanzvertrag mehr bindet, er verharrt in sich selbst, er steht in seiner Wahrnehmung still, er gibt den Dingen keinen Kredit mehr, und die Welt krümmt sich in der Belanglosigkeit wie ein Blatt Papier im Feuer.

Wenn nach der absurden Pause die Sprache zurückkehrt, ist die Wahrscheinlichkeit hoch, dass über einen solchen Zustand gesagt wird, die Welt habe ausgesehen, als sei sie im Ganzen museal geworden. Man war an die Grenze des Ganzen versetzt worden, von welcher her das Ganze wie ein ungeheures Ausstellungsstück wirkte, eine Nachbildung seiner selbst in originaler Größe. Als Imitat ihrer selbst unterschied die Welt sich in keinem Detail von ihrem Originalzustand, bis auf das Merkmal der Bedeutsamkeit, durch dessen plötzliches Verschwinden dasselbe in etwas unvergleichbar anderes verwandelt wurde. Dasselbe im Zustand der völligen Andersheit erweist sich als ein Abgrund an Fremdheit. Was tausendmal sichtbar und mit unserem Sehen zu einer gemeinsamen Gewohnheit zusammengewachsen war, kann sich in etwas unverzeihlich Fremdes zurückverwandeln, zurück deswegen, weil in solchen verfremdenden Augenblicken der Vertrautheitsfirnis über den Dingen zerspringt, um sie stattdessen mit einer ursprünglichen und aggressiven Fremdheit überzogen aufscheinen zu lassen. Wer eine solche verrückte Pause durchlebt, geht gewissermaßen zu einer ontologischen Vernissage, wo die Welt sich selbst ausstellt und uns durch den frischen Lack der Fremdheit wie eine sinnlose Neuigkeit anglitzert. In den Ekstasen der Langeweile, des Sinnlosigkeitsgefühls und des Überdrusses wird die Welt selbst zur Weltausstellung – alles Bekannte und Sichtbare scheint wie in ein Weltmuseum versetzt, von dem wir uns nicht erinnern können, es betreten zu haben.

Man muss sich davor hüten, diese Spekulation als Symptom moderner Entfremdungsleiden zu interpretieren. Der zweite Blick aufs Allzubekannte ist bereits eine antike Errungenschaft – sein Auftauchen markiert eine zivilisationsgeschichtliche Schwelle. Die Geburt des philosophischen Denkens aus dem Staunen, mit dem das sokratisch-platonische Abenteuer beginnt, ist gleichbedeutend mit der Geburt der Subjektivität aus der Weltfremdheit. Erst ein umfassendes Befremden über die Welt als Was und als Dass kann das Selbstgespräch der Seele in Gang setzen, das Platon als Medium der Philosophie bestimmt hat.

Das Staunen gilt dem Weltaufgang als solchem, in dem alles, was man kennt, wie bei einem Sonnenaufgang bei helllichtem Tag, noch einmal über den Horizont heraufkommt, um in die Arena des wirklich Vorhandenen einzutreten. Daher ist das Befremden, das die Autoren des modernen Absurdismus artikuliert haben, eine authentische Variante des philosophischen Staunens – beide sind Zustände, die sich weder festhalten noch professionalisieren lassen. Befremden und Staunen gehören dem Niemandsland an, das sich zwischen Wissenschaft und Erleuchtung, Psychedelik und Methode erstreckt.

Diese Überlegungen decken einen Zusammenhang zwischen dem Musealen und dem Fremden auf: Museologie ist eine Form von Xenologie; die Museumswissenschaft gehört zur Phänomenologie der kulturellen Strategien des Umgangs mit dem Fremden. Das erklärt die tief sitzende Ambivalenz des Wortes museal; wenn das Museum per se eine xenologische Institution ist, so hat es unweigerlich Anteil am Doppelsinn des Fremden: Als Ort der Begegnung mit dem schönen Fremden vermittelt es Erfahrungen auf dem xenophilen Spektrum wie Lust am Neuen, Anerkennung, Belebung, Exotik und Sympathie mit dem Nicht-Ich; als Ort zur Präsentierung des hässlichen Fremden ist das Museum mit den Erfahrungen auf dem xenophoben Spektrum verknüpft, mit Abwehrreaktionen gegen das Nicht-Ich, mit Verachtung, Antipathie und Repulsion gegen das Tote, Äußere, Unähnliche. Aufgrund dieser Ambivalenz ist das moderne Museum einer der nervösen Punkte, um die Arbeit der Kultur als gleichzeitiges Aneignen und Abwehren zu studieren. Im Gegensatz zu den Theorien, die am Museum die didaktischen Funktionen hervorheben, wie etwa Nelson Goodman es tut, oder zu den Doktrinen, die die Vervielfachung der Museen im 20. Jahrhundert auf die Aufbewahrungsprobleme historisch beschleunigter Gesellschaften zurückführen – wie Lewis Mumford es unternommen hat –, werden wir im folgenden versuchen, einen xenologischen Begriff vom Museum zu entwickeln. Dieser fügt die unbestreitbaren didaktischen und konservativen Aspekte der Museumspraxis in den Horizont ein, in dem uns die Welt als fremde bekannt wird und als bekannte uns fremd anblickt.

2 Die Gedächtnishalle des Eigenen und Schädelstätte des Fremden

Nach einer seit dem 19. Jahrhundert verbreiteten Auffassung besitzt das Museum eine epische Funktion: Es erzählt anhand von Kunstwerken und Gebrauchsobjekten den Weg eines historischen Subjekts bis zur Höhe seiner Gegenwart. In der Praxis ließe sich eine solche evolutionäre Museumsidee nur mühevoll verwirklichen, am ehesten in Form eines Nationalmuseums, in dem ein Volk seine Geschichte mit Hilfe nationaler Reliquien repräsentiert – vom Bronzeschwert bis zur Lenkkopfrakete, von der Bandkeramik bis zum Küchenmixer, vom Ochsenkarren bis zur Magnetschwebebahn, von der Flussmühle bis zum Atommeiler, von Karl Martell bis Helmut Kohl. Am besten könnte der epische Entwurf auf dem Gebiet durchgeführt werden, auf dem die »Geschichte« tatsächlich als Summe von Kontinuitäten und Neuerungen darstellbar ist: Ein Armeemuseum hätte die Chance, die Gattungsgeschichte des Krieg führenden Tieres im Spiegel der Waffen zu erzählen, ein technisches Museum könnte die Geschichte des *animal laborans* und des *homo faber* anhand von Werkzeugen und Maschinen der bäuerlichen, handwerklichen und industriellen Produktion aufrollen. Das narrative Museum gehört zu den zahlreichen Ideen, mit denen das 19. Jahrhundert das zwanzigste in Verlegenheit setzt. Indem das Museum mit einer großen Erzählung beauftragt wird, schafft sich der Historismus ein Institut, um sein Vorurteil einer zu uns her und auf uns hin erzählbaren Geschichte kulturpolitisch in Kraft zu setzen. Insofern ist das erzählende Museum wie auch das evolutionäre Revuemuseum nur die Materialisierung eines historischen Textes, dessen Niederschrift sich zuvor in der philosophischen und politischen Literatur beobachten lässt.

Dieselbe intellektuelle Gewalt, die Volks-, Kultur- und Weltgeschichte schreibt, geht auch in die Kulturpolitiken ein, die zum Bau von Nationalmuseen, Pinakotheken, Staatsgalerien, Museen für angewandte Kunst und technischer Museen führen. Im musealen Historismus des 19. Jahrhunderts kommt es zu einer denkwürdigen Symbiose von Betrachtung und Gewalt. Die Eroberungskräfte des imperialen Bürgertums gestatten sich für einen geschichtlichen Augenblick den Kompromiss mit der Kontemplation; die Tatsache, dass die Welt soeben als globale Fabrik, als Gesamtwarenhaus und als Gesamtkriegsschauplatz hergerichtet wird, schließt ihre gleichzeitige Verwandlung in ein Objekt der Bildungsandacht nicht aus. Der Historismus ist der philosophische Sonntag der imperialistischen Woche, und sein Museum ist der bürgerliche Tempel. Darum flüstern alle Ausstellungsstücke in den Museen des 19. Jahrhunderts den Besuchern zu: *enrichissez-vouz*. Die seelische Bereicherung der Besucher spiegelt den Prozess der bürgerlichen Weltaneignung als gleichzeitige Feststellung und Mobilmachung aller Bestände wider.

In Wahrheit sind die Museen des 19. Jahrhunderts nicht erzählerisch. Die Geschichte, von der sie Rechenschaft und Zeugnis abzulegen scheinen, ist *de facto* zuvor anderswo erzählt worden. Treitschkes Geschichtsschreibung ist das eigentliche preußische Nationalmuseum, so wie Burckhardts morphologische Vision der Renaissancekultur den eigentlichen Besuch des Bildungseuropäers im imaginären Museum Italien darstellt. Die Museen selbst bleiben allemal bloße Kompilationen, Lagerplätze für kulturelle Kriegsbeutestücke, prunkvolle Gästehäuser für Trophäen wissenschaftlich getarnter Plünderungen, Archive, Schatzhäuser, Stapelplätze für Objekte der bürgerlichen Wertschätzung. Den epischen Geist der Sichtbarmachung von Geschichte hauchen ihnen die großen Erzählungen ein, die außerhalb der Museumsmauern in der Literatur und auf den philosophischen Lehrstühlen formuliert wurden.

Der Zürcher Kunsthistoriker Beat Wyss hat in seiner ingeniösen Interpretation von Hegels Kunstphilosophie den wirklichen Ursprung der philosophischen Museologie aufgedeckt.[1] Mag das Wort Museologie auch ein Neologismus sein, der nicht vor dem Ende des zweiten Drittels unseres Jahrhunderts auftaucht, so ist doch der museologische Gedanke bereits der hegelschen Ästhetik und mehr noch seiner Geschichtsphilosophie immanent. Hegel verwandelt sich bei seinem Gang durch die Weltgeschichte in den ersten totalen Museumsbesucher. In seiner Eigenschaft als Schriftführer des Weltgeistes protokolliert er die Entwicklungsschritte des an-sich-seienden zum für-sich-seienden Geist. Die Weltzeit ist bei ihm ganz zu einem Innenraum geworden, den der Geist bei seiner Selbstrekapitulation zu durchmessen hat. Dieser Innenraum ist bereits als Ausstellungsraum des absoluten historischen Weltmuseums konzipiert. Durch ihn geht der Phänomenologe auf seine Gegenwart zu, in der die Welt- und Selbstaneignung des Geistes zur vollendeten Tatsache werden soll. Nachdem er hastig den ersten Saal durchmessen hat, in dem die monströse sphinxhafte afrikanisch-asiatisch-ägyptische Frühgeschichte ausgestellt ist, gelangt er in den zweiten Saal, wo die Exponate der Antike in schöner Individualität glänzen, und kommt schließlich in dem Saal der christlichen Weltzeit an, der, wie nicht anders zu erwarten, der dritte und letzte sein muss; in ihm riecht es nach Gebet und Arbeit – es ist der *integrale Kulturstaat* als das vernünftige Altersheim der Menschheit.

In diesem gigantischen Saal hat der Geist viel zu sehen, er schreitet von seiner mittelalterlichen Befangenheit in Offenbarungsglaube und feudaler Vormundschaft fort zur neuzeitlichen Autonomie der Selbsterkenntnis und des bürgerlichen Rechtsstaats. Die dritte Halle ist so gewaltig, dass sie schon ein preußisches Posthistoire und das tausendjährige Reich des Projekts Moderne einschließt. Sie ist der Raum, der die okzidentale Weltzivilisation der Moderne beherbergt und in dem die Vereinten Nationen der letzten Menschen tagen. Der hegelschen Gewaltsamkeit ist es zu verdanken, dass die Gegenwartswelt als Weltausstellung des Fortschritts skizziert worden ist. In seinem Entwurf wird die Welt selbst zu einem dynamischen Museum, in dem Leben und Erinnerung, Ausstellung und Millenium dasselbe sind; deswegen entfällt in ihm der Unterschied zwischen dem Veranstalteten und dem Absoluten. Dass hier das Wirkliche auch das Vernünftige sei, legt uns die Einsicht nahe, dass in den Exponaten der phänomenologischen Weltausstellung tatsächlich die Schlusswahrheit des Ganzen sich offenbart. Im Rechtsstaat, in der Enzyklopädie der Wissenschaften und in der romantischen Kunst bringt der Geist endgültig zum Vorschein, was er objektiv und subjektiv seit jeher in sich trug. Er weht von da an nicht mehr anarchisch, wo er will, sondern nur noch dort, wo er nach allem kann, das heißt im Innern der millenarischen dritten Halle. Folglich können Hegelianer bis heute zwischen dem Rauschen der Inspiration und dem Summen einer Klimaanlage nicht unterscheiden – vielleicht stammt von daher ihre Wut gegen die so genannte falsche Unmittelbarkeit, denn wie sollte auch ein frischer Wind von außen in ein hegelsches Museum gelangen? Wenn dort etwas weht, dann kann es nur der Ventilator gewesen sein.

Der Grundbegriff der hegelschen und der historischen Museologie ist zugleich der Schlüsselbegriff der bürgerlichen Gesellschaft: Aneignung. Wer durch die museale National- und Weltgeschichte schreitet, tut das, um auf seinem Parcours in einem doppelten Sinn Eigentümer zu werden, an der Welt und am Selbst. Gerade um in den Vollbesitz seiner Identität zu kommen, muss der Geist, was er nicht selbst war, entweder assimilieren oder vernichten – am ehesten: vernichten durch assimilieren. Das ist der Sinn der historischen Museumskultur: Sie soll die gesamte Vergangenheit wie eine Äußerung des werdenden Selbst darbieten. Das Fremde kann demnach nichts mehr anderes sein als ein Eigenes, das zuerst incognito auftrat, dann aber schnell durchschaut und einverleibt wurde.

Hegels absoluter Geist thront seltsam versöhnt über der weltgeschichtlichen Szene, von der es heißt, sie sei eine Schädelstätte. Das Weltmuseum ist für Hegel zugleich ein Weltfriedhof, der auch die Lebenden schon integriert; doch fühlt der Geist sich auf ihm recht wohl, weil jedes Grab eine eigene durchlebte Möglichkeit birgt und jeder Knochen einen Vorfahren repräsentiert. Unter der Voraussetzung, dass sie sich willig musealisieren und geschichtlich bestatten lassen, ist der absolute Geist bereit, alle vorangegangenen und gleichzeitigen Geister als Verwandte anzuerkennen. Aber diese Anerkennung erschöpft sich zuletzt in Einverleibungsakten. Im absoluten Gedächtnis konserviert, gehen die Äußerungen des vergangenen fremden Lebens in den Besitz des philosophischen Museologen über. Weil die Geschichte selber als Akkumulation der Museumsbestände fortgeht, muss sich die Museumsverwaltung wenig Sorgen machen über den Verdacht, dass auch hier Eigentum Diebstahl sein könnte.

Doch solange Aneignung den Sinn der Geschichte ausmacht, bleibt das Fremde dazu bestimmt, auf einen Rest reduziert zu werden. Der fremde Rest ist die vernachlässigbare Größe im historischen Spiel, der Staub der Archive, der ungegenständliche Atem eines Lebens, das uns nur in seinen Äußerungen und Resultaten etwas bedeuten soll; dem Rest verfällt »das Leben der infamen Menschen« und das Dasein des Ausdruckslosen. Belangloser Rest bleibt diesem Denken auch der Fremdheitsschauder des Daseins, für das die Welt mitsamt ihren Eigentümern ihrerseits in Belanglosigkeit getaucht ist.

Für eine neue Museologie, die sich vom Identitätszwang des 19. Jahrhunderts losgemacht hat, ist das Museum keine bloße Gedächtnishalle des Eigenen mehr. Da mögen die Konservatoren noch so viel von »Identitätspräsentationsfunktionen« reden – das authentische Museum des 20. Jahrhunderts kann kein anderes mehr sein als dasjenige, in dem das xenologische Motiv so scharf zutage tritt, wie es unserem Zeitalter des Befremdens entspricht. Lucius Burckhardt hat darum recht mit seiner Behauptung, dass das Völkerkundemuseum das museumshafteste Museum sei. Von ihm müsste das Museum des 20. Jahrhunderts sich notwendigerweise inspirieren lassen. Seine Aufgabe ist es, eine Gesellschaft, die sich an Identifizierungen klammert, in einen intelligenten Grenzverkehr mit dem Fremden zu verwickeln – auch mit dem »Eigenen«. Auch darum ist das authentische Museum von heute ein Museum der inneren Ethnologie. Während zurzeit in den afrikanischen und asiatischen Nationen vierter Generation unsere Museumspolitik des 19. Jahrhunderts nachgespielt wird, ist die avancierte Museumspraxis in den Nationalstaaten der ersten Generation dabei, mit der inneren Entkolonialisierung der Kultur zu beginnen. Welche Aspekte der vergangenen und gegenwärtigen Welt diese Museen auch ausstellen mögen – ihrem geschichtlichen Augenblick werden sie nur dann begegnen, wenn sie ihr Publikum in eine aufgeklärte Weltfremdheit einführen.

3 Museen und Nicht-Museen

Es gehört schon zu den Gemeinplätzen der jüngeren museologischen Diskussion, das Museum mit analogen Institutionen und Orten der Kultur zu vergleichen. Weil der xenologische Kern der Museumspraxis bisher unter geschichtsphilosophischen, pädagogischen, kulturpolitischen, konservativen und kompensationstheoretischen Definitionen undeutlich blieb, mussten sich gerade die einsichtsvolleren Autoren mit indirekten Methoden an das Problem heranarbeiten. Daher stammen die oft respektlos wirkenden Vergleiche von Museen mit Friedhöfen, Leichenhallen, Mülldeponien, Mausoleen, Irrenhäusern, Strafanstalten, Sanatorien und Bordellen. In der Regel sind solche Parallelisierungen weniger polemisch oder humoristisch gemeint, als sie vor seriösen Ohren klingen. Es macht die Seriosität solcher museologischen Reflexionen aus, dass sie den Hinweis auf suspekte Orte und Funktionen nicht scheuen, um die spezifische Differenz des Museums zu ermitteln. Die anderen Orte, auf die das Museum bezogen wird, besitzen mit diesem einen gemeinsamen heterologischen und xenologischen Nenner: In der Beziehung auf die suspekten Plätze verdeutlicht sich, dass das Aneignungsmuseum in Wahrheit selbst ein exzentrischer Ort ist, ein Prachtrahmen um die fremden, verworfenen, bizarren, exzellenten und inkommensurablen Dinge, denen wir – gäbe es kein Museum – immer nur mit der Blindheit von Besitzern und Benutzern begegneten. Die Korrespondenz zwischen Museum und Friedhof ist die makaberste, aber auch die evidenteste unter den genannten. Dass im Museum abgelebte Dinge zu einer etwas getrübten letzten Ruhe kommen, gehört ja zu den Standardauffassungen der Popularmuseologie. In Wahrheit ist das Museum weniger ein Friedhof als ein irdischer Himmel der übrig gebliebenen Objekte, denn mit dem Tag der Ausstellung brach für sie der Tag der Auferstehung an. In diesem Sinn sind Dinge, denen es gelang, einer Dauerausstellung einverleibt zu werden, tatsächlich in die Ewigkeit eingegangen. Für sie macht die Rede von der Auferstehung des Fleisches mehr Sinn als für die sterbliche Hülle von Christen, die bei der Erdbestattung wie im Krematorium gleich schlechte Chancen haben, ein wenig Ähnlichkeit mit sich selbst bis zum Jüngsten Tag zu bewahren.

Eher griechisch als christlich gedacht, bedeutet der Eingang in eine Sammlung für die Dinge die Überfahrt in den Hades, wo sie mit Berühmten und Namenlosen in fahlen Kellern zu einem ewigen Schattenleben versammelt sind. Zwar lässt die Kollektivierung der Dinge im Museum an die Totenstädte denken, wo schlichte Menschen neben den Privateigentümern von Prachtruhestätten »wohnen«, aber eine zwingende Analogie zwischen der Dauerausstellung eines Dings und dem Begräbnis eines Toten liegt nur dann vor, wenn nicht an den christlichen Gottesacker, sondern an die ägyptische Pyramide gedacht wird. Das *tertium comparationis* besteht in der leidenschaftlichen Bemühung um die Konservierung des vergänglichen Körpers; wenn Museen und Grabespyramiden tatsächlich die stärksten irdischen Äquivalente zur metaphysischen Verewigung darstellen, so sind die altägyptischen Leichenpräparatoren objektive Kollegen der zeitgenössischen Konservatoren. Es soll ja Leute geben, die nicht gern ins Museum gehen, weil für sie alle Exponate einen Geruch von Grabbeigabe um sich haben. Tatsächlich ist ein Teil der musealen Sammeltätigkeit bis heute nichts anderes als eine Fortsetzung der Grabräuberei mit anderen Mitteln. Zu den signifikanten Selbstdarstellungen der Moderne gehört es, dass unsere Ägyptologen sich der Mumien bemächtigt haben, um sie in Ausstellungsgegenstände zu verwandeln. Wer je die Mumien der Berliner Ägyptischen Sammlung oder anderswo gesehen hat, muss sinnlich begriffen haben, wie der neuzeitliche Geist des Ausstellens über die altweltliche diskrete Verbundenheit der Lebenden mit den Toten triumphiert hat. Im Ausstellen besiegt die moderne Herstellung von Ewigkeit als Dauersichtbarkeit die antike Hoffnung auf Überleben durch Verwandlung im Verborgenen. Doch indem es auch Moorleichen, Mumien und menschliche Schädel ausstellt, stößt das Aneignungsmuseum an die Grenze, hinter der die Dinge ihren Eigensinn gegen die Ausstellung durchsetzen. Wo der Dinghimmel selbst zum Leichenschauhaus wird, dort liegt der xenologische Kern des Museums offen. Das tote Exponat übermittelt die Zentralbotschaft des modernen Museums: Es gibt unauflösbar Fremdes in der Welt. Zugleich liegt es in der Natur musealer Routinen, dass sie das Schaurige, Nichtassimilierbare verbiedern und uns in eine falsche Vertrautheit mit dem Äußerlichsten und Fremdesten versetzen.

Nelson Goodman hat in seinen Reflexionen über »Museen und andere Häuser« den Vergleich mit dem Zuchthaus und dem Irrenhaus unterstrichen. Das gemeinsame Merkmal sieht er darin, dass diese Institutionen in der Regel ein Sicherheitssystem unterhalten, das den Ausbruch der Insassen verhindern oder übersensible Subjekte vor der Umwelt schützen soll. Das macht uns auf die Tatsache aufmerksam, dass Dinge, die einmal ins Museum eingeliefert wurden, kaum je den Weg ins Freie zurückfinden. Sie werden bestenfalls in modernere Anstalten überführt oder im Zeichen der Strafvollzugsreform auf Hafturlaub geschickt, hoch versichert, wie sich versteht.

Halbwegs in dieses Bild passt auch der Umstand, dass manche finanzstarke Museen »ein ausgefeiltes Nachrichtennetz unterhalten, um ›Gesuchte‹ zu fangen«.[2] In unserem Kontext fällt der exterritoriale Charakter der goodmanschen Vergleichsinstitutionen auf; beide sind dazu bestimmt, Individuen auszusondern, die ihrer Umwelt durch Rechtsbrüche und psychische Anomalien fremd geworden sind. Ähnlich steht es mit dem Sanatoriumsvergleich, der gleichfalls auf die »institutionelle Monstrosität«[3] des Museums aufmerksam machen soll.

Beim Vergleich mit dem Freudenhaus liefert die »Gelegenheit für einige Augenblicke folgenlosen Vergnügens« das gemeinsame Merkmal, wobei Museum und Bordell als Orte zur Abreaktion und Entspannung im Abseits konzipiert werden. Für diejenigen, die aus Gründen beruflicher Loyalität das Museum in erster Linie für eine didaktische Anstalt halten müssen, dürfte mit einer solchen Einschätzung die Grenze des Zulässigen überschritten sein. Dieselben Leute müssen freilich aus denselben Gründen ein Interesse daran entwickeln, dass Ähnlichkeiten zwischen Museen und Bundesligastadien entstehen, nämlich weil beide den Eifer gemeinsam haben, Erfolg in Zuschauerzahlen auszudrücken.

Der Vergleich des Museums mit Friedhöfen, Hades und Totenstadt führt ins makabre, der mit der Mülldeponie ins zynische Gebiet. So wie die Thanatologie an die Geheimnisse des bewussten Lebens rührt, so eröffnet der Zynismus einen Zugang zu den moralischen Schatzzentren der Zivilisation. Wer die Vergleichbarkeit von Kunst und Müll, von Museumswürdigkeit und Vermüllungswürdigkeit *a priori* bestreitet, der verzichtet darauf, die analytische Kraft der zynischen Indifferenz gegen Wertunterschiede für sich zu nutzen. Unter kulturökologischer Perspektive ist die Analogie zwischen Museologie und Mülltheorie freilich schlagend; Museen sind Einrichtungen zur Verarbeitung kultureller Entsorgungsprobleme – Deponien zur exemplarischen Aufbewahrung von zivilisatorischem Sondermüll, Endlagerstätten für schwach strahlende Substanzen und für Verbrennungsrückstände kreativer Prozesse. Während die Mülldeponie die materiellen Überbleibsel von Lebensprozessen anonym und nach unten entsorgt, leistet das Museum eine Entsorgung nach oben und ins Gedächtnis. Sie widmet sich der Sondermüllkategorie »objektiver Geist«, den sie als rezyklierbares Ergebnis früherer Lebensprozesse auswählt und für Anschlussproduktionen zur Verfügung stellt. Insofern sind musealisierte Werte und Aufbewahrungsstücke der Kultur eher mit einem Kompost als einem Endlager für Haus- und Industriemüll vergleichbar, tatsächlich nahm ja die alte Gartenkultur der Kompostierung den modernen Recycling-Gedanken auf der Ebene organischer Umwandlungen vorweg. Betrachtet man materielle Zivilisationsresultate unter dem Müllaspekt, so wird besonders scharf deutlich, dass die Kumulation von Herstellungswissen im Subjekt nur einen Schein von Selbstaneignung und Machtergreifung über die äußere Welt erzeugt. Wie wir allmählich begreifen lernen, findet die primäre Kumulation auf der Abfallseite statt, wo die dysfunktionalen und ungewollten Ergebnisse und Nebenprodukte des Zivilisationsprozesses schneller zu wachsen beginnen als unser Vermögen der Abfallbeherrschung. Da der Müll- und Nebenfolgenberg der gesellschaftlichen Reproduktion sich heute schneller auftürmt als der Könnensberg, bricht im Zentrum des modernen Weltaneignungsprozesses selbst, inmitten der Selbstermächtigung durch Herstellung, das schlechthin Fremde und Nichtaneigenbare auf. Der Müll als heterologe Kategorie *par excellence* signalisiert die Rache des Nicht-Ich an der unersättlich produzierend-konsumierenden Subjektivität. Musealisierter Müll drückt schon das Selbstmitleid des Subjekts aus, das die Gefahr seines Untergangs beim Rückschlag des Fremden vorhersieht. Müllexponate entstehen nur zum Teil aus der Identifikation mit dem Gegenangreifer; mehr noch spricht aus ihnen die späte Regung des aufgebrochenen Subjekts, dem missachteten Teil auch dann noch mit Aufmerksamkeit zu begegnen, wenn sich objektiv die Zivilisation zur zweiten Schlacht gegen die Natur als Müll rüsten muss.

Wäre das Museum primär eine didaktische Einrichtung, so könnte es sich damit begnügen, den Nachkommen anhand von Kunst- und Trivialobjekten die Geschichte menschlicher Ausdrucks- und Lebensformen zu illustrieren. Weil aber seine wesentliche Funktion eine xenologische ist, können wir uns in ihm zugleich Rechenschaft ablegen über den Fortschritt der Welt im Fremdwerden für ihre Bewohner.

Anmerkungen

1 Beat Wyss, *Trauer der Vollendung. Von der Ästhetik des Deutschen Idealismus zur Kulturkritik an der Moderne*, München 1985.

2 Nelson Goodman, *Vom Denken und anderen Dingen*, Frankfurt a. M. 1987, S. 249.

3 Ibid., S. 251.

Weltmuseum und Weltausstellung

Absolut museal

Man kann heute sein, was man will, nur nicht mehr *absolument moderne.*

Man muss der Welt nicht avantgardistisch vorauseilen, um eine Gesamtansicht von ihr zu bekommen, wenn man sich nach ihr umdreht. Nein, es ist an der Zeit, absolut museal zu werden, um das Weltproblem »als Ganzes« zu thematisieren. Wer verstehen möchte, was es heißt, heute zur Welt zu kommen, muss sich klarmachen, was es bedeutet, ins Museum zu gehen.

Museumsekel und Weltschwindel – Über das Museum als Vorschule der Weltfremdheit

Menschen sind Wesen, die zur Welt kommen. Nur eine Teilmenge der Zurweltgekommenen werden Museumsbesucher. Zur Welt kommen und ins Museum gehen sind nicht nur sehr verschiedene Tätigkeiten, sie kontrastieren auch durch einen sehr verschiedenen Grad an allgemeiner Beteiligung. Meine Behauptung ist nun, dass es in der Logik der Neuzeit liegt, das Zurweltkommen und das Insmuseumgehen konvergieren zu lassen. Wie geht das zu? Man könnte zunächst statistisch und sozialkundlich argumentieren: Modernisierte Gesellschaften sind Unterrichtspflichtgesellschaften und unter den Institutionen des modernen Pflichtunterrichts wächst den Museen neben den Schulen eine ständig steigende Bedeutung zu. Daraus folgt, dass den Heranwachsenden unserer Zivilisation der Ausflug ins Museum ebenso wenig erspart bleiben kann wie der Schulsport, das Erlernen imperialer Fremdsprachen und das Prozentrechnen. Dass Zurweltkommen aufs Zurschulegehen hinausläuft, ist eine Behauptung, die für unsere Ohren längst nichts Überzogenes mehr hat. Die Schule ist in unserem Weltkreis so unausweichlich und so allgegenwärtig geworden, dass leben und zur Schule gehen eine gewisse Synonymie entwickeln mussten. Schule als Welt- und Lebensmetapher leuchtet überall unmittelbar ein, wo Schulen als Institute des kognitiven Kapitals an jeder Ecke stehen. Ist irgendwo von *lifelong learning* die Rede, so nickt der ewige Schüler in uns mit dem Kopf und weiß aus eigener Erfahrung, worum es geht. Etwas Vergleichbares geschieht heute auch hinsichtlich der Museen – wenn auch Museum als Weltmetapher noch einen preziösen Klang hat und als Lebensmetapher geradezu verpönt ist. Wer wollte schon zugeben, dass man sich nicht nur hin und wieder durch eine Ausstellung schleppt, sondern dass unser Zurweltkommen überhaupt einem Eintritt ins Museum gleichen könnte? Sind wir schon so von Geschichtlichkeit angekränkelt, dass das Museum zu unseren Lebzeiten zur absoluten Metapher aufsteigen dürfte, ähnlich wie vor dem Museum das Labyrinth, das Theater, das Haus, das Buch, die Schule und die Spule zu unentbehrlichen Weltbildwörtern geworden sind? Wie also muss ich argumentieren, wenn ich erklären will, dass die Rede von der Welt als Museum mehr ist als eine Schaumblase im Großstadtpalaver, nämlich eine rhetorische

Figur von zivilisationsgeschichtlichem Symptomwert darstellt?

Sagen wir es offen heraus: Wo das Museum als Ausdruck fürs Weltganze oder ein Weltgefühl akzeptiert wird, befinden wir uns auf gnostischem Terrain. Das Museum ist eine neognostische Weltmetapher, die während der Selbstvollendung der Moderne mit Notwendigkeit auftaucht und unaufhaltsam an Plausibilität gewinnt. Wer sie verwendet, überträgt einen leicht nachvollziehbaren partikularen Museumsekel auf die Weltempfindung im allgemeinen und nennt das befremdliche Ganze, worin er lebt, nach dem bekanntesten Muster des Befremdens in der Kultur, nach dem Museum. Mit dem Wort Museum lässt sich ein Schlag führen gegen den gleichgültigen, halbtoten und zufälligen Charakter der meisten Lebensinhalte von heute. Zugleich gibt das Wort den Hinweis auf die Tragödie des »objektiven Geistes« und unterstreicht den Verdacht, dass die Vergangenheit stets mächtiger bleibt als die Gegenwart und dass das Leben gegen das Gelebthaben nicht mehr wirklich aufkommt. »...unsere Erbschaften erdrücken uns«, sagt Paul Valéry in seinen mürrischen Gedanken über das Problem des Museums; und er fährt fort: »...Da müssen wir notwendig erliegen. Was tun? Wir werden *oberflächlich*.« Verallgemeinerte Museumskritik ist also eine Endstufe jener Kulturkritik, die seit dem späten 18. Jahrhundert den vorgefundenen Lebensformen die Schuld daran gibt, dass wir in ihnen ein gewisses Fremdheitsgefühl nicht loswerden können. Je älter die Kultur ist, desto fremder steht sie den Neuankömmlingen gegenüber – wie eine kafkasche Behörde und ein hegelscher Schädelberg. Ich habe einmal versucht, diese zur Weltkritik gesteigerte

Kulturkritik auf den Kopf zu stellen, um herauszufinden, was sich ergibt, wenn das Befremden an der Welt nicht von der Fehlerhaftigkeit der äußeren Verhältnisse ausgeht, sondern in einem inneren Schwindel und in einem Mangel an Zugehörigkeitsgefühl seine Ursache hat. Könnte es nicht sein, dass nicht die Welt uns fremd ist, sondern wir der Welt?

Ist es nun die Schuld der Welt, dass sie unter einem absurden musealen Licht gesehen werden kann? Oder ist es die Schuld des Besuchers, wenn ihm sein Heimatmuseum auf einmal fremd vorkommt? Vermutlich sollte man so nicht fragen; angemessener scheint es, von einem Verhältnis zwischen Ich und Welt auszugehen, das von Anfang an die Möglichkeit in sich birgt, Fremdheit zu erzeugen. – Mir scheint, an dem Fremdsein der Welt für die Weltfremden ist eine verfehlte Synchronisation zwischen dem Bestand der Welt und der Weltentdeckung durch uns bei unserer Ankunft schuld. Die tiefe Fremdheit ist ein Effekt aus Fehlern bei der ursprünglichen Naturalisierung. Ihretwegen kommt es vor, dass viele unter uns die Staatsbürgerschaft im Sein nur unvollkommen erwerben. Die Welt wird zum Museum, wenn ich mich in ihr aufhalten muss, ohne zu wissen, wie ich hineingekommen bin. Sie wird museal, fremd, objektiv, blockhaft und abweisend, wenn in meinem Dasein der Elan des ersten Ankommens und Entdeckens erstarrt ist. Wenn das Kontinuum der permanenten Geburt zerbricht, dann tritt unweigerlich der Effekt auf, dass die Welt immer schon vor uns da gewesen zu sein scheint – als die älteste abgekartete Sache der Welt, ein trostloses und lichtloses *fait accompli*. Dann wird die Welt zum Urgestein der längst bestehenden Tatsachen, an dem alle Spätankömmlinge zerschellen müssen; dann muss sie uns als die ungeheure Summe der aufgespeicherten unvergangenen Vergangenheit erscheinen, gegen die unser viel zu spät gekommenes, hinterherhinkendes gegenwärtiges Leben unmöglich aufkommt. Auf diese Weise wird Welt zu einem Begriff, der die Resignation der Menschen vor dem unermesslichen Vorsprung der Dinge ausdrückt. Wenn Heidegger vom In-der-Welt-Sein spricht, dann klingt aus dieser Formel bereits die menschliche Verspätung gegenüber dem fremden Kosmos heraus; unüberhörbar ist auch die Drohung, dass wir im Rennen mit den harten Tatsachen, die vor uns waren, nur durch den Tod noch eine letzte Chance erhalten haben; nur insofern der eigene Tod den Weltuntergang bedeutet, holen wir im Tod die Welt ein und erlöschen mit ihr zusammen; also wären wir in unserem letzten Augenblick mit ihr zum ersten Mal gleichzeitig und auf einer Höhe. Ansonsten bliebe uns nichts anderes übrig als die tapfere Einsicht in unsere schicksalhafte Geworfenheit – um den berüchtigten heideggerschen Terminus aufzunehmen; geworfen wohin?, in ein Etwas, das nach Nichts schmeckt, oder ein Nichts, das als Etwas auftritt, wie Sie wollen – jedenfalls in einen Zusammenhang älterer, mächtigerer, längst gültiger und nur noch vorzufindender Gewalten und Gesetze.

Die ältere Gnosis sprach vom Weltkerker, um diese Grundbefindlichkeit des Menschenwesens symbolisch zu bestimmen. In gnostischer Sicht ist der Mensch der Hineingefallene des Kosmos, der betäubte Überlebende einer metaphysischen Bruchlandung. Seinem Wesen, das heißt hier: seiner vergessenen Geschichte nach ist der Mensch zum Häftling der Materie geworden, und durch seine seelischen Verstrickungen, seine Wünsche und Begierden ist er an die Felswand des Seienden gekettet. Nun wäre es ein Wunder, wenn die Moderne, die alles revidiert, nicht auch die Haftordnungsvorschriften für Seinsgefangene erfasst hätte. Die neuzeitliche Strafvollzugsreform hat auch die Ontologie liberalisiert und so ist heute aus dem spätantiken Weltgefängnis das postmoderne Weltmuseum geworden; die Gefangenschaft in den Bleikammern der Materie hat sich ermäßigt; wir haben Ausgang und Sex und Fernseher in der Zelle, aus dem transzendentalen Heimweh ist das Unbehagen in der Kultur geworden und der Hass gegen die geschaffene fertige Welt als Fülle des Schlechten hat sich verwandelt in Respektlosigkeit gegen die Klassiker und in die Entschlossenheit, die alten festgeschriebenen Texte durch neue Schriften, wenn schon nicht ungeschrieben zu machen, so doch zu lockern, zu entstellen, zu parodieren. Die aktuelle Gnosis versucht den Ausbruch aus dem Urtextkerker und den Rückweg in den Himmel der vorschriftsfreien schreibenden Hand. Die ungeduldigen Psychotiker unter uns wollen geradewegs aus der alten Welthaut fahren und die unmittelbare Himmelfahrt riskieren; die Vorsichtigen und Belastbaren lassen es mit Subversionen bewenden und sind zufrieden, wenn man es so weit bringt, die Weltzwangsjacke in ein persönliches Kleidungsstück umzuschneidern. Wenn wir schon dazu verdammt sind, in der Welt zu sein wie Fremde in einem Museum, so scheint es eine Sache der metaphysischen und museologischen Gesundheit zu sein, nicht für alle Zeiten nur als ein verlorener Besucher am Rande der Welt herumzustehen; sobald sich der erste Schrecken gelegt hat, ist es doch ratsam, auf die Seite der Museumsmacher überzuwechseln. Selbst Museen können, wenn auch nur in bescheidenen Ausmaßen, zu eigenen

Museen werden und mit der Museumsfreundschaft fängt auch die diskrete Weltfreundschaft wieder an, die zur Heiterkeit der geheilten Gnostiker gehört.

Das verrät sich exemplarisch in einem Text von Emile Cioran – der von einem der makabersten und glücklichsten Museumsbesuche unseres Jahrhunderts berichtet. Cioran schreibt unter dem Titel »Paläontologie«:

> Der Zufall eines Wolkenbruchs trieb mich eines Herbsttages für einige Augenblicke ins naturwissenschaftliche Museum. Dort verweilte ich aber eine Stunde, zwei Stunden, drei, vielleicht. Monate sind seit diesem unvorhergesehenen Besuch vergangen, doch vergesse ich nicht so bald diese Augenhöhlen, die einen beharrlicher als Augen anblicken, diesen Jahrmarkt der Schädel, dieses mechanische Grinsen auf allen Ebenen der Zoologie. – ... Ich weiß keinen Ort, wo die Vergangenheit gegenwärtiger wäre. Man gewinnt den Eindruck, als habe sich das Fleisch von seinem Anfang an verflüchtigt, als habe es in Wahrheit nie existiert, als sei es ausgeschlossen, daß es diesen feierlichen, so sehr von sich selbst durchdrungenen Knochen je verhaftet war ... Das ist der Grund, warum ich mich in diesem Museum zu Hause fühle, wo alles zur Euphorie eines vom Fleisch gereinigten Universums einlädt, zum Jubel des ›Nach dem Leben‹.[1]

Nie ist die Versuchung des Museums schärfer ausgedrückt worden. Der Museumsliebhaber verwirft die Welt als tödliche Zumutung; nur wer das Tote für seinesgleichen halten kann, für den wird die Welt umstandslos zur Heimat. Wen es zu Totem zieht, der könnte sich an keinem passenderen Platz aufhalten als in dieser Welt. Wer sich hingegen im Museum zu Hause fühlt, der hat mitten in der Welt den Platz entdeckt, wo man *da* sein kann, als wäre man schon *fort*. Ciorans gnostisches Genie hat mit unfehlbarer Sicherheit das naturhistorische Museum als den Ort entdeckt, wo das In-der-Welt-Sein von sich her den Austritt aus der Welt anbietet. In der Umgebung der urweltlichen Knochen wird der Irrtum des Zurweltkommens abgemildert, der Gnostiker weiß sich unter ihnen *chez lui*. Aber der Jubel »nach dem Leben« bedeutet den präkosmischen Jubel eines Daseins, das gerade so lange bei sich bleiben kann, wie es keine äußeren Verhältnisse gibt und keine harten Tatsachen; auch keine Weltgeschichte und keine Männer, die sie machen. Wo das Museum am totesten ist, hat es am deutlichsten die Eigenschaften eines präexistentiellen Schoßes. In der Nähe der kalkigen Knochen der Urtiere fühlt der gnostische Geist die mineralischen Mütter. Bis zu ihnen müsste unsere Museologie zurückgehen, um zu verstehen, was da seit rund zweihundert Jahren in Gang gekommen ist, als die Fürsten, die Minister, das Großbürgertum und schließlich die demokratischen Pädagogen sich daran machten, unzählige künstliche Vergangenheitshöhlen aufzustellen, um ganze Bevölkerungen durch sie hindurchzupumpen.

Das Museum als Uterodrom

Bevor ich nun einige Überlegungen zur Ausstellbarkeit der Welt vortrage und auf die Idee der Weltausstellung zu sprechen komme, kann ich der Versuchung nicht widerstehen, Sie zu einem schaurigen Exkurs einzuladen. Ich denke, dass wir nach ihm empfinden werden wie der schillersche Taucher, der nach seiner Rückkehr aus dem Unterwasserschlund dankbar war für das Atmen im rosigen Licht der Oberwelt. Dass auch Museen Menschen verschlucken und einbehalten können, mit dieser quasi archetypischen Phantasie der bürgerlichen Jahrhunderte hat Patrick McGrath in einer sarkastischen *short story* »Mein toter Körper« vor kurzem Ernst gemacht. Sie stand, soweit ich sehe, zuerst in einem Katalog zu der Ausstellung »Permanent Collection – Bogomir Ecker, Raimund Kummer, Hermann Pitz« im Brooklyn Museum 1988[2] und ist als bisher radikalster Beitrag zur imaginären Museologie zu lesen; in Kenntnis dieser Geschichte werden Sie über den Ausdruck permanente Sammlung nie mehr so denken wie zuvor.

> Stellen Sie sich vor, Sie wachen in vollkommener Dunkelheit auf und merken, Sie sind lebendig begraben worden … Ihr entsetzlichster Alptraum ist Wirklichkeit geworden. Man hat Sie in einen Sarg eingenagelt, hat Sie in die Erde herabgesenkt und Dreck oben draufgeschaufelt – und ist dann weggegangen. Stellen Sie sich den Wind oben über Ihnen vor, wie er im fahlen Winternachmittagslicht einer kalten nordamerikanischen Stadt, in der Sie fremd sind, leise in den kahlen Bäumen rauscht, die wie groteske Hände aus dem Erdreich ragen. Sie sehen die Dämmerung über diesen verlassenen Ort einfallen und die Schatten, wie sie über die Grabsteine sinken. Die Friedhofstore sind die Nacht über verschlossen, und mit der Dämmerung kommt ein Wind auf, der wie ein Dämon in den Bäumen heult. Unter der Erde aber liegen Sie in undurchdringlicher Dunkelheit und in vollkommener Stille in einer Kiste und Sie warten auf den Tod.
>
> Ich war in diese Stadt gekommen, um die Bestände des Museums zu katalogisieren. Seit einigen Monaten war ich krank gewesen; das erklärt vielleicht, warum ich so empfindsam für die Vorgänge im Museum war – die sonst niemand zu bemerken schien. Wissen Sie, ich war noch

nicht mal eine Woche da, als ich erkannte, daß eine Anzahl von Stücken der afrikanischen Sammlung – genaugenommen – nicht unbeseelt waren. Sie waren nicht direkt lebendig, wie etwa Sie lebendig sind oder ich (in höchst fraglicher Weise) lebendig bin; aber irgendwie hafteten letzte Spuren einer abnehmenden spirituellen Kraft an ihnen – genug, um Bewegungen und hin und wieder Töne zu verursachen…

Sehr bald kam mir die Frage in den Sinn, was wohl nachts im Museum geschehe, wenn es geschlossen ist … Ich versteckte mich in einer Kabine der Männertoilette neben der großen Eingangshalle und wartete, bis alle weg waren… Nur wenige Lichter brannten, so daß eine tiefe Düsternis den Raum durchdrang… Ich schlenderte zwischen den Vitrinen der afrikanischen Galerie herum und war überrascht, wie mysteriös die vertrauten Objekte mir jetzt erschienen… Aber meine Stimmung änderte sich schnell, als ich anfing, schwere stapfende Schritte zu hören. Ich folgte dem Geräusch zum Ursprung: Es war ein MBamba-Nagelmann vom Königreich Kongo, der mit dem Fuß aufstampfte… In diesem Moment bekam ich wirklich Angst. Wissen Sie, ich hatte erkannt, daß der Nagelmann nur auf eines aus war – auf Rache! – und daß er alle Wut in sich trug, allen Schmerz über den Verrat und die Zerstörung, die dem kongolesischen Volk… zugefügt worden waren. Es war eine Ironie des Schicksals, dachte ich, als ich rasch zum zweiten Stock hinaufstieg, daß ein solch rachsüchtiger Geist in die westliche Welt gebracht und im Museum zur Ruhe gelegt worden war, wo seine bösartigen Kräfte wie ein Krebsgeschwür wuchern konnten …

Jetzt war alles in Bewegung, sogar die gliederlosen römischen Torsi schleppten sich über den Boden auf die Treppe zu… Der schwarze Kopf Julius Cäsars glitt durch die Düsternis mit einem schrecklichen roten Glühen in seinen dunklen Augen. Und es kamen die Mumien mit ihren Skarabäen auf der Brust… Höher und höher kamen sie ... höher hinauf ging es nicht. Aber immer noch konnte ich ganz deutlich das Stampfen-Stampfen-Stampfen des MBamba-Nagelmannes unter all dem scheußlichen Schlurfen und Rumpeln ausmachen, das das düstere Gebäude erfüllte – und ich zitterte vor Entsetzen.

Inzwischen sollte ich doch tot sein! Eigentlich müßte ich schon längst tot sein! Diese Erdinsekten sind in meinen Ohren und Augen, sie sind in der Nase und im After, sie fressen die Weichteile, meine Ohrläppchen, meinen Penis, das Innere meiner Schenkel ... Warum sterbe ich nicht? Warum geht das Leben weiter, selbst wenn der Körper zerfressen wird? Das ist der Fluch des Nagelmanns! Ich wurde zum Leiden erwählt für das Königreich Kongo!

Sie hatten mich unter James Hamiltons »Letzte Tage von Pompeji« in die Enge getrieben, und dort traf mich der Fluch des Nagelmanns. Man fand mich am nächsten Morgen; da kein Lebenszeichen vorhanden war, wurde ich für tot gehalten. Das war vor drei Tagen. Seit drei Tagen bin ich »tot«. Man glaubt jetzt, ich sei »tot«. Aber ich bin nicht tot, nicht im geringsten, trotz des Sarges, der Insekten ... Vielleicht bin ich wie der Nagelmann dazu verdammt, für immer zu leben und des Leidens des kongolesischen Volkes zu gedenken. Vielleicht werde ich – wie er – in der Nacht auferstehen.

Diese Geschichte stand, wie gesagt, kürzlich in einem New Yorker Ausstellungskatalog und sie ist eine katalogische Geschichte im präzisen Sinn des Wortes. In ihr wird auch der Tod selbstbezüglich und findet Umworte, Begleitworte für sich selbst. Vom Museum aus wird der Tod zum Sprechen gebracht. Von jetzt an redet auch das, was sonst keine Rede hat – das katalogische Prinzip ist dank McGrath nicht nur ins nächtliche Museum, sondern auch in den Sarg und zuletzt ins Innere des zerfressenen Körpers im Sarg vorgedrungen und produziert fortlaufende Sätze aus dem Innersten des Schweigens. Die museologische Gruselgeschichte knüpft an einen Menschheitstraum an, dessen Doppeldeutigkeit das Wesen des Museums intim betrifft. Unser Ich-Erzähler redet so, als hätte er bei seiner Katalogisierungsarbeit unfreiwillig den kürzesten Weg in die Unsterblichkeit entdeckt: von der Stadt ins Museum, vom Museum ins Grab, vom Grab zum ewigen inneren Licht des Bewusstseins, auch *post mortem* immer noch da zu sein. Für ihn ist der Traum von der Unsterblichkeit zum Alptraum geworden, als wäre das Museum nichts anderes als eine Einrichtung, um Alpträume wahr werden zu lassen. McGraths armer Konservator erfährt einen Tod in der ersten Person – er wird zum lebend Begrabenen, zum reinen Ich ohne Welt. Er geht aus den ethnologischen Sammlungen direkt in die Unsterblichkeit ein – und wir sehen uns gedrängt, in der Idee der Unsterblichkeit, diesem Grundmotiv der Metaphysik, selbst schon auf einen museologischen Kern aufmerksam zu werden, genauer gesagt auf einen Grabeshöhlengedanken, aus dessen historischen Metamorphosen erst das neuzeitliche Museum entstehen kann. Die Grabhöhle ist eben der imaginäre Raum, in dem der Widerspruch zwischen Gestorbensein und Weiterleben aufgehoben scheint. Die Museumsgrabhöhle fungiert als Projektionsschirm des imaginären Todes: In ihr soll sich das metaphysische Kunststück vollenden, sich selbst zu bewahren, indem man sich verliert. Man muss sich, wie unsere gespenstische Geschichte zeigt, davor hüten, dieses Weiterleben nach dem Tod nur unter positivem Vorzeichen aufzufassen. Der imaginäre Tod mag zwar für mich selbst Unsterblichkeit bedeuten und mir erlauben, mich weiterzudenken, auch wenn ich mich »aus der

Welt« wegdenken muss; aber dasselbe impliziert im Hinblick auf andere eine Vorstellung von absoluter Unheimlichkeit: Ihren Geistern ist nicht weniger Dauer und Wiederkehrfähigkeit zuzutrauen als mir selbst. Überlebe ich den physischen Tod, so mag das, wie ich mich kenne, geradewegs zu einem himmlischen Highlife führen, aber wenn auch die anderen ihren Tod überleben, dann hat das zur Folge, dass es noch mehr Gespenster geben wird, vor deren Einmischung ins gegenwärtige Leben wir uns zu fürchten Grund haben. – Daher kennen alle menschlichen Kulturen die Sorge um die Zufriedenstellung ihrer Toten. Man muss sie bei guter Laune halten, man muss ihren Ansprüchen auf Pietät Genüge tun und vor allem muss man pünktlich darauf achten, dass nichts unterlassen wird, was nötig ist, um ihre Wiederkehr zu verhindern. Im Psychodrama der Kulturen ist allenthalben ein Platz für solche Maßnahmen vorgesehen. Es gibt in der imaginären Topographie aller menschlichen Gemeinschaften Punkte, wo die Geschäfte der Lebenden mit ihren Toten abgewickelt werden – die Hausaltäre, die Tempel, die Grabmäler, die Friedhöfe, die Monumente, die Katakomben, die Kathedralen, die Schlachtfelder, die Kriegergedenkstätten; auch die Kalender der Völker sind den Bedingungen der Totenbeschwichtigung und der Totenfernhaltung unterworfen. Nun gehört nicht viel Aufwand dazu, den Gedanken plausibel zu machen, dass auch die Museen des 18., des 19. und vor allem des 20. Jahrhunderts zu großen Anteilen aus dem Psychodrama neuzeitlicher Totenentfernungsmaßnahmen zu verstehen sind. Wie man weiß, hat sich der soziale Status der Toten seit dem 18. Jahrhundert grundlegend gewandelt. Die Aufklärung hat ihrer Wiederkehr in Gestalt von

Geistern, Dämonen und Manien Hindernisse in den Weg gelegt. Seither müssen auch hochgradig folgenreiche Tote das Gespenstern aufgeben und sich einem aufgeklärteren autorenrechtlichen Reglement unterwerfen; die antike und feudale Spukverfassung ist für die Abwicklung des Überhangs von beendigtem Leben nicht mehr ausreichend. Die großen und wirkungsvollen Toten können von jetzt an nur noch im Schutz des Urheberrechts überleben, das heißt als Erblasser und als Verfasser von Werken und Vermächtnissen. Die Moderne schickt die Genien und Geister von früher rückwirkend auf die Schule und ins Museum; sie schreibt ihnen vor, dass sie nur dann noch in uns weiterleben dürfen, wenn sie sich in Unterrichts- oder Ausstellungsstoff verwandeln. Die Verstorbenen kehren offiziell nur noch im Lehrplan wieder, sie müssen zu Klassikern, zu Ausstellungsstücken werden, und wenn es hoch kommt, kehren sie als Schöpfer bleibender oder steigender Werte wieder – denken Sie an die gespenstischen Erfolge Vincent van Goghs, der, seit er tot ist, von seinen Bildern leben könnte. Kurzum, ich will sagen, dass die Fortlebensbedingungen für Tote und Totes sich in der Moderne dramatisch zu verändern beginnen und dass neben den Friedhöfen, als den traditionellen Leichen-Zwischen-und-Endlagerstätten, die schulischen und die musealen Institutionen die Hauptlast der geistigen Totenfernhaltungsarbeit zu tragen haben. Immerhin gilt auch für diese Einrichtungen die Regel, dass die Fernhaltung der weiterlebenden Toten nur durch kulturelle Kompromisshandlungen zu leisten ist – das heißt durch abweisende Einladungen, durch herbeiholendes Wegschicken, durch abtötende Wiederbelebung, durch vernichtende Aufbewahrung, durch verdunkelnde

Bekanntmachung, durch verstellendes Vorstellen, durch unsichtbarmachendes Ausstellen. In allen diesen Disziplinen leisten die Museen der Gegenwart Außerordentliches, ja sie gehen vielerorts über dieses ihr eigentliches Pensum weit hinaus und behandeln auch lebende Künstler schon wie Tote, bei denen die Wiederkehrgefahr durch Großausstellungen vorbeugend gebannt werden soll. Die Museen sind also, analog den neurotischen Symptomen der Freudianer, Kompromissbildungen zwischen Wiederkehr und Abwehr – Beschwörungen und Erledigungen des Vergangenen zugleich. Sie sind Zentren der Vergangenheitsbewältigung in dem prekären Sinn, dass sie unsere Überwältigung durch die Toten, die Vergangenen, Ehemaligen, Abgelebten abwehren. Patrick McGraths Erzählung ist die beste Museologie, weil sie die entscheidenden Museumsfunktionen erklärt, indem sie ihren Ausfall annimmt. Die Grabespsychose des Konservators erlaubt Rückschlüsse auf die museologische Normalität. Für ihn ist das Museum auf pathologische Weise ganz und gar zu dem geworden, was es für die gewöhnlichen Besucher nur flüchtig und beiläufig ist – nämlich Höhleneingang in den Schoß der Erde, Initiationsstätte für die Wiedervereinigung mit dem gebärenden Element, Kultplatz zur Vergegenwärtigung des Wegs, den die Vorfahren zurücklegen mussten, um unser Volk an seinen Platz und unsere Kultur auf ihren Stand zu bringen. Weil der Erzähler wie ein exemplarisches Opfer in der Museumsfalle gefangen bleibt, lässt er erraten, worauf es für die anderen Besucher ankommt: so schnell wie möglich wieder zum Ausgang zu finden. Das Museum ist die perfekteste moderne Einrichtung, um das lebenswichtige Kurz-Rein-und-Schnell-Wieder-Raus-

Spiel zu spielen; es ist unser offizielles Uterodrom. Nicht jeder kann ausführliche Unterweltfahrten unternehmen und es dem Orpheus, dem Äneas, dem Dante und den Psychonauten der großen Psychoanalyse nachtun. Aber für die Kurzhöllenfahrten des kleinen Mannes sind unsere Museen bestens geeignet. Deswegen ist der weit verbreitete museophobe Affekt für das Museum als Totenfernhaltungsanstalt signifikant und unverzichtbar. Hält jemand sich gerne in Museen auf, so sitzen ihm die Toten schon gefährlich im Genick. Er gehört vielleicht schon mehr zu den Exponaten als zu den Exponenten. Er lebt vielleicht schon im Kernsog der Gräber. Wer die typischen Museumssymptome: Müdigkeit, Schwindelgefühl, Lebensüberdruss, Ekel, Klaustrophobie, Atemnot, Gähnen und panischer Drang zum Ausgang seit längerem nicht bei sich beobachtet hat, sollte so bald wie möglich einen Psychoanalytiker oder besser noch einen Daseinsanalytiker aufsuchen. Es könnte sonst sein, dass das Museum weitere Opfer fordert. Zu einem gesunden Museumsbetrieb gehört ferner, dass einem die Dinge, die dort aufbewahrt werden, nicht nachgehen und dass man von ihrer Leblosigkeit fraglos überzeugt ist. McGraths Museumsmitarbeiter verstößt gegen diese Regel auf eklatante Weise, indem er wie ein primitiver Animist den Exponaten mehr Lebendigkeit zubilligt als ihnen legitimerweise einzuräumen ist. Sein unverzeihlichster Fehler besteht allerdings darin, dass sein Gehör auch dort etwas wahrnimmt, wo für uns sonst nichts zu hören ist, und dass er die geflüsterten Missionen der Figuren im Museum auf sich bezieht, als hätten sie ihn persönlich angesprochen und zum Mitwisser ihrer Geheimnisse ernannt. Der Fluch des Nagelmannes vom Kongo ist eine typische Geisterstimme; obwohl sie aus dem 16. Jahrhundert stammt, ist es ihr gelungen, durch die aufklärerische Zensur zu schlüpfen, um im inneren Ohr eines leichtsinnigen Museumsangestellten von heute vernehmbar zu werden. Der MBamba-Nagelmann ist ein Zeitgenosse von Luthers Schriften, Calvins Predigten, Michelangelos Plastiken, Dürers Gemälden. Gewiss hat es den Anschein, als seien wir mit diesen Stimmen und Gebilden fertig geworden, und man sollte meinen, die Musealität der Kongofigur sollte ebenso sichergestellt sein wie die ihrer europäischen Pendants. McGraths Erzählung zeigt das Gegenteil. Wenn das Museum versagt, wird unsere Totenabwehr an dieser Stelle durchlässig und jahrhunderte-, ja, jahrtausendealte Missionen, Vorhersagen und Flüche können uns ansprechen, als wäre die historistische Zeitmauer durchbrochen. Am Museum geht uns das spukhafte Element der Geistesgeschichte auf: Noch immer gibt es keine Geschichte der Kultur, die nicht zugleich, wie verborgen auch immer, eine Geschichte fortwirkender Besessenheit wäre.

Die Ausstellbarkeit der Welt – Über Wahrheit und Kapital

Über das Museum spotten heißt wahrhaft ins Museum gehen. Zeit für uns, mit der Museumsverspottung Ernst zu machen und die Musealisierung der Welt an ihren Ursprüngen zu beobachten. Woher kommt diese Überschwemmung der modernen Gesellschaften mit Institutionen zum Vorzeigen von fertigen Dingen aus gestriger

Arbeit? Was ist schuld daran, dass die Resultate der Arbeit unserer Vorfahren heute »wie ein Alp auf dem Gehirne der Lebenden« lasten – nicht anders als Karl Marx es von der »Tradition aller toten Geschlechter« behauptet hat? Welche Notwendigkeit hat bewirkt, dass die Summe der von sämtlichen Produzenten vor uns geschaffenen Werte jetzt wie ein globales Kapital der weiteren Verwertung entgegensieht? – Kurzum, wie ist es zu dieser massiven Gegenwartsverschmutzung durch Rückstände der Vergangenheit gekommen?

Die Musealisierung der Welt ist eine Folge der kapitalistischen Kulturrevolution, die seit dem 18. Jahrhundert die lokalen Zivilisationen auf der Erde zunehmend in das Abenteuer der Synchronisation verstrickt. Durch den weltweiten Ausgriff der Kapitale werden sämtliche traditionelle Lebensgemeinschaften, in Europa wie auch in den anderen Kontinenten, aus ihren Bindungen an die Vermächtnisse ihrer Vorfahren, das heißt ihrer Toten herausgebrochen. Das Kapital synchronisiert die Welt, indem es überall dem Austausch mit den fremden gleichzeitig Lebenden einen fast unbedingten Vorrang verschafft vor der Bindung an die eigenen verstorbenen Vorfahren und ihre verinnerlichten Stimmen. Diese mögen über das Grab hinaus ihre Sprachen weitersprechen und ihre Grundaussagen über die Welt und ihre Ordnung beharrlich wiederholen; die Nachkommen werden wohl diese Stimmen auch weiterhin im Ohr behalten und durch sie zurückgebunden bleiben an ihre Herkunftswelten. Aber die Stimmen der Vergangenheit verlieren ihr einstiges Monopol und werden zunehmend historisch, mittelbar, relativiert; sie werden übertönt durch eine neue Einheitsweltsprache, die nur noch von aktuellen und gleichzeitigen Dingen reden möchte. Gleichzeitig können die Dinge aber nur auf dem Weltmarkt werden, wo die Weltsprache Geld alles mit allem in Beziehung setzt. Erst durch das Kapital kommt es zum Sieg der synchronen Beziehungen über die traditionalen Bindungen an die Herkunft; die Tauschgegenwart drängt die Lebensformen, die sich aus der Vergangenheit heraus verstehen, energisch zurück. Wo das geschieht, dort müssen die mitlebenden Fremden lebenswichtiger werden als die eigenen Toten; folgerichtig lösen sich die an den Weltmarkt angeschlossenen lokalen Kulturen von ihren traditionellen Seinsweisen ab und richten sich mehr und mehr auf Transaktionen mit entfernten und gleichzeitigen Partnern ein. –

Die Synchronisierung der Welt durch das Kapital treibt zwei kulturell neue Phänomene hervor: das historisierende Museum und die aktualisierende Ausstellung. Beide realisieren eine neue Weltidee, genauer: eine neue Form der Darstellung und Zusammenfassung der Welt als Inbegriff von Werten; Museum und Ausstellung tragen Wertobjekte der menschlichen Kultur an herausgehobenen Versammlungsorten zusammen und setzen sie der kollektiven Wertschätzung aus. So wie, vom 18. Jahrhundert an, Weltgeschichtsschreibung und lexikalische Enzyklopädie die maßgeblichen literarischen Medien der Weltsynchronisierung wurden, so setzen sich das Kulturmuseum und die Weltausstellung als die beiden stärksten Ideen des 19. Jahrhunderts zur Präsentierung von Wertwelten unaufhaltsam durch. Das Museum wird als Werttempel eingerichtet, die Weltausstellung als Weltkaufhaus. Die Ausstellbarkeit der Welt hängt in beiden Fällen unmittelbar an der Verwertung von Werten. »Welt« überhaupt wird hier schon als Inbegriff von Leistungen, Werken und Werten aus menschlicher Arbeit aufgefasst, und deren Vorzeigung oder Sichtbarmachung setzt voraus, dass ein Publikum von werthungrigen Aneignungswilligen bereit ist, sich diesen Objekten anerkennend zuzuwenden. Als Publikum von Käufern und Betrachtern kann dieses sich eben dadurch formieren, dass die Dinge auf den Markt und ins Museum kommen. Daher ist das berüchtigte *enrichissez-vous* des französischen Bürgerkönigs nicht nur ein Motto für die Bourgeoisie von einst. Es enthält die museologische Konfession des Zeitalters, das an die Gleichung von Werken und Werten glaubt. Ist erst die Welt durch die universelle Verwertung synchronisiert, dann folgt die Zusammenführung der Werte im Museum und in der Weltausstellung von selbst.

Im Zeitalter der Werteverwertung wird die Beziehung zu vergangenem Leben überall abstrakt. Zwar kommt Wert vor allem durch die Verausgabung von Lebensarbeit zugunsten austauschbarer Produkte zustande, aber dem Produkt selbst ist seine Vergangenheit, das Lebenskolorit der Umwelt, in der es erzeugt wurde, der Aufwand von Kunst und Mühe, die in es eingingen, nur noch ausnahmsweise anzusehen; seine »Abstammung« spielt für seinen Tauschwert eine untergeordnete Rolle. Wert ist gewissermaßen abstrakte Vergangenheit, neutralisierte Anstrengung, homogenisierte Arbeit. Die Wertförmigkeit der Lebensprodukte sorgt dafür, dass die Vermächtnisse der Produzenten vor uns auf uns übergehen können, ohne dass wir uns ihnen durch besondere Verpflichtungen verbunden fühlen müssten. Im Zeitalter des Werts kommen von den Toten auf uns nicht so sehr substantielle Traditionen, als vielmehr mobile konvertierbare Vermögen.

Wenn von einem Erbe die Rede ist, fragen wir daher zwangsläufig eher »wie viel« als »was«. Somit ist es eine sachlich triftige und sprachlich aufschlussreiche Formulierung, wenn Marx schreibt: »Die Revolution des neunzehnten Jahrhunderts muß die Toten ihre Toten begraben lassen, um bei ihrem eigenen Inhalt anzukommen.«[3] Für den Inhalt dieser Revolution bietet Marx verschiedene Formeln an: zunächst, »beschleunigte Bewegungskraft« der kapitalistischen Völker; sodann »Entfesselung und Herstellung der modernen *bürgerlichen* (und der ihr konsequenterweise folgenden sozialistischen) Gesellschaft«; schließlich »soziale Revolution« und Neuformung der Welt durch das alleshervorbringende Proletariat. Im Rückblick auf die marxsche Epoche scheint es uns freilich angemessener, die Revolution des 19. Jahrhunderts als Durchsetzung der allgemeinen Verwertung und Verwerkung der Welt zu bezeichnen. Eben dies ist der Prozess, der zu seinem erfolgreichen Fortgang voraussetzt, dass wir die Toten ihre Toten begraben lassen, um frei zu sein für unsere gegenwärtigen Obsessionen: Reichtum, Aktualität, Erlebnis. Die universelle Revolution besteht darin, allenthalben die Bindung an die eigenen Totenvermächtnisse zu durchtrennen und somit der Besessenheit der Lebenden durch ihre Vorfahren ein Ende zu machen. Die Synchronisierung aller Lebenden in der gemeinsamen Zeit der universellen Tauschgesellschaft enthält das Projekt, die Welt als Ganzes von ihrer Vorzeit abzusprengen und sie als gesamtmenschheitlichen Großbetrieb neu zu beginnen: als Weltmarktgesellschaft, als Menschheitsfabrik. Zum ersten Mal traut sich der Geist der Produktion einen definitiven Sieg der Gegenwärtigkeit über das an die Vergangenheit verfallene Leben zu.

Das Produzieren und Tauschen wird messianisch – es will nicht weniger, als die Lebenden von dem Alp der »Tradition aller toten Geschlechter« erlösen.

Aber diese Erlösung muss aus einem prinzipiellen Grund misslingen. Die synchronisierte Welt der Kapitale bleibt genauso den Toten und dem Toten verfallen, wie die ungleichzeitigen lokalen Traditionswelten es waren. Der Wert bringt lediglich die Modernisierung des Toten mit sich, denn er ist vergangene Produktion, abstraktes Vermächtnis, neutralisierte Überlieferung. Seit dem 19. Jahrhundert gibt es nämlich nicht nur, wie Marx schrieb: »Arbeit überhaupt, Arbeit sans phrase«, sondern auch Vermächtnis überhaupt, Vermächtnis *sans phrase*. Seither haben wir es mit dem weltgeschichtlichen Novum einer reinen wertförmig wiederkehrenden Vergangenheit zu tun. Alles Erbe wird somit tendenziell guthabenförmig und anonym – reine, in der Vergangenheit erarbeitete Verfügbarkeit. Die Toten mögen zwar nicht mehr wiederkehren, aber das Tote geht allenthalben um als Wert, der sich erhalten und weiter verwerten will. Aus der konkreten Besessenheit der Lebenden durch ihre Vorfahren ist abstrakte Besessenheit durch sich verwertende Werte geworden. Deswegen hat Marx Unrecht zu glauben, dass die Revolution des 19. Jahrhunderts erst »mit sich selbst beginnen« könne, wenn »sie allen Aberglauben an die Vergangenheit abgestreift« habe. In Wahrheit bringen das 19. und das 20. Jahrhundert gemeinsam den Aberglauben an die Vergangenheit nur auf seine höchste allgemeine Form – die universelle Wertform. Vergangen sein heißt von jetzt an: weiterverwertbaren Wert geschaffen haben. Vergangenheit ist nur ein anderes Wort für Wertschöpfungsgeschichte. Der Wert wird zum Aberglauben *sans phrase*. Wo Werte systematisch verwertet werden, dort beginnt die Gespenstigkeit im universellen Maßstab zu herrschen, die Erde wird zum Spukschloss für die Herren in Grau. Im Namen der zu verwertenden Werte holt die Vergangenheit aus zur durchschlagenden Rache an allem späteren Leben. Die Herrschaft des Werts sorgt dafür, dass die Überwältigung der Gegenwart durch abstrakte Vergangenheit planetarische Ausmaße gewinnt. Mit unaufhaltsamer Gewalt erzeugt das Kapital einen ontologischen Treibhauseffekt auf der Erde, auf den Konten und in den Gehirnen.

Erst in diesem Kontext kann eine philosophische Museologie das Wesen ihres Gegenstandes zur Sprache bringen. Die Museen und die Weltausstellungen des 19. Jahrhunderts sind nichts anderes als Bühnen, Märkte und Messen für die von Menschen zu allen Zeiten und allerorts erarbeiteten »Werte«. Der Epiphanie des Werts zu dienen – das ist die eigentliche Funktion jener fiebrigen Ausstellungstätigkeiten, die vor allem seit der Londoner Weltausstellung von 1851 die neuere Zeitgeschichte skandieren. Von der Mitte des 19. Jahrhunderts an hat die Synchronisierung der Werk- und Wertwelten durch die Weltausstellungen, die *Expositions Universelles*, die *International Exhibitions*, die *World's Fairs* einen bedeutenden Stellenwert in der Selbsterzeugung eines globalisierenden Marktes. Was Heidegger die Zeit des Weltbildes genannt hat, entspricht, ausstellungstheoretisch gesehen, der Zeit der Weltausstellungen. Für die Organisatoren dieser Großveranstaltungen bietet die Darstellbarkeit und Ausstellbarkeit der Welt kein wirkliches Problem. Sie bekennen sich durch ihre Arbeit zu dem Glauben, dass beim umfassenden Zusammentragen von Waren aller Art

– von Maschinen, Werkzeugen, Kunstwerken, Modeartikeln, Architekturen und Ideen – tatsächlich alles versammelt wird, was die Welt von heute zur Welt macht. Die Ausstellbarkeit der Welt hängt für diese Unternehmer des Vorzeigens nur daran, dass von allem, was zur gegenständlichen Wertwelt gehört, mindestens ein Exemplar auf der Messe vertreten ist – wie auf einer kapitalistischen Arche Noah. Die Weltausstellung ist ein platonischer Ideenhimmel, eine Vollversammlung der Werte; an ihr nimmt teil, was auch immer als Mobilie auf die Reise geschickt werden konnte.

An diesen Riesenspektakeln lässt sich eines deutlich erkennen: dass nicht das Museum die Ausstellung macht, sondern die Ausstellung das Museum. Das Museum ist gewissermaßen nur das Stehengebliebene der Ausstellung – wie man es exemplarisch an den megalomanischen Fortsetzungsplänen der Pariser *Exposition Universelle* von 1900 ablesen kann. Damals sollten ein Dutzend Pavillons an der Seine stehen bleiben und in Museen umgewandelt werden – an ihrer Spitze ein Museum mit einer Retrospektive auf alle bisherigen Weltausstellungen, gefolgt von einem vergleichenden Erziehungsmuseum, einem Friedensmuseum, einem Museum für vergleichende Geschichte, einem Museum für Hygiene und Experimentalwissenschaften, einem öffentlichen Kunstmuseum, einem Museum für Seefahrt, Fischfang und Arktisforschung, einem Museum der gelehrten Gesellschaften, der Kongresse und der Bibliographie, einem Museum für Ozeanographie und experimentelle Zoologie, einem Museum für Sport, Handwerk, Metallurgie und Mineralogie und einem Museum für Archäologie. Die behagliche Hybris dieser Pläne, die seinerzeit durch eine Kampagne der

Pariser Presse lanciert wurden, macht erkennbar, dass die Kapitalisierung und die Inventarisierung der Welt weitgehend parallele Prozesse sind. Die Warenwelt wirft auf alles Übrige ihren Schatten und zwingt ihm die Seinsweise des zumindest Wissenswerten auf. Sachwert, Marktwert und Wissenswert spiegeln sich ineinander. Bouvard und Pécuchet zelebrieren ihr Weltbürgertum im Museum. Sie eröffnen das Tausendjährige Reich des Kleinbürgertums und erklären das Wissenswerte zum nationalen Gut. Es ist nicht nur ein Zufall, dass der Zentralbegriff der heutigen französischen Museologie *patrimoine* heißt. Der ewige Franzose ist ein Rentner der Menschheit, für den die Weltgeschichte zur Nationalbibliothek und die Erde zum Kolonialmuseum zusammengeschrumpft ist. Die Pariser Bildungsbürger der *belle époque* wussten, dass der Rang ihrer Metropole als Weltstadt mit ihrer Rolle als Weltausstellungsstadt eng verbunden ist.

Was »Welt« ist, erleben wir in der Tat vor allem an den Orten, wo die Ausstellbarkeit und Repräsentierbarkeit der Welt im Ganzen am machtvollsten geglaubt und praktiziert worden ist: in den weltdarstellenden Hauptstädten der europäisch-amerikanischen Neuzeit.

Selbstverständlich hat die Museumsdämmerung des letzten Jahrzehnts von den genannten Ideen des Jahres 1900 zumindest die erste wieder aufgegriffen; das Reflexivwerden des Weltausstellungsgedenkens, das sich damals bereits andeutete, musste sich eines Tages konkretisieren. Nicht umsonst sind wir seit den 1970er Jahren unterwegs zum Museum der Museen. Inzwischen – genauer gesagt, seit dem Jahr 1983 – kann man die Serie der 27 ökonomisch-künstlerischen Großereignisse des Typus Weltausstellung anhand einer eigenen *exposition des expositions universelles* überblicken, die vom Juni bis Dezember des genannten Jahres im Pariser Musée des arts décoratifs zu sehen war; sie wurde natürlich in einem eigenen »Buch der Weltausstellungen« umfangreich dokumentiert. Mit dieser *Expo des Expos* ist die gewaltige Synchronisationsmaschinerie des Kapitalismus als Gesamtkunstwerk ihrerseits als museumswürdig erkannt und als Ausstellungswert verwertet worden. Wer aber geglaubt hätte, dass durch ein derartiges Unternehmen das Nachdenken über die Ausstellbarkeit der Welt erkennbare Fortschritte machen müsste, würde von dem Ergebnis des Unternehmens grob enttäuscht. Durch bloße Anwendung der Ausstellung auf sich selbst wird das Wesen des Ausstellens nicht erhellt und das Problem des Ausstellens von Welt wird durch eine bilderwütige Geschichte der Weltausstellungen eher noch weiter verstellt als bisher.

Hieran ist freilich nichts Erstaunliches: Kein Betrieb kann seine eigene Unterbrechung wollen. Das Exponieren der Wertobjekte und das Anslichtstellen der Exponate bleibt auch weiterhin das Dunkelste im Ausstellungsbetrieb – so wie die Herstellung von Sichtbarkeit sich hartnäckig als das Unsichtbare im »phototechnischen« Prozess behauptet. Die Ausstellung als Veranstaltung von Evidenzen ist ein Vollzug des von Heidegger so genannten neuzeitlichen Gestells und die fällige Besinnung über das Gestell muss unweigerlich zur Infragestellung auch des Ausstellens führen. Was ist *aletheia* in der Welt der Weltausstellungen? Was bedeutet Unverborgenheit im Zeitalter ihrer technischen Reproduzierbarkeit? Was hat das Ausstellen von Welt mit dem Weltaufgang selbst zu tun, in den wir als Zurweltkommende hineinblinzeln wie Neugeborene ins Licht? Welche Kraft ist es, die uns in dieser Welt als Ausstellung und Museum zum Ausgang drängt, als gäbe es irgendwo »draußen« etwas, das frei wäre vom Vorzeigezwang und vom Gedränge der Stellplätze?

Es gibt für uns wohl kein wirkliches Draußen. Was uns verbleibt, ist ein Platz auf der Schwelle zwischen Innen und Außen, zwischen dem Museum und seinem Gegenteil, und nur auf ihr, zurückschauend auf die aufgegangene und ausgestellte Welt und vorausblinzelnd in ein allesermöglichendes Nichts, erkennen wir uns als Einwohner des Unausstellbaren.

Anmerkungen

1 E. Cioran, *Die verfehlte Schöpfung*, Frankfurt 1979, S. 39/40.

2 Eine vollständige deutsche Übersetzung enthält der *Jahresring* 36, 1989.

3 Karl Marx, Friedrich Engels, *Werke*, Bd. 8, S. 117.

VII. Kunstsystem

Ich sage euch: man muss noch Chaos in sich haben

Moderne, das bedeutet: Die Evangelien ändern sich. Die schlechten und die guten Nachrichten sind nicht mehr fest an ihren Plätzen. Das Dekorum schwankt, bis es dahin kommt, dass das Gehörige und das Ungehörige die Plätze tauschen. Was nun noch Vorbild sein kann, muss ermittelt werden, fortwährend von neuem. Die Nachahmung dringt in alle Ritzen, überaufmerksam, den Erfolgen anderer auf der Spur. Wirtschaftsteil, Sportteil, Kulturteil, Gesellschaftsteil, die Kursbücher der Eifersucht. Die Gesellschaft ist die Summe ihrer Wettbewerbe.

Aus der Ansprache des Jahrhunderts an die Seinen: Liefere dich Prüfungen aus! Lege deine Akte an. Sammle Hinweise, die verstehen lassen, dass es dich geben musste. Setze dich selbst, bringe dein Thema zum Zuge! Weil Kraft zur Setzung alles ist, vergiss nicht, dein Zeichen aufzustellen. Nimm teil an dem Experiment, das zeigen wird, was geht und hält; lass zu, dass vieles an sich selber scheitert! Die Welt ist Versuch geworden – wer nicht versucht hat, wird nicht zur Welt gekommen sein. Es gibt nur einen Fehler, den, latent zu bleiben. Klugheit bedeutet für die Zukunft: Der Versuchung durch Spurlosigkeit widerstehen.

Nietzsches Zarathustra ist die Sprachwerdung des neuen Weltzustands. Wie zuvor das Gesetz und die Liebe will das Experimentiergebot verkündet werden. Man darf sich nicht davon beirren lassen, dass hier das Versuchen Schaffen heißt. Auch der Seiltänzer ist Experimentator und Schöpfer von Wagnissen. Er nimmt an dem Aufbruch ins Ungesicherte teil. Sein Absturz ist die Unterschrift unter ein Werk, und Zarathustra bekennt sich zu ihm wie zu einem Kollegen. Darum sagt der Prophet in seinen neuen Seligpreisungen, die das Versuchen verkünden:

> Der Mensch ist ein Seil, geknüpft zwischen Thier und Übermensch, – ein Seil über einem Abgrunde.
> Ein gefährliches Hinüber, ein gefährliches Auf-dem-Wege, ein gefährliches Zurückblicken, ein gefährliches Schaudern und Stehenbleiben.
> Was gross ist am Menschen, das ist, dass er eine Brücke und kein Zweck ist; was geliebt werden kann am Menschen, das ist, dass er ein Übergang und ein Untergang ist.

Moderne, das bedeutet: Betroffensein von dem Zwang zu wählen zwischen der Selbsterhaltung in stationären Verhältnissen und der Steigerung durch Versuche. Es gibt immer nur so viel Modernität wie es Freiwilligkeit gibt für das höhere Experiment, das anknüpft an dem, was bisher für den Stand der Kunst gehalten wurde. Die Ermittlung nach den Akteuren der Moderne ist ihr Vollzug. Auch dies hat Nietzsche durch seinen Propheten wissen lassen. Kraft der Herausforderung werden die Freiwilligen von den Verweigerern unterschieden. Die Provokation löst die Scheidung zwischen denen aus, die die Wette halten, und denen, die vom Versuchen nichts mehr hören wollen. Wenn der Prophet des Zukunftsmenschen sein Wort vom »letzten Menschen« in die Menge wirft, drängt er die Nicht-Letzten dazu, sich zu manifestieren. Wo die Letzten einstimmen in den Satz: Nach uns wir selber!, sammeln die Nicht-Letzten sich unter einer unvernünftigen Devise: Nach uns der Stern!

Moderne, das bedeutet, dass das Chaos in den Menschen knapp werden kann. Eine bizarre Definition des Chaos: als wäre es kein umgreifendes Verhältnis, in dem man sich befindet oder auf dem man reitet, sondern eine innere Ressource, von der sich sagen lässt, sie sei noch nicht verbraucht. Nietzsche denkt erstmals das Chaos als einen Rest. Es steht ihm als ein erschöpfbares Potential vor Augen. Er fasst es als eine Größe auf, zu der eine Stellungnahme gefordert ist: Chaos ist die Instanz des Ungeheuren, zu dem die Personen aus ihrer Geordnetheit und Endlichkeit heraus in Spannung gesetzt sind. Das erhabene Chaos reißt die Subjekte auf – solange sie dessen innewerden können, dass sie es in sich haben. Das Ungeheure ist ein Selbstverhältnis, das Menschen in verschiedenen Stilen auslegen: als Hüter der Ordnung, als Schlafwandler, als Verbrecher, als Spieler, als Künstler. Wer sich die Freiheit nimmt, andere Menschen an ihr Verhältnis zum Ungeheuren zu erinnern, identifiziert sich als Störer neuer Art. »Ich sage euch: ihr habt noch Chaos in euch.« Wer redet so? Ein Verrückter, der andere zur Übersiedlung in seine Wahnwelt überreden möchte? Ein metaphysischer Querulant auf der Suche nach einem Publikum? Eine unerlöste Seele, die Leidensgenossen in ihre Selbsttherapie verwickelt?

Moderne, das bedeutet: nach den Bedingungen von Produktionen fragen. »Ich sage euch: man muss noch Chaos in sich haben, um einen tanzenden Stern gebären zu können.« Das ist die Stimme der neueren Ästhetik selbst – an ihrem klinischen und romantischen Pol. Noch wird das Hervorbringen unbeirrt als Geburt gedacht; noch hat das Chaos als Uterus zu dienen, in dem das Werk sich still und unerhört formiert; noch gibt sich

Nietzsche als Gynäkosoph der Künste. Seine schöpferische Beleidigung wendet sich an Fruchtbare und Unfruchtbare. Von der Baubo instruiert, weiß er: Auch der Schaffende ist ein Weib, das Gründe hat, seine Gründe nicht sehen zu lassen. Nicht der Verneinungsteufel ist des Chaos liebster Sohn, sondern der Wageteufel. Durch ihn hindurch setzt sich das bisher Unversuchte ins Werk. Genieästhetik, Gynäkologie, Mediumismus: dieselbe Matrix.

Moderne, das bedeutet: zur Ausnahme die Regel finden. Was besitzt ihr eigentlich, wenn ihr noch Chaos in euch habt? Ein Gas, ein Gähnen, ein Klaffen, eine gestaltlose Masse, eine dunkle Leere. Die Vorstellung, dass von dort her Sternengeburten geschehen, ist traurige Physik. Wenn Nietzsche seinen tanzenden Stern dem Chaos entspringen lässt, gibt er nur so viel zu, dass noch das Zerbrechlichste von groben Eltern stammt. Jedoch, sternenträchtig ist Chaos nur als dionysisches Element – dionysisch: zerrissen, gespalten, gegen sich selber wütend, zur Selbstverdoppelung verdammt. Gebärfähigkeit heißt: eine Ausdruckswelt für ein Leiden brauchen. Was rettet den aufgewühlten Lebensgrund vor sich selber? Nur der Aufstieg in eine verklärende Gestalt. Das produktive Chaos, das ist nichts anderes als der leidende und formenträumende Gott. Ist nicht die Menge sehr vernünftig, wenn sie vom schaffenden Menschen nichts hören will? Der Übermensch, der Stern, die Sehnsucht? – Wörter aus einem Leben, das solches noch nötig hat. Wer zu den Erfindern des Glücks zählt, ist darüber hinaus.

Moderne, das bedeutet: den Trugbildern der Kommunikation misstrauen. Zarathustra spürt wohl, dass seine Provokation schon vor dem ersten Wort gescheitert ist. Unter denen, zu deren Stolz er redet, wird niemand bereit sein, in sich zu haben, wovon der Sprecher sagt, es sei noch da. Wer ein Selbstverhältnis im Ungeheuren postuliert, kann über den Ausgang der Predigt keine Illusionen hegen. Zarathustra, der am Stolz der letzten Menschen vorbei geredet hat, wird sich fragen, ob er nicht besser zu ihrer Empfindlichkeit hätte sprechen sollen. Wie man zu keinem redet, ist jetzt erprobt. Ob Zarathustra seinerseits zu stolz ist, einen zweiten Versuch zu machen, für alle diesmal? Ich sage euch: Ihr habt noch Andersheit in euch. Noch seid ihr ein Unterschied von euch selbst und eine Hoffnung für die eigene Zukunft. Ein wenig böse, ein wenig unaufgeräumt, ein wenig unberechenbar – das ist ein Kapital an Zufällen, aus dem sich Folgezufälle entwickeln lassen. Aber ich sehe sie kommen, die Zeit, in der niemand mehr Böses, Unaufgeräumtes, Unberechenbares in sich tragen wird. Wenn sich die Ausgangszufälle von den Folgezufällen nicht mehr unterscheiden lassen, beginnt die Ära der ausgeleerten Menschen. Sie machen mehr denn je, doch die Geschichte des Schaffens wird vorüber sein. Mit ihr vergeht alles, was einen Unterschied zwischen dem Inneren und dem Äußeren voraussetzte. Die Geschichte der Steigerungen kommt zum Abschluss. Wo sie weitergeht, geschieht es außer euch, in Speichern, Netzen, Prozessoren.

Moderne, das bedeutet: Prophezeiungen kehren sich gegen sich selbst. Die Vorhersagen sind Vektoren, die dafür sorgen, dass es anders kommt. Sie regenerieren das Chaos auf inneren und äußeren Schauplätzen. Wo das Ende der Kreation aus dem Chaos-in-Euch als öffentliche Möglichkeit ausgesprochen wurde, formieren sich die Widerlegungen. Von den Sternabschaffern unerwartet, wird der Chaosbeweis geliefert, sobald der Stern erscheint.

Die Kunst faltet sich ein

1 Auf wessen Konto geht die Kunst?

Gibt es einen Liebhaber der Künste, der nie davon geträumt hat, in ein Museum einzudringen, um mit dem Werk seiner Wahl allein zu sein? Lässt sich eine Werkbetrachtung denken, die nie davon überzeugt war, die einzige zu sein, in der das Objekt ganz zu sich kam? Sollte es Kenner ästhetischer Geheimnisse geben, die nicht vertraut wären mit der Versuchung, die anderen Blicke auf das Werk zu verbieten?

Der Kunstbetrieb ist ein System der Eifersüchte. In ihm geht das Begehren der Werke darauf aus, Objekte des Begehrens zu werden. Hat ein Werk Begehren auf sich gezogen, so treten die Rivalen daneben und wollen sich das Verlangen aneignen, das dem anderen galt. In allen Objekten glitzert das Verlangen nach dem Verlangen der anderen. Der Markt macht sinnlich, der Hunger nach Begehren macht schön, der Zwang zum Auffallen erzeugt das Interessante. Dieses System funktioniert so lange, wie der Gedanke an den erfüllten Augenblick tabu bleibt. Obwohl die Werke an das Begehren appellieren, ist ihnen die Hingabe an ihre Aneigner untersagt. Ihr Wert lebt davon, dass sie sich ihren Besitzern verweigern und auf weitere Angebote warten.

Seit zwei Jahrhunderten ist die Verbürgerlichung der Gier im Gang. Sie hat nach dem Großbürgertum auch den Mittelschichten eine neue Sinnlichkeit erschlossen. Der Wertmagnetismus versetzt inzwischen ein wahrnehmbares Publikum in eine kleine Hitze. Wer jemand sein will, eröffnet in seinem Innern ein Konto für die Kunst. Es fällt nicht ins Gewicht, dass auf dem Konto nur wenige Bewegungen stattfinden. Was zählt, ist, dass von da an viele Augen den Markt beobachten. Das Ich des Beobachters wird zum Anlageplatz für Werte und Bedeutungen. Nur ein kontoförmiges Selbst eignet sich für die Gutschreibung wertförmiger Kunst. Hätte ich nicht schon die Ichform eines möglichen Besitzers von Werken und Werten, so besäßen die Werke für mich keinen Wertappeal. Ich habe ein Konto, ich bin ein Konto, ich buche auf mir meine Guthaben. Ein Werk wird für mich in dem Maß bedeutend, wie ich seinen Wert auf mir buchen kann.

Das ist der aktuelle Stand des Wertfetischismus. Hat es die Kunst von Anfang an so gemeint? War sie nie eine überschwängliche Veröffentlichung von Kräften, die zu frei waren, um besessen zu werden? Wovon sprach Kandinsky, als er schrieb: »In jedem Bild ist geheimnisvoll ein ganzes Leben eingeschlossen, ein ganzes Leben mit vielen Qualen, Zweifeln, Stunden der Begeisterung und des Lichts«? Gab es nie Überweisungen, deren Auftraggeber von der Gutschrift bei einem anderen »ganzen Leben« träumten? Inzwischen ist die Kunstwelt von Privatkonten überzogen. Kann sich die Kunst von ihnen abheben?

2 Die Kunstausstellung als Offenbarung der Werkmächte

Vor dem Anbruch der Moderne war im Gesamtbestand der Welt die Zahl der Dinge, die als Menschenwerke angesprochen werden konnten, sehr gering. Neben dem von Natur aus Bestehenden fiel das von Menschen Hergestellte kaum ins Gewicht. Unter dem Hergestellten und Selbstgemachten wiederum nahmen die Kunstwerke im eigentlichen Wortsinn einen verschwindend kleinen Raum in Anspruch. Wo die Schwergewichte des Lebens bei natürlichen und traditionellen Kräften liegen, müssen sich Menschen vor allem als Empfänger des Seins und als Bewahrer uralt-sakraler Ordnungen verstehen. Die mächtigsten Zeugnisse früher hochkultureller Werkmacht, die Sakralbauten, sind technische Antworten auf die Ideen des Heiligen und der Majestät gewesen. Mit ihnen beginnt die artistische Abarbeitung am Numinosen.

Seit das neuzeitliche System des selbstmächtigen Herstellens in Gang gesetzt wurde, gerät das menschliche Selbstverständnis in Bewegung. Die Subjektivität rückt zunehmend in die Position des Absenders von Sein und Seiendem; sie schließt die Urheberposition für sich auf; sie entdeckt, dass die Ordnung der Welt weniger etwas von den Anfängen her zu Bewahrendes und zu Wiederholendes ist als vielmehr etwas zu Überholendes und nach vorgreifenden Entwürfen Herzustellendes. Jetzt kann gesagt werden, dass die Welt nicht nur verschieden interpretiert, sondern entscheidend verändert werden müsse. Sie ist kein fester Bestand mehr, der sich nach eigenen Gesetzen reproduziert, sie ist eine Baustelle, die sich nach menschlichen Plänen transformiert.

Das Genie und der Ingenieur werden zu Leitfiguren einer beispiellosen Begeisterung des Menschen durch sich selbst. Sie stehen als Garanten für die Werkmächtigkeit des Menschen ein. Wo diese zum Selbstbewusstsein kommt, dort kann sich der moderne Wille zur Überbietung des Menschen durch den Menschen entzünden. Daher trägt das neuzeitliche Kunstwerk eine anthropologische und ontologische Mission: Durch sein Fertigwerden beschwört es die menschliche Werkmacht schlechthin herauf; durch seine Kunsthöhe verkündet es die Überbietung der Natur durch die Herstellung. Das ist der doppelte Sinn der Vollkommenheit von Kunst. Darum lag seit jeher ein Hauptmotiv neuerer Künste im Aufscheinen des Könnens. Im Werk wird die menschliche *virtù* zur Virtuosität; es ist für Menschen tugendhaft, werkmächtig zu sein. Das Können, das sich sehen lässt, bringt also nicht künstlerische Eitelkeit an den Tag. Was in ihm hervortritt, ist die sich neu formierende Subjektivität, der es gegeben ist zu lernen, was gelernt werden kann, bis sie den Absprung ins nichterlernbare Gelingen wagt. Darum erscheint in der Kunst das vermenschlichte Numinose: Der schöpferische Künstler setzte Dinge ins Werk, die das positiv Gelernte übersteigen. Somit hat der Künstler an einer zweifachen Werkmächtigkeit Anteil, der Doppelnatur des artistischen Könnens gemäß. Als Meister seines Fachs beherrscht er das Wiederholbare; als Genie setzt er einen Fuß ins Nie-Dagewesene. Meisterschaft ohne Genie ist hohes Können; Genie ohne Metier ist erneuernde Intensität. Kommt beides zusammen, so können Menschenleben entstehen, an denen sich die humanistische Gattungsanbetung orientiert. Dem artistischen Können wohnen in beiden Aspekten epiphanische Qualitäten inne: Durch dieses offenbaren sich die menschlichen Wesenskräfte dem Menschen selbst. In der Kunst kann der Mensch dem Menschen erscheinen. Das Kunstwerk, das den Meister lobt, predigt die Werkmächtigkeit seines Autors, es affirmiert die Möglichkeit von Autorschaft überhaupt. Der Zauber der Wirkungen gibt einen Begriff von der Höhe der Ursache. Wo in den Werken Welten neben der Welt entstehen, lassen sich deren Urheber als Götter neben Gott erschließen.

Der epiphanische Zug neuzeitlicher Werkmächtigkeit verlangt die Verschränkung von Herstellung und Ausstellung. Ohne Enthüllung des Werks in einem Vorzeigeraum kann sich die Selbstoffenbarung der schöpferischen Kraft nicht vollziehen. Die Sichtbarmachung des Herstellenkönnens setzt die Herstellung der Sichtbarkeit voraus. Die Ausstellung ist die neuzeitliche Einrichtung zur Herstellung von Sichtbarkeit. Sie fungiert als Zentralagentur des epiphanischen Produktivismus. Sie offenbart, was die artistische bürgerliche Subjektivität zu offenbaren hat: diese selbst in ihrer vergegenständlichten Macht, im Bildwerk Welten aufzustellen. Das impliziert zugleich die Macht, die Welt selbst nach dem Entwurf des Weltbildes anzugreifen und umzuarbeiten.

Mit Hilfe der bürgerlichen Öffentlichkeit stellt sich diese Offenbarung bei der Veröffentlichung unter. Der epiphanische Sinn der Werkmachtoffenbarung wird vom publizistischen und merkantilen Sinn der Ausstellung diskret umhüllt. Das Ausstellen bringt die Offenbarung auf ein populäres Format. Die menschlichen Werkmächte enthüllen sich im Understatement, indem sie nicht mehr zu erkennen geben, als was in der Sichtbarkeit von Bildern fürs freie Auge aufscheint. Das garantiert, dass keiner mehr zu sehen bekommt, als er fassen kann. An der Apokalypse der menschlichen Wesenskräfte im Salon muss sich kein Profaner die Augen verbrennen.

3 Modernisierung als Steigerung von Beliebigkeit

Warum erleben wir gegen Ende des zwanzigsten Jahrhunderts eine Inflation des Ausstellbaren? Zunächst deswegen, weil es beim Herstellbaren eine Parallelinflation gibt. Die ungeheure Vermehrung von Produktionsmitteln aller Art hat einen unermesslichen Zuwachs an Herstellungsmacht nach sich gezogen. Immer größere Teile der Wirklichkeit verwandeln sich in Rohstoff für Produktionen – in Ausgangsmaterie für Abbildungen, Beziehungen, Umwandlungen. Alles, was Produkt war, kann wieder Rohstoff werden, um erneut als leidende Materie die Einwirkungen von Arbeit zu speichern.

Ob mobile oder immobile Güter: Im Modernisierungsprozess wird prinzipiell alles ausstellbar, was in den säkularen Prozessen zur Steigerung des Herstellbaren eine Rolle spielte. Das Vorzeigen erfasst nicht mehr nur die unmittelbaren Produkte der Werkmächtigkeit; es greift auch die Rohstoffe auf, die Hilfsmittel, die Vorformen, die Zwischenstufen, die Abfälle. In marxscher Sprache hieße das: Man bringt nicht nur Produkte zur Ausstellung, sondern auch Produktionsmittel, und schließlich sogar Produktionsverhältnisse. Auch Landschaften und Lebensräume sind schon zu Exponaten erklärt worden. Die ganze Gesellschaftsstruktur strebt ins Museum. Ganz unbegreiflich ist das nicht: Besäßen wir noch die Pinsel, mit denen Raffael die Schule von Athen gemalt hat, so kann man sich nicht vorstellen, was die Museumsdirektoren hätte davon abbringen können, diese Werkzeuge neben dem Werk zu zeigen. Mehr noch, wenn die sterblichen Hüllen von Raffaels Auftraggebern als Mumien, nach allen Regeln der Kunst präpariert, bis in unsere Tage erhalten worden wären – wer könnte garantieren, dass man dieselben nicht heute in einem Nebensaal bestaunen dürfte? Was mit dem neuzeitlichen Wunder der Werkherstellung zu tun hat, lässt sich einbeziehen in die ihm entsprechende Offenbarungsform der Ausstellung.

Einen radikaleren Grund hat die aktuelle Inflation des Ausstellbaren in der Dynamik der modernen Künste selbst. Wenn das moderne Ausstellen per se die Selbstanzeige einer Werkmacht darstellt, so wird im Laufe des zwanzigsten Jahrhunderts der Umfang des Ausstellbaren durch eine zweifache Revolution der Künste gesprengt: einerseits durch die radikale Selbstbefreiung des Ausdrucks und der Konstruktion, andererseits durch die unaufhaltsame Erweiterung des Kunstbegriffs. Mit ihren didaktischen Verbiederungen und kunstpolitischen Verbreiterungen zusammen ergeben diese beiden Sprengungen einen gemeinsamen Effekt: eine das Jahrhundert durchgreifende Tendenz zur Steigerung von Beliebigkeit. Verstehbar wird die zeitgenössische Ausstellungs- und Messenkultur nur als ein kunstorganisatorisches System zur Verarbeitung ästhetischer Beliebigkeit bei deren Annäherung an den Höchstwert. Seine Leistung ist es, die Fluktuationen der modernen Kunst hermeneutisch, museologisch und merkantil so zu bearbeiten, dass die Steigerung von Beliebigkeit mit der Selbstfeier der Werkmächtigkeit koexistieren kann. Alle traditionellen

Werk-Parameter können revolutioniert werden; was fest bleibt, ist die Konvertierbarkeit von Werkform und Wertform. Gewiss, den Junginvestoren an den Kunstbörsen braucht man über das Geistige in der Kunst nichts mehr zu erzählen. Sie haben das Resümee der Modernisierung gezogen: Die Gleichung von Werk- und Wertform ist rein herausgearbeitet. Im Innersten der Werke glitzert unsichtbar das Gold der reinen Möglichkeit, Wert zu tragen. Kann einem Werk der bildenden Kunst nachgesagt werden, dass sich in ihm ein Funke Werkmacht inkarniert, so bildet sich sofort der Wertkristall, der sich zur Aneignung eignet. Die Werke werden als ästhetische Aktien ausgestellt.

Die Erweiterung des Kunstbegriffs spiegelt die Expansion der wertschöpfenden Künstlersubjektivität wider. Zuletzt muss alles in Kunst verwandelt sein, was vom Leben der Künstler berührt wurde. König Midas ist überall. Wenn es juristisch möglich gewesen wäre, hätte Andy Warhol ganze New Yorker Straßenzüge, die er durch sein Hindurchspazieren in Kunstwerke verwandelt hatte, an finanzstarke Sammler verkauft.

4 Sieg der Ausstellung

Die Kunstausstellung der Moderne ist die zeitgemäße Entbergungsanstalt für erloschene und aktive Werkmächte. Sie stellt Retrospektiven auf; sie legt Querschnitte durch aktuelle Produktionen. Die Werke, die so ins Licht gestellt werden, sind ihrem Wesen nach bereits an diese Vorzeigungsart gebunden. Ihrer Wertform gemäß eignen sie sich nicht dafür, als verborgene Schätze gehortet zu werden. In einer feudalen Schatzkammer wären sie nicht nur kunstpolitisch deplaciert, sie wären dort auch in tiefster Wertseele unglücklich, weil ihrem Werksinn nach unverstanden. Dieser hat einen charakteristischen Zug ins Offene, Öffentliche, gleich, ob dieses als Markt oder als Museum oder als Kunstgeschichte erscheint.

Was im Sinne des 19. und 20. Jahrhunderts ein bildendes Kunstwerk ist, kommt seiner inneren Geste nach schon seiner Ausstellung entgegen. Das Werk schreit schon nach dem Weiß der Wand, von der aus es in gewisse Augen springen will. Es fordert schon die Leere des Ausstellungsraums, in den es eine Interpunktion einträgt. Es lehnt sich bereits nach vorn zum Katalog, der seine Sichtbarkeit *in absentia* sichert. Es schlägt mit dem Kopf gegen die Mauer der Gleichgültigkeit, die schon alles gesehen zu haben glaubt. Es flirtet schon mit den Kennern, die ihre Vergleiche parat haben. Es fleht schon um einen Platz im Gedächtnis und eine leere Seite der Kunstgeschichte, wo das Epos der Kreativität auf den letzten Stand gebracht wird.

Je mehr wir uns der Gegenwart nähern, desto größer wird die Zahl der Werke, deren Geste und Substanz durch diese Charakterisierungen erschöpfend beschrieben sind. Tatsächlich sind Museum, Messe, Galerie die zeitgemäßen Institutionen zur Herstellung von ästhetischer Sichtbarkeit, und die Kunstherstellung selbst wird unwiderstehlich museistisch, galeristisch, colognisiert. Wo eine *art gallery* ist, da strömt die *gallery art* heran.

So kommt es, dass sich die moderne Kunstausstellungskunst in ihrer Tautologisierung festschraubt: Das Herstellen von Kunst dreht sich um ein Ausstellen von

Kunst, das sich um ein Herstellen von Ausstellungen dreht. Der moderne Kunstvermittlungsapparat hat sich als Vorzeigemaschine installiert, die längst mächtiger ist als jedes einzelne auszustellende Werk. Der Prozess der Ausstellungsherstellung mit seinem merkantilen Kern und seinen publizistischen Flanken ist autonom geworden. Er rast selbstläufig über seine Exponatmassen hinweg und zeigt in letzter Instanz keine andere Werkmacht mehr als die seine. Seit das Ausstellen selbst keine Kunst mehr ist, weil es kann, was es will, ist die Kunst mit ihrer Sichtbarmachung im Konflikt.

Es gab historische Augenblicke, in denen die weißen Museumswände ein wichtiger Vorstoß ins Freie waren. Auf ihnen richtete sich die Selbstoffenbarung der bürgerlich-menschlichen Werkmächtigkeit eine Schaubühne ein, von der aus sie dem Publikum erscheinen konnte. Von den Wänden herab sprach die manifeste Werkmacht zu ungeweckten Wesenskräften. Diese lernten angesichts des Gezeigten eigene Steigerungen ahnen, sofern sie nicht von Bewunderung gelähmt in sich versanken. Die zutage gearbeiteten Werkmächte konnten darauf hoffen, sich in entzündbaren Kräften fortzusetzen. Kraft will von Kraft verstanden, das heißt in ihrem Wirkenden erhalten werden. Daher lässt sich sagen, dass erst die Eröffnungskraft des sich im Werk Zeigenden den Schau-Raum des neuzeitlichen Kunstmuseums geschaffen hat; andernfalls wäre dieses eine feudale oder semifeudale Schatzhöhle geblieben. Tatsächlich setzt sich diese in der aktuellen Safe-Kunst fort. Vom Wirkenden des Kunstwerks selbst nur kann die Kraft ausgehen, den Raum aufklaffen zu lassen, in dem es ins Sichtbare hervorkommt. Die Epiphanie der Werkmächtigkeit im Kunstwerk ermöglicht Museum und Galerie, nicht umgekehrt Galerie und Museum, die Zurschaustellung von Kunst. Doch haben sich heute die Werkmächte in die Apparate der Sichtbarkeitsregie selbst investiert. Die Selbstaufstellung von Messen, Museen, Galerien ist der Selbstoffenbarung der Werke zuvorgekommen; sie hat den Werken die Seinsweise der Selbstreklame aufgezwungen. Seither müssen Werke selbstapplaudierend sein. In der Reklame besitzt die *aletheia* ihren äußersten Vorposten. Mit der Selbstreklame der Werke vollzieht sich der Vorbeigang der letzten Wahrheiten: Flüchtigkeit ist Offenbarung auf Widerruf. Ein kurzes Aufleuchten des Bildes in der Gegenwart; ein eventuelles Nachglühen des Werts auf den Konten. Sicher ist nur: Kein Bild kann noch so viel bedeuten wie der wiederverwendbare Haken, an dem es vorübergehend hängt.

5 Die Kunst verlässt die Galerie! Wo geht sie hin?

Der fortwirkende Kult der Künste hat eine seiner Quellen in der humanen und religiösen Hoffnung neuzeitlicher Menschen auf ihre Werkmächtigkeit. Dies enthält das Versprechen, dass sich Menschen dazu aufschwingen können, die Bedingungen ihres Glücks selbst herzustellen. Menschen erweisen sich somit als Wesen, die Glücksvoraussetzungen herbei- und Unglücksgründe beiseitezuschaffen vermögen; sie haben zudem das Glück, ihr Unglück ausdrücken zu können. Dieses dreifache Können wirkt selbst als unmittelbare Gunst; wer an ihm teilhat, ist Partner in der menschlichen Allianz gegen die Unglücksgewalten.

Was kann die Kunstmessenkunst hiervon noch wissen? Sie ist dazu verurteilt, die Verbindung zwischen Werkmächtigkeit und Glücksversprechen in der Tiefe zu durchtrennen. Ein Werkausstellungswerk kennt ja kein anderes Glück mehr als das, den Sprung in die große Ausstellung zu schaffen. Unter dem Gesetz der Gleichung von Werk- und Wertform zweigt es sich einen Privatanteil vom unermesslichen Glücksvermögen menschlicher Werkmacht ab – eben den Anteil an Herstellungsmacht, der hinreicht, um das Werk in Zirkulation zu bringen. Das Glück, das es sucht, ist das, ausgestellt, gehandelt und hochinterpretiert zu werden. Es neigt zur Vergesslichkeit, wenn es um die Erinnerung an die Quelle der Legitimität allen Ausstellens und Herstellens geht. Das Recht zur Kunst kommt nirgendwo anders her als aus der Selbstaufrufung der menschlichen Kräfte zum Glück. Das Glück ruft sich selber an; durch seine Selbsthervorrufung wird es selbstverstärkend, durch seine Stärke wird es selbstbeglückend. Vom Magnetismus des Glücks hängt letztlich die Ausstrahlungsfähigkeit des modernen Könnens ab. Es ist die Attraktion des gekonnten Glücks, dass mit seiner Hilfe das Lebenkönnen über das Lebenmüssen hinausgeht. Dadurch kommt Spiel in den Lastcharakter des Lebens. Kunst ist die antigrave Tendenz, sie überschreitet die Schwelle vom Du-musst zum Du-kannst. Daher hat sie den Ernst der großen Erleichterungen.

Bedeutende Kunstwerke sind Plätze, die sich bei der Selbstoffenbarung der glücklicheren Werkmächte öffnen. Weil die Verausgabung solcher Mächte jubilatorisch ist und aus der Dankbarkeit für sich selber fließen, strömt jedes Werk dieser Art ins allgemeine Glücksvermögen über. Sie sind von der glücklosen Gekonntheit ebenso weit entfernt wie von der sprachlosen Misere. Das Kunstwerk der Moderne ist ein Zeugnis dafür, dass menschliche Beiträge zum Glück möglich sind. Mehr noch, sie lassen es auf den Beweis dafür ankommen, dass der Mensch selbst der Beitrag sein kann, wenn er frei ist zum Können, auch frei von Besessenheit durchs Gekonnte.

An diesem sich selber haltenden Versprechen sind Sammlungen, Galerien, Museen zu messen. An ihm gemessen haben Museen kein Glück, und das Glück hat kein Museum. Die Kunst, die etwas Besseres kennt, verlässt also die Galerie. Wo findet sie Besseres?

6 Werkdämmerung

1989 – höchste Zeit, es deutlich zu sagen: Wir leben wieder mitten in einer Belle Epoque, einem Zeitalter der stehenden Sturmläufe, der rasenden Stagnation. An allen Kraftfronten herrscht Mobilmachung bei gleichzeitigem Zögern. Die Aufmarschgebiete der Kräfte haben einen Namen bekommen, der das gute Gewissen der Werkmächte stört: Umwelt. Wer Umwelt sagt, macht ein Gesicht, als hätte er von jetzt an ein behindertes Kind. Die Hersteller versammeln sich zur Elterngruppe. Inzwischen haben wir etwas Zeit, um zurückzuschauen.

Was vor zehn oder zwanzig Jahren im Kunstleben geschah, macht den Eindruck, als sei es tiefste Geschichte geworden. Beuys und Giorgione treffen sich am Rande der Milchstraße, sie lächeln einander zu, sie sind jetzt Zeitgenossen. Sie gehören zu der kleinen Schar von Toten, die wissen, was es kostet, Menschen zum Leben verführen zu wollen. Da unten, die kleine blaue Scheibe, der denkende Diskurswurf im Weltall – ihn bevölkern Wesen, die ihre Lage nicht zu verstehen wagen. Ihnen zuliebe hat man Zeichen von Leben in Umlauf gebracht, Spuren von Filz, von Körperwärme, von Anziehungskräften, Fettpölsterchen der schlafenden Göttin, Musik und nackte Haut unter freundlichen Bäumen.

Jeder Mensch ein Mensch. Welche großherzige Scharlatanerie konnte das behaupten? Jeder Mensch ein Künstler? Wie lange ist es her, dass dies ohne Kulturreferentengaukelei gesagt werden konnte? Zurzeit erkennen sich die Menschen nicht gern in ihren höchsten Definitionen. Es gibt Epochen, in denen sie sich erhöht denken müssen, weil Großes auf sie zukommt, und andere Zeitläufe, in denen sie sich kleinmachen, weil Ungeheures sie herausfordert. Die aktuelle Belle Epoque ist eine Zwischenzeit zwischen den kleinen und den großen Gesten. Die Energie ist eher bei der unfreiwilligen Größe, die freiwillige Verkleinerung suchte, während alles, was von sich aus auf groß macht, unfreiwillig klein wirkt.

Der Grund für dieses Zögern, dieses Dazwischenstehen, dieses Sich-nicht-entscheiden-Können hat einen radikalen Zug. Im Inneren der Werkmächte selbst ist eine Spaltung aufgeklafft, die sich fortwährend vertieft. Die Kunst sieht in der Virtuosität nicht mehr ihre absolute Voraussetzung. Das Genie betrachtet den Ingenieur nicht mehr als notwendigen Partner bei allen Unternehmungen. Die artistischen Kräfte erkennen in der technischen Beherrschung der Mittel nicht mehr den natürlichen Verbündeten. Die Fähigkeit zum Glück ist auf Abstand von den vorgezeigten ästhetischen Potenzen gegangen. Diese Spaltung ist durchaus schon älteren Datums; sie spiegelt komplizierte Veränderungen in den Bündnisverhältnissen der bürgerlichen weltumbauenden Energien wider. Auch die Glückskampagnen der Neuzeit kennen ihre Deserteure, ihre Verletzten, ihre Kriegsgewinnler, ihre Doppelagenten.

In dieser Umformung der Allianzen verändert auch das Ausstellen seinen Sinn. Es scheint, als könne man heute nur noch Zweitbestes zeigen. Die Vorzeigung von Werken kann kaum noch der epiphanische Augenblick sein, in dem sich expressive und bauherrliche Glücksmächte einem Publikum mitteilen. Seit langem ist die Ausstellung in Verschiedenes zerfallen: die Aufstellung des Fetischs, die Offerte des Werts, die Exhibition einer Begleitphilosophie.

Was tut die Kunst, die etwas Besseres weiß? Wohin gehen, um sich für das Offenbarungswürdige zu sammeln, das vom unkäuflichen Glück her in die Exponate einstrahlt? Wie können Werke bekennen, dass sie nur noch Epizentrum von etwas Besserem sind?

Die Kunst faltet sich ein. Das ist nicht gleichbedeutend mit einem Rückzug ins Eigenheimliche, weltlos Höhlige. Die Kunst verkleinert jedoch ihre Weltfront, reduziert ihre Kontaktfläche zum übrigen Betrieb. Sie tritt von der Ausstellungsfront einen Schritt zurück. Sie prüft sich, ob sie gut beraten war, stets in die vorderste Linie der Sichtbarkeiten zu stürzen. Sie denkt über ihre Allianz mit den musealen, galeristischen, publizistischen Veröffentlichungsmaschinen nach. Sie lässt die Frage zu, ob Glücksbezeugung und Vornesein dasselbe bedeuten können. In alledem gibt sie zu verstehen, wie sie teilnimmt am epochalen Selbstzweifel der Werkmächte. Indem sie sich in sich selber einfaltet, wird sie Mitwisser von der

Krise des Menschengemachten. Was hieße es, jetzt Werke vorzubringen an die Ausstellungsfront, wenn doch die Zeit der Selbstbefragung des Herstellens gehört? Wie sollte man das Glück des Machenkönnens simulieren, wenn doch seit langem deutlich wurde, wie die Freiheit zum Werk überrollt wurde von dem Zwang, Kräfte ins Werk zu setzen und Werte zu verwerten?

Die Kunst, so hieß es schon vor einem Jahrzehnt, verlässt die Galerie, sie geht aufs Land, sie geht zu den Leuten. Das sollte sagen: Sie sucht das Freie und wünscht sich einen anderen Spielraum für das Glück, das Unglück zu unterbrechen. Die Selbstanrufungen der glücklicheren Kräfte fragen nach Mitwissern, nicht nach Eigentümern. Sogar Werkform und Wertform stellen sich zur Disposition, damit die Stimme der Kunst wieder ein reines Überspringendes werden kann, ein Pfeil des Glücks, erfahrbar in der Sekunde, in der das Leben schneller ist als seine Auswertung.

7 Ausstellungszwielicht

Jetzt heißt es, die Kunst geht zur Seite, die Kunst faltet sich ein. Sie geht zur Seite, indem sie sich einfaltet. Sie faltet sich ein, indem sie zur Seite geht. Sie zeigt nur noch wenig. Sie hat mehr, als gezeigt werden kann. Sie kann noch zeigen, dass es in ihr ein Mehr gibt, das sich nicht zeigt. Eine neue Ökologie des Zeigens macht eine andere Ausstellungsregel nötig.

Was an die Seh-Front kommt, ist nicht mehr das Werk in seiner Paradestellung. Fast nichts von ihm bietet dem

Blick Angriffsflächen. Das Werk bleibt zusammengefaltet, in sich eingerollt, in sich geheftet, gleichsam geschlossen. Sein Ausstellungs- und Entfaltungstag ist nicht heute, vielleicht nicht mehr, vielleicht noch nicht. Dennoch hat es eine Art Dasein, wenngleich nicht in üblicher Weise. Die Gegenwart des Werks ist weder die Gegenwart seines Werts noch dessen, was es an Sichtbarem enthält. Es gibt sich nicht in seiner Fülle zu sehen, es verharrt im spitzen Winkel zur Welt, die Neugier kann es nicht durchlesen und verbrauchen, der Blick stößt an den Umschlägen an: In einigen Fällen ist die Einfaltung so dicht, dass man sich nicht einmal davon überzeugen kann, ob in den Behältern wirklich Werke liegen. Man schwankt unwillkürlich zwischen zwei Hypothesen: Drinnen ist etwas, drinnen ist nichts.

Die Beschreibungen lassen aber keinen Zweifel daran, dass es sich auch bei dem, was eingeschlagen dasteht, im eminenten Sinn um Werke handeln muss. Die Investitionen der Künstler in die Objekte sind hoch, ihre Verausgabungen auch quantitativ erheblich. In den Objekten sind Lebenszeit, Ideen, existentielle Spannungen sedimentiert. Wo ist die weiße Wand, an der die Gesamtheit der eingefalteten Flächen auseinandergebreitet werden könnte? Wäre es nicht gut, wenn es eine solche Wand gäbe? Oder haben diese Werke von sich aus dieser Wand abgesagt? Haben sie vor ihrer Unauffindbarkeit resigniert? Sind sie der weißen Wand böse? Fühlen sie sich unangenommen? Wollen sie keine Perlen mehr vor die Sammler werfen? Oder sind sie die Manövriermasse einer neuen Ausstellungslist?

Die Werke lassen sich über ihre Erfahrungen mit Wänden und Galerien nichts anmerken. Ihre bisherige

Geschichte zählt im Augenblick kaum. Ihr Herumstehen hat etwas so Plötzliches wie Beiläufiges. Sie liegen nun in sich selber eingeschlagen vor, sie plädieren nicht, sie schmollen nicht, sie unternehmen nichts gegen sich selbst, sie bewahren sich. Sie beanspruchen etwas Raum am Rande, ohne mit ihrem Dasein zu prahlen. Sie stehen am Rand, demütig wie Kellerregale; hingestellt, nicht ausgestellt; zusammengestellt, nicht herausgestellt. Was sie sagen, bliebe ganz sprachlos, wenn nicht Anselm Kiefers Hasenfell-Exponat in dem Dachbodenbild wie ein Metagemälde einen Text lieferte, der sich als Reflexion über den alten Kunstausstellungsraum und über den Einbruch anderer Kräfte in ihn lesen lässt. Den Ausbruch aus ihm zeigen Gilbert & Georges großflächig gezeichnete »Skulpturen«.

Die Mentalisierung, die dieser Zusammenführung von Objekten zugrunde liegt, bezieht sich, wohl zum ersten Mal, nicht auf die Werke, sondern ihre Ausstellung. Die Pointe steckt in einem Verzicht auf Ausführung, Ausbreitung, Frontgetöse, Massenaufwand. Die Ausstellungsbezogenheit der Werke selbst zeigt einen Knick, die Werke können, wie es scheint, auch anders. Sie produzieren sich nicht, obwohl sie produziert sind. Die Kunst geht zur Seite, Passantenbelästigung kommt für sie nicht in Frage. Nach dieser Lehrstunde der Diskretion werden einem die meisten Kunstausstellungen wie Bodybuilding-Wettbewerbe vorkommen.

8 Jenseits der Autonomie: Brachliegen, Beisichbleiben

Können Künstler aus der Kunst austreten, ohne ihren Austritt wieder als Kunstwerk auszustellen? Zunächst – warum sollten sie die Kunst verlassen? Wenn das Glück nicht mehr in der Kunst ist, sondern neben ihr, vor ihr, nach ihr, dann ist es Zeit zum Austreten aus den Formen des Werks, des Werts, des weißen Kastens.

Beuys hatte mit seiner Austrittserklärung den avantgardistischen Traum von der Aufhebung der Kunst ins Leben fortgesponnen. Für seine Person und seine Zeit hat er damit behauptet, dass es etwas gebe, was allgemeiner und zugleich intensiver sei als künstlerische Kunst. Vielleicht muss man als Künstler scheitern können, um als Helfer des Glücks voranzukommen. Vielleicht müssen sogar die Werkmächte selbst ruhen wie allzu lange schon zu stark ausgebeutete Böden. Entwerkungen des schöpferischen Glücks zeigen der Kunst den Weg zur Seite.

Sind diese Werke traurig, dass sie nicht stärker hervorplatzen? Haben sie Heimweh nach großen leeren Wänden? Fühlen sie sich in ihrem intimen Sein-zum-Scheck unverwirklicht? Täuschen sie gegenüber der großen Ausstellung eine Fähigkeit zum Exil vor, die sie insgeheim doch bedauern? Fühlen sie sich von der Zeit widerlegt wie Naivitäten von gestern? Wahrscheinlich sind solche Fragen zu invasiv. Sie brechen in eine Ruhe und in eine Marginalität ein, die von den Werken gerade entdeckt wird. Auf sich beruhen können – das ist für Vorzeigestücke ästhetischer Werkmacht gewiss etwas Neues. Die Vorbeigehenden nicht zum Stillstand vor ihnen auffordern – das ist für 999 Werke, die stets in eigener Sache an die Welt zu plädieren gewohnt waren, eine ungewohnte Übung. Brachliegen und warten – das ist für verwertungsverwöhnte Kunstsachen ein unvorhergesehenes Abenteuer. Sich in sich einfalten und nicht in Höchstform in die Kunstgeschichte eingehen – das ist für bedeutungshungrige Kunstwerke das Kunststück, auf das sie am wenigsten vorbereitet waren. Oder sind sie doch schon mehr dazu bereit, als im Augenblick ihrer Entstehung zu ahnen war?

Die Kunst liegt brach. Die Leute werden einfach vorbeigehen, eine kleine Brise von aufmerksamer Unaufmerksamkeit wird zwischen den Werkstücken hindurchgehen. Ohnedies gingen dieselben Leute vorüber, aber das Flehen der Werke und das Locken der Werte würde hinter ihnen herrufen wie eine Gelegenheit, die uns vor die Alternative stellt, sie zu ergreifen oder zu versäumen. Rufen diese Werke, locken sie? Und wenn sie schon die Galerie verlassen haben – auf wen sind sie zugegangen, wem kommen sie entgegen? Sind sie uns nah, wenn wir an ihnen vorbeilaufen? Wird unser Vorbeilaufen ein anderes, wenn sie am Rand stehen?

Vorbeigehen? Wie kommt man an so viel Beiläufigkeit vorbei? Geht man vorüber, ohne dass Erinnerungen aufsteigen an etwas Namenloses, Kommendes, Wunderbares, wofür Kunst später ein schaler Name wurde? Schon ist der Blick an die Oberflächen der Objekte gestoßen, von jetzt an müssen sie als gesehen gelten.

Dies ist nicht die Zeit, um viel zu versprechen. Auch aus dieser Halle kommen wir bald heraus. Keine Ferne redet trunken wie von künftigem großem Glück. Aber gesehen ist gesehen. Was ist Sichtbarkeit? Vielleicht der Alltag der Offenbarung. Was ist dann Offenbarung? Dass etwas dich mit seiner Sichtbarkeit anleuchtet. Wie passiert das? Wenn ich im Freien bin. Im Freien? Wenn ich so weit draußen bin, dass die Welt sich zeigt.

Sendboten der Gewalt – Zur Metaphysik des Aktions-Kinos

1

Man kann Menschen einteilen in Gewaltsucher und Gewaltflüchter und kann die Gruppe der Gewaltflüchter noch einmal teilen in Zeitgenossen und Zeitflüchter. Wer Gewalt und Zeit zugleich erfolgreich geflohen hätte, wäre irgendwo, nur nicht hier, wäre untergetaucht unter den Stillen im Lande, getragen von der Hoffnung, dass aus der eigenen Zeit- und Gewaltferne etwas Heilsames in die übrige Welt emaniert.

Wenn Zeitflucht scheitert, so verwandelt sich wiederum ein Teil der Geflohenen in Zeitgenossen besonderer Art zurück: in Intellektuelle. Zeitgenossen des intellektuellen Typs sind Individuen, die nach einer Reihe von gescheiterten Zeit- und Weltfluchtversuchen damit beginnen, öffentlich darüber nachzudenken, was es bedeutet, hierher zu gehören und einen eigenen Anteil am Gewicht der Welt nicht länger zu verweigern.

»Auch ich bin jetzt zurück aus Arkadien« – so könnte das Passwort der bekehrten oder gescheiterten Zeitflüchter lauten. Wer aus dem Anderswo, dem imaginären wie dem realen, zurückkehrt in den allgemeinen Realitätskessel, wird sofort bemerken, dass hier der Alltag darin besteht, Mitwisser und Konsument einer ununterbrochenen Gewaltagitation und Gewaltinformation zu werden. Es stellt sich, mit anderen Worten, heraus, dass die Fluchtgründe weiterbestehen, während der Glaube an Fluchtmöglichkeiten verbraucht ist.

Zurück aus dem Anderswo, zurück aus dem Heil, zurück aus den Ferien, was fällt als Erstes auf? Vor allem dies, dass die gewaltflüchtigen Zeitgenossen umzingelt sind von Gewaltsuchergruppen aus Tätern und Informanten, die das Ausweichen in gewaltfreie Räume immer mehr zu einem Ding der Unmöglichkeit machen.

Gewaltinformation folgt dabei im großen Ganzen einem blamierenden oder kontrastierenden Schema: Wir gehen unseren normalen – oder pseudonormalen – Tätigkeiten nach, während in New York Bomben in Parkgaragen explodieren, in Bombay Stadtviertel brennen, serbische Soldaten im Rausch Dörfer planieren und triumphale Blickkontakte suchen zu den gefangenen Frauen, die ihren Vergewaltigungen preisgegeben sind, während deutsche Brandflaschenwerfer Häuser und Menschen anzünden und Kinder überall im Westen bei elektronischen Exterminierungsspielen in Ekstase geraten.

Vielleicht ist es ein Vorzug, wenn man über solche Dinge nicht gleich wie ein Psychologe oder ein Politologe redet, der sie immer schon verstanden hat, sondern aus der Perspektive des gescheiterten Weltflüchters, der zunächst keine Theorie hat, vielmehr eine Erregung teilt.

Um von der Gewalt – oder besser: aus ihrer Sphäre – so zu reden, dass die Sache nicht von vornherein falsch objektiviert wird, scheint es mir ratsam, gleich zu Beginn die Distanz-Illusion platzen zu lassen, die uns selbst in eine befriedete Zone und die Gewalt vor die Grenze plaziert. Was ich stattdessen vorschlage, ist eine Übung im sphärischen Denken – wobei Sphäre dem griechischen Wortsinn gemäß mit Kugel übersetzt werden soll. Gehen wir also unser Thema im Stil einer Kugelmeditation an.

Nachdenken über Gewalt könnte beginnen mit dem Andenken jener Hyper-Kugel, die hier ohne weitere Rechtfertigung als Sein bezeichnet werden soll. Dasein hieße immer in einer Sphäre sein oder von einer Sphäre enthalten werden.

Meine These lautet nun, dass das, was wir meistens ohne Nachdenken und mit Blick auf Einzelfälle als »Gewalt« bezeichnen, seiner Natur oder Ausbreitungsform nach ein sphärisches Format hat. Wenn »es« sie »gibt«, dann im Modus des Überall-Seins, man könnte auch sagen: in elementarischer oder medialer Verteilung.

Man kann der Sphäre, die einen umschließt, also nicht gegenüberstehen wie einem Tafelbild – auch wenn Lukrez in seinem Lehrgedicht sagt:

> Süß, wenn auf hohem Meer die Stürme die Weiten erregen,
> ist es, des anderen mächtige Not vom Lande zu schauen,
> nicht weil wohlige Wonne das ist, daß ein anderer sich abquält,
> sondern zu merken, wie süß es ist, welcher Leiden du ledig.
> Süß ist es auch, des Krieges gewaltige Schlachten zu sehen
> wohl im Feld geordnet, ohne dein Teil an Gefahren.
> (Titus Lucretius Carus, *De rerum natura*, II, 1–6)

Bei einer sphärischen Gewalt-Auslegung fällt das lukrezische Zuschauer-Sein ins Innere des Gewaltkreises, weil das Theater der Gewalt nur eine lokale Projektion innerhalb der Sphäre bedeutet, die kein Außen hat. Im Innern der Gewaltsphäre an einer Stelle stehen, von wo aus Gewalthandlungen wie Szenen vor Augen treten, heißt immer noch, in die Sphäre eingeschlossen zu bleiben. Wollte man dieses Verhältnis in eine Formel fassen, so müsste man sagen: In-der-Welt-Sein heißt In-der-Gewalt-Sein, wobei letzteres alle Einzelfälle übersteigt, etwa: in der Gewalt von Entführern sein, in der Gewalt der Banken sein, in der Gewalt eines eifersüchtigen Partners sein – oder wovon Sie sonst allseitig umgriffen sein können – bis hin zu Gottes gewaltiger Hand, in deren Griff manche, wie man hört, sich wohler fühlen als in jeder anderen unübersteigbaren Schale.

Man höre sich die potentiell panikerregende Formel noch einmal, wenn möglich, in Ruhe an:

In-der-Welt-Sein heißt In-der-Gewalt-Sein – und ermesse die Tragweite des Satzes, mit dessen Überspanntheit, wie ich zu zeigen hoffe, es eine besondere Bewandtnis hat. Ich will das überspannte Theorem durch eine überspannte Geschichte komplettieren, um günstige Voraussetzungen für das Bedürfnis nach Entspannung in weniger extremen Betrachtungen zu schaffen.

Leser von James Clavells Japan-Epos *Shogun* werden sich an eine grausame Episode zu Beginn des Romans erinnern: Kurz nach der Landung von Captain Blackthornes Schiff an der japanischen Küste wird einer der elf Matrosen durch ein Strohhalm-Orakel ausgewählt, um stellvertretend für die Schiffsmannschaft von den Samurai des Landesherrn Yabu gefoltert und hingerichtet zu werden. Das Los trifft einen gewissen Vinck – im Handgemenge mit den Schergen jedoch wird ein anderer, der Matrose Pieterzoon, ausgesondert und zu dem höllischen Exerzitium geschleppt. Er wird es sein, dem der zerdehnte Tod bevorsteht – ein dunkler Auftakt zu japanisch-europäischen Beziehungen.

In einem riesigen Eisenkessel, den die Fischer im Winter zum Kochen von Waltran und Fischleim benutzen, war Pieterzoon seit Sonnenuntergang bei mittleren Temperaturen gegart worden – der Folterknecht hatte Befehl, darauf bedacht zu sein, der Prozedur gebührende Dauer zu geben. Die ganze Nacht lang hatte Herr Yabu den Schreien des gesiedeten Matrosen aus der Ferne gelauscht, bevor er einen Samurai namens Omi ausschickte, um sich von ihm über den Zustand des Manns im Kessel berichten zu lassen.

> Neuerlich wurden die durchdringenden Schreie vom Wind herangetragen. »Du hast dem Barbaren in die Augen gesehen?« – »Jawohl, Yabu-sama.« Omi kniete jetzt hinter dem *Daimyo*, etwa zehn Schritt entfernt. Yabu war regungslos sitzengeblieben. Das Mondlicht warf Schatten auf seinen Kimono und ließ seinen Schwertgriff ragen wie einen Phallus. »Was – was hast du gesehen?« – »Wahnsinn! Das Wesen des Wahns. Ich habe noch nie zuvor solche Augen gesehen. Und so grenzenloses Entsetzen.« Sanft schwebten drei Blütenblätter herab. »Mach ein Gedicht über ihn!« – Omi versuchte, seinen Geist zum Arbeiten zu zwingen. Dann, wohl wünschend, daß diese Worte angemessener ausgefallen wären, sprach er:
>
> Seine Augen waren die Höhlen der Hölle.
> Nichts als Qual –
> sprechende Qual.
>
> Schreie wurden heraufgetragen, schwächer zwar, doch wirkten sie wegen der großen Ferne nur umso schneidender. – Nach einem Moment sprach Yabu:
>
> Wenn man
> ihrer Qual erlaubt,
> ganz tief in einen einzudringen,
> wird man eins mit ihnen –
> sprachlos eins.

Man begreift nun: Pieterzoon war an einen Mystiker geraten, der sich ein Spiel daraus machte, sich mit dem

Schreienden im Kessel zu vereinen – in einer Tiefe, versteht sich, die jenseits von gesiedeten Matrosen und meditierenden Feudalherren liegt. Was uns angeht, so wird uns kaum jemand dazu überreden, hier in Bezug auf den Matrosen das zu tun, was Sozialpsychologen mit dem Ausdruck *taking the role of the other* bezeichnen – es sei denn, wir finden einen Weg, die Lage im Kessel so zu entspannen, dass wir einwilligen können, uns an die Stelle des Insassen zu denken.

Wenn Zugehörigkeit zur Gattung Mensch, wie man gelegentlich hört, die Forderung einschließt, sich an die Stelle jedes anderen setzen zu können, so werden wir uns, mit Blick auf Pieterzoons »Verlegenheit«, nur zu einer bedingten Menschlichkeit bekennen. Man könnte das als das Gesetz der begrenzten Solidarität bezeichnen. Fürs Erste senken wir die Temperatur im Gefäß auf lauwarme Grade, bis man sie für mittelmeerische, Ende Juli, halten könnte. Ferner fällt auf, dass die Kesselwände die Sicht unzumutbar behindern. Wir nehmen sie weg oder weiten sie so lange, bis sie wie ein gewöhnlicher Horizont auf flachem Lande aussehen. Alle Anzeichen gegenwärtiger Gefahr für Leib und Leben werden beseitigt – niemand wird gesotten, niemand eingeengt, jeder von uns könnte jetzt ohne Protest an Pieterzoons Stelle sein, und sollte es sich dem Sinn der Szene nach um etwas handeln, das irgendwann mit dem Tode endet, so haben wir Mittel und Wege, darüber bis auf weiteres nicht in Aufregung zu geraten.

Obwohl vage Todeskandidaten, definieren wir uns durch sorglose Sorgen und lassen keinen Stress vom Ende her in den offenen Augenblick eindringen. Wir vereinigen uns, wenn man so sagen darf, mit dem anderen in einer mittleren Zone, wo ihm so wenig Schlimmes droht wie uns jetzt hier. Bei unserem Aufenthalt im amüsanten Weltkessel sind wir eine Gesellschaft von lässigen Pieterzoons, die miteinander Konversation und Geschäfte treiben und sich gegenseitig letztlich so gleichgültig sind, wie Herr Yabu und der Matrose es wären, wenn ihre Wege sich nie gekreuzt hätten. Kurzum, wir sind Mitglieder einer liberalen Demokratie.

Man sieht, was gemeint war, als ich oben von der Lockerung überspannter Sätze sprach. Wenn es hieß, In-der-Welt-Sein sei seinem Grundzuge nach immer schon auch ein In-der-Gewalt-Sein, so sollte das nicht in der pieterzoonischen Radikalbedeutung gelten. Es ist uns daran gelegen, das panische Motiv bis zu dem Grad aufzulösen, dass wir uns in der Welt sehen können wie ein Badegast im Julimeer, an einer Stelle, von wo man der Freundin zuruft, hier kann ich noch stehen. Jeder weiß, dass Meer auch anders sein kann, dann aber wäre ein Aufenthalt an derselben Stelle fatal. Wenn wir im Augenblick heiter mitten drin sind, sozusagen meereslöslich wie Wasser inmitten von Wasser, so deswegen, weil wir beim Darinnensein keine Gründe haben, daran zu denken, wie wir herauskommen.

Übertragen auf das Gewaltfluidum, in dem wir gelöst sind, würde dies besagen, dass wir bestimmte Zustände des Darinnenseins wohl genießen – die sommerlichen, die bürgerlichen –, während andere, fänden wir uns in ihrem Zentrum, uns zu einer panischen Suche nach einem Weg hinaus veranlassten.

Ich will im folgenden der Frage nachgehen, wie das gewaltlösliche Menschenwesen sich anstellt, wenn es gilt, aus dem furchtbaren Bad zu steigen. Vielleicht ist alle Geschichte nur die Geschichte von Gewaltlösungen.

2

Um von Gewalt und ihrer Auflösung oder Teilung zu sprechen, kommen wir nicht umhin, einige Sätze über den Menschen als alten Läufer und alten Werfer zu sagen. Das ist zunächst nichts Neues: Wer ins Kino geht, riskiert immer eine anthropologische Lektion, und wer Aktions-Kino liebt, ist *eo ipso* der Paläoanthropologie nahe, weil *action*, wie ich zeigen werde, den lange vermissten Schlüssel zum Affe-Mensch-Übergangsfeld liefert.

Ich gehe von der Beobachtung aus, dass die heutige Popularkultur einen Rückschritt vom Drama zur Aktion inszeniert: An die Stelle von interpersonalen Konflikten des hochkulturellen Dramentyps treten nun auf breiter Front interbestialische oder intermaschinelle *action*-Sequenzen, die auf den ersten Blick nichts mehr gemeinsam zu haben scheinen mit der menschenbildenden Dimension der europäischen und orientalischen Theater- und Erzählkulturen. Ich werde gleich zeigen, inwiefern auch solchen *action*-Szenen ein gewisser Bildungs-Sinn zukommt – allerdings nicht im Sinne von Humanisierung, sondern von Hominisation.

Was die akademische Historie freilich unter dem Titel Vor- und Frühgeschichte behandelt, ist in der Sache das Gegenteil dessen, was die Lehrbücher präsentieren – dem Anscheine nach das Reich der Ereignislosigkeit, worin langweilige Jäger- und Sammlerpopulationen in ihrem hunderttausendjährigen Kleinklein vor sich hinvegetieren, bis endlich Krieger, Könige und Schreiber kommen, um die Geschichte aufzumischen. In Wahrheit ist der Riesenzeitraum der so genannten Vorgeschichte randvoll gefüllt von einem Ereignis, dessen Dramatik alle Einzeldramen überragt: von dem Ereignis der ursprünglichen Hominisation. Über eine Million Jahre hin ein einziges Riesenereignis, eine titanische Handlung, deren Gewaltsamkeit und Spannung alles in den Schatten stellt, was später vorfiel, die Entzündung des nuklearen Feuers vielleicht ausgenommen. Wer würde nicht zugeben, dass dies eine Herausforderung an die Geschichtsschreibung darstellte? Schlägt man die Bücher der Paläontologen auf, so überkommt die meisten Leser ein Unbehagen. Dieses lustlose Herumstochern der Experten in afrikanischen oder chinesischen Halbaffenknochen ist wohl nicht auf der Höhe der Sache, wenn wir erst zugegeben haben, dass die so genannte Vorgeschichte das Atemberaubende schlechthin enthalten muss, das Ereignis der Ereignisse, die helle Katastrophe, aus der wir stammen.

Angesichts dieser Sachlage schlage ich vor, die folgende Hypothese zu prüfen: Der moderne *action*-Film ist eine Gattung experimenteller Vor- und Frühgeschichtsschreibung, die mit den Mitteln avancierter Film-Technik die archäologischen Geheimnisse der Menschheit bearbeitet. Im *action*-Kino kommt ein Aspekt der Wahrheit über das menschheitsbildende Inaugural-Ereignis an den Tag, das man summarisch überschreiben könnte: die Sezession der Menschenhorden von der Alten Natur.

Sehen wir näher zu: Die beiden Universalien des Aktions-Kinos – Laufen und Schießen – sind in der Regel in Sequenzen verbunden, die Cineasten »Verfolgungen« nennen. Um kaum etwas anderes geht es auch bei dem frühgeschichtlichen Großereignis, aus dem der *homo sapiens* hervorgeht – als das Lauftier, das zu zwei Fünfteln seiner Länge aus Bein besteht und das Mensch wird, weil es Verfolgungen übersteht. Dazu war es nötig, dass der Frühmensch sich vom Flüchter zum Gegenangreifer transformierte – vor allem mittels geworfener Steine und geschwungener Äste.

Die gestische Einheit von Laufen auf der Flucht, Sichumdrehen und Werfen nach dem Angreifer ist das älteste Aktions-Muster der Menschheit – es ist eben jenes Muster, das die Hominisation vorantreibt und die Entstehung eines spezifisch menschlichen Gruppeninnenklimas ermöglicht. Durch die singuläre Verschränkung von Laufen- und Werfen-Können bildet sich um die Inhaber solcher Sonderkompetenzen ein unsichtbarer Ring, ein Abstand von aller übrigen Natur, die von nun an Menschenwesen nicht mehr dazu zwingen kann, sich über bloße Körperanpassung auf ihre Umwelt einzustellen.

Im Innern des unsichtbaren Rings werden beim Menschen die Köpfe merkwürdig groß, die Häute merkwürdig dünn, die Frauen merkwürdig schön, die Sexualität merkwürdig chronisch, die Kinder merkwürdig infantil. Die alten *sapiens*-Horden sind schwimmende – oder besser: fliehende – Inseln, auf denen sich die Natur das Experiment einer Luxus-Evolution mit »Welt«-Folgen gestattet. Weil Menschen als Läufer, Werfer und Schläger dem direkten Druck tierischer Konkurrenten erfolgreich ausweichen, wird aus ihnen die Gattung, die den Kopf hebt, ins Feld schaut und vor Wachheit zittert. Theoretisches Verhalten entsteht beim Menschen außerordentlich früh – gewissermaßen aus dem Wachheitsüberschuss, der dem Aufmerksamkeitstier *homo sapiens* die Augen freigibt für luxurierende Blicke in das stille Feld.

Von hier aus wird die dritte Universalie des Aktions-Kinos verständlich – das Warten, das Ruhigsitzen, das Bad des Helden in der Stille vor dem Angriff, die kleinen Bewegungen der Täter in der ereignisschwangeren Ereignislosigkeit.

Ich sage nun, wer dergleichen auf die Leinwand bringt, ist nicht *a priori* ein Brutalisator, wie die Kulturkritiker meinen, und auch nicht immer nur jemand, der auf die zuverlässig vulgären Instinkte seiner Mitmenschen spekuliert. Er ist zunächst und in der Sache ein Frühgeschichtler, der seine Sonden ins Hominisationsfeld zurückschickt, um sich und uns über den realen Inhalt der vorgeschichtlichen Menschenbildung aufzuklären. Der Aktions-Film exploriert die nie ganz zu vergessende Konfliktgrenze, an der sich entscheidet, ob Hordenwesen überleben oder nicht.

Wenn oben gesagt wurde, alle Geschichte sei die der Gewaltlösungen, so wäre jetzt hinzuzufügen: Sie ist die Geschichte des Davonkommens aus Verfolgungen und die Geschichte des Übergehenkönnens von der Flucht in den Gegenangriff. Man könnte geradezu von der Geburt des Menschen aus dem Geist des Gegenangriffs sprechen. Am Anfang war die Gegengewalt – das heißt die Gewaltflucht, die durch Würfe Grenzen in den Raum zieht.

Das Distanztier Horden-Mensch lebt auf einer Insel von Umweltabstand, die durch das Integral von Flucht und Gegenangriff aus der Alten Natur ausgegrenzt wird. Daher läge es nahe, die alten Horden mitsamt ihren hochkulturellen Nachfolgern in Völkern und Nationen als soziale Flöße zu verstehen, die auf dem Meer der Alten Natur driften, mit der erst spät verdeutlichten Tendenz, die zeitlose Drift in historische Fahrt zu überführen.

Nun wird verständlich, warum die gesamte Paläohistorie Variationen über die Motive Werfen und Schießen bieten muss. Tatsächlich ist der Mensch, soweit er sich im Gegenangriff selbst erfunden hat, ein artilleristisches Tier – Werfer, Schütze, Distanzerzeuger mit den Mitteln des Geschosses und der geworfenen Grenzsteine. Wenn wir bedenken, dass die ersten »Grenzen« nicht gezogen oder gesetzt, sondern geworfen wurden (um danach als Niemandsländer zwischen den Werfern leer zu bleiben), dann wird die archaische Suggestivkraft von Schusswaffen im allgemeinen und der Feuergefechte im Aktions-Kino im besonderen sehr plausibel.

Der Aktions-Historismus erinnert daran, dass das Horden-Ego überall dort zu Distanz- und Abgrenzungskämpfen Anlass findet, wo die alten Akteure auf ihren Ausflügen aufeinanderstoßen. Wer bei schweifenden Fahrten auf andere schießt, ist nicht immer nur der *cool killer* oder der *lonely cowboy*; er könnte ebensogut ein alter Jäger sein, der Horden-Außenpolitik macht – nicht in territorialen Begriffen, sondern in Vorstellungen einer so imaginären wie realen Intaktheit des Horden-Egos, das in seinen innerlich relativ befriedeten informellen Revieren durch den gewalterfüllten Weltkessel driftet.

Daher gibt uns der Rückblick auf die Hominisation in der Horde Gelegenheit, über jene Artillerie vor der Artillerie nachzudenken, die von der Menschwerdung insgesamt untrennbar scheint. *Homo sapiens* könnte mit besserem Recht *homo iactans* heißen. Hätte Heidegger die »Terminator«-Filme noch sehen können, so hätte er, dessen bin ich sicher, nicht länger behauptet, dass der Mensch dasjenige Seiende ist, das sich selbst zu entwerfen hat, sondern dasjenige, das schlechthin zum Werfen verdammt ist.

Wer vom Werfen reden will, darf vom Treffen nicht schweigen. So nähern wir uns jetzt der dunklen Seite dieser Überlegungen, denn es muss von der Beziehung der Schützen und Werfer zu den getroffenen Objekten die Rede sein, wobei ich die Erwägung vorausschicke, es könne sich hierbei um den Prototypus dessen handeln, was man neuzeitlich eine Subjekt-Objekt-Beziehung nennt. Mit der Frage nach dem Treffen ist das Terminator-Motiv zum ersten Mal angerührt, denn die Treffer, von denen die älteste Jägerfolklore ebenso wie die neueste Killer-Automaten-Phantasie lebt, sind eben die terminalen, die terminierenden, die Voll-Treffer, die Schlusspunkte hinter das autonome Dasein des Objekts setzen.

Die Objektbeziehungen der Schützen sind von einer Art, die man als glücklichen Sadismus charakterisieren könnte. Auf ein Objekt schießen heißt nicht nur, es aus dem Weg schaffen oder von den Füßen bringen wollen: Ein »wahrer« Schuss erkennt im Anderen ein Etwas, das sich dort aufhält, wo besser ein Nichts wäre, und ist daher, wenn er zum Volltreffer führt, die »Herstellung« dieses genauen Nichts an der Stelle des falschen bisherigen Etwas. In solcher Sicht wäre jeder Art von Artillerie ein latentes Terminator-Motiv inhärent. Wo immer im Ernst geschossen wird, wird das Nichts eingeladen, mit dem bisherigen Etwas Platz zu tauschen. Der Kult des Treffers, der durch alle *action*-Filme geht, ist eine immerwährende Auslöschungszeremonie, die das ursprüngliche Vernichtungswunder der Horden-Menschheit nachfeiert, als wäre es etwas, worauf auch der heutige *sapiens-iactans* nicht verzichten kann.

Wenn ich den Ausdruck »Vernichtungswunder« gebraucht habe, ohne von der Formulierung sofort moralisch abzurücken, dann geschah das nicht in der Absicht, eine schwarze Messe theoretisch vorzubereiten, sondern um ein paläoanthropologisches Theorem über die primären Machterfahrungen unserer Horden-Menschheitsgeschwister plausibel zu machen. Denn in der Ich-Bildungsgeschichte der Gattung sind Vernichtungen älter als Schöpfungen, und das Auslöschen ist grundlegender als das Erfinden. Terminieren geht über Inaugurieren – wieso? Die Antwort ergibt sich aus den Grundgegebenheiten der Hordenwirklichkeit.

Die Gruppe driftet – umgeben von der unsichtbaren Eihaut ihrer Naturdistanz – auf dem alten Naturmeer dahin, ein wahrhaft pieterzoonisches Floß in einem gefahrenträchtigen Weltbottich. Der mag wohl im Durchschnitt laue Temperaturen bieten und die Flößer, solange es wenige sind, ernähren: Er umschließt sie aber wie für immer mit seiner undurchdringlichen Gewalt- und Machthülle, die den Menschen in eine ambivalent-urpassivische, zugleich geborgene und gepresste Stellung bringt. Vor diesem Hintergrund wird verständlich, was ursprüngliches Werfen und Treffen bedeuten konnte: den Anfang nämlich einer unendlich langsamen und mühevollen Gegenmachtergreifung, an deren Ende auch so treffende Sätze wie der cartesianische vom Menschen als *maître et possesseur de la nature* möglich wurden.

Mit den ersten Treffern kommen Menschen in die Zone eines neuartigen Rausches, sie springen auf und werden von revolutionären Hochgefühlen geschüttelt. Ja, man kann sagen, Ich-Orgasmen rufen das Subjekt hervor. Das Treffen setzt einen euphorischen Ich-bildenden Sadismus ins Werk, der wahrscheinlich den roten Faden der psycho-evolutionären Prozesse überhaupt darstellt. Es handelt sich um einen Sadismus, der das Ich aufgehen lässt – in dem Maß, wie es sich in der artilleristischen

Macht erfährt, ein Objekt untergehen zu lassen. Hier zuerst bricht der Mensch durch in die technisch-magische Zone. Ihrer Natur nach konnte diese zunächst keine andere als eine vernichtungs-magische sein; die Verwandlungs- und Herstellungsmagien werden dem Pfad folgen, den die Verneinungs-Magien mit Wurf und Schuss telekausal ausgetreten haben.

Denen, die Mühe haben, sich diese Zusammenhänge bildlich vorzustellen, kann unter Hinweis auf ein aktuelles Phänomen in der Subkultur des Sports geholfen werden. Man frage sich nur, in welchem Kontext wir zu Zeugen der heftigsten Lustäußerungen werden, die von menschlichen Wesen zu vernehmen sind. Die Gipfelpantomimen unserer Pornoköniginnen sind flache Komödien im Vergleich mit den Torschützenorgasmen, die im Zentrum aller Berichterstattungen über große Fußball-Turniere stehen. Es genügt, die Gesten der Helden auf dem Rasen nach erfolgreichen Torschüssen ernsthaft anzuschauen, um zu begreifen, dass hier Wildformen ekstatischer Genugtuungen durchbrechen, für die es im gesamten Spektrum zivilisatorischer Gesten kaum ein Äquivalent gibt.

Es handelt sich, wollte man nur richtig zusehen, oft um Ausbrüche von einer geradezu sakralen Obszönität, und dies nicht nur bei südländischen Männern, die nach geglücktem Schuss gelegentlich auf dem Rasen zusammenbrechen, sich bekreuzigen und wimmern, um mit verdrehten Augen irgendeiner höheren Gewalt für die artilleristischen Gnaden zu danken. Das sind die Samstagsgebete der modernen Menschheit, die mitgeheult werden von Millionen von Zuschauern vor den Bildschirmen und in den Stadien. Es sind Spontangebete der aufbewahrten

Frühgeschichte, neben denen die monotheistischen Sonntagsrituale gekünstelt wirken.

Ich bin davon überzeugt, dass diese maskulinen Schützen-Orgasmen und Treffer-Kulte Nachbildungen des primärsadistischen Jubels sind, mit dem die ersten Jäger und Werfer ihre anfänglichen, wie auch immer prekären Siege über die alte Natur zelebrierten. Die Geschichte des menschlichen Könnens folgt in ihrem Erfolgskern dieser sadistischen Achse, auf der das Subjekt im Triumph über das getroffene und vernichtete Objekt zu sich kommt. Die ominöse Grausamkeit von Kindern ist manchmal noch von dieser Art. Macht, die sich selber will, strebt von Grund auf diesem Attraktionspol zu. Sie fiebert nach dem Hochgefühl, gegenüber einer an allen anderen Fronten übergewaltigen Natur endlich auch einige Siege erringen zu können. Sie tut erste Schritte zu einem Ausbruch aus dem Naturkessel – ballistische Vorspiele zu der metaphysischen Idee der Weltüberwindung.

Daher ist es motivisch völlig richtig, dass im modernen Aktionsfilm auf seinem vorläufigen Höhepunkt, dem zweiten »Terminator«, der Killerautomat als Alliierter des kleinen Messias auftritt – ebenso wie es richtig ist, dass die Löcher, die er mit schweren Handfeuerwaffen seinem Gegenspieler in Kopf und Bauch schießt, nun endlich als explizite Löcher gezeigt werden können, dank computergenerierter Bilder. Endlich sieht jeder ohne weitere Vermittlung, worauf es beim Terminieren ankommt: ein Loch dort entstehen lassen, wo zuvor etwas Volles, Widersacherisches, Falsches war – »ohne Erledigung von Störung kein Überleben« (alte Höhlenweisheit).

Was aber, wenn die Welt im Ganzen als Störung auffällt? Wie, wenn die Erde zur Zielscheibe einer letzten umfassenden Beschießung wird? Einfache Helden in Aktion orientieren sich, wie wir wissen, an der gesunden Idee vom vernichtenden Treffer. Terminatoren im letzten Gefecht hingegen orientieren sich an dem heilbringenden Auftrag, die globalen Vernichter zu vernichten. Globalvernichtung meint die Phantasie, dass die gesamte Menschheit in einem nuklearen Kessel gegart werden wird.

Was das neue Terminator-Syndrom vom gewöhnlichen Artillerie-Nihilismus unterscheidet, ist der metaphysische Zusatz, dass ein paar richtige Treffer für die Rettung der Menschheit sorgen können. Wer mit Erfolg auf diejenigen schießt, die drohen, auf alles zu schießen, wird zum Erlöser mit der Schusswaffe als Heilszeichen. Wie konnte es dahin kommen, dass der Text der Evangelien mit dem der brutalsten Gewaltliteratur in eins zusammengezogen wurde? Es ist, fürchte ich, höchste Zeit, Arnold und James zu fragen, wie sie es mit der Religion halten.

3

James Camerons »Terminator«-Filme von 1991 und 1984 reihen sich, wie man sieht, in eine Ideen-, Typen- und Klischee-Geschichte ein, die eine konstante Prä-Histoire vergegenwärtigt. Sie greifen Imagines viriler Vollmacht auf und setzen sie zu einem Schlussbild zusammen: Man möchte meinen, wir sehen hier die Endform des Schützen, die Apotheose des ballistischen Mannes.

Es wäre damit über den Schützen-Archetypus schon alles Wesentliche gesagt, hätten nicht James und Arnold eine Botschaft inszeniert, deren Entzifferung uns ins Kernland eines religiösen Systems versetzt. Denn »Terminator II« zeigt nicht nur die definitiven Schützen, nicht nur *gunmen* der Sonderklasse, Männer wie Projektile, nein,

Arnold, der edle Cyborg, hat eine Mission im Dienste der ganzen Menschheit zu erfüllen. Ein Mann auf Mission, man sieht es leicht, ist nicht nur ein Absender von Projektilen, sondern auch ein Gesandter, der ein Projekt von drüben in dieser Welt zu Ende führt. Das ist nicht nur ein Schießender, sondern auch ein Geschossener – einer, der sich unter Blitz und Donner auf amerikanischem Pflaster in der Nähe des Mülls materialisiert. Man begreift sofort, warum Filmkritiker vor einem solchen Phänomen hilflos stehen – man müsste Missionstheologe sein, um den Rang und das Genus dieses seltsamen Maschinenengels richtig zu bestimmen.

Ich lasse einige aktions-analytische Bemerkungen aus der Sicht laikaler Missionskritik folgen. Erstens fällt auf, dass Arnold-Terminator, wenn er wirklich noch eine Figur im Katalog der heroischen Virilität sein sollte, die nicht-phallische Natur solchen Heldentums deutlicher enthüllt als je ein Rambo oder ein Batman vor ihm. Die Verschiebung vom Mann zur androiden Maschine macht den aphallischen Charakter der fleischüberzogenen Blechplastik vollends klar: An einem solchen Mann ist nichts, was nicht auch an einer Sprinklerautomatik wäre. Seine Feuerkraft gehört – psychoanalytisch gesprochen – nicht zur phallischen, sondern zur analen Stufe, seine Waffen sind keine Phallus-Symbole, sondern nach vorn versetzte anale Projektoren, die den Gegner herrichten für die Deponie.

Wohl finden alle Duelle wirklich unter Männern statt, aber unter Männern in *men's rooms*, Männern, die zur Apokalypse auf der Toilette blasen, Männern, die sich mittels analtechnischer Heißluft-Geräte gegenseitig aus der Welt furzen. Wenn die *kids* bei den großen Knallereien auf der Leinwand jubeln, egal, ob diese sich in einem alten Stahlwerk abspielen oder in intergalaktischen Räumen, so setzen sie sich einer bedenklichen Verführung aus. Sie überzeugen sich davon, dass Helden von männlichem Äußeren vor analen Duellen keine Scheu haben müssen. Ein Zeitalter der Tele-Fäkalien kündigt sich an.

Tatsächlich ist es das Ziel solcher Akteure nicht mehr, in einem als männlich qualifizierbaren Stil zu kämpfen und zu siegen, sie wollen die Objekte nur noch fäkalisieren und über Kot und Schutt hinwegschreiten. Und so geschieht es, in wunderbarer Apathie und perfekter Haltung. Der Kämpfer im Trubel bleibt kühl wie ein Juwelenhändler, empfindungslos wie ein steinerner Apoll, straff, wortkarg, effizient – der Schließmuskelmann in Vollendung. Noch gleicht sein Äußeres dem historischen Mann, sein Konstruktionsprogramm aber hat die Ebene der Überlegenheit über die menschliche Kondition erreicht: *Nie wieder Mensch* heißt die Maxime seines Handelns. Wäre der Cyborg noch mit psychologischen Charakterisierungen zu treffen, so müsste man ihn als einen präödipal fixierten Typus darstellen. Bei ihm, so würde das Gutachten sagen, dominiert ein analer Dualismus, der im Objektbezug nur die Alternative Gottheit und Scheiße kennt – dies alles, wie üblich, aufsitzend auf einem malignen narzisstischen Syndrom.

Hieran schließt eine zweite Bemerkung an: Eben weil der Männer-Typus, der im Aktionsfilm à la Arnold und James verhandelt wird, aus präödipalem Stoff gemacht ist, kann er ohne eine Hintergrundfigur, die ihn nach vorne schickt, nicht sein. Daher ist der Terminator der psychologische Vasall eines Herrn und Senders, der ihm eine Mission einprogrammiert hat wie einem vollautomatischen Jesuiten.

Arnold rückt vor als die Synthese aus Achilles und Jesus: Vom ersten hat er die Montur, vom letzten das Tempo. Denn es gehört seit der Zeitenwende zum Stil weltrettender Aktionen, dass sie ohne Zögern und in Höchstgeschwindigkeit vollzogen werden müssen, der Evangelist Markus schreibt: *euthys*, auf der Stelle, sofort, unverzüglich, stracks[1], von jedem Punkt Galiläas aus in Luftlinie zum himmlischen Ziel.

Deswegen ist »Terminator II« auch eine mediengeschichtliche Landmarke, nicht weil das Medium Film darin einige technisch avancierte Register zieht, sondern weil das Medium Gottes, der Gesandte, der Mann in Mission, hier in einem neuen Aggregatzustand erscheint – eine angelische Maschine, einem Erzengel gleich, der vom Schwert auf zeitgemäßere Waffensysteme umgerüstet hat. Arnold ist der moderne Christophorus, der den Menschheitsretter durch die Welt wie durch ein Schlachtfeld hindurchträgt.

Ein drittes kurzes Wort über die Senderin hinter dem Sender. Wer »Terminator II« gesehen hat, mag sich über alles Mögliche im Unklaren sein – zum Beispiel über die Frage, ob die Handlungslogik wirklich nur irrwitzig oder nicht doch folgerichtig ist. Über eines jedoch kann es kaum einen Zweifel geben: Der Film bietet eine Momentaufnahme von Zuständen in der matriarchalischen Traumfabrik der Vereinigten Staaten von Amerika. Er ist ein Dokument der mutterreligiösen Agitation, die nicht erst seit heute, sondern – mehr oder weniger unbemerkt – seit 1967 die westliche Hemisphäre überschwemmt.

Der Film tut also etwas sehr Zeitgemäßes – wofür auf einer anderen Bühne Madonna Megastar ihre eigene Formel gefunden hat: Er widmet sich der Kreation eines protestantischen Madonnen-Bildes. Der eigentliche Held der Geschichte ist natürlich, man ahnt es längst, weder Arnold-Terminator, der Edelkämpfer, noch der niedliche John Connor, der designierte Weltretter und Widerständler gegen die Maschinen. In struktureller Sicht ist die Heldin der Erzählkonstruktion die Mutter Johns. Sie ist es, die der atomkriegsbedrohten Welt das Heil in Sohnes-Gestalt geschenkt hat. Was James Cameron gemeinsam mit Linda Hamilton kreieren musste, war nicht weniger als das Design einer Muttergottes, die Simone de Beauvoir und Kate Millet gelesen hat.

Dies gelang den Urhebern dieses wahrhaft evangelischen Projekts, indem sie die katholische Imago der milch- und huldreichen Himmelsmutter zeitgenössisch travestierten. Sie verkleinerten ihre Brust, ersetzten das brennende Herz durch eine Schieß-Ausbildung, übersetzten das Dolorosa-Motiv in Psychiatrisierung und strichen den Joseph aus der Szene. Selbst ein verzichtender Mann an der Seite der neuen Muttergottes hätte die kühle Linie amazonischer Perfektion gestört. Und so tut sich im Personal des zweiten Terminator-Films eine Welt wundersamer Männerlosigkeit auf – im Zentrum belebt von einer amazonischen Matrone mit ihrem vaterlosen Knaben, in der Peripherie bevölkert von Cyborgs und abknallbaren männlichen Statisten.

Das Zentrum des Zentrums bleibt der protestantisch aufgeladene Mutterschoß, der sich als Herd der Sendung und des Gesandten zugleich behauptet. Während beim Jesus der kanonischen Evangelien noch eine Arbeitsteilung vorlag, wonach das körperliche Sein von der Mutter, der Sinn vom überweltlichen Vater stammte, ist in der Apokalypse nach Cameron alles in die Mutter verlegt: Sein und Sinn haben ihren Schnittpunkt im Uterus der amerikanischen Neuen Frau. Sie überkreuzen und begegnen sich dort nicht nur, sondern sie entstehen in ihm ursprünglich und strahlen von ihm aus wie Götterfunken aus dem Pleroma. In diesem Feminismus haben sich Bauch und Geist zusammengetan, um zu verkünden, dass Nuklearismus das letzte Wort der Männerwelt bedeutet, während die autonome Weiblichkeit Erlösung durch altneue Bio-Religion bringt. Daher ist »Terminator II« zu lesen als symptomatische Nachricht über Prozesse im Imaginären des perfektesten Matriarchats der Welt, der Vereinigten Futter-und-Mutter-Staaten von Amerika.

Ich verzichte darauf, diese Beobachtungen mit der Person Arnolds zu verknüpfen, und sage nichts weiter über seinen Kult um Aurelia Schwarzenegger, die Heldenmutter, die die Sendung des größten lebenden Österreichers von wer weiß woher leitet. Man ahnt immerhin, die Überschwemmung des Westens mit Bildern und Zeichen könnte ein Element des kapitalistischen Matriarchats sein, das alle konsumieren heißt, damit sie von der Herrlichkeit der »Großen-Mutter-Firma« Meldung machen. Vielleicht schlägt in der Welle des Gewaltbilderkonsums ein Aspekt der Wahrheit über die oralen Imperien der Modernität hindurch, die Ernest Gellner treffend die »glaubenlose Konsumenten-Internationale« genannt hat.

Eine vierte Bemerkung, als letzte, soll dem modernisierten Cyborg gelten, dem in diesem Film der Tötungsauftrag zufällt. Er ist die Figur, die in die cameronsche

Kino-Wagner-Oper als einzige eine neue, unheimliche, nahezu transzendente Dimension einführt. Ein morphoplastisches System aus intelligentem Flüssigstahl liegt diesem tödlichen Akteur zugrunde – eine Vision aus dem neuen Jenseits von Geist und Materie.

Mit Blick auf diese Gestalt lässt sich sagen, dass, wer den zweiten »Terminator« kennt, das Glitzern im Auge des zeitgenössischen Zyklons gesehen hat. Schon jetzt ist Arnold nur noch historisch interessant, ein Kuriosum aus der Zeit der stoischen Rabauken. Die Zukunft, daran ist kein Zweifel, gehört seinem verwandlungsfähigen Gegenspieler.

Eine ganze Filmhandlung lang blieb Arnold stur er selbst, mehr der weniger demoliert, eine alteuropäische Maschine als Variante der aristotelischen Substanz, die neuzeitlich als fundierendes Subjekt wiederholt werden sollte. Ganz anders der smarte Gegenspieler, der wie ein Lehrsatz über den Vorrang der Funktion vor der Struktur über die Leinwand spukt. Längst kann er alles werden, was er sieht; ausgestattet mit einem autopoietischen Formprogramm, reorganisiert er sich aus jeder Zertrümmerung. Was ihn zu einer Erscheinung macht, ist seine Fähigkeit, sich mit allem zu vereinigen, was er vernichten will. Er ist selbstreflexiv wie ein hegelianischer Automat und selbstlos wie ein Buddha. In ihm ist Posthumanität vollendete Tatsache. Er ist die erste Maschine, die eine Mystikerin sein könnte. Um sie zu deprogrammieren, musste man die Elemente selbst bemühen: Im letzten Moment erst löst sich der unzerstörbare Zerstörer im glühenden Kessel einer Stahlkocherei auf, dem einzigen Ort, wo die Umwandlung des substantiellen Subjekts in das subjektlose Element noch gelingen kann. Was nicht mehr erschossen werden kann, kann nur noch eingeschmolzen werden.

Man meint physisch konkret zu sehen, wie über zweieinhalbtausend Jahre hinweg der Tod des Terminators den des Empedokles widerspiegelt. Nun sind auch Arnold und Pieterzoon eins geworden und lassen fröhlich aus dem Bottich grüßen. Im Blick des Eisenmannes im glühenden Kessel verrät sich keine Spur von Wahnsinn mehr, er fährt in den »Tod« wie in eine Garage.

Die Einschmelzung der Maschine Mensch lässt die letzte Gewaltlösung erahnen. Wer spürte nicht, dass künftige Wege der Auslöschung einer Trasse folgen könnten, die in den Schicksalen dieser Gewalt-Sendboten angelegt sind?

Anmerkung

1 Zum Motiv der Eile bei Jesus vgl. Hans Conrad Zander, *Ecce Jesus. Ein Anschlag gegen den neuen religiösen Kitsch*, Reinbek bei Hamburg 1992, S. 27–62.

Taugenichts kehrt heim oder das Ende eines Alibis – Auch eine Theorie vom Ende der Kunst

Wenn ich fest angestellt wäre, wäre ich wahrscheinlich auch für Kunst. Abteilungsleiter beim Rundfunk und dann Lyrik, das wäre das Höchste.
Martin Walser, Die Gallistische Krankheit

Die Zukunft der Kunst – ich möchte fragen, ob es möglich ist, einen solchen Problemtitel ernst auf sich wirken zu lassen, ohne das Schlimmste zu befürchten für den, der es übernommen hat, zu dieser Sache zu sprechen. Schon der erste Blick kann zeigen, dass die Sachlichkeit dieser Sache von einer Art ist, die sich mit Notwendigkeit entzieht, sobald im Modus des Darüberredens darüber geredet wird.

Zukunft, Kunst – zwei der explosivsten Kategorien der neuzeitlichen Reflexionskultur sind mit dem Anschein großer Harmlosigkeit kombiniert worden. So trocken nebeneinander gestellt sind sie wie zwei Einschüsse ins intellektuelle Gewissen oder, wenn man so sagen darf, zwei apriorische Niederlagen für das Nachdenken und Darüberreden. Kunst – um von ihr und zu ihr und aus ihr angemessen zu sprechen, bräuchten wir eine kompetente Ästhetik der Moderne, vielleicht sogar eine anthropologisch fundierte Ästhetik, oder mehr noch eine Aufhebung aller Ästhetiken in einer Disziplin der Geistesgegenwart als Wahrnehmung und als expressiver Verausgabung. Und all dieses – wir wissen es längst – ist nicht erst seit dem Tode Adornos kaum zu erhoffen und für die Lebenden vorläufig zu schwer. Zukunft – mit dieser Kategorie verstricken wir uns in die Paradoxien der Zeitphilosophie, die den vorstehenden Umgang mit Zukunft in seiner Abgründigkeit durchleuchtet – indem sie uns zeigt, wie sich unsere Intelligenz verlieren muss im Abgrund der Zeitigung der Zeit, wenn wir das Ereignis unseres jetzigen Denkens verausgaben für das Nichts, das sich als das Etwas eines späteren Ereignisses zeitigen soll. Ich glaube nicht zu übertreiben, wenn ich sage, dass die Kategorie Zukunft voller Überforderungen steckt. Nun heißt es aber: Zukunft der Kunst. Das läuft auf Melancholie hinaus; ich sage es gleich zu Beginn. Natürlich darf man solche Melancholie nicht verurteilen; auch sie hat ihre Verdienste; sie ist das, was in uns dem Bedenklichen Platz macht, ja mehr noch, sie ist die Aura des standhaltenden Bewusstseins, wie es sich in den Statuten einer ehrwürdigen Akademie verschanzt haben mag. Ich frage sogar, was ist eine Akademie anderes als die institutionalisierte Melancholie darüber, dass die Kunst lang und das Leben kurz ist und dass wir die entscheidenden Probleme weder lösen noch fallen lassen können?

Neben dem akademischen Standhalten, das vom vornehmen Nimbus einer fest etablierten Vergeblichkeit umhüllt ist, kennt das neuere Nachdenken im wesentlichen zwei Strategien, um Allzuschwieriges auf das Format individuellen Denkvermögens herabzusetzen, zwei unvornehme Strategien. Die erste: dem Problem ideologiekritisch in den Rücken zu fallen, um ihm den Anspruch auf eine Sachlichkeit eigener Art abzustreiten. Die zweite: das Problem mit den essayistischen Mitteln der Fröhlichen Wissenschaft gegen die Gesetze der akademischen Schwerkraft auffliegen zu lassen, um es daran zu hindern, sich in der Bodenfestigkeit der seriösen Lösungen zu verfestigen. Der Ernst einer solchen Fröhlichen Wissenschaft besteht darin, dass sie den Lösungen als solchen den Rücken kehrt, weil es eben nicht darauf ankommt, die Probleme zu lösen, sondern zu zeigen, dass jede Lösung zur Komplizin des Problems wird.

Versuchen wir es zuerst mit dem ideologiekritischen Verfahren, das heißt mit dem kritischen Aufstand gegen die Sachlichkeit der Sache. Hier wird durch eine entlarvende Frage nach dem Frager die nackte Wahrheit über das Erfragte enthüllt und als Nichtigkeit erwiesen. Was steckt also *hinter* der Frage nach Ende oder Zukunft der Kunst? Wer ist es, der wissen will, wie es um die Zukunft der Kunst steht? Wer muss welche Absicht im Schilde führen, wenn er sich anbietet, von seinem Heute aus seine Zukunft zu extrapolieren? Wer hockt so breit auf einer Gegenwart, dass er nur die lange Bank der Erwartungen hinunterrutschen muss, um auf seinem Zukunftsplatz zu sitzen? Die Kritik am Interesse, das die Frage nach der Zukunft der Kunst steuert, stößt mit Sicherheit auf die aktuelle Verfassung der geistig-materiellen Besitzstände und Machtverhältnisse unserer Gesellschaft. Ideologiekritik ist umgekehrte Kriminalistik; man schließt hier nicht von den Indizien einer Untat auf den Täter, sondern vom Täter auf die Wahrscheinlichkeit einer Untat und von einem schönen Wort auf die Hässlichkeit dessen, der es nötig hat, es in den Mund zu nehmen. – Der Täter ist wie immer im strategischen Denken *a priori* bekannt, da er niemand anders sein kann als der Namensgeber der bestehenden ideologischen und ökonomischen Verhältnisse – die heute als Neokonservatismus auf ihren Begriff gebracht worden sind. Seine Bilder waren im letzten Jahr an allen Plakatwänden der Republik angeschlagen, aber er wurde nicht gefasst, sondern gewählt, und beauftragt, für die Zukunft, wenn nicht der Kunst, so doch der öffentlichen Finanzen zu sorgen – was vielleicht auch eine Kunst ist, die dem aristotelischen Gattungsschema entgeht.

Das ideologiekritische Ohr hört scharf, es ist das Gehör eines Semantikers an der Front. Zukunft der Kunst – das ist für den, der so zu hören entschlossen ist, natürlich auch eine neokonservative Option, eine Absage an die *no-future-people* in den Westberliner Matratzenburgen, ein Thema, das der Oberste Bayerische Rechnungshof als korrekten Anlass zur Verausgabung öffentlicher Mittel passieren lassen kann, ein Sujet mit positiver psychopolitischer Signalwirkung, das in die Zeit passt wie eine vertrauensbildende Maßnahme in die Vorbereitung der Apokalypse aus dem Geist der guten Gesinnung. Aber auch Begriffe können ihre Unschuld verlieren; ganze Terminologien können nach dem Konkurs sozialer Bewegungen von neuen Medienmachthabern billig erworben werden; ganze Semantiken können ihre Besitzer wechseln. Und wenn nicht alles täuscht, hat sich die neue Rechte eingekauft ins Prinzip Hoffnung und spendiert dem Wählervolk gratis Vaterlands-T-Shirts, Optimismusknöpfe, Aufschwungsfähnchen, Hoffnungsaufkleber und Zukunftskugelschreiber. Wo es darum geht, die neokonservativen Tagesbefehle vor ein Publikum zu bringen, dem man zutraut, es sei auf Sinnsuche, und wo die Aufgabe gestellt ist, die erwünschte Es-kann-so-weitergehen-Atmosphäre zu produzieren, dort wird mit warmem Timbre von Zukunft gesprochen; denn Zukunft ist in einer Welt, die schon den Absturz fühlt, das Haltewort schlechthin. Es bleibt, auch im Munde derer, die als Totengräber aller Zukunft verdächtig sind, ein Symbol für das fundamentalste der Menschenrechte, Symbol für das Recht auf Leben in erträglicher Gegenwart, erträglich darum, weil solche Gegenwart weiterhin darauf vertrauen dürfte, am Inhalt der Zukunft nicht von vornherein verzweifeln zu müssen.

Soweit der ideologiekritische Versuch, der Sachlichkeit der Sache zu entgehen, indem man sie mit einer apriorischen Misstrauenserklärung an ihrer Entfaltung hindert. So plausibel ein solches Manöver ein Stück weit sein mag, so stellt sich, gerade wenn es gelingt, bald ein Überdruss an den schnellen Siegen der Kritik über das Kritisierte ein. Ja mehr noch: Die Kritik wird bald ihrerseits einer neuen Kritik verfallen, weil die Spirale der Distanzierung und der Verweigerung prinzipiell sich ins Unendliche drehen kann – bis zuletzt die Kritik mit dem Kritisierten es sich in einer gemeinsamen Erbärmlichkeit bequem macht.

Soll das Unternehmen nicht vorzeitig scheitern und soll die Sache selber noch zum Reden kommen, so bleibt im Augenblick der essayistische Weg allein noch offen. Der Essay ist gewissermaßen der gutmütige Onkel des Kritizismus, verwandt mit diesem in seinem undogmatischen Geist, verschieden von ihm durch die Bereitschaft, in nichtdestruktiver Form auf die Dinge zuzugehen oder besser: diese auf sich zukommen zu lassen. Graf Hermann Keyserling hat einmal behauptet, der kürzeste Weg zu sich selbst führt um die Welt herum. Dies abwandelnd könnte man sagen, der kürzeste Weg zu einer Antwort auf die Frage nach der Zukunft der Kunst ist eine Abschweifung, die erlaubt, von ganz weit her auf die Sache zuzugehen. Hierfür ist auch die essayistische Grundhaltung die richtige, wenn wir uns darauf einigen können, dass Essay ein Deckname ist für gehobene Themaverfehlungen. Etwas Derartiges will ich Ihnen in Form von drei sachdienlichen Abschweifungen von der Sache vortragen, deren Gliederung ich in Kürze vorausschicken möchte.

Die erste Abschweifung sondiert den Horizont unseres Verhältnisses zur Zukunft. Ich beginne sozusagen mit einer Sondierung des Marktes, besser gesagt mit einer rhetorischen Investitionsberatung, wobei es um die Frage geht, ob »Zukunft der Kunst« überhaupt ein anlagesicheres Thema ist. Haben wir genug Zukunft, um uns das Kopfzerbrechen über die Zukunft der Kunst leisten zu können? Könnte es nicht sein, dass die an sich so leichtverkäuflichen Reden über Postmoderne und Neue Wildheit, über Neopopulismus und Enthemmungsästhetik, über Sprühdosenöffentlichkeit und Neue Sakralität, über weibliche Schreibweise und Ironie in Posthistorie es riskieren, durch gewisse Unregelmäßigkeiten in der Ankunft der Zukunft zur Publikumslosigkeit verurteilt zu werden? Ich spreche also fürs Erste nicht über die Zukunft der Kunst, sondern über die Zukunft der Zukunft, oder wenn Sie unbedingt wollen, über die Kunst, heute noch eine Zukunft zu haben.

Bei dieser Gelegenheit werde ich drei Aspekte unserer Zukunftszukunft berühren, genauer, es wird von einer dreifachen Erosion heutiger Zukunftsbezogenheit die Rede sein. Damit meine ich nicht den seit hundert Jahren etablierten Fortschrittszweifel. Jedes weitere Wort zu diesem Thema hieße wirklich, Bildungsbürgertum in die Bayerische Akademie der Schönen Künste tragen. Hören Sie bitte, wir treiben hier keine Schöngeisterei, sondern Sondierung des Wirklichen. Wer Kulturkritik möchte, kann sie über den Buchhandel beziehen. Es stehen nicht Abstiegsängste von Hochprivilegierten zur Debatte. Es geht vielmehr um das ideologische und ökonomische Weltsystem des Kredits, auf dem unser aller materielles Verhältnis zur Zukunft aufgebaut ist. Ich erinnere an die gut verdrängte Tatsache, dass nahezu alles, was heute im ökonomischen und politischen System geschieht, sich im mehrfachen Wortsinn auf Darlehensbasis abspielt. Von den Reifen jedes Autos rollen durchschnittlich drei auf Kredit. Von jedem neu errichteten Haus gehört höchstens jeder fünfte Ziegel dem so genannten Eigentümer. Alles, was man von einem Bauwerk über der Erde sieht, schwebt umschuldungsakrobatisch auf einem undurchsichtigen Gewölk von hypothetischen Finanzen. Käufe und Verkäufe ereignen sich längst in den irrealen Räumen einer Ökonomie des Als-Ob. Die Öffentlichen Haushalte der westlichen Hemisphäre haben sich so verschuldet, dass die nächsten Generationen sich exklusiv mit der Ausgleichung der Konten befassen müssten, falls jemand auf die wahnsinnige Idee verfiele, von dem zu leben, was es heute »gibt«. Die meisten Länder der Dritten Welt, auch einige der Zweiten, haben bei den Wirtschaftsmächten der Ersten Welt generationenüberspannende, ja epochenbildende Kredite aufgenommen, so dass sie sich, wenn sie so verrückt wären, realistisch zu sein, darauf einrichten müssten, das dritte Jahrtausend als Abzahlungsepoche zu verbringen, allenfalls mit der Entwicklung einer nationalen Computerindustrie zur Hochrechnung der Zinsen. Das Kernstück der neuzeitlichen Zeitmaschine jedoch, das internationale Industriesystem als solches, erweist sich jenseits der privaten und institutionellen Verschuldungen als der mutigste Kreditnehmer von allen und steigert seine Kontoüberziehungen bei den natürlichen Ressourcen und Balancen dynamisch ins Unwiederbringliche. Was die kreditlogische Dimension der Zukunft angeht, so steht sie uns ohne jedes Rätsel vor Augen, überraschungsfrei wie eine Schnellstraße ins Nichts. Die Einfahrten in die lineare Zukunft sind übersichtlich beschildert. Das Morgen war schon gestern übermäßig ausgebaut wie das Autobahnnetz der Bundesrepublik. Wir haben unser Karma bei den Banken fest angelegt und das Schicksal der Kindeskinder an die Bewegungen der Zinseszinsen angeschlossen. Diese Zukunft hat die Struktur eines Computerbogens, auf dem die Tilgungsraten eines surrealistischen Kombidarlehens ins Unabsehbare laufen. Die Sozialpsychologen haben es statistisch bewiesen: Seit die Älteren wissen, was den Jüngeren bevorsteht, verliert für sie sogar der Tod seine Schrecken. Wir leben, diesseits aller Schicksalsmetaphysik, in einem untilgbaren Verschuldungszusammenhang, der uns als industriezeitalterliches Schicksalsäquivalent umstrickt, man könnte auch sagen: als Prädestinationssurrogat für Menschen, die einmal Wert darauf gelegt haben, ihre Geschichte als eine selbstgemachte zu erfahren. In diesem Verschuldungszusammenhang verhält sich jeder Vernünftige so, als gehorche er dem kategorischen Imperativ eines vom Börsenbericht erleuchteten Kantianers: Handle so, dass die Maxime deiner Kreditaufnahme jederzeit als Prinzip eines allgemeinen Weltuntergangsgesetzes dienen könnte.

Aus der Todessehnsucht von Darlehensnehmern, die sich so übernommen haben, dass die Hoffnungslosigkeit schon wieder lustig wird, ergibt sich ein zweiter Aspekt an der Zukunft der Zukunft, über den ich später an seiner

Stelle reden werde – ein Aspekt, der die Lebensgefühle und Existenzhaltungen wesentlicher kreativer Gruppen der Gesellschaft sichtbar macht und daher mittelbare Schlüsse auf die Zukunft der Zukunft gestattet. Ich werde über eine Art von Zukunfts-Blockade sprechen, die heute überall in den Diskotheken wie im seriösen Kunstbetrieb, in den philosophischen Seminaren wie auf den Flanierstraßen des Westens zu beobachten ist. Ein neuer, sagen wir, dialektikfeindlicher Affirmationsmanierismus hat die Szene besetzt; eine neue, trotzige zukunftsnegative Buntheit, eine trostlose, weil simulierte Hier-und-Heute-Stimmung, die mit flackernder Zerstreuung einhergeht und sich mit den Attributen einer eisigen Exzessivität umgibt. Geländefahrzeuge rollen wild durch die Innenstädte; wer als Kulturtheoretiker herauskommen will, der muss nur behaupten, dass die Wiederkehr der Strapse die Auferstehung der Erotik signalisiert (und DER SPIEGEL wird es drucken).

Ich nenne das Ensemble dieser Erscheinungen das linksdionysische Syndrom. Sie können es auch nukleares Biedermeier nennen oder das Zeitalter der Fischerchöre oder dritte Neuromantik oder kalifornische Spätantike oder elektronischen Nachmärz oder die Auferstehung des Ornaments; und es ist völlig egal, wie Sie es nennen, da dies alles Etiketten sind, die derselben spukhaften Erfahrung aufgeklebt werden, einer wahrhaft seekrank machenden Erfahrung: nämlich, dass unsere spätkapitalistische Normalzeit in tausend Stücke zerplatzt ist, dass die Weltuhren der kapitalistischen und sozialistischen Geschichtsphilosophien völlig aus dem Takt geraten sind, so dass jeder in die riskante Freiheit entlassen ist, selbst zu sagen, wie viel es für ihn geschlagen hat. In einer solchen Periode, in der die Normaluhren zerschmelzen und die Digitaluhren nichtssagend vor sich hin zählen, kann es uns plötzlich überkommen, dass die Trommeln einer inneren Steinzeit wieder zu dröhnen beginnen; dass die Schamanen in der Fußgängerzone auftauchen; dass die Schlangenkraft sich vom Beckenboden erhebt und die Wirbelsäule hinauftanzt bis zum tausendblättrigen Lotos unter dem Schädeldach und dass wir am Ende des Rausches unsere Gesammelten Wildheiten bei Matthes und Seitz drucken lassen.

Ein dritter Aspekt, den die Zukunft der Zukunft uns zuwendet, ist wiederum ein Reflex auf die Folgen des Verlustes der monochromen Illusion, auf die Folgen dieser Explosionen der imaginären temporalen Gemeinsamkeiten. Es gibt keine Gleichzeitigkeiten mehr, und das blochsche Konstrukt einer Gleichzeitigkeit des Ungleichzeitigen ist eine hoffnungslose Beschwichtigung gegen die apokalyptische Entfesselung der Kalender. Wenn es wirklich so ist, dass sich heute jede Person mit Individuationsanspruch in ihre endogene Wachstumszeit zurückzieht; dass jede Subkultur ihre Sonderkalender herausgibt; dass alle militanten Gruppen die Weltgeschichte für sich und auf sich hin zurechtschreiben; dass jede Branche in andere Seitenarme der sozialen Evolution hineinsteuert; dass jede multinationale Konzerndirektion eigene Szenarien für die Durchsetzung ihrer Optionen für noch zu machende Weltgeschichte entwirft: Dann ist die Frage unvermeidlich, wo die heute gleichzeitig Lebenden den kleinsten gemeinsamen Nenner für ihre Zeitgenossenschaft suchen sollen. Wo finden sie, sofern sie es suchen, das verbindende Element zwischen ihren auseinander gebogenen Zeitbahnen? Wo entdecken sie das Prinzip, das eine minimale Synchronisation all der auseinander geflogenen Zeitwelten gewährleisten könnte? Ich glaube, dass wir hier an eines der geheimen Motive rühren, die für die heutige Hochblüte von Katastrophentheorien und Wendezeitphilosophien verantwortlich sind. Denn wer, trotz allem, noch aufs Ganze hinaus will – philosophisch, gegenwartsdiagnostisch oder sozialreformerisch – der braucht einen Begriff für eine alles durchdringende Synchronie heutigen Lebens, das heißt für eine universalgeschichtliche Zeitqualität und Ereignisfarbe des jetzigen Moments. Wie anders ließe sich eine solche übergreifende Synchronie gewinnen als mit der These, dass wir alle im gleichen temporalen Boot sitzen, dass wir alle eine geschichtsphilosophisch definierte Risikogemeinschaft bilden – zum Guten wie zum Schlimmen, entweder als Solidargemeinschaft von Weltbürgern der Wendezeit, als Agenten einer aquarischen Verschwörung oder als Untergangsallianz von Blindgängern der Evolution. Natürlich wird durch eine solche pathetische Synchronisierung aller mit allen eine neue Asynchronie geschaffen, nämlich zwischen Menschen, die nun in dieser geschichtsphilosophisch erhöhten Superzeit zu leben meinen, und anderen Zeitgenossen, die sich von der Menschheit als Wendezeitkollektiv oder als Endzeitgemeinschaft desolidarisieren und es vorziehen, sehr wach an ihrem Ort zu leben und im Modus eines – wie Kracauer sagte – »zögernden Geöffnetseins« abzuwarten, was auf sie zukommt. Es ist wohl symptomatisch und zugleich ein intellektueller Vorgang von diagnostischem Rang, wenn einige der sensibelsten Interpreten der Gegenwart (Rutschky, Kamper) in jüngster Zeit auf die Erfahrung des Wartens als einer intellektuell redlichen existentiellen Klugheitsform zurückgekommen sind (ähnlich wie Siegfried Kracauer es in seinem Essay »Die Wartenden« schon zur Zeit der frühen Weimarer Republik formuliert hatte). Dieser wartende Rücktritt von der großen Geschichte erscheint mir als Haltung einer so erfahrenen wie ehrlichen, einer so zeitgemäßen wie desolaten Subjektivität, die ihre Bilanz zieht aus einem Modernisierungsprozess, welcher im günstigsten Fall bei tapferer Skepsis endet.

Von hier aus lassen sich ein paar Aussagen über die Zukunft der Kunst gewinnen. Natürlich wird die Kunst der Zukunft die Zeitwelten ihrer jeweiligen Subkulturen widerspiegeln. Das heißt: Sie wird entweder eine Kunst für Wartende sein, somit für latent depressive, aber relativ belastbare Individuen – in einer veralteten Terminologie nannte man sie Erwachsene –, Menschen also, die nicht unter dem großen schwarzen Segel der neuen Geschichtsphilosophien fahren wollen; daher eine Kunst, die es nicht apokalyptisch eilig hat und sich Zeit nehmen wird für ein aufgeklärtes Zögern; eine Kunst, die durchlässig bleiben wird, für den Atem der Tradition, besser: der beiden Traditionen, der klassischen wie der modernen, die ja inzwischen beide von der postmodernen Erfahrung berührt worden sind, dass es gar nicht so viele Traditionen gibt, wie man bräuchte, um dauernd mit ihnen brechen zu können; es wird demnach eine gebildete, aber auch eine heuchlerische und beliebige Kunst sein, die auf dem neubürgerlichen Komfort einer risikolosen Revolution gegen wehrlose Vergangenheiten beruht. Oder aber es wird eine Kunst sein, die sich in einen der zahlreichen regionalen und individuellen Problemkalender, Katastrophenzeitpläne oder New-Age-Entwürfe einfügt; eine

Kunst der Ungeduld und der sofortigen Genüsse, eine Kunst des Nicht-mehr-weiter-Könnens und der absoluten Reduktion, eine endzeitliche Erlösungskunst oder eine, die irgendwo willkürlich neu beginnen will; eine Kunst für Bastler und Monteure, die mit den Materialien und Einflüssen des zufälligen Ausgangspunkts spielen, nicht allzu anknüpfungswillig, überwiegend neonaiv, mutig abgekoppelt von der erdrückenden Erbmasse des Schonvorhandenen und Vielzuvielen; natürlich auch eine Kunst, die uns wieder so faustdicke Schönheiten auftischen wird, dass dem kritischen Ego nur noch die Flucht in den Zynismus bleibt: lieber Menschheit kaputt als Café intakt.

Davon genug fürs Erste. Ich werde auf dieses Angekündigte zurückkommen. In der zweiten Abschweifung, die ich hiermit ankündige, werde ich dann den kunstskeptischen Akzent der ersten verschärfen, indem ich mich der Frage nach der Zukunft der Kunst aus einer prosaischen Perspektive nähern werde – nämlich mit der aktuellen Innenministerfrage, wozu Kunst überhaupt gut sei. In diesem Abschnitt wird offenkundig sein, dass ich mich der Materie – hegelianisch gesprochen – vom Standpunkt des Standpunktdenkens aus nähern werde, somit vom Standort der äußeren Reflexion her, weniger distinguiert gesagt: vom Banausenstandpunkt aus. Ich darf rasch an die Definition des Banausen erinnern: Das ist jemand, der immer nur wissen möchte, wie eine Sache, auf die er sich nicht wirklich einlassen will, funktioniert; mithin wozu sie gut ist, was sie kostet, ob die Russen dahinter stecken, und vor allem: Was man stattdessen machen könnte. Aus dem Blickwinkel dieses radikalisierten Banausentums – man könnte ebenso gut sagen: aus dieser funktionalistischen Perspektive ergibt sich für das Phänomen Kunst in der

Moderne ein unklarer Befund. Ich will so tun, als habe diese Unklarheit zwei Seiten, die man wie Einerseits und Andererseits darstellen kann.

Demnach gehört Kunst einerseits zu den kompensatorischen sozialen Systemen. Sie ist dazu bestimmt, jene menschlichen Bedürfnisse symbolisch aufzufangen, die nicht in den politischen Interessenkämpfen, nicht in der Sphäre der Arbeit und nicht im konventionellen geselligen oder familiären Verkehr zur Befriedigung kommen. Wo die klassische Ästhetik davon spricht, dass die in der Wirklichkeit unversöhnbaren Konflikte von Individuum und Gesellschaft in der Welt des ästhetischen Scheins als versöhnt erscheinen können, dort erkennt die funktionale Analyse das Phänomen »Kunst« als Subsystem in einem Netzwerk von therapeutischen und kompensatorischen Institutionen, die das gesellschaftliche Leben durchädern und seine chronischen Spannungen regulieren helfen. Demnach wären die Künste insgesamt so etwas wie ein von der Gesellschaft den Individuen zugebilligtes Immunsystem, das die Einzelnen gegen unbekömmliche Realitäten weniger empfindlich macht und ihnen im Hinblick auf versagte Sehnsüchte und erlittene Kränkungen eine expressive Entgiftung ermöglicht. Demnach kann nichts sozial konservierender sein als Kunst – gleich ob kritische oder nur schöne –, wenn Kunst zu Recht aufgefasst werden darf als eine Art Asyl für obdachlose Unzufriedenheiten, als lyrische Bedürfnisanstalt oder als Tobzelle zur Revolutionsprophylaxe, kurzum als klärendes Regulativ in der Frustrationsökonomie einer sehr komplexen, unvermeidlich verzichterzwingenden Gesellschaftsordnung.

Hier kommt nun das Andererseits zu seinem Recht. Im Phänomen Kunst regt sich ein utopisch-anthropologisches Potential, das von den eben skizzierten Kompensationstheorien her gesehen eine rätselhafte Dysfunktionalität enthält. Wer sich in den Sog moderner Künste hat hineinziehen lassen, muss wissen, dass im Innern des ästhetischen Zyklons keineswegs eine Stimmung herrscht, als gehe es hier nur um die Befriedigung von Restbedürfnissen beim neuzeitlichen Menschen. Es kennzeichnet die Selbstdeutung und das Wahrheitspathos moderner Künste, dass sie häufig genug vor die Gesellschaft hintreten mit dem Anspruch, die höchsten Angelegenheiten eines entfalteten Menschseins zu verwalten. Da geht es nicht um therapeutische Resteverwertung, nicht um fiktionale Kompensationen, nicht um traumhafte Ersatzbefriedigungen bei ansonsten zuverlässig widrigen Umständen. Hier ist nicht der Verbandsplatz für die bürgerliche Seele; sondern wir betreten den ästhetischen Raum als Reservat der Authentischen, als Emanzipationswerkstatt, worin der Mensch werden möchte, was er ist. Da werden nicht Pflaster gewechselt, sondern Maßstäbe gesetzt, da wird keine Stauung ausgetobt, sondern eine Hochebene menschlichen Seinkönnens verteidigt. Nicht um fremdbestimmte Regeneration geht es, sondern um autonome Schöpfung. Hier werden Lebenskräfte nicht neutralisiert wie in den Konsumsphären, auch nicht destruktiv gebunden und mobilisiert wie in den Faschismen, sondern mit schöpferischer Behutsamkeit produktiv ins Offene gewendet.

Leicht ist in diesem Zusammenhang zu zeigen, warum ranghohe Kunst in der Moderne so oft sich in einer Ästhetik der Sprödigkeit, der Verweigerung und der Negativität bewegt. Denn große Kunst in einem Zeitalter der Verwüstungen kann nicht zugleich an sich selbst glauben und an den Beifall einer Menge, die als Agentin der Verwüstungen auffällt. Sie kann nicht Einverständnis suchen mit Menschen, die einverstanden sind mit dem Inbegriff der Greuel, die eine moderne Alltäglichkeit ausmachen. In solcher Unversöhnlichkeit bedeutender moderner Kunst revoltiert die utopische Anthropologie der Künstler gegen die realistische Anthropologie der positiven Soziologen mit ihren zynischen Kompensationslehren. Es wird hier nicht weniger als eine neue Weltverfassung eingeklagt, denn für die Sensorien großer Künstler (wie überhaupt positiv kindlicher Menschen) wäre wahrhaft erträglich erst eine Welt, die keine Schönlügnerei mehr brauchte und keine ästhetischen Kompensatoren, genauso wenig wie Starverweigerer und Negationseliten – sondern eine Welt, in die der reizbarste Ästhet heimkehren könnte wie einer, der aus dem Exil zurückkehrt in ein befreites Land, um dort von nun an Schönheit ohne Lüge zu erschaffen und legitim harmonische Lieder zu komponieren – von zweiter Unschuld und nicht erpresster Versöhnung. Darum ist ein Großteil der bedeutenden modernen Kunst zu Recht eine Kunst des unglücklichen Bewusstseins; aber die Kunst der Negativität ist eine, die ihrem Wesen nach enden will; sie muss den Willen haben, sich zuletzt selbst zu negieren und überflüssig zu machen; denn alles, was nur Antwort ist auf Schmerz und Verfehlung, steht unter der sehr korrekten mephistophelischen Devise, dass es besser wär', wenn nichts entstünde.

Fragen wir von hier aus nach der Zukunft der Kunst, so ist zugleich nach der Zukunft des Schmerzlichen in der Gesellschaft gefragt. Die Antwort kommt aus den sozialen Leidens- und Kampfverhältnissen selbst. Ich glaube zu erkennen, dass die Zukunft des gesellschaftlichen Lebens im Ganzen mehr und mehr abhängig wird von der Entfaltung therapeutisch-kompensatorischer Reservate und von lebendigen Wärmeinseln – kurzum von dem, was der neuere Jargon als alternative Lebensformen bezeichnet. Je mehr die Krise der industriellen Arbeits- und Rüstungsgesellschaft voranschreitet, umso deutlicher wird für uns, wie tief die Allianz zwischen den modernen Strömungen der ästhetischen wie der therapeutischen Praxis reicht. (Ich erinnere an Odo Marquards bekannten Aufsatz, der diese Konstellation von Kunst und Heilkunst geschichtsphilosophisch durchleuchtet hat, wie ich überhaupt Marquards Thesen im Lauf dieser Rede öfter und überwiegend zustimmend zitieren könnte.)

Es ist nicht übertrieben, wenn behauptet wird, dass sich in dieser Allianz von Kunst, Heilkunst und Lebenskunst eine Zukunft der westlichen Gesellschaften entscheidet. Wir sind heute ja Zeugen eines Prozesses, in dem die soziale Synthesis durch Lohnarbeit rapide abgebaut wird, so dass die alten Klammern einer arbeitsethisch regulierten Großgesellschaft in immer dramatischerer Weise zerbrechen. Ich glaube, dass angesichts solcher Tendenzen – von der hinhaltenden gewerkschaftlichen Gegenwehr abgesehen – nur die alternativen Produktivkräfte von Ästhetik und Therapeutik, von neokynischen Lebenskünsten und nichteskapistischen neureligiösen Gruppen imstande sein werden, erträgliche Lebensformen für jene neuen Mehrheiten zu entwickeln, die bald vor den Toren der traditionellen Arbeitswelt lagern werden. Es ist die Herausforderung der ästhetisch-therapeutisch-ökologisch-neureligiösen Kräfte, einen Prozess kulturellen Lebens links von den Festangestellten voranzutreiben, und wenn dies misslingt, so muss man kein Prophet sein, um ein Zeitalter posthistorischer Brutalitäten und Verwilderungen vorauszusagen. Es ist auch eine Frage an die Subkulturen, die noch etwas ahnen vom Wesenszusammenhang zwischen Schönheiten und Freiheiten, ob die soziale Zukunft auf einen anästhetisierten und verkabelten Polizeistaat zulaufen wird, der die soziale Synthesis über einem Volk von isolierten Asozialen mit modernsten Gewaltmitteln herstellen muss, oder ob es gelingt, die Wünschbarkeit und Realisierbarkeit einer polyzentrischen, ästhetisch wachen Gesellschaft zu beweisen, einer Gesellschaft, für welche Universalismus und Partikularismus im Zeichen einer Ethik der unbewaffneten Nachbarschaften keine Widersprüche sein werden.

Ich hoffe, Sie nehmen es mir nicht übel, wenn ich von dieser Ankündigung der zweiten Abschweifung vom Thema in die Ankündigung einer Binnenabschweifung übergehe, die immerhin den Vorzug hat, den Titel dieses Aufsatzes aufzunehmen. Taugenichts kehrt heim – was kann dies in diesem Zusammenhang heißen? Zunächst weise ich darauf hin, dass die Figur des Taugenichts hervorragend geeignet ist, um die beiden Seiten der eben skizzierten ambivalenten Kunsttheorie zu illustrieren. Auf den ersten Blick erkennen wir im Taugenichts, dem arbeitslosesten Spross der deutschen Romantik, die Kompensationsfigur für bürgerliche Unzufriedenheiten *katexochen*. Er war das vagabundierende Lustsubjekt vom Vorabend des Industrialisierungszeitalters, ein phantastischer Weltenbummler, den ein freundliches Schicksal in den Süden auf Kur entsandte. Seinen Abenteuern folgen heißt für die bürgerliche Seele im Zeitalter der ersten Fabriken und der industriellen Klassenkämpfe auf eine träumerische Entspannungsreise gehen, sich in der schönen Fremde reparieren lassen von den Schäden der einheimischen Banalität und sich erholen vom bürgerlichen Frost in den Sommernächten Italiens, wenn die Posthörner in der Ferne klingen, der Flieder seinen Duft verströmt, die Mädchen im Dunkeln verheißungsvoll auflachen und die Röcke rascheln in den Gärten.

Taugenichts heißt, wie er heißt, weil er den Produktionsverhältnissen schlafwandlerisch entsprungen ist; weil er weder Lohnarbeit verrichtet noch Mehrwert rafft. Er ist glücklich, weil er noch nicht ahnt, dass die Daheimgebliebenen in ihrem großen Unbehagen zuletzt sogar sein Talent zum Träumen eines Tages als soziale Produktivkraft beanspruchen werden. Taugenichts, das ausweichende Genie, repräsentiert den neuzeitlichen Kunsteskapismus in seiner gelungensten Version. Er bietet das vollendete Kompensationsmodell für die Insassen von Institutionen mit vorwiegend sitzender Tätigkeit.

Und zugleich ist dies, wie wir wissen, nicht alles. Wenn Taugenichts uns bis auf den heutigen Tag bezaubert, dann nicht nur deswegen, weil er ein Gebilde aus sublimer Poesie darstellt, so unvergesslich Eichendorffs Erzählkunst uns berühren mag, sondern auch darum, weil jeder, der dem poetischen Taugenichts begegnet, sich erinnern muss, dass er diese Figur auch in Wirklichkeit schon einmal gesehen hat, irgendwo am Rande der Gesellschaft, als fast unsichtbaren Passanten, meist in härteren Konturen und mit viel dunkleren Schatten als in der Vagabundenpoesie. Und doch – seit dem Bestehen der bürgerlichen Gesellschaft ringt die domestizierte Phantasie mit den dubiosen marginalen Gestalten, die den Verdacht erwecken, sie seien dem Netzwerk der sozialen Zwänge entkommen und lebten nun ein Leben ganz aus Laune und Eigensinn, aus Geistesgegenwart, Fernweh und Beweglichkeit, vertraut mit den Extremen menschlicher Existenz und unberührt vom Grau der bürgerlichen Mittellagen. Wo immer die Schraube des zivilisatorischen Prozesses weiter angezogen wurde, da erschien oder vielmehr verschwand Taugenichts in neuen zeitgemäßen Metamorphosen, und es ist nicht übertrieben zu behaupten, dass man das Auftauchen neuer Vergesellschaftungsstufen erkennt am Untertauchen jenes Typs, an den sich danach die Taugenichtsphantasien der Dagebliebenen heften. Als Mischgestalt aus Verweigerer und Glückskind wurde Taugenichts zu einem Symbol für die charmantesten Möglichkeiten des Daseins in einer äußerst unvollkommenen Modernität.

Wenn ich nun sage: Taugenichts kehrt heim, dann liegt in dieser Behauptung etwas Überraschendes – überraschend freilich in einer Weise, die dunkle Ahnung aufkommen lässt. Es kann sich ja nicht darum handeln, dass die Welt in den letzten Jahren ihr sittliches Optimum erreicht hätte, so dass der letzte ästhetisierende Querulant heimkehren könnte in eine allgemein milde Realität, wo man ohne Lüge ja sagen und ohne Zynismus mitmachen könnte. Taugenichts kehrt heim, das kann nur bedeuten, dass etwas äußerst Unheimliches und Nichtgeheures im Geschehen ist, dass im Gefüge der Welt unvorhergesehene Verwerfungen eingesetzt haben; dass zwischen Alltagszwang und Befreiungstraum die alten Demarkationslinien einzubrechen beginnen, dass zwischen Draußen und Drinnen ein unbekannter Verkehr eingesetzt hat. Wenn Taugenichts heimkehrt..., ja, was dann? Müssen wir in nostradamischen Weissagungen nachblättern, um zu wissen, dass bei der Heimkehr eines Kunstzigeuners mit seltsamen blauen Augen eine schwierige Welt am Rande des Abgrunds entlangtaumelt? Ach, es sind schlechte Zeiten für die Propheten, wenn Umweltberichte und Studien zur strategischen Lage mehr Unheil verheißen als das schwärzeste Orakelbuch. Wenn Taugenichts heimkehrt; wenn der romantische Absentist plötzlich zur Räson gebracht erscheint; wenn die Grenzen zwischen Traumzeit und Leistungszeit sich verwischen; wenn die Träumer von einst Realisten werden und die Realisten über Varianten des Untergangs diskutieren, dann ist es Zeit einzusehen, dass hier nicht eine beliebige Episode im modernen Kulturkarussell vorüberfährt, sondern dass ein unbegriffen gärendes Ereignis auftauchen will in seinen Begriff.

Erlauben Sie mir eine Zusatzabschweifung in der Ankündigung der Binnenabschweifung von der Ankündigung der zweiten Abschweifung vom Thema. Ich will den hohen symptomatischen Rang, den ich der Heimkehr des Taugenichts zuschreibe, noch auf eine andere Weise begründen, nämlich indem ich die Stellung des Taugenichts in der Modernität gleichsam mit der geschichtsphilosophischen Laterne ableuchte. Die Unentbehrlichkeit der Taugenichtsgestalt zum Erträglichmachen des bürgerlichen Heldenlebens in den vergangenen zwei Jahrhunderten erklärt sich unter anderem dadurch, dass er auf phantastische Weise für Entlastungen sorgte im aufreibenden Alltag des Fortschritts. Ja, er war einer, der wie kaum ein anderer Alibis für Gesellschaftsmüde beschaffen konnte, weil er selber das fleischgewordene Alibi der Moderne gewesen ist. Ich will das näher erklären, indem ich Ihnen den Steckbrief dieses bürgerlichen Deserteurs verlese. Denn ein Deserteur war Taugenichts zweifellos – Deserteur vor den bürgerlich-sozialistischen

Revolutionszumutungen, ein nichtsnutziger Ausreißer vor dem jakobinischen Hypermoralismus der verabsolutierten Subjektivität und der prinzipiellen Empörung gegen alles, was bloß ist, ohne von uns verbessert worden zu sein. Taugenichts, der ewige Fahnenflüchter, war chronisch indisponiert, wenn es darum ging, Hand an die korrekturbedürftige Schöpfung zu legen und die Druckfehler eines altmodischen Gottes auszumerzen. Seit jeher überkam ihn eine nostalgische Unpässlichkeit angesichts der Aussicht, an der industriellen Generalüberholung der Welt mitarbeiten zu müssen; er war der linkshändige lebenstolle Kunstlump, der vor Mittag nicht aufstand, der erste integrale Tourist, der deutsche Vetter des *bastardo nobile*, der im südlichen Kynismus noch heute schillernd sein Wesen treibt; er war der absolute Davongekommene, verweht wie der letzte Seufzer des *status quo*. Sein Ziel, die blaue Blume; seine Zeit, der ewige blaue Montag; sein Raum, überall, wo das Blau die Bewölkung überwiegt; sein Tick, der Südkomplex; seine Leidenschaft, das Überschreiten von Grenzen; seine Grenze, die Zerrissenheit zwischen Fernweh und Heimweh; sein Lieblingsgedanke: sowohl-als-auch; sein Losungswort: *hen kai panta*, philologisch übersetzt, ein und alles; richtig übersetzt: Das kann doch nicht alles gewesen sein. Taugenichts brachte das Industriezeitalter im exotischen Abseits zu. Er war so frei, den Modernisierungsmassakern zweier Jahrhunderte fern zu bleiben; er hatte sich im Ernstfall krankgeschrieben vor der blutig-grandiosen Geschichte. Kurzum, er war der Bürgersohn mit dem solidesten Alibi; er war derjenige, der es nicht gewesen sein konnte, weil er nie am Tatort war, sondern immer nur in lieblichen Unterlassungsorten.

Wenn die Dagebliebenen in den Jahren der französischen *terreur* zum ersten Mal die dunkle Seite der Modernität hervorkehren und beweisen, wie systematisch das politische Morden sein kann, da ist Taugenichts schon im tiefen Süden und seufzt auf den Spuren seiner dunklen Annadiva. Wenn die Dagebliebenen sich in zwei Weltkriegen zerfleischen, da streift Taugenichts wild und einsam durchs Tessin, da wandert er neben Alexis Sorbas über die kretischen Hügel, da sitzt er am heiligen Berg Arunachala zu Füßen des erleuchteten Bhagwan Shri Ramana Maharshi, versunken in die Erfahrung des *aham-spûrti*, das Sprühen des wahren Ich. Während gegen den Himmel von Auschwitz furchtbare Rauchwolken steigen und den Dagebliebenen etwas Unvorstellbares anzeigen, das gleichwohl sie begangen haben, da lebt Taugenichts entrückt in einem japanischen Kloster oder schreibt im kalifornischen Exil einen Roman über die musikalisch-moralischen Abgründe der deutschen Seele.

Offenkundig ist Taugenichts einer der wenigen, die nicht schuldig wurden und auf die nicht der Schatten eines Verdachts fällt, weil er nie in der geringsten Verbindung zu stehen schien mit dem einheimischen Unheil.

Seltsam genug: Seine Alibis werden meistens von allen Seiten neidlos anerkannt, und niemand verfällt auf die Idee, sie ernsthaft anzufechten; denn jeder ist sich dunkel dessen bewusst, dass dieser Flüchtling absolut unentbehrlich ist; unentbehrlich deswegen, weil man sich bei ihm etwas leihen kann, was ansonsten für kein Geld der Welt zu beschaffen wäre, ich meine, das Gefühl, trotz allem nicht so schuldig zu sein, wie einer, der dabei war, es sonst wäre; das Gefühl, trotz allem alles weitermachen zu dürfen, was einer, der dabei war, im Grunde nicht noch einmal machen dürfte. Es ist ein geliehenes Gefühl, da es heute selbst Unschuld auf Kredit zu geben scheint, und man wird sie eines Tages zurückgeben müssen, wie im Tiefsten ein jeder weiß. Aber trotzdem: Man könnte ohne die moralische Anleihe bei dem phantastischen Deserteur überhaupt nicht mehr leben; es müsste einem angesichts unserer Mittäterschaften von Sekunde zu Sekunde den Atem verschlagen. Der Glanz von Taugenichts' Abwesenheit hat die zwielichtigen Verhältnisse, denen die Dagebliebenen nie entrinnen, aufgehellt und hat an die Möglichkeit einer zweiten Unschuld erinnert, die den Menschen des Weltkriegszeitalters durch keine andere Instanz mehr verheißen werden kann als durch eine ästhetisch-moralische Futurologie. Die makellose Absenz dessen, der den kollektiven Traum mit sich nahm in seine Ferne, schuf einen Hohlraum, in dem alle rastlosen Träume vom Anderen und vom Verändern sich unter modernen Vorzeichen entfalten konnten.

Es war Taugenichtsens metaphysische Sendung, das neuzeitliche große Andere zu symbolisieren, aus dem alles Verändern schöpft. Das Andere denken wir unvermeidlich mit dem ontologischen Merkmal der Abwesenheit und unter der Zeitform der Zukünftigkeit. Dies aussprechen heißt an den logischen Kern des Wahnsinns rühren, der sich heute mit jedem Tag deutlicher als die Zelle des herrschenden Realitätsprinzips manifestiert. Es steht nicht weniger zur Debatte als die europäische Entfremdungsstruktur im Ganzen, denn die futurische Projektion des besseren Anderen bezeichnet eben die Art und Weise, wie in unserer Alltagsmetaphysik Selbigkeit und Andersheit mit Jetzt und Morgen zum zeitlogischen Schema unserer ewigen unaufhebbaren Entfremdung und Selbstverfehlung verknüpft worden sind.

Freilich kann niemand behaupten, dass er aus dieser Logik der vertagten Andersheiten ohne weiteres herausspringen könnte. Es gehört wohl der ganze Leicht-Sinn eines Taugenichts dazu, um von einer Transformation des Lebens und Denkens in radikalisierten Hierjetztkategorien auch nur zu phantasieren. Dass solchem Leicht-Sinn die Grenzen gezeigt werden, dafür sorgt die Schwerkraft der Verhältnisse und dafür sorgt das seriöse Prinzip, das den Wahn im Herzstück der Realität mit einem Nimbus der Vernunft und des guten Willens umkleidet. Weil Verbesserung keine Gegenwart kennt, haben alle, die im Veränderungswahn leben, jedes Kriterium dafür verloren, was es hieße, genug getan zu haben. Man hat vergessen, dass es der Sinn allen Tuns ist, nichts mehr tun zu müssen. Aber worauf berufen sich die heutigen Agenten der Arbeits- und Rüstungswelt, wenn nicht auf die Andersheit und Besserheit künftiger Sicherheiten und Genüsse? Haben sich nicht alle Agenten der Systeme und alle Systeme des Agierens bis zur Hoffnungslosigkeit verschuldet bei der Hoffnung aufs Bessere? Was heute besteht, legitimiert sich nicht durch Bestand, sondern durch Aussicht, nicht durch Vorzüge, sondern durch Besserungsversprechen, nicht durch Fülle, sondern durch Vermehrung. Überall, wo die industrielle Zeitmaschine in modernes Bewusstsein installiert wurde, verformt sich das Leben in ein antizipatorisches Rasen in eine Andersheit, die sich immer als Mehr vom sich verfehlenden Selben und als gesteigertes Gestern aufzwingt. Wo die Industrie der Verbesserungszeit ihre Herrschaft begonnen hat, hat sich das Leben verwandelt in ein hektisches Kreditnehmen bei der Zukunft, um den Mangel an lebhaft-leichtsinniger Gegenwart samt ihren Höhenflügen und Agonien zu überspielen mit schwerfälligen und todsicheren Verbesserungsträumen.

Nun wird vielleicht deutlicher, was für eine Erschütterung in dem kleinen Satz anklingt: Taugenichts kehrt heim. Er hat sich nach all seinen Eskapaden anders besonnen. Er hat begriffen, dass er als Alibibeschaffer, als Unschuldsverleiher und als imaginärer Gesamteskapist ausgedient hat. Taugenichts, dessen Beruf es war, Grenzen ins Andere zu überschreiten und schöne Fernen auszumessen, tritt seine letzte Reise an. Er weiß inzwischen, dass sich die Banalität nicht abschütteln lässt und dass Herkunft Zukunft heißt, die man durch ein bloßes Ausagieren des Verlangens nach dem Anderen nicht loswerden kann. Die Projektionen in Raum und Zeit sind zerplatzt, die Illusionen des Tourismus und des Futurismus sind an der Erfahrung dünngewetzt. Das Prinzip Hoffnung hat sich als nichtiges Provisorium erwiesen.

Taugenichts war inzwischen überall, nur noch nicht hier. Jetzt aber ist er hier, und alles gerät auf sanfte Weise durcheinander. Die Alteingesessenen stürmen auf den Ankömmling ein: Um Gottes willen, hast du's in der Ferne denn nicht gut gehabt? Dort war doch alles anders, und um das Andere war es dir zu tun. Und wenn du schon hier bist, so sag um alles in der Welt, was du hier anders machen willst. – Ich versichere Ihnen, Fragen wie diese werden die gesellschaftlichen Debatten der Zukunft weitgehend beherrschen, und die sich daraus ergebenden Auseinandersetzungen werden von doppelter Pikanterie sein, weil nicht nur Taugenichts fürs Erste nicht recht weiß, was er antworten soll, sondern auch weil die Dagebliebenen im Ernst noch nicht wissen, dass sie sich mit dieser Frage um Kopf und Kragen gefragt haben.

Nun, Taugenichts ist nach langer Abwesenheit noch nicht sehr eloquent und rhetorisch weiß Gott nicht auf der Höhe. Er redet in der Eile von einseitiger Abrüstung und Filtern in Fabrikschornsteinen. Ab und zu fällt sogar das Wort Ganzheit, dann ist die Verlegenheit am größten. Man hat den Eindruck, dass er noch nicht alles sagt; sei es, dass er nicht kann; sei es, dass er nicht will. Aber, wenn sich's auch mit der Rhetorik mühsam anlässt, so ist er doch unverkennbar mit naivem *Elan* zur Stelle. Wie aus Versehen nimmt Taugenichts die Fünfprozenthürde, es ergeht ihm wie Lord Byron, *one morning I woke up and found myself famous* – ich erwachte eines Morgens und war koalitionsfähig. Die Zukunft wird zeigen, ob diese Art von Heimkehr in jeder Hinsicht ein Ende der Ästhetik war. Der heutige Augenschein jedenfalls zeigt Taugenichts in fabelhafter Betriebsamkeit, die wohl im Sinne des avancierten Kunstbetriebs wenig ergiebig ist, aber doch die Schönheit der energischen Naivität für sich hat. Er eröffnet vegetarische Restaurants, Boutiquen, Hotels, Ateliers und Reisebüros; er gründet Landkommunen, Bioläden, Forschungsinstitute, Discotheken, Meditationszentren, Therapiepraxen und andere Reparaturbetriebe; er macht Kirchentage und Parlamente unsicher und ist in allem, was er unternimmt, auf eine Weise bei der Sache, als habe er genügend Kräfte, um einer lebensmüden Welt wieder etwas Lust an ihrem Bestehen einzuhauchen.

Taugenichts begreift noch nicht, dass mit seiner Rückkehr mehr und Größeres geschieht als das Vernünftigwerden von übermütigen Bürgerkindern. Nur auf verworrene

Weise kann er sich darüber Rechenschaft geben, dass er in aller Harmlosigkeit eine Metaphysik gefährdet; dass er die okzidentale Logik und Ethik korrumpiert; dass er den Weltkalender in zusätzliche Datierungskrisen stürzt und die Geschichtsfahrpläne der ohnehin nervösen Imperialismen gefährdet, wenn er sich nun so einfach zwischen uns setzt. Sieht er nicht, was er anrichtet, wenn er das Äußerste ins Innere verlegt, wenn er die utopische auswärtige Zukunft in eine einheimische Gegenwart einfiltert und mit vollem Ernst die Andersheit aus ihrem temporalen Exil im chronischen Morgen zurückholt ins Hier und Jetzt? Jeder hat insgeheim diesen lästigen Heimkehrer schon zum Teufel gewünscht. Jedoch es gibt nichts mehr, wohin der Teufel ihn holen könnte; denn die von Logikern und Kirchenlehrern erarbeitete Trennung von Himmel und Hölle ist aufgehoben. Haarsträubende Vermischungen zwischen dem Roten, dem Grünen und dem Schwarzen sind aufhaltsam, aber was immer auch zusammengemischt werden wird: Ein wenig Blau wird über dem Ganzen schweben, das Blau eines oft bedeckten, aber einheimischen Himmels.

Da sitzt Taugenichts nun unter uns, und er grinst dieses leicht idiotische, viel zu freundliche Grinsen, und er lächelt dieses suspekte Lächeln, das nichts weiß von Strategie und Taktik. Heimgekehrt ist dieser losgelassene liebe Mensch, dem niemand böse sein könnte, wenn er nur nicht die Zukunftsmissionen an die Absender zurückgeschickt und uns die Andersheit vor die Haustür gelegt hätte. Auf einmal fühlen wir uns zur Gegenwärtigkeit verurteilt; es fühlt sich an wie reformierter Strafvollzug. Das Verbesserungsalibi ist geplatzt, die Veränderungsvorwände haben sich erledigt: Wie überführte Kreditschwindler stehen wir vor dem Augenblick und sind auf die meisten seiner Rückforderungen nicht vorbereitet.

Ich denke, es muss nun deutlich geworden sein, warum ich in der ersten Abschweifung nicht von der Zukunft der Kunst, sondern von der Zukunft der Zukunft reden will, und bevor ich dazu komme, will ich noch kurz andeuten, was später in der dritten Abschweifung von der Sache der Kunst gesagt werden soll.

Sie wird sich auf eine kurze Reflexion beschränken, die das Risiko dessen, was einst Philosophie hieß, mit einer radikalen Wendung des Denkens erneuert. In dieser dritten Digression versuche ich eine meditationsphilosophische Interpretation dessen, was das Wesentliche einer existentiell folgenreichen Kunsterfahrung ausmacht – gestern, heute und morgen. Im übrigen gehe ich davon aus, dass eine Kunst, von der ich sagen kann, wie sie künftig sein wird, schon jetzt absolut entbehrlich ist – entbehrlich jedoch auf eine Weise, die von Hegels Satz über das Ende der Kunst nicht getroffen wird. Umgekehrt nehme ich an, dass eine Kunst, die ihre Unentbehrlichkeit unter Beweis stellt, zu ihrer Zeit für sich selbst sorgen wird und jeder Vorwegnahme spottet, ja mehr noch: Sie wird deutlich machen, dass wesentliche Kunsterfahrung nur in einer Abkehr vom vorwegnehmenden Bewusstsein zu sich kommen kann.

Es bleibt zuletzt also zu fragen, worin die gelegentliche Unentbehrlichkeit der ästhetischen Erfahrung durch Kunst gründet. Die Antwort hierauf ist so elementar und der Anspruch dieses Elementaren ist so radikal, dass man beides, Antwort und Anspruch, philosophisch nicht formulieren kann, da das philosophische Denken weder elementar noch radikal genug ist, um dieser Antwort zu genügen. Einschränkend gesagt: Formulieren kann man es nur mit dem Zusatz, dass die Formulierung ihren Gegenstand zerstören und verstellen wird. Das kann nicht anders sein, und der Fehler, der darin sichtbar wird, ist einer, den man nicht nicht machen kann. Der Grund hierfür liegt in der Natur der Sache selbst, weil es zum Wesen von Geistesgegenwart gehört, sich der formulierenden Vorstellung zu entziehen – so dass von ihr in der Formulierung bestenfalls eine Spur zurückbleibt wie eine abgestreifte Haut, die verrät: Hier wäre gestern Geistesgegenwart anzutreffen gewesen, wäre man zufällig auch da gewesen, jetzt aber muss man sich mit ihrer Spur begnügen, das heißt mit dem anwesenden Zeichen eines Abwesenden.

Dies vorausgeschickt, lässt sich die Frage nach dem Unentbehrlichen in den Künsten beantworten. Kunst kann ihre Unentbehrlichkeit (auch und gerade nach Hegel) erweisen, wenn und weil sie inmitten der modernen Verstandes- und Willenskultur die bedeutsamste und am besten legitimierte Zugangsweise zu der Dimension Geistesgegenwart verkörpert. Von den Künsten aus ist der Weg nicht weit zu dem, was im philosophischen Jargon dezentriertes Bewusstsein heißt, also zu jener Bewusstseinsform, in der sich das Ich als strategische Mitte des In-der-Welt-Seins verloren gibt zugunsten eines mittelpunktlosen Dazugehörens. Es ist dies die Seinsweise der Meditation – wenn wir uns hier in der Kürze darauf verständigen können, dass Meditation kein Name sein soll für den Zustand, in welchem einige Leute mit untergeschlagenen Beinen in heiliger Dumpfheit dahindösen, um auch den letzten Zusammenhang mit der Wirklichkeit zu verlieren, sondern dass dieser Begriff für die Gesamtheit jener Übungsformen steht, die helfen können, die Illusion der psychischen Zentralperspektive auf ein strategisches Ich hin aufzulösen. Ich behaupte nun, dass die Künste das bedeutungsvollste Ensemble von quasi-meditativen Übungssystemen in der neuzeitlichen Überlieferung dargestellt haben. Sie bildeten gleichsam eine Schule des okzidentalen sinnlich-geistigen Yoga, einen Weg der symbolischen Verausgabung. Mir scheint, sie entfalteten in ihrem Wechselspiel von Regelästhetik und Ausdrucksfreiheit, von Könnensdisziplin und ausgelassenem Spiel die wirksamste Ausformung eines – wenn man so sagen darf – westlichen Tantrismus, einer nicht-dualistischen amoralistischen Disziplin, worin alles gut ist, was durch die Intensität einer subjektlosen Ereignishaftigkeit mit dem Siegel der Wahrheit autorisiert wird. In den tantristisch interpretierbaren neuzeitlichen Künsten erfuhren zahlreiche Individuen eine sinnenbezogene, leibnahe, nichtbegriffliche Schule der Seins-Bewusstheit.

Aber es ist nicht zu vergessen, dass diese parameditative Qualität der neuzeitlichen Künste heute weitgehend verdrängt ist durch die Überordnung des Künstlers über sein Medium. Die Mehrzahl der Künstler hält die Disziplinen der Kunst für einen Vorwand der Disziplinlosigkeit – das heißt für eine Gelegenheit, sich im Speibecken der Öffentlichkeit kostenlos zu entladen. Sie vergessen sehr gern, dass die Kunst ihrem Wesen nach eine anonyme Meisterin ist, deren Wahrheit sich nur in der Entäußerung an sie entfaltet. Aber wer sich schrankenlos ausliefert an die zuerst so verführerische, dann unerbittliche Meisterin Kunst, dem kann es in Augenblicken des Gelingens geschehen, dass er sich von einer so sanften wie revolutionären Erfahrung ergriffen sieht. Er kann erfahren, dass er jenseits von Wissen und Wollen immer schon zugehörig ist zu einem nicht-vorstehenden und nicht-vergegenständlichenden Bewusstsein. Wer als Künstler dies erfährt, ist jeder Philosophie überlegen, so wie jede Geistesgegenwart dem Plappern der Argumente überlegen ist.

Es kann geschehen, dass das hochentwickelte Könnensbewusstsein der strategischen, technischen und artistischen Subjektivität überwunden wird von einer ereignishaften Gelassenheit im lebendigen Prozess. Dies ist eben der springende Punkt der Meditation: Im reinen Prozessbewusstsein der Meditation wird der Distanzierungsmechanismus aufgelöst, mit dem sich das Ich als Ich den Gegenständen gegenüber »stellt«. Die gefräßige Transitivität des herstellenden Handelns und des vorstellenden Denkens wird zum Halten gebracht und wandelt sich in die Intransitivität des unvorstellbaren Ereignisses. Wer dies kennt, kennt auch das magische Aufleuchten der Gegenwart. Und er kennt die Dimension des Lebens, die auch von der theoretischen und praktischen Banalität der modernen Vergegenständlichungszwänge niemals zu entzaubern ist. Die Einschmelzung der sonst zerrissenen Subjektivität in den Vollzug des Kunstwerks gehört zur metaphysischen Signatur der neuzeitlichen Künste. Sie begründet ihre Kraft, das gespaltene und spaltende Ich durch die Erfahrung einer ungespaltenen intensiven Präsenz zu verzaubern.

Sobald dies ausgesprochen ist, ist auch klar, warum die Künste einerseits unentbehrlich, andererseits sehr irreführend sind. Von ihrer Unentbehrlichkeit war die Rede. Ihre irreführende Gefährlichkeit liegt darin, dass die Kunst häufig nicht weiß, was sie ist. Die Künstler vergessen sehr gerne, dass nur eine hauchdünne Grenze den Weg der symbolischen Verausgabung von der narzisstischen Karriere trennt. Die Künste sind ein hervorragender Vorwand geworden, um den Weg mit dem Ziel zu verwechseln. Längst haben sich die Künste selbst als Ziele verselbständigt und sind selber auf die dumme Bahn geraten – auf die Bahn der Höchst-Leistung, des Engagements, der Künstlergrandiosität – und der hilflosen guten Absicht. Die Kunst ist großartig, die Künstler können, was sie können, der Pfeil trifft immer das Schwarze. Aber es kommt darauf an, zu wissen, dass man alles andere verfehlt, wenn man das Schwarze trifft.

Meine Damen und Herren, bis hierher also die Ankündigung der Gliederung für meinen Text. Da die Zeit schon ein wenig vorgerückt ist, sollte ich mich jetzt beeilen, um zu dem zu kommen, was angekündigt wurde. Aber ich bin sicher, meine Damen und Herren, dass Sie dieses Spiel schon längst durchschaut haben. Wenn alles mit rechten Dingen zuginge und wenn Ankündigungen das Angekündigte nach sich ziehen müssten, dann sollte ich jetzt in Form von drei Abschweifungen zuerst über die Zukunft der Zukunft sprechen, dann über die soziale Dynamik des ästhetisch-therapeutischen Feldes in der modernen Gesellschaft und zuletzt über die meditationsphilosophische Grundlegung der Künste. Die Frage ist jetzt nur, ob es noch mit rechten Dingen zugeht. Sie ahnen es wohl inzwischen schon. Aus all dem wird nun nichts mehr, wir waren heute irgendwie zu schnell. Bei normalem Verlauf müsste von jetzt an dieses dreifache Angekündigte sozusagen frontal auf Sie zurollen, und ich könnte Ihnen garantieren, dass Ihnen die ganze nächste Stunde irgendwie bekannt vorkäme. Ich will es anders sagen: Wenn ein Zukunftsplan wirklich die Zukunft enthielte; wenn das grammatische Futur das ontologische Bindemittel wäre für die Festlegung späterer Ereignisse und Reden; oder ein Kredit wirklich in derselben Währung zurückgezahlt würde, in der er aufgenommen wurde: Dann wären wir alle in einer miserablen Situation; denn dann würde unser Leben wirklich schon fast ganz den Bankiers gehören; dann würden die Untergangspropheten mit Notwendigkeit recht behalten; dann würde der Frieden, der bei den Waffen geliehen wurde, als Krieg zurückgezahlt; und zuletzt würde ich Ihnen alles, was ich im Ankündigungsstil vorgetragen habe, noch einmal Wort für Wort vorlesen müssen.

Und Sie würden es als das Gleiche wiedererkennen und müssten denken, das kennen wir doch schon, um Gottes willen keine Wiederholungen – etwas Neues bitte; etwas, das der Mühe wert ist, hier zu sein und Aufmerksamkeit darauf zu verwenden. Ich meine nicht die Aufmerksamkeit von vorhin für die Sätze von vorhin, denn diese Sätze sind schon dort, wo die Toten sind, dort, wo die Realisten aller Zeiten auf der ontologischen Reservebank hocken und mit der ewigen Wiederkehr des Gleichen rechnen, weil sie wissen, dass in der Geistesabwesenheit Wiederholungen die Wirklichkeit ausmachen. Nein, ich meine die neueste Aufmerksamkeit, die wildeste und ungeheuerste Aufmerksamkeit, die wir haben; ich meine diese geradezu bösartige Wachheit, der man nichts zweimal sagen muss.

Ja, ich sehe, dass Sie mein Spiel durchschaut haben. Sie haben gehört, dass ich alles, was ich angekündigt habe, an Ort und Stelle, so gut es eben ging, zu Ende gesagt habe. Diese Taktik ist sehr einfach: Es geht darum, den

Erwartungspfeil in die Zukunft so abzuschießen, dass er in jedem Moment auf die Erde des Augenblicks zurückfällt. Es geht darum, den Blick nach vorne offen zu halten, ohne sich zu wiederholen. Ich gebe zu, das war ein etwas billiger Trick. Aber einen besseren habe ich nicht gefunden, um auszudrücken, was es mit der Zukunft der Kunst wie mit der Zukunft der Zukunft überhaupt auf sich hat. Wenn ich sofort tue und sage und unterlasse und nicht sage, was jetzt wirklich zu tun, zu sagen, zu unterlassen und nicht zu sagen ist, dann bleibt nie etwas zu tun, zu sagen, zu unterlassen oder nicht zu sagen. Jede Herausforderung wird Menschen antreffen, die da sind, um sie anzunehmen. Aber das ist unter der Herrschaft der Geistesabwesenheit selten der Fall. Wir kommen immer zu spät. Wir kommen immer gerade rechtzeitig, um zu sehen, dass wir zu spät kommen. Denn wenn ich nicht sofort tue und lasse, sage und nicht sage, was geschehen und unterbleiben soll, dann muss ich später die angebrannten Absichten von gestern vom Boden des Gegenwartstopfes kratzen. Ich bleibe präokkupiert von meiner gestrigen Vertagung des Gestrigen auf Heute. Ich bleibe von unerledigter Negativität gefesselt. Auf dem Schreibtisch des Lebens türmen sich die Versäumnisse und Mahnungen. Am Eingang zur Gegenwart drängen sich die verpassten Gelegenheiten wie hartnäckige Gläubiger. Wir verlassen das Haus nur noch in Begleitung von guten Ausreden. Das Leben wird ein sehr kompliziertes und frustrierendes Planerfüllungs- und Nachholgeschäft, ein armes Vertagungs- und Vermeidungsspiel, eine Umschuldungs- und Abzahlungsaktion, wie sie den Menschen auferlegt ist, die nach den seligen Zeiten leben, in denen das Ankündigen, Aufschieben und Kreditnehmen noch geholfen haben soll. Was Weltgeschichte heißt, ist im übrigen nur eine solche Umschuldungsaktion im Großen, die zwischen den Generationen vorgenommen wird; sie ist das, was sich ergibt, wenn zu viele Menschen zu viele Notwendigkeiten zu lange vor sich herschieben – in der absurden Hoffnung, für diesmal noch davonzukommen. Aber wer in der Vertagung lebt, wird unweigerlich eingeholt von der unvergangenen Vergangenheit, die er ist. Auch in diesem Sinne mag Heideggers Wort zutreffen, dass unsere Vergangenheit es ist, die uns am meisten bevorsteht.

Selbstverständlich bin ich mir darüber im klaren, dass es unfair ist, um nicht zu sagen respektlos, ein Arrangement für seelenruhige Theoriebildung, wie ein Akademievortrag es sein sollte, mit solchen Sprachspielen umzufunktionieren in eine meditationsphilosophische Gewahrsamkeitsübung. Wie lässt sich das rechtfertigen? Ich komme hier auf das zurück, was ich in der *Kritik der zynischen Vernunft* als Anlauf zu einer philosophischen Antiphilosophie versucht habe. Ich zeige dort die Notwendigkeit einer Geistesgegenwart, die sich jenseits der moralischen vorstellenden Automatismen entfaltet, auch jenseits der genormten Diskurse, die sich als Theorie präsentieren, und jenseits der routinierten und reflexhaften Aktivitäten, die sich beim gesunden Menschenverstand als »Praxis« beliebt machen wollen. Die *Kritik der zynischen Vernunft* war ein wie auch immer fehlerhafter Versuch, die Philosophie in Richtung auf eine Schule der Geistesgegenwart voranzubringen. Wir müssen hinauskommen über die erschöpfte Dualität von Theorie und Praxis, von Vorstellung und Herstellung, von Konzept und Ausführung. Ein dimensionales Wachstum von Intelligenz ist im aktuellen Prozess der Theorie und der

Praxis selbst angelegt. Es hängt viel davon ab, ob es uns gelingt, diesen neuen Konstellationen von theoretischer und praktischer Intelligenz zu gehorchen. Um den hoffnungslosen Pragmatismus und den noch hoffnungsloseren Junghegelianismus zu überwinden, bricht das heutige Denken auf in die Dimension Geistesgegenwart, die sich gewissermaßen als eine dritte Dimension über Theorie und Praxis ausspannen muss. Diese dritte Dimension eines intelligenten In-der-Welt-Seins nenne ich in Anlehnung an die große Tradition von östlichen und westlichen Gewahrsamkeitsschulen Meditation oder *dhyana*. Die gängige Redeweise vom Ende der Philosophie kann eine neue und positive Bedeutung annehmen, wenn wir sehen, dass das im Verhältnis zur Theorie Klügere nicht eine wiederum theorieartige Philosophie sein kann, ebenso wie das Klügere im Verhältnis zur Praxis nicht eine andere Praxis, und sei sie die der Theorie, sein kann – sondern dass Theorie und Praxis gemeinsam eingetaucht und verwandelt werden müssen ins Medium einer geistesgegenwärtigen Meditativität. Philosophie nach dem Ende der Philosophie wird Meditationspraxis und Theoriemeditation. Auf den höheren Komplexitätsstufen einer mit Geistesgegenwart vermittelten wissenschaftlichen, politischen und ästhetischen Intelligenz bekommen wir es mit einer neuartigen Kombinatorik der Intelligenzdimensionen zu tun: das heißt mit Theoriepraxismeditation, Praxismeditationstheorie, Theoriemeditationspraxis usw. – In einer solchen Kombinatorik zeichnen sich die Umrisse höherstufiger Intelligenzformen ab, und je früher sich der Wachstumsschub einer Meditationskultur auf modernem Niveau durchsetzt, umso besser für eine Welt, die an den Auswüchsen kluger Idiotismen und bornierter Intelligenzergebnisse zugrunde zu gehen droht.

Bei den avantgardistischen Gruppen, die mit neuen Formen und Verbindungen von Wissenschaft, Technik, Kunst und Meditation experimentieren, erscheint heute schon allenthalben ein neuartiges Verfahren, zwischen Gedanken, Taten und Ereignissen subtilere Vermittlungen und adäquatere Trennungen herzustellen. Ich behaupte, dass dort die wirkliche Kunst der kommenden Künste im Entstehen ist. Ich bin sicher, es kündigt sich dort eine neue Ökologie des Geistes an, und diese Ankündigung geschieht nicht in der Form der hohlen Prognose oder des Kredits bei *Never, Never and Company*, sondern in Form eines realen Intelligenzwachstums, dessen Zeuge jeder sein kann, der sich dafür entscheidet, ein Zeitgenosse zu sein und sich in der Geistesgegenwart heimisch zu machen.

Ich will zum Schluss ein wenig indiskret sein und Ihnen ein Geheimnis verraten, das mir Albert Einstein vor kurzem drahtlos mitgeteilt hat. Es ist jetzt vielleicht eine Woche her, da erschien mir Einstein im Traum. Er war sehr zugänglich und verzichtete sogar darauf, die Zunge herauszustrecken. Er schien richtig gut aufgelegt, wie jemand, der sich über eine neue Entdeckung diebisch freut. Er erzählte mir, dass er mit dem Kollegen Gott, genauer gesagt, mit dessen dritter Person seine viel missverstandene Energiegleichung noch einmal durchgerechnet habe. Und da habe es ihm um ein Haar den Kopf zersprengt, als er plötzlich, durch eine kleine Umstellung der Faktoren, die Weltformel fand, ja vielmehr, als er selber die Weltformel wurde. Nun habe ich nicht die geringste Ahnung von moderner Physik; aber das schließt nicht aus, dass meine Skepsis sich gegen eine so arrogante Hypothese instinktiv zur Wehr setzte. Und so sagte ich zu Einstein, dass ich mir das beim besten Willen nicht vorstellen könne. Daraufhin machte Einstein das Angebot, mir die Formel mitzuteilen, aber ich musste wahrheitsgemäß zugeben, dass dies gegenüber einem absoluten physikalischen Ignoranten verlorene Mühe wäre. Einstein aber hatte eine so kindliche Freude an seiner neuen Formel und fand offensichtlich Spaß an einer interfakultativen Anregung, so dass ich zuletzt schon aus Höflichkeit sagen musste, dass seine Entdeckung mich sehr interessierte. Da ging Einstein auf eine schwarze Tafel zu, um die Formel darauf zu schreiben, und während er sich dazu bereit machte, wurde er ganz durchsichtig und wässerig. Ich fürchtete schon, er würde im nächsten Augenblick ganz formellos verschwinden. Aber dann nahm sich Einstein noch einmal zusammen, und er schrieb sich selbst an eine schwarze Tafel, wobei mir Hören und Sehen verging, denn er schrieb, wenn ich es mir richtig gemerkt habe: Universum (U) gleich Intelligenz (I) minus Antiintelligenz (AT), wobei gilt: I gleich Meditation durch den Widerstandsfaktor der Vorstellung in der Zeit; AT gleich Wiederholungsmaterie multipliziert mit dem Quadrat des Sitzfleischdurchmessers. Als Einstein sich schon fast ganz an die Tafel geschrieben hatte, deutete er noch an, dass der Kollege von Weizsäcker schon auf der richtigen Spur zur Weltformel sei, nur dass er doch um alles in der Welt den Beharrungskoeffizienten an eine andere Stelle setzen sollte. Dann explodierte Einstein mitsamt der schwarzen Tafel, und es blieb von der ganzen Erscheinung nichts übrig als ein gewisses Kitzeln in der Atmosphäre, das ich trotz meiner dürftigen physikalischen Kenntnisse sofort als das kosmische Hintergrundkichern identifizierte.[1]

Um zum Ende zu kommen: Die Gegenwart wird zeigen, welche Vergangenheit die Zukunft bringt. Wenn die Vergangenheit jener Raum ist, in dem die Perserkriege, die Kreuzzüge, Erster, Zweiter und Dritter Weltkrieg gleichzeitig stattfinden, so ist die Zukunft der Raum, in dem sich zeigen wird, ob Einsteins Träume Schäume sind. Ein geistesgegenwärtiges Denken in der Nachfolge der Philosophie ist heute verwickelt in das Auftauchen einer Bewusstseinsform, die zwischen Geist und Ereignis neuartige Beziehungen stiftet – jenseits der stumpf gewordenen alteuropäischen Theorie-Praxis-Dualität. Wenn die menschliche Intelligenz selbst das Hauptereignis der Geschichte wird, so wird das Auftauchen einer höheren Intelligenz zur Bedingung weiterer Geschichte, die weiter geht nur dann, wenn die Selbstgefährdung einer stumpfen, entgeisterten und an strategische Selbsterhaltungs-Egoismen gebundenen Intelligenz überstanden wird. In diesem höheren Auftauchprozess entstehen sozusagen nicht-euklidische Klugheitslehren vom Handeln durch Unterlassen, vom Eingreifen aus Meditation, von der Prozesssteuerung durch Geschehenlassen, von der Selbstrealisierung intelligenter Impulse, von revolutionärer Ruhe. Auch neue Umtauschregeln für Ernst und Unernst werden sich dabei herausbilden, nachdem die gute alte Ironie nicht mehr hinreicht zur Kommunikation mit einer Welt, die nichts Klügeres weiß, als sich mit wunderbarem Scharfsinn in einer künftigen Vergangenheit selbst vernichtet zu haben. Aufklärung, meine Damen und Herren, ist heute nichts anderes als die meditationsphilosophische Überwindung des Futur

Exakts. Aufklärung heute geschieht als Selbsterzeugung einer meditativen Kybernetik für eine Gegenwart mit Zukunft und für eine Kunst des Gegenwärtigseins, in das wir trotz allem geistesabwesenden Sträuben einen Fuß wenigstens schon gesetzt haben.

Anmerkung

1 Vgl. Ilya Prigogine, »Investigations on Cosmic Background Giggling«, in: *Journal for Dialogical Physics*, T. 3, Uppsala 1983, S. 817–872.

Sloterdijk und die Frage nach einer Ästhetik – ein Nachwort

von Peter Weibel

I. Vorbemerkungen

Um Peter Sloterdijks Schriften zur Ästhetik und ihre Singularität zu verstehen, ist es notwendig, das »setting«, die historische Folie der Problemstellung, zumindest zu skizzieren. Kunst ist heute ein »Diskurs«, wie wir wissen, ein begriffliches Feld, in dem verschiedene Arten von Bildern, Objekten, Prozessen, Aktivitäten, Theorien, Ideen und Institutionen eine Rolle spielen. Die Dynamik dieses Feldes ist gekennzeichnet von Instabilitäten, Widersprüchen und Konflikten, die manch einem Beobachter Anlass zu Unbehagen geben. Die einen lernen von New Jersey (wie der Land-Artist Robert Smithson), die anderen von Las Vegas (Robert Venturi, Denise Scott Brown). Die einen preisen den autonomen Formalismus und das Sublime (Clement Greenberg), die anderen die Verklärung des Gewöhnlichen[1].

J. M. Bernstein fordert in seinen Schriften[2] von der ästhetischen Erfahrung auch die erkenntnistheoretische, ethische und politische Dimension. Die ästhetische Moderne sei die adäquate ethische und politische Antwort auf die kapitalistische Modernität, die von Rationalisierung, Reifikation und Entzauberung gekennzeichnet ist. Wahrer ästhetischer Modernismus müsse Radikalität gegen universelle und instrumentelle Ansprüche verteidigen. In einem Mix aus Marx, Lukács, Kant und Adorno verankert er Ästhetik in Ethik und Politik.

Englische und amerikanische Kunsthistoriker und -theoretiker haben in den letzten zwei Dekaden die Notwendigkeit erkannt, unter dem Druck einer globalen Medienindustrie die Analyse der Bildkultur von den spezifischen Objekten der Kunst auf alle Bildformen unserer Kultur, also auch auf die Massenmedien Film, Fernsehen, Zeichentrick etc. auszudehnen. Unter dem Begriff »visual culture« wurde das Feld der Kunst weiter gefasst. W.J.T. Mitchell[3] hat betont, dass das visuelle Feld sozial konstruiert wird und ebenso das soziale Feld visuell. In diesem »pictorial turn« (Mitchell) haben Stanley Cavell und Noel Carroll schon früh wie selbstverständlich über das Massenmedium Film geschrieben.[4] James Elkins konnte *Visual Studies* (2003) und *The Domain of Images* (1999) auf die Bilder der Naturwissenschaften ausdehnen.[5]

In Adornos skeptischer *Ästhetischer Theorie* (1970) verfügt die Kunst zwar noch über die Möglichkeit eines Wahrheitsgehalts, aber in rein utopischer Funktion. Um dies zu leisten, muss die Kunst die Gesellschaft spiegeln und ist daher nicht vollkommen autonom. Andererseits muss sie autonom sein, um eine kritische Funktion einzunehmen. Im Horizont einer »Kulturindustrie«, in der Massenkultur Betrug an den Massen bedeutet, kann die Wahrheit der Kunst darin bestehen, die sozialen Illusionen aufzuklären, also zu »ent-täuschen« (Bazon Brock) und anzumahnen, was die Gesellschaft sein könnte und sollte. Niklas Luhmann beschreibt die Kunst als ein Subsystem der sozialen Systeme, das sich selbst beobachtet und nach eigenen Regeln organisiert. Hier kommt Luhmann Adornos Autonomie-Begriff nahe. Allerdings, als diskursives System sind »die Regeln der Kunst« (Pierre Bourdieu) veränderbar und daher ist das Kunstsystem, das »Betriebssystem« Kunst, abhängig vom sozialen Kontext, von der institutionellen und diskursiven Situation.

Die Abhängigkeit der Kunst und ihrer Definition, ihrer Mission, ihrer Erfahrung von den Institutionen haben Peter Weibel und George Dickie betont, später auch Arthur C. Danto.

Sloterdijks Schriften zur Ästhetik treten nun in dieses diskursive Feld ein. In seinen Erkundungen berührt Sloterdijk alle klassischen und modernen Gattungen der Künste, von der Musik bis zur Architektur, von der Kunst der Erleuchtung zur Kunst der Bewegung, vom Design zur Typografie. Er durchstreift alle Felder des Sichtbaren und Unsichtbaren, des Hörbaren und Unhörbaren – die historische Spannweite seiner Beobachtungen reicht von der Antike bis Hollywood. Er nähert sich also der Praxis der »visual culture«. Gleichzeitig zeigt er auch Affinitäten zur institutionellen Theorie der Kunst. Er reflektiert über die Bedingungen aktueller Kunstproduktion, vom Sponsorenwesen bis zum Museumssystem, von der Entwicklung der Medien bis zu den Metamorphosen ästhetischer Subjektivität. Ebenso behandelt er die klassischen Probleme einer Philosophie der Kunst, nämlich ihren Bezug zur Ethik, Erkenntnistheorie, Metaphysik, Gesellschaft, Politik, Subjekt, von Aristoteles bis Adorno, von Kant bis Kierkegaard. Vertraute Fragen tauchen auf nach dem Status und der Autonomie der Kunst, nach ihrem Wahrheitsgehalt, ihrer gesellschaftlichen Rolle.

Entscheidend ist aber immer die unnachahmlich überraschende Gangart, dank welcher sich der Autor von den ausgetretenen Pfaden des Kunstkommentars entfernt. Durch die Prismen von Sloterdijks Denken wahrgenommen, wird die Kunst als eine heterodoxe Form des Wissens erfahrbar. Durch die elaborierte Sprache des Autors sowie seine Kunst des Positions- und Perspektivenwechsels eröffnen sich überraschende wie überzeugende Einsichten und Durchsichten. Indem Sloterdijk die ihm eigene Methode der Diskursverfremdung auf die Betrachtung von Kunstwerken und -gattungen ausweitet, erscheinen die neu beschriebenen Objekte in einem jäh veränderten Licht. Die Grenzen zwischen Philosophie und Literatur, Argumentation und Erzählung werden verflüssigt; auch die Kunstobjekte selbst scheinen in Bewegung zu geraten. Unter Sloterdijks Blick wandeln sich bekannte ästhetische Phänomene zu Quellen der Überraschung. Durch ihre Rekontextualisierung gewinnen sie eine zweite Existenz. Wie unbekannte Wesen treten die Gegenstände seiner theoretischen Prosa vor den Leser; zugleich zeigen sie sich in einer Nähe und Vertrautheit, wie nur ein neuer Blick sie gewähren kann. Sein wesentlicher Beitrag zur Philosophie der Ästhetik besteht wahrscheinlich darin, mit seinem Schaffen einen wichtigen Baustein zur Lösung des Problems der Moderne zu liefern.

II. Die Moderne zwischen Entzauberung und Wiederverzauberung

Das Schicksal der modernen Kunst entfaltet sich seit 200 Jahren zwischen zwei Polen bzw. spannt sich zwischen zwei Polen auf. Die beiden Pole heißen Entzauberung und Wiederverzauberung. Ästhetische Programme der Entzauberung und Wiederverzauberung durchlaufen das 19. und 20. Jahrhundert, parallel und sukzessiv, miteinander und gegeneinander, als Abfolge oder Alternativen, unipolar und bipolar.

Im Gefolge Hegels, der die Welt schon um 1800 verwüstet sah, nannte Max Weber die Effekte der Industrialisierung, der Aufklärung und der Wissenschaften im 19. Jahrhundert »die Entzauberung der Welt«. Mit der Aufklärung und der Industriellen Revolution beginnt die Epoche der Entzauberung, und es wäre schön, sagen zu können: die Epoche der Moderne. Dies ist leider nicht möglich, denn schon früh setzte eine Gegenbewegung ein, welche die Aufklärung und den Abschied vom Absoluten in Politik und Religion, die Wissenschaft und deren Folgen, die Industrialisierung, bekämpfte, Kirche und Monarchie wieder in ihre hegemonialen Positionen einsetzen wollte. »Die ersten Rufer in der Schlacht gegen die Aufklärung waren die Romantiker«, schreibt Ernst Cassirer in *Der Mythus des Staates*[6]. Mit der Romantik und ihrem Gebot »Die Welt muss romantisiert werden« (Novalis) begannen die Programme der Wiederverzauberung der Welt und der Künste. Das Problem ist zu zeigen, dass sich die Moderne aus beiden Programmen zusammensetzt, ein Geflecht aus beiden ist.

Mit der Französischen Revolution (1789–1804), die das Ende des Absolutismus einläutete und der einsetzenden Industriellen Revolution, die auf Maschinen basierte, wurden jene Weichen gestellt, die den Konflikt zwischen den ästhetischen, philosophischen und politischen Parteien bzw. Programmen der Modernität und Gegen-Modernität bestimmen. Auf die Revolution folgte die Restauration. Beim Wiener Kongress 1814/15 wurde eine »Heilige Allianz« der fünf Großmächte Russland, Österreich, Preußen, Frankreich, Großbritannien gegründet, welche die gekrönten Häupter verpflichtete, die christliche Religion als höchste Maxime ihres politischen Handelns einzusetzen, um so die gottgewollten Feudalstrukturen zu wahren und die aufklärerischen Reformen abzuwehren. Zwischen 1816 und 1829 kommt es zur Überwachung der Universitäten, zu Zensur, Einschränkung von Freiheit und Lehre, Berufsverbot, Sondergerichten etc.[7] 1830–1848 sind wieder Revolutionsjahre: Die ersten Modelle von parlamentarischen Systemen oder konstitutionellen Monarchien mit Rechtsgleichheit aller Staatsbürger, mit Meinungs- und Pressefreiheit entstehen. 1848 erscheint *Das kommunistische Manifest* von Marx und Engels, das den Zustand der fortschreitenden globalen Industrialisierung auf derart dramatische Weise beschreibt, als ginge es um die heutige Globalisierung: »Alles Ständische und Stehende verdampft, alles Heilige wird entweiht, und die Menschen sind endlich gezwungen, ihre Lebensstellung, ihre gegenseitigen Beziehungen mit nüchternen Augen anzusehen. Das Bedürfnis nach einem stets ausgedehnteren Absatz für ihre Produkte jagt die Bourgeoisie über die ganze Erdkugel. Überall muss sie sich einnisten, überall anbauen, überall Verbindungen herstellen. Die Bourgeoisie hat durch ihre Exploitation des Weltmarkts die Produktion und Konsumption aller Länder kosmopolitisch gestaltet. Sie hat zum großen Bedauern der Reaktionäre den nationalen Boden der Industrie unter den Füßen weggezogen. Die uralten nationalen Industrien sind vernichtet worden und werden noch täglich vernichtet. Sie werden verdrängt durch neue Industrien, deren Einführung eine Lebensfrage für alle zivilisierten Nationen wird, durch Industrien, die nicht mehr einheimische Rohstoffe, sondern den entlegendsten Zonen angehörige Rohstoffe verarbeiten und deren Fabrikate nicht nur im Lande selbst, sondern in allen Weltteilen zugleich verbraucht werden. An die Stelle der alten, durch Landeserzeugnisse befriedigten Bedürfnisse treten neue, welche die Produkte der entferntesten Länder und Klimate zu ihrer Befriedigung erheischen. An die Stelle der alten lokalen und nationalen Selbstgenügsamkeit und Abgeschlossenheit tritt ein allseitiger Verkehr, eine allseitige Abhängigkeit der Nationen voneinander.«[8]

Auf der Folie dieser Dialektik von *Revolution und Restauration*[9], von Ratio und Glauben, von Industrialisierung und Idylle ist auch jene Bewegung zu sehen, welche auf die Schreckensszenarien der Zeit (grausame Kriege, Elendsviertel in den Städten, Pauperismus auf dem Lande) mit einem Programm der ästhetischen Wiederverzauberung reagierte und die Heinrich Heine 1833 »Die Romantische Schule« nannte. Heine war ein Gegner der Romantik: »Sie [die Romantik] war nichts anderes als die Wiedererweckung der Poesie des Mittelalters, wie sie sich in dessen Liedern, Bild- und Bauwerken, in Kunst und Leben manifestiert hatte. Diese Poesie aber war aus dem Christentume hervorgegangen, sie war eine Passionsblume, die dem Blute Christi entsprossen.«[10] Heine operiert bereits mit dem Gegensatzpaar Spiritualismus und Sensualismus, der so typisch für die Widersprüche der Moderne ist. Als Sensualismus verstand er jene Denkrichtung, die er selbst vertrat und die »die natürlichen Rechte der Materie« verteidigt und sich dabei auf die

Hellenen beruft, verkörpert in dem »Griechen« Goethe. Heine, der Aufklärer, der für das Ende des Absolutismus und Despotismus in seinen politischen und religiösen Formen kämpfte, warf den Romantikern »absoluten Spiritualismus« und wegen ihrer Religiosität Unterstützung von Despotismus vor. Die christliche Religion [er bezieht sich auf den römischen Katholizismus], »durch deren unnatürliche Aufgabe ganz eigentlich die Sünde und Hypokrisie in die Welt gekommen«, sei »die erprobteste Stütze des Despotismus geworden. Die Menschen haben jetzt das Wesen dieser Religion erkannt, sie lassen sich nicht mehr mit Anweisungen auf den Himmel abspeisen [...]. Eben weil wir alle Konsequenzen jenes absoluten Spiritualismus jetzt so ganz begreifen, dürfen wir auch glauben, dass die christkatholische Weltansicht ihre Endschaft erreicht«.[11]

Doch im Gegenteil, der Mythos kehrt zurück. F.W.J. Schelling, der philosophische Wortführer der Romantik, entwarf eine *Philosophie der Mythologie*, in der dem Mythos die Rolle der Hauptantriebsfeder der Kultur zugeschrieben wird. F.W.J. Schellings Kunstauffassungen sind für die Kunst der deutschen Romantik von größter Bedeutung. Gemäß Schelling ist die Kunst dazu berufen, innerhalb der geistigen Hervorbringungen den höchsten Rang einzunehmen. Aufgabe der Philosophie sei es, in »intellektueller Anschauung«[12] oder »genialer Intuition« das »Absolute« zu erfassen. Schelling unterscheidet zwischen Kunstprodukt und organischem Naturprodukt. Das erlaubt ihm in seiner Schrift *Über das Verhältnis der bildenden Künste zu der Natur* (1807) die Kunst von der Naturnachahmung zu befreien und das Kunstwerk zu einer selbsttätigen »Natura naturans« zu erklären.[13] Daraus entspringt »jene Heiligkeit und Reinheit der Kunst«, der zufolge »die Willkür des Dichters kein Gesetz über sich leide«, wie Friedrich Schlegel seine Auffassung der »Universalpoesie« definierte.[14] Die Autonomie der Kunst, jenes »heilige« Axiom der Moderne, hat hier als Erbschaft der Romantik ihren Beginn. Schellings Abkehr von der Naturnachahmung hat eine Wende zur Rezeptionsästhetik und -kultur eingeleitet und für die Moderne den Weg zu künstlerischen Aneignungsverfahren und zur Emanzipation des Betrachters freigemacht. Der Urheber wird weniger bedeutungsvoll als das Kunstwerk und seine Rezeption. »So ist es mit jedem wahren Kunstwerk, indem jedes, als ob eine Unendlichkeit von Absichten darin wäre, einer unendlichen Auslegung fähig ist, wobei man doch nie sagen kann, ob diese Unendlichkeit im Künstler selbst gelegen habe, oder aber bloß im Kunstwerk liege.«[15] Die »unendliche Auslegung« eröffnet also jene »unendlichen Interpretationsräume« und eine Kultur des Rezipienten, wie wir sie im 20. Jahrhundert bei Michail Bachtin, Walter Benjamin und Jacques Derrida kennen lernen werden. Gemeinsam mit Hegel und Hölderlin hat Schelling aber auch die Versöhnung von Ästhetik und Philosophie, Vergnügen und Vernunft, Schönheit und Wahrheit, Ästhetik und Ethik angedacht. »Ich bin nun überzeugt, dass der höchste Akt der Vernunft, der, indem sie alle Ideen umfasst, ein ästhetischer Akt ist, und dass Wahrheit und Güte nur in der Schönheit verschwistert sind.«[16] Den Umkehrschluss, dass Schönheit nur als Wahrheit und Güte existiert, also Ästhetik nur in Politik, Ethik und Wissenschaft verschwistert ist, hat er nicht zugelassen. Mit diesem Manifest standen Schelling und die Romantik an der Gabelung, an einer Verzweigung, an der Wegscheide. Es trennten sich die Wege von Schelling und Hegel. Schelling kehrte sich von Ratio und Erkenntnis ab und kehrte zum Glauben und zum Mythos zurück.

In seiner *Philosophie der Kunst* von 1802 schrieb Schelling: »Die Einheit des Endlichen und Unendlichen ist also im Christentum Handlung.«[17] Die Kunst habe demnach in der Mythologie, »in dieser neuen Mythologie«, ihre Basis und sei dadurch mit der Philosophie als der begrifflichen Darstellung des Absoluten eng verbunden. Schelling hat in dieser Schrift die Mythologie des Christentums als ersten Stoff aller Kunst begründet. Die Rückkehr zum Christentum war somit in der Philosophie der Kunst um 1800 fast diktatorisch vorgeschrieben. Die Romantiker folgten also mit ihrem Vertrauen in die christliche Mythologie[18], mit ihrer Rückkehr zu Mythos und Religion, einem Muster der Reaktion auf die Entzauberung der Welt durch die Industrialisierung, wie wir es auch heute erleben: Viele Menschen suchen als Reaktion auf die Verwüstungen der Globalisierung wieder Zuflucht in der Religion.

Die romantische Reaktion stand im radikalen Gegensatz zur Aufklärung und zum deutschen Idealismus, der sich auf die Macht des begrifflich-rationalen Denkens stützte. In der *Phänomenologie des Geistes*, die Hegel 1806 in Jena verfasste, heißt es: »Die wahre Gestalt, in welcher die Wahrheit existiert, kann allein das wissenschaftliche System derselben sein.«[19] Hegel »outete« sich als Gegner der Romantiker, denen er vorwarf: »Das Absolute soll nicht begriffen, sondern gefühlt und angeschaut, nicht sein Begriff, sondern sein Gefühl und Anschauung sollen das Wort führen und ausgesprochen werden.«[20] Hegel kritisierte an den Romantikern schon die Methode der Anschauung, auf die sich Edmund Husserl in seiner Kampfschrift gegen den Rationalismus, *Die Krisis der europäischen Wissenschaften und die transzendentale Phänomenologie: Eine Einleitung in die phänomenologische Philosophie* (1936) berufen sollte.

Mit Hegels *Vorlesungen über die Ästhetik* (1835–38)[21] beginnt die Phase des Endes der romantischen Kunstform. Für Hegel bezeichnet die Romantik bereits das Ende der Kunst, wie es in seinem berühmten Diktum zum Ausdruck kommt, wonach die Philosophie in Gestalt des Selbstbewusstseins des Geistes die Stellung der Religion eingenommen hat und nur sie zur absoluten Wahrheit vordringen kann. Religion und Kunst treten an die zweite Stelle. Die Kunst wird »als das sinnliche Scheinen der Idee« definiert und erhält damit einen erkenntnistheoretischen, konzeptuellen Charakter. Hegels Sympathie gilt der klassischen Kunst der Griechen. Die romantische Kunstform ist für ihn ein Beweis für die Auflösung der Kunst gemäß seiner Theorie, dass eben die Philosophie die eigentliche Disziplin sei, in welcher der Geist als die höchste Stufe der menschlichen Entwicklung zu sich kommt und welcher die Sinnlichkeit nachgeordnet ist. Das sinnliche Kunstwerk hat nur Existenzberechtigung als Forum für den Geist des Menschen, nicht als Sinnliches für sich selbst.

In »Das Ende der romantischen Kunstform« schreibt er: »Deshalb verhält sich der Künstler zu seinem Inhalt im Ganzen gleichsam als Dramatiker, der andere, fremde Personen aufstellt und exponiert. Er legt zwar jetzt auch noch sein Genie hinein, er webt von seinem eigenen

Stoffe hindurch, aber nur das Allgemeine oder das ganz Zufällige; die nähere Individualisierung hingegen ist nicht die seinige, sondern er gebraucht in dieser Rücksicht seinen Vorrat von Bildern, Gestaltungsweisen, früheren Kunstformen, die ihm, für sich genommen, gleichgültig sind und nur wichtig werden, wenn sie ihm gerade für diesen oder jenen Stoff als die passendsten erscheinen. [...] Es hilft da weiter nichts, sich vergangene Weltanschauungen wieder, sozusagen substantiell, anzueignen, d.i. sich in eine dieser Anschauungsweisen fest hineinmachen zu wollen, als z.B. katholisch zu werden, wie es in neueren Zeiten der Kunst wegen viele getan, um ihr Gemüt zu fixieren und die bestimmte Begrenzung ihrer Darstellung für sich selbst zu etwas Anundfürsichseiendem werden zu lassen.«[22] Mit dem Verweis auf Rückgriffe auf frühere Gestaltungsweisen und Kunstformen, auf dramatische Inszenierungen von bereits vorrätigen Bildern, auf eklektische Aneignungsstrategien und auf Indifferenz (Gleichgültigkeit) beschreibt Hegel – mit dem Auge der Moderne interpretiert – Romantik als »postmoderne« Reaktion auf die Aufklärung. Wir erleben also eine Art Epochenwiederholung: Entzauberung und Wiederverzauberung, Aufklärung versus Romantik, Moderne versus Postmoderne.

Als um 1800 mit den industriellen und politischen Revolutionen der Abschied vom politischen Absolutismus begann, migrierte die Idee des Absoluten, um zu überleben, in die Philosophie und Kunst. Dort überlebte sie und dort herrscht sie bis heute. Eben weil die Moderne sich nie ihres romantischen Erbes und dessen Anfechtung der Aufklärung entledigt hat. Das Absolute und das Spirituelle, das Religiöse und Souveräne, das

Autoritäre und Anschauliche existieren in der modernen Kunst weiter.

Gerade das, was Heine den Romantikern vorgeworfen hat, lebt in der abstrakten Kunst des 20. Jahrhunderts ungebrochen weiter: die Spiritualität, wie schon der Titel eines gewichtigen Werkes ausdrückt: *The Spiritual in Art: Abstract Painting 1890–1985*[23], das eben den Einfluss von Romantik, Mystik, Esoterik und Okkultem auf die Genese und Entwicklung der abstrakten Kunst untersucht. Auch in Hans Scheugls Buch *Das Absolute*[24], der darin ein Panorama der Moderne entwirft, finden wir die Spuren der religiösen Romantiker. Ein weiterer Beitrag zur Ideengeschichte der Moderne, der das romantische Erbe, die Suche nach dem Absoluten, in der modernen Kunst verzeichnet, ist das Buch *Paths to the Absolute* von John Golding[25], das bereits im Kapitelverzeichnis – »Malevich and the ascent into ether«, »Kandinsky and the sound of colour«, »Pollock and the search for a symbol«, »Newman, Rothko, Still and the abstract sublime« – das romantische Vokabular der Fusion der Künste bis zum Sublimen erkennbar macht. Es gab keinen *Abschied vom Absoluten*[26]. Die Moderne ertrank zwischen Skylla und Charybdis, zwischen Aufklärung und Verklärung, zwischen Entzauberung und Wiederverzauberung.

Wir können also feststellen, dass mit der Romantik jene Ästhetik geschaffen wurde, ja Ästhetik überhaupt erst begründet wurde, welche trotz all ihrer Widersprüchlichkeit und ihrer Rückgriffe (auf die Antike, die Renaissance, das Mittelalter, die Religion) den Diskurs der Moderne mitbestimmte. Die Romantik hat das Bild der modernen Kunst und des modernen Künstlers entscheidend mitgeprägt, zum Beispiel im Wunsch, der Kunst eine neue Basis im Volk zu verschaffen, und in der Utopie, Kunst und Leben zu vereinen. Der programmatische Schlachtruf von Fluxus, Happening und Aktionskunst im 20. Jahrhundert, »Lasset uns darum unser Leben in ein Kunstwerk verwandeln«, ist wortwörtlich eine Forderung von Ludwig Tieck aus den *Phantasien über die Kunst für Freunde der Kunst* (1799).[27] Alle Sphären des sozialen Lebens sollen ästhetisiert, zu Kunst werden. Dies ist das Echo des Poetisierungsprogramms der Romantik. Alles sei Kunst und jeder Mensch sei ein Künstler. Was Joseph Beuys sagte, forderte schon Novalis: »Jeder Mensch sollte Künstler sein. Alles kann zur schönen Kunst werden.«[28]

Zu Friedrich Schlegels bedeutenden Beiträgen zur Romantik zählt sein Begriff der Universalpoesie: »Es gibt keinen wahren Realismus als den der Poesie. [...] Die romantische Poesie ist eine progressive Universalpoesie. Ihre Bestimmung ist nicht bloß, alle getrennten Gattungen der Poesie wieder zu vereinigen und die Poesie mit der Philosophie und Rhetorik in Berührung zu setzen. Sie will [...] das Leben und die Gesellschaft poetisch machen.«[29] Mit dieser Forderung des 116. Athenäumfragments (1798) trifft er sich mit Novalis und dessen Programm: »Die Welt muss romantisiert werden.«[30] Die Universalpoesie selbst bringt jene Fusion der Künste, die Vereinigung der Gattungen, der Poesie und Philosophie hervor (siehe Schelling), das Gesamtkunstwerk, wie sie im 20. Jahrhundert die Avantgarden immer wieder fordern werden. Typisch ist allerdings auch, dass Schlegel in zwei Athenäumsfragmenten sich reserviert zeigt über die Ergebnisse der Französischen Revolution. Daher überrascht es nicht, dass Schlegel 1808 zum katholischen Glauben konvertierte und gemeinsam mit Schelling einer der führenden Repräsentanten einer christlichen Philosophie wurde.

Mit dem Atheismus der Aufklärung, deren Fundierung der Gesellschaft auf Wissenschaft und Technik, auf Distribution des Wissens, zusammen mit der Industrialisierung und den politischen Umstürzen begann die »Entzauberung der Welt«. Die Romantik war die erste Gegenreaktion. Sie war gegen Aufklärung, Ratio, Wissenschaft, Technik, Industrie, das erste Reenchantment-Programm. Seitdem gibt es immer wieder Bewegungen, die Wiederverzauberungsprogramme anrufen.[31]

Die Skepsis gegenüber der Wissenschaft und der Technik, den mechanischen Künsten und ihren Ergebnissen hat eine langanhaltende Tradition und immer wieder Saison. Sie ist genau in jenem historischen Moment wieder aufgetreten, in dem die Aufklärung (und die Encyclopédie) das Primat der Wissenschaft postulierten und deklarierten. In diesem historischen Moment, unter dem Druck der beginnenden Industriellen Revolution, hat eine umfassende Rationalisierung aller Lebensbereiche eingesetzt, welche bei einigen gesellschaftlichen Gruppen Unbehagen hervorgerufen hat, das berühmte *Unbehagen in der Kultur* (Sigmund Freud, 1930). Die Anfechtung dieser Rationalisierung erzeugte eine philosophische Tradition, die bis heute anhält.

Noch 1936 schrieb Edmund Husserl, der Lehrer von Heidegger, von der »Krisis der europäischen Wissenschaften«, die mit ihrer Rationalisierung einsetzte. Er datiert diese Krise bereits auf die »Galileische Mathematisierung der Natur«. Die Krise der Wissenschaft bestehe aus dem Verlust der geschichtlichen Erfahrung, an deren Stelle die bloße Mathematik trete. »In der Galileischen Mathematisierung der Natur wird nun diese selbst zu einer mathematischen Mannigfaltigkeit.« Gegen die Rationalisierung der Welt »more geometrico« und die »anschauungsferne Symbolik« der Mathematik setzt Husserl die Anschauung und die Erfahrungswelt. Denn »in dem aktuellen messenden Tun an den anschaulichen Erfahrungsgegebenheiten sind es freilich nur empirisch-inexakte Größen und ihre Zahlen, die gewonnen werden«[32]. Die Reduktion auf bloße Tatsachenwissenschaft ist die Krisis der Wissenschaft, denn dadurch verliert sie ihre »Lebensbedeutsamkeit«. Eben damit wird die Krisis der Wissenschaft auch eine radikale Lebenskrisis. Nur die Hinwendung zur Geschichte und zur Lebenswelt könne uns aus dieser Krise befreien. Wie die Romantiker beschwor Husserl die Geschichte als höchste Autorität, als höchste Quelle unserer Handlungen.

Die Erbschaft der Romantik in der Moderne hat dazu geführt, dass wir nie richtig modern geworden sind, wie Bruno Latour ausführt.[33] Der Streit zwischen Aufklärung und Absolutismus, zwischen Begriff und Anschauung, zwischen Sensualismus und Spiritualität, zwischen Rationalität und Religion ist offensichtlich nicht beendet: Er geht weiter, allerdings unter anderen Voraussetzungen und Bedingungen. Daher gelten die alten Gleichungen und Rechnungen nicht mehr und daher muss die Moderne, vor allem wegen ihres romantischen Erbes, überwunden werden. In Sloterdijks Schriften finden wir Ansätze hierzu.

III. Jenseits der Moderne

Die Wiederverzauberung der Welt versucht bis heute eine Romantisierung, Poetisierung, Ästhetisierung des gesamten Lebens. Sie ruft nach einer generellen Ästhetisierung, nach einer Rückkehr zur Intuition statt Analyse, zur Anschauung statt Abstraktion, zum Bild statt zur Zahl.

Walter Benjamin hat die beiden Positionen beobachtet und in der Schlussbetrachtung von *Das Kunstwerk im Zeitalter seiner technischen Reproduzierbarkeit* (1935/36) ihre Gegensätze verschärft dargestellt: »So steht es um die Ästhetisierung der Politik, welche der Faschismus betreibt. Der Kommunismus antwortet ihm mit der Politisierung der Kunst.« Er schreibt weiter: »In dem Augenblick aber, da der Maßstab der Echtheit an der Kunstproduktion versagt, hat sich auch die gesamte soziale Funktion der Kunst umgewälzt. An die Stelle ihrer Fundierung aufs Ritual tritt ihre Fundierung auf eine andere Praxis: nämlich ihre Fundierung auf Politik.« »Der Faschismus läuft folgerecht auf eine Ästhetisierung des politischen Lebens hinaus. [...] Alle Bemühungen um eine Ästhetisierung der Politik gipfeln in einem Punkt. Dieser eine Punkt ist der Krieg.«[34]

Der Faschismus nahm Zuflucht zu einer Ästhetisierung der Politik, der Kommunismus zu einer Politisierung der Ästhetik. Das führt zu dem Schluss, dass eine totale Ästhetisierung auch die Politik einschließt und daher die Romantik beim Faschismus endet, wohingegen die totale Politisierung der Ästhetik den Hegelianismus in den Marxismus treibt.

Dies sind nun also die beiden Pole, zwischen denen

sich das Schicksal der Moderne abspielt, Entzauberungsprogramme und Wiederverzauberungsprogramme. Schon lange wird die Sehnsucht nach einem Programm laut, das uns von dieser Klammer befreit, auch wenn der Preis das Ende der Moderne ist. Sloterdijks philosophische Ästhetik bietet Bausteine und Methoden eines Auszugs aus der Moderne beziehungsweise Abschieds von der Moderne.

Eine zentrale Rolle fällt dabei einer Rekontextualisierung und Redefinition des ästhetischen Urteils, des ästhetischen Werts, der ästhetischen Erfahrung zu, die klassischerweise alle in allgemein verbindlichen Formen definiert wurden, die am Modell des kategorischen Imperativs von Kant Maß genommen haben. »Imperare« heißt so viel wie »befehlen, anordnen«. Der Imperativ ist ein Typ der Aufforderung, ein Gebot, ein Gesetz. Der »kategorische Imperativ« von Kant ist ein allgemeingültiges Gebot des praktischen Handelns in der Ethik und lautet: »Handle so, dass du die Menschen, sowohl in deiner Person als in der Person eines jeden anderen jederzeit zugleich als Zweck, niemals bloß als Mittel brauchst.« In Analogie zum Naturgesetz kann der kategorische Imperativ als »praktisches Gesetz« angesehen werden: »Handle so, als ob die Maxime deiner Handlung durch deinen Willen zum allgemeinen Naturgesetze werden sollte.«[35]

Der kategorische Imperativ ist ein Gesetz der Vernunft, ein »Grundgesetz der praktischen Vernunft«. Eine Philosophie der Ästhetik ist bisher davon ausgegangen, dass die gleichen rationalen Bedingungen auch für die ästhetische Erfahrung gelten, dass auch ästhetische Erkenntnisse einer allgemeinen Gesetzgebung gehorchen, dass die Ästhetik nicht allein ein subjektives Feld ist.

Denn nur über Geschmack kann man streiten, während ästhetische Urteile allgemein gültigen und verpflichtenden Regeln und Gesetzen folgen.

Sloterdijks Schriften zeigen, dass solch ein ästhetischer Imperativ, der gewissermaßen heimlich allen vorhandenen Ästhetiken als Voraussetzung dient, nicht existieren kann, und damit hebt er die Moderne aus den Angeln.

Ovids Satz aus dem 8. Buch seiner *Metamorphosen*, *Daedalus und Ikarus*, »Et ignotas animum dimittit in artes« (Er richtete seinen Geist auf unbekannte Künste) kann paraphrasiert werden in: Er richtet seinen Geist auf unbekannte Weise auf die Künste (um dem Schicksal der Moderne zu entgehen). Sein ästhetisches Projekt hat eine ethische Dimension. Was in Kants berühmtem Wahlspruch »Der gestirnte Himmel über mir, und das moralische Gesetz in mir« anklingt, der Zusammenhang von Ästhetik und Ethik, ist die Frage nach dem, was das ästhetische Vergnügen, das der Erfahrung und Erscheinung des Schönen eigen ist und das im Mittelpunkt dessen steht, was wir mit *Epiphanie* bezeichnen, mit dem ethischen Gesetz des kategorischen Imperativs Kants verbinden könnte. Wie kann einer des anderen Widerhall sein? Alexander Gottlieb Baumgartens *Aesthetica* (1751), wie könnte sie mit Kants Ethik und Hegels Philosophie verbunden werden? Wie könnte eine ästhetische Erfahrung beschrieben werden, die uns nicht um den Genuss bringt und gleichzeitig in Einklang zu bringen ist mit Philosophie? Sind das Wahre und das Schöne affin? Ist das Wahre nur ein Produkt des Intellekts und das Schöne nur ein Produkt der Sinne? Kann das Intelligible nicht ein Ereignis und Ergebnis der Sinne sein und das Schöne ein Produkt des Intellekts und somit Wahrheit?

Haben die Gleichungen Wahrheit ist gleich Schönheit und Schönheit ist gleich Wahrheit keinen Sinn mehr im 20. Jahrhundert, dem Alptraum der Geschichte? Ist die Behauptung, die Welt ist absurd und sinnlos geworden, gleichbedeutend mit der Behauptung, die Kunst ist auch hässlich geworden? Sind Erkenntnisprozesse nicht die Voraussetzung für das Genießen von Schönheit und ist es nicht das Reale selbst, das erst den Genuss erzeugt? Existiert das ästhetische Genießen jenseits des Lustprinzips, d.h. ist das ästhetische Genießen dem Lustprinzip abgerungen und abgetrotzt durch Sublimation und Askese? Wenn Jacques Lacan in *Die Wissenschaft und die Wahrheit* (1965) Freud einen politischen Agnostizismus vorgeworfen hat, so könnte man Sloterdijk einen ästhetischen Agnostizismus vorwerfen, weil für ihn die Sublimierung nicht das Schöne erzeugt, sondern im Gegenteil, die Schönheit und das ästhetische Genießen befinden sich eben jenseits des Lustprinzips. Allerdings mit der Einschränkung, dass der Ort, wo der Genuss stattfindet, nicht unbedingt der Ort des Begehrens der Anderen ist. Insofern handelt es sich um eine Einschränkung des kategorischen Imperativs von Kant. Sloterdijk verlangt keine universale Ethik, die für jeden einzelnen und somit für alle gilt. Genauso wenig verlangt er eine universale Ästhetik, die für jeden einzelnen und somit für alle gilt. Es ist der Versuch, dem Alptraum der Geschichte als Sinn zu entkommen. Kann allerdings das Ästhetische den Sinn ersetzen, so wie Wiederholung die Sublimierung ersetzen kann? Sinn und Sinne, Konzepte und Perzepte, Erkenntnis und Schönheit gehen bei Sloterdijk eine neue Gleichung ein, die sich weder in den Dienst des Todestriebs noch des Eros stellt, sondern gerade im Gegenteil versucht, beiden zu entkommen. Seine Ästhetik ist allerdings auch keine Theorie der Kompensation, weil er sich nicht von der Idee trennt, dass das ästhetische Genießen im Mittelpunkt der ästhetischen Erfahrung zu bleiben hat. Der Schriftsteller trennt sich nicht vom Leben durch das Schreiben und der Künstler trennt sich nicht vom Leben durch sein Werk und wird somit zum Träger des Todestriebes. Im Gegenteil, das Schreiben und das Werk oder das Lesen als solche sind der Genuss und der Akt des Lebens. So kann die ästhetische Erfahrung mit dem Vergnügen in Einklang gebracht werden, dass Lust- und Realitätsprinzip versöhnt werden.

Sloterdijk bewegt sich vom kategorischen Imperativ zu einem Gesetz des Begehrens zwischen Kant, Freud und Lacan. Kultur ist für ihn nicht Sublimation libidinösen Begehrens, genauso wie *philia* in der *Nikomachischen Ethik* für Aristoteles weder Nutzen noch Lust noch Tugend ist. Eben weil er eine universale Ästhetisierung ablehnt, gibt es keine universale Ethisierung. Weder ethische noch ästhetische Gebote dürfen ihres absurden Charakters bzw. ihres Gebotscharakters beraubt werden. Sloterdijk folgt Blaise Pascal und seinen *Gedanken über die Religion*: »Alle Menschen hassen sich von Natur aus gegenseitig. Man hat sich, so gut man konnte der Begierde bedient, um sie für das Gemeinwohl nutzbar zu machen, aber das ist nur Heuchelei [...]. Das Ich ist an sich darin ungerecht, dass es sich zum Mittelpunkt von allem macht. Es ist den anderen dadurch lästig, dass es sie unterjochen will, denn jedes Ich ist ein Feind und möchte der Tyrann aller übrigen sein.«[36] Bereits bevor Kant seinen kategorischen Imperativ aufstellte, hat ihn Pascal relativiert. Dort, wo sich alle hassen und gegenseitig bedienen, ausnützen und unterjochen, funktioniert die Logik des kategorischen Imperativs nicht. Pascals Lösung ist bekanntlich der Glaube: »Credo quia absurdum.« Ähnlich geht Sloterdijk vor. Das Umschlagbild des vorliegenden Bandes zeigt die Aggressivität aller Imperative, sowohl der ethischen wie ästhetischen. Das Gebot des Evangeliums »Liebe deinen nächsten wie dich selbst« hat Kant versucht in eine rationale Aufforderung zu verwandeln: »So sind ohne Zweifel auch die Schriftstellen zu verstehen, darin geboten wird, seinen nächsten, selbst unsern Feind, zu lieben. Denn Liebe als Neigung kann nicht geboten werden, aber Wohltun aus Pflicht [...] ist praktische und nicht pathologische Liebe [...], jene allein aber kann geboten werden.«[37]

Dieses Gebot ist bekanntlich der kategorische Imperativ, der auf keiner anderen Logik beruht als der rationalen Forderung nach Widerspruchsfreiheit und jedem vernünftigen Wesen vorschreibt, im anderen die menschliche Person zu respektieren. Das Gebot der Liebe als ethischen Imperativ wollte Kant vom Glauben lösen und rational begründen. Dieser praktischen Ethik entsprach auch eine praktische Ästhetik. Der Versuch der Ästhetik als Wissenschaft im 19. Jahrhundert war genau das gleiche Verfahren: die Erfahrung des Schönen vom Glauben, d.h. von Intuition von Anschauung, dem Gefühl etc. zu lösen und rational zu begründen. Aus der ästhetischen Erfahrung, aus der Ergriffenheit durch Schönheit, wurde eine rationale Aufforderung, ein Gebot, eine gleichsam rechtliche Aufforderung. Ästhetik wurde gewissermaßen ein Teil der Rechtsprechung, sie verfiel der Interpretation der Gebote des ästhetischen Evangeliums. Die ästhetische Erfahrung wurde zu einem Gebot und Gesetz und hat sich damit um ihren Sinn gebracht, denn die Ästhetik sollte geradewegs das Feld der pathologischen Liebe sein, das Feld der bloßen Neigung.

Über Geschmack lässt sich bekanntlich streiten, und darin liegt das Wesen des Geschmacks, dass er verhandelbar ist, ein Tauschobjekt und nicht eben Gesetz. Sobald Ästhetik gebietet, verunmöglicht sie Genießen. Der Befehl vereitelt das ästhetische Vergnügen, denn das ästhetische Vergnügen liegt gerade darin, ohne Befehl und Gebot und Gesetz zu handeln. Die Überschreitung, die Transgression, ist daher einer der zentralen Momente der künftigen Ästhetik. Sloterdijk greift den ästhetischen Befehl, das Diktat des Schönen, an. Er weiß, dass zwischen ethischen und ästhetischen Befehlen und Geboten das Schicksal des Fortschritts der Kultur begraben liegt. Der Hang des Menschen zur Aggressivität, den Pascal bescheinigte, trägt nicht durch Widerstand zum Fortschritt der Kultur bei, wie Kant oder Freud glaubten. Von Freud können wir aus der Schrift *Das Unbehagen in der Kultur* (1930) lernen, es ist gerade der moralische Anspruch, den die Kultur durch das Gebot der Nächstenliebe der Aggressivität gegenüberstellt, welche die Aggressivität verstärkt. Was sich der Aggressivität widersetzt, bildet paradoxerweise den entscheidenden Faktor zur Stärkung dieser Aggressivität. Ästhetische Gebote bewirken also nicht den Abbau der Barbarei. Es ist gerade der ästhetische Imperativ, den wir der Barbarei entgegenstellen, der diese verstärkt. Was sich der Hässlichkeit widersetzt, bildet paradoxerweise den entscheidenden Faktor zur Stärkung der Hässlichkeit. Wer eine Ethik des Eros entwirft, leistet paradoxerweise einen Beitrag zur Ästhetik des Thanatos. In der Nazi-Ästhetik von Leni Riefenstahl erkennen wir, wie die Ästhetik des Thanatos und der Aggression eine Ethik der Aggression verhüllte. Bis zu dem Punkt, wo wir erkennen: Wenn Ethik das Feld des Eros ist, das Gebot der Nächstenliebe, dann ist die Ästhetik das Feld des Thanatos, das Gebot des Todestriebes.

Aus dieser Klammer einer zweihundert Jahre langen Allianz von Ethik und Ästhetik, kategorischen und ästhetischen Imperativen will uns Sloterdijk befreien. Er greift dabei auf Gedanken von Nietzsche zurück, bei dem Zarathustra spricht: »Man soll in seinem Freunde noch den Feind ehren. [...] In seinem Freunde soll man seinen besten Feind haben. Du sollt ihm am nächsten mit dem Herzen sein, wenn du ihm widerstrebst.«[38] Sie sehen in diesen Zitaten die Umdrehung des Liebesgebots und die Berufung auf Pascals Definition des Ichs als Feind jedes Ichs. Nietzsche sagt nicht, liebe deinen Nächsten so weit, dass du deinen Feind wie einen Freund liebst, er dreht bekanntlich die Werte um und sagt, im Freunde sollte man den besten Feind haben und im Freunde noch den Feind ehren. Mit dieser Regel wäre ein für alle Mal ausgelöscht, dass wir mit Feindbildern operieren können, weil uns nur Freundbilder zur Verfügung stehen. Die Gleichung »die Hölle sind die anderen« (J.-P. Sartre), wie wir sie uns ausdenken, und die einzig Guten sind wir selbst, wie es beispielsweise die US-Politik bis zum heutigen Tage beherrscht, diese höllische Gleichung ist in der Tat die Universalität des Gebots der Liebe. Das Gebot der Nächstenliebe erschien Freud beinahe als unmenschlich, schreibt zumindest Lacan in seiner *Ethik der Psychoanalyse* (1959/60). Wir entkommen dieser höllischen Gleichung nur, wenn wir paradoxerweise die Universalität des Gebots der Liebe aufgeben, wenn wir also ethische und ästhetische Imperative aufgeben, wenn wir zugestehen, dass diese Imperative miteinander affin sind. Wir müssen die Universalität der ästhetischen Gebote aufgeben, um wirklich ästhetisch handeln zu können und aus der ästhetischen Hölle der Moderne herauszufinden. So könnten wir sagen, Sloterdijk entwirft eine Ethik der Ästhetik, in der ästhetische Imperative nicht erscheinen. Er sieht die Ästhetik der Moderne als inhuman und ist auf der Suche nach einer menschlichen Ästhetik. Er folgt dabei Lacan, von dem wir lernen, dass alles, was vom Genuss zum Gebot oder Verbot umgewendet wird, das Verbot nur umso mehr verstärkt. Man sieht, dieses Gebot befiehlt dem Subjekt »Genieße!« und durch dieses Gebot zeigt es ihm in grausamer Weise seine Kastration. Der Befehl »Genieße!« kastriert das Subjekt und vereitelt das Genießen. Ästhetisches Genießen kann also nur funktionieren, wenn es keinem Gebot bzw. Verbot unterliegt. Deswegen wendet sich Sloterdijk gegen einen von Kant und seinem kategorischen Imperativ abgeleiteten ästhetischen Imperativ. Man soll dem ästhetischen Genießen keine Fesseln anlegen, weil sie Widerstand erwecken und dieser Widerstand vereitelt den Genuss. Das Gebot der Liebe trägt in sich die Möglichkeit des Inhumanen, auch der kategorische Imperativ Kants trägt in sich die Möglichkeit des Inhumanen, deswegen verneint Sloterdijk die Möglichkeit eines ästhetischen Imperativs. Er verfällt auch nicht der Lösung von Nietzsche, die Wendung des Aggressionstriebs zu einer Wendung des Willens zur Macht zu machen, in deren Gefolge Foucault seine Analysen der Macht in den Systemen des Westens vorgenommen hat. Sein ästhetischer Entwurf vertritt keine kollektive Lehre, bei ihm entsteht durch die ästhetische

Erfahrung nicht einmal eine Kulturgemeinschaft, weil er weiß, dass auf ihr ein politisches Regime aufgebaut werden könnte. Jeder Imperativ verweist das Subjekt auf seine Einsamkeit, den Zwang eines Über-Ich-Gebots. Sloterdijk verlangt eine Demokratie, die es den Subjektivitäten ermöglicht, ihre Konflikte zu verlagern, indem sie nicht eindeutig formuliert werden. Darin liegt der Sinn seiner literarischen und philosophischen Methode der Dedefinition bzw. Entdefinition. Aus Pascals Einsicht und dem Irrtum Nietzsches sucht er die Grundlage für eine Subjektivität, die weder Macht noch Tyrannei ist, sondern Grundlage für eine Ästhetik der demokratischen Subjektivität. Auch hier wiederum können wir auf Hegel verweisen und seine Grundlinien der Philosophie des Rechts, in der uns bereits die Idee von einer paradoxen Verbindung zwischen der Rhetorik der Begierden (Ästhetik) und der Logik des Politischen (Ethik) vorgegeben ist, weil hier Hegel ein Rechtssystem entwickelt, das sich auf Besonderheit und Einzigartigkeit bezieht und nicht auf die universale Verbindlichkeit. Eine Lehre der Singularität und keine Konstruktion des Allgemeinen ist auch Sloterdijks Ästhetik.

Anmerkungen

1 Arthur C. Danto, *Die Verklärung des Gewöhnlichen: eine Philosophie der Kunst*, Suhrkamp, Frankfurt a. M. 1984.

2 J. M. Bernstein, *The Fate of Art: Aesthetic Alienation from Kant to Derrida and Adorno*, Polity Press, Cambridge 1992; *Recovering Ethical Life: Jürgen Habermas and the Future of Critical Theory*, Routledge, London und New York 1995; *Adorno: Disenchantment and Ethics*, Cambridge University Press, Cambridge 2001.

3 W.J.T. Mitchell, *Picture Theory: Essays on Verbal and Visual Representation*, University of Chicago Press, Chicago 1996.

4 Noel Carroll, *Philosophical Problems of Classical Film Theory*, Princeton 1988; *Engaging the Moving Image*, Yale University Press, New Haven 2003; *A Philosophy of Mass Art*, Clarendon Press, Oxford 1998; Stanley Cavell, *The World Viewed: Reflections on the Ontology of Film*, Harvard University Press, Cambridge 1979.

5 James Elkins, *Visual Studies: A Skeptical Introduction*, Routledge, New York 2003; *The Domain of Images*, Cornell University Press, Ithaca 1999.

6 Ernst Cassirer, *Der Mythus des Staates*, Artemis, Zürich 1949, S. 236.

7 Siehe Robert Waissenberger (Hg.), *Wien 1815–1848. Bürgersinn und Aufbegehren. Die Zeit des Biedermeier und Vormärz*, Ueberreuter, Wien 1986.

8 Karl Marx, Friedrich Engels, *Das Kommunistische Manifest*, Reclam, Stuttgart 1999, S. 23.

9 Klaus Lankheit schreibt im Vorwort zu *Revolution und Restauration*, Holle, Baden-Baden 1965, S. 5: »Mit Beginn des 19. Jahrhunderts ist die Menschheit in eine neue Phase eingetreten [...] die Baudelaire ein ›glaubenloses‹ Jahrhundert nannte.«

10 Heinrich Heine, *Die romantische Schule und andere Schriften über Deutschland*, Könemann, Köln 1995, S. 10.

11 Ebd., S. 11f.

12 F.W.J. Schelling, *System des transzendentalen Idealismus*, §3, »Folgesätze« (1800), zit. nach Schelling, *Texte zur Philosophie der Kunst*, Reclam, Stuttgart 1982, S. 118.

13 F.W.J. Schelling, *Über das Verhältnis der bildenden Künste zu der Natur*, 1807, zit. nach Schelling, *Texte zur Philosophie der Kunst*, Reclam, Stuttgart 1982, S. 53–95.

14 Friedrich Schlegel, *Kritische Schriften*, hg. von W. Rasch, Hanser, München 1964, S. 37–38.

15 F.W.J. Schelling, *System des transzendentalen Idealismus*, §2, »Charakter des Kunstprodukts« (1800), zit. nach Schelling, *Texte zur Philosophie der Kunst*, Reclam, Stuttgart 1982, S. 112.

16 »Das älteste Systemprogramm« (1796/97), ein gemeinsames Manifest von Hegel, Schelling und Hölderlin, zit. nach Schelling, *Texte zur Philosophie der Kunst*, Reclam, Stuttgart 1982, S. 97.
17 F.W.J. Schelling, *Philosophie der Kunst*, 1807, zit. nach Schelling, *Texte zur Philosophie der Kunst*, Reclam, Stuttgart 1982, S. 221.
18 Novalis, *Die Christenheit oder Europa*, 1799.
19 G.W.F. Hegel, Vorrede, in: *Phänomenologie des Geistes*, *Werke*, Bd. 3, Suhrkamp, Frankfurt a. M. 1989, S. 14.
20 Hegel, ebd., S. 15.
21 G.W.F. Hegel, *Vorlesungen über die Ästhetik*, (1835–38), Reclam, Stuttgart 1971.
22 G.W.F. Hegel, a.a.O., S. 675; zu Hegel und die Nazarener vgl. auch Beat Wyss, *Trauer der Vollendung. Zur Geburt der Kulturkritik*, Dumont, Köln 1997, S. 118ff.
23 Maurice Tuchman (Hg.), *The Spiritual in Art: Abstract Painting 1890–1985*, Los Angeles County Museum of Art, Los Angeles 1986.
24 Hans Scheugl, *Das Absolute. Eine Ideengeschichte der Moderne*, Springer, Wien und New York 2001.
25 John Golding, *Paths to the Absolute. Mondrian, Malevich, Kandinsky, Pollock, Newman, Rothko, and Still*, Princeton University Press, Princeton 2000.
26 Thomas Ebersberg, *Abschied vom Absoluten: wider die Einfalt des Denkens*, Eironeia, Gundelfingen 1990.
27 Ludwig Tieck, »Die Ewigkeit der Kunst«, in: *Phantasien über die Kunst für die Freunde der Kunst*, abgedruckt in: *Die deutsche Literatur in Text und Darstellung. Romantik I*, Reclam, Stuttgart 1974, S. 91.
28 Novalis, aus: *Glauben und Liebe oder Der König und die Königin*, Fragmente, 1798.
29 Friedrich Schlegel, »Progressive Universalpoesie«, 116. Athenäumsfragment, zit. nach: *Die deutsche Literatur in Text und Darstellung. Romantik I*, Reclam, Stuttgart 1974, S. 21ff.
30 Novalis, *Fragmente über Poesie*, 1798–1800, zit. nach *Die deutsche Literatur in Text und Darstellung. Romantik I*, Reclam, Stuttgart 1974, S. 57.

31 Morris Berman, *The Reenchantment of the World*, Cornell University Press, Ithaca 1981; Suzi Gablik, *Has Modernism Failed?*, Thames and Hudson, London 1984; *The Reenchantment of Art*, Thames and Hudson, London 1991.

32 Edmund Husserl, *Die Krise der europäischen Wissenschaften und die transzendentale Phänomenologie*, Meiner, Hamburg 1996, S. 42.

33 Bruno Latour, *Wir sind nie modern gewesen. Versuch einer symmetrischen Anthropologie*, Fischer, Frankfurt a. M. 1998.

34 Walter Benjamin, *Das Kunstwerk im Zeitalter seiner technischen Reproduzierbarkeit*, Suhrkamp, Frankfurt a. M. 1963, S. 48f.

35 Immanuel Kant, *Grundlegung zur Metaphysik der Sitten*, Band 7, 1785.

36 Blaise Pascal, *Gedanken über die Religion und einige andere Themen*, Reclam, Stuttgart 1997 (1622), S. 145.

37 Immanuel Kant, *Grundlegung zur Metaphysik der Sitten*, Band 7, 1785, S. 25f.

38 Friedrich Nietzsche, *Also sprach Zarathustra*, 1883–85.

Quellennachweis

»La musique retrouvée«. Eröffnungsvortrag bei den Luzerner Festspielen, 11. August 2005.

»Erinnerung an die Schöne Politik«. Vortrag in der Laeiszhalle – Musikhalle Hamburg, 3. Oktober 2000.

»Wo sind wir, wenn wir Musik hören?«. In: Peter Sloterdijk: *Weltfremdheit*, Suhrkamp, Frankfurt am Main 1993, S. 294–325.

»Lichtung und Beleuchtung. Anmerkungen zur Metaphysik, Mystik und Politik des Lichts«. In: Willfried Baatz (Hrsg.): *Gestaltung mit Licht*, Ravensburger Buchverlag, Ravensburg 1994, S. 14–39.

»Erleuchtung im schwarzen Kasten: Zur Geschichte der Undurchsichtigkeit«. Vortrag anlässlich des Symposiums »Planen, Bauen und Betreiben, analog und digital« zum 25-jährigen Bestehen der HWP Planungsgesellschaft mbH 1996.

»Das Zeug zur Macht: Bemerkungen zum Design als Modernisierung von Kompetenz«. Rede auf dem HfG-Symposium »Communication Next«, 10. Februar 2006.

»Vom Charisma der Zeichen«. Unveröffentlichtes Manuskript

»Für eine Philosophie des Spiels«. Rede aus Anlass des Festes am 12. Oktober 1990 beim Otto Maier Verlag Ravensburg zum 60. Geburtstag von Otto Julius Maier.

»Die Stadt und ihr Gegenteil: Apolitologie im Umriss«. Vortrag, erschienen als Hörbuch in der Reihe Autobahnuniversität des Carl-Auer Verlags, 1994.

»Architekten machen nichts anderes als In-Theorie: Peter Sloterdijk im Gespräch mit Sabine Kraft und Nikolaus Kuhnert«. In: *archplus. Zeitschrift für Architektur und Städtebau*, 169/170, Mai 2004, S. 16–23 und S. 100–103.

»Für eine Architektur der Teilhabe. Notiz zur Kunst Daniel Libeskinds mit Rücksicht auf Maurice Merleau-Ponty und Paul Valéry«. In: *The 5th Hiroshima Art Prize: Daniel Libeskind*, Katalog, Hiroshima City Museum of Contemporary Art 2002.

»Versuch über das Leben der Künstler: Andersgläubige * Verschwender * Fälle * Einwohner«. In: *Sigmar Polke: 25.9.–29.11.1992*, Ausstellungskatalog Stedelijk Museum Amsterdam 1992, S. 92–96.

»Bekenntnisse eines Verlierers«. Unveröffentlichtes Manuskript

»Minima Cosmetica – Versuch über die Selbsterhöhung«. Unveröffentlichtes Manuskript

»Museum – Schule des Befremdens«. In: *Frankfurter Allgemeine Magazin* vom 17. März 1989 und *Tradition und Experiment: das Österreichische Museum für Angewandte Kunst, Wien*, hg. v. Peter Noever, Residenz-Verlag, Salzburg/Wien 1988.

»Weltmuseum und Weltausstellung«. In: *Jahresring* 37, 1990, *Präsentation und Re-Präsentation. Über das Ausstellbare und die Ausstellbarkeit*, hg. v. Werner Lippert, S. 183–202.

»Ich sage euch: man muss noch Chaos in sich haben«. Unveröffentlichtes Manuskript

»Die Kunst faltet sich ein«. In: Katalog der Ausstellung: *Lehrstunde der Nachtigall* (F. E. Walther, H. Darboven, I. Knoebel, Gilbert & George, A. Kiefer), Künstlerhaus Stuttgart e.V., 1989 (Ausstellung: Akademie d. bild. Künste, Stuttgart, 17.6.–7.9.1989).

»Sendboten der Gewalt«. Rede zur Semestereröffnung der Staatlichen Hochschule für Gestaltung Karlsruhe, 21. April 1993. In: Peter Sloterdijk: *Medien-Zeit. Drei gegenwartsdiagnostische Versuche*, Schriftenreihe der Staatlichen Hochschule für Gestaltung Karlsruhe, Bd. 1, hg. v. Heinrich Klotz, Cantz, Stuttgart 1994, S. 7–40.

»Taugenichts kehrt heim oder das Ende eines Alibis«. In: *Ende der Kunst – Zukunft der Kunst*, hg. von Heinz Friedrich, Hans-Georg Gadamer et al., Deutscher Kunstverlag, München 1985, S. 108–136.